novum **pro**

AF142883

Michael Worsch

# Was sein will, ist im Werden

## Leitfaden für ein integriertes Selbsterleben

novum ◢ pro

Dieses Buch ist auch als
# e-book
## erhältlich.

www.novumverlag.com

© 2022 novum Verlag

ISBN 978-3-99131-715-9
Lektorat: Mag. Elisabeth Pfurtscheller
Umschlagfoto: www.die-klause.at
Gesundheitsgut Bad Gleichenberg
Umschlaggestaltung, Layout & Satz:
novum Verlag
Innenabbildungen:
S. 70, 155, 250, 316, 318, 319,
322, 329, 331, 332, 333, 334,
337, 338, 340: Michael Worsch,
S. 116, 117: Zarbock, Gerhard (2014),
Praxisbuch Verhaltenstherapie,
S. 360: Greif, Siegfried (2001),
Selbstorganisierende Prozesse beim
Lernen und Handeln

**www.novumverlag.com**

Bibliografische Information
der Deutschen Nationalbibliothek:

Die Deutsche Nationalbibliothek
verzeichnet diese Publikation in
der Deutschen Nationalbibliografie.
Detaillierte bibliografische Daten
sind im Internet über
http://www.d-nb.de abrufbar.

Alle Rechte der Verbreitung,
auch durch Film, Funk und Fernsehen,
fotomechanische Wiedergabe,
Tonträger, elektronische Datenträger
und auszugsweisen Nachdruck,
sind vorbehalten

Gedruckt in der Europäischen Union
auf umweltfreundlichem, chlor- und
säurefrei gebleichtem Papier.

**Climate neutral**
Print product
ClimatePartner.com/16547-2201-1002

*Für Lena Valeria*

„*Was sein will, ist im Werden*",
dachte die Schildkröte und schlüpfte.
So begann die Reise in den Ozean.

Ich danke meinen engsten Vertrauten für ihre Unterstützung in den vielen Dialogen; jenen Lehrenden,
die mir den Zugang zur eigenen Dunkelkammer
öffneten. Danken möchte ich auch den Menschen,
die ich ein Stück weit begleiten durfte, indem sie
mir ihre Erfahrungen anvertrauten. Ich wünsche
jenen, die das Buch in ihren Händen halten, dass
sich ihr Interesse an Psyche, Kunst und Therapie
damit vertieft. Und ich wünsche mir, dass die mir
Unbekannten diesen Leitfaden weiterspinnen, anderen zutragen.

Bad Gleichenberg, Herbst 2022

Wichtiger Hinweis:

Der Verlag hat gemeinsam mit dem Autor große Mühe darauf verwandt, dass alle in diesem Buch enthaltenen Informationen entsprechend dem Wissensstand bei Fertigstellung des Werkes abgedruckt oder in digitaler Form wiedergegeben wurden. Trotz sorgfältiger Manuskriptherstellung und Korrektur des Satzes und der digitalen Produkte lassen sich Fehler nicht ganz ausschließen. Autor und Verlag übernehmen infolgedessen keine Verantwortung und keine daraus folgende oder sonstige Haftung, die auf irgendeine Art aus der Benutzung der in dem Werk enthaltenen Informationen oder Teilen davon entsteht.

# INHALTE

**Kapitel 3**
**Achtung Sackgasse!**

## Kapitel 4
## Hand aufs Herz

# EINLEITUNG

Was ist ein Leitfaden? Dieser zieht sich als Orientierungslinie durch Phasen unseres Lebens. Er ist auch ein Garn, aus dem der Stoff für Erzählungen gewoben wird. Und schließlich ist er ein Symbol für die Sinnbildung, wo es um das Erkennen und Herstellen von Zusammenhängen geht. Unüberschaubar ist die Vielzahl an Publikationen zum Begriff des Selbstkonzepts. Meine persönliche Auffassung leitet diese Abhandlung ein. Was ist ein Selbstkonzept? Am ehesten lässt es sich als Resümee sämtlicher Erfahrungen, des Wissens um einen selbst, sein Denken, Fühlen und Handeln verstehen. Unendlich viele Aspekte und womöglich unaufgelöste Konflikte bilden ein Netz aus Erfahrungswissen, Wünschen und Sehnsüchten, Hoffnungen und Befürchtungen, Interessen und Bedenken. Das Selbstkonzept ist auch eine Art Fundus für gelungene und misslungene Strategien, gleichsam die Konsequenz aus Versuch und Irrtum im Laufe des Lebens. Insofern ist das *Selbstkonzept* modifizierbar. Durch aufwühlende Ereignisse und erschütternde Vorfälle kann es zu Verwerfungen des bisherigen Selbstkonzepts kommen.

Wer sind wir und wie viele, wenn Gestalten auf der inneren Bühne in Dialog treten? Ich orientiere mich unter anderem am Ego-State-Modell nach Watkins und Watkins (2012). Es scheint so, dass aktuelle Konzeptionen des Selbst den Begriff der Identität modifizieren, insofern Identität einst als stabile Selbstgleichheit galt. Tendenzen in diese Richtung begannen Teilidentitäten und postmoderne Identitätskonstruktionen (Keupp et al., 1999) in den relevanten Diskurs aufzunehmen. Heute weist die gesellschaftliche Komplexität in Bezug auf Gender und Queer Dekonstruktionen normativer Identitätskonstruktionen auf. Anlässlich steigender Komplexität vermag psychotherapeutische Arbeit die Integration von Partialkonzepten des Selbst zu fördern. Daher werde ich mich mit dem *integrierten Selbsterleben* und dem *kontrastiven Selbstkonzept* befassen, das ich vom *negativen Selbstkonzept* unterscheide.

Ein integriertes Selbsterleben verstehe ich als Prozess, der fortlaufend zu Stimmigkeit und Konsistenz führt. Ein kontrastives Selbstkonzept zeichnet sich hingegen durch Trennwände zwischen konformen und non-konformen Verhaltensweisen aus. Wie ich erläutern werde, sehe ich dieses Konzept als ein in der Regel vorgängiges Modell, um mit den Widersprüchlichkeiten zwischen Innen und Außen zurande zu kommen. Insofern befinden sich *Selbstgefühl*, *Selbstbild* und *Selbstwert* miteinander im Clinch, was für Betroffene und ihre Bezugspersonen anstrengend sein kann. Folglich interessieren mich über weite Strecken vorliegender Arbeit Formen von Ambivalenz und Ambivalenzspaltung.

### Wohin geht die Reise?

Für ein nahtloses Gewand braucht es einen passenden Stoff, den der Leitfaden für ein *integriertes Selbsterleben* weben soll. Es liegt der Schluss nahe, dass *Lebenskunst* erst damit beginnen kann, ein *integriertes Selbsterleben* zu realisieren, wenn Emotionen unmittelbar und strukturell an Symbolisierung gekoppelt werden können. Auf dem Feld der Kunst ist vieles davon möglich. Doch es bedarf therapeutischer Kompetenz, um Emotionalität und Symbolisierung im Sinne der Mentalisierungspraxis strukturell zu koppeln. Strukturelle Koppelung bedeutet, dass sich Komponenten und Funktionen, mehr als nur Relationen, zu einem System organisieren lassen. Ein komplexer Prozess, der Kompetenz in Hinblick auf die Selbstregulierung abverlangt.

Insofern ist ein *integriertes Selbsterleben* die dynamische Organisation auch zuwiderlaufender Tendenzen. Integration kann vorankommen, wenn zwischen Polaritäten eine Synthese gelingt und *Ambivalenz* nicht mehr zu Spaltungen führt. Ambivalenz ist daher ein wesentlicher Faktor, den es zu modifizieren gilt. Das bedeutet an erster Stelle die Haltung zu inneren Konflikten sowie den Umgang mit äußeren Konflikten. So beinhaltet Selbstregulierung betreffend Konflikte auch Lösungskompetenz und Multiperspektivität als Voraussetzung für *Ambiguitätstoleranz,* ein Zulassen von Mehrdeutigkeit. Naturgemäß betrifft dies sowohl kreative als auch soziale Kompetenzen.

Welche Trajektorie (Anziehungskraft) dirigiert die generelle Ausrichtung von uns Menschen? Es ist unsere Wachstumstendenz, die qualitativ zu verstehen ist. Wenn qualitatives Wachstum zutreffen soll, dann impliziert dies (in Anlehnung an die Physik) Syntropie im Unterschied zu Entropie. Es ist im Hinblick auf den Unterschied zwischen integriertem Selbsterleben und kontrastivem Selbstkonzept naheliegend, die unzureichende Integration widersprüchlicher Facetten von der lebensgeschichtlichen Entwicklung her zu sehen. Integration erfordert in allen Fällen die Ablöse affektiver Überwältigung durch Symbolisierungsprozesse. Mentalisierungspraxis realisiert sie mithilfe kunstaffiner Gestaltungsmittel. Integration verweist auf eine holistische Tendenz von Wachstum, die regulative Zielvorstellung meines transdisziplinären Konzepts.

## Ein holistisches Verständnis

Ein holistisches Verständnis sieht nicht nur globale Zusammenhänge, wie wir sie heute kennen, sondern ist ein Modell, das durch die *Spekulative Philosophie* von Alfred North Whitehead (1984) artikuliert wurde. Holismus als Überbau systemischen Denkens übersteigt unseren heutigen Horizont. Ich erachte ihn als Entwurf, wobei es für das Verstehen psychischer Selbstorganisation erheblich ist, biologische, soziale, kulturelle und transzendentale (spirituelle) Komponenten zu berücksichtigen. Ich deute den Begriff ‚Selbst‘ nicht adäquat als ‚Seele‘. Allemal bedeutet ein holistisches Verständnis *seelischer Wirklichkeit*, dass es sich um Felderfahrung handelt, die nicht beim individuellen Ichbewusstsein und seinem begrenzten Wissenshorizont haltmacht. Indem das ‚Selbst‘ im Grunde eine rückbezügliche Bezeichnung für ‚Eigenes‘ darstellt, lässt sich der Begriff ‚Seele‘ durchaus überindividuell und transpersonal auffassen. Mein Ansatz schließt ein Vorleben und Nachleben jener Entität, wie die ‚Seele‘ hinlänglich vorgestellt wird, aus. Meine Auffassung verweigert sich jedoch nicht der Annahme, dass es sich bei der *seelischen Wirklichkeit* um ein allumfassendes Informationsfeld handeln könnte.

Spekulationen über ein ‚wissendes Feld‘ sowie zahlreiche Phänomene im Kontext von Aufstellungen legen die Vermutung nahe, dass *repräsentierende*

*Wahrnehmung* eine Informationserfassung ermöglicht, die nicht auf das subjektive Ich von Menschen beschränkt ist. Weiterreichende Spekulation betreffen den Begriff ‚Weltgeist‘, der von Friedrich Hegel (Taylor, 1983) stammt. Dieser große Geist gestaltet das Universum in der Weise, dass sich durch das Bewusstsein des Menschen das Universum explizit selbst reflektiert. Einen Schritt weiter in diese Richtung öffnet sich die Tür zum Mystizismus. Ich denke da an erster Stelle an Meister Eckhart.

In einer langen Reihe religiöser und spiritueller Traditionen positioniert sich Veit Lindau (2018), die Energie des Universums sei schlicht Liebe. Richard David Precht referiert diesbezüglich über den Logiker Charles Sanders Peirce (1839-1914). Die zentrale formende Kraft erkennt Peirce in der Liebe und für ihn ist sie untrennbar mit der Natur verbunden. Precht referiert: „Allein durch die Kraft der Liebe entwickelt sich die Evolution immer höher" (Precht 2019, S. 461). Dies ist eine adäquate Vorstellung von Syntropie. Liebe wie Seele könnten demnach Felderfahrung vermitteln, die jene Allverbundenheit zu erkennen gibt, die auch mit dem übereinstimmt, was Wilhelm Schmid sagt: *„Der Sinn der Liebe ist, dass sie Sinn schafft!"* (Schmid 2017, S. 21). Zudem orientiere ich mich am *Buch der Wandlungen* (Wilhelm, 1986), am Taoismus, der die großen Wechselwirkungen im Gleichgewicht der Gegensätze beschreibt.

## Schluss mit dem Benutzen

Dieser Titel soll in aller Deutlichkeit darauf aufmerksam machen, welche Beweggründe mich zu meinem Engagement für Menschen veranlasst haben, die sich zutiefst wünschen, dass ihnen Liebe widerfährt, jedoch immer wieder an jemanden geraten, bei dem sie sich nach einer gewissen Zeit als benutzt erkennen. Colin C. Tipping empfiehlt in seinem Buch *Ich vergebe* (2010) einen radikalen Abschied vom Opferdasein. Sein Ansatz durchquert das konstruktivistische Paradigma, wonach wir gefühlte Wirklichkeit erzeugen, indem Überzeugungen sie konkretisieren oder in anderen Worten das manifestieren, was es seelisch und gefühlt zu lösen gilt. Aber auch aus psychoanalytischer Sicht sind wir zur Zurücknahme von Projektionen und Auflösung von Abwehrkonstellationen angehalten, die mit Schuldzuweisung und Wiedergutmachung korrelieren. Einfach gesagt, es gibt nichts zu richten, zu erzwingen, zu bedauern.

Wenn wir uns dabei ertappen, dass wir projizieren, können wir realisieren, dass wir wieder einmal rechthaben wollen, dass dahinter Urteile walten, die auf Genugtuung aus sind, für etwas, von dem wir glauben, dass es uns angetan wurde, obwohl es einfach geschah und nicht der Bedeutung entsprach, die wir diesbezüglich hineingelegt haben. „Häufig finden wir Menschen, die unseren auf sie projizierten Selbsthass nicht nur annehmen, sondern verstärken, indem sie ihn auf uns zurückprojizieren. Ein solches Verhältnis nennen wir ‚co-abhängig'. Der Partner erfüllt die Funktion, den Mangel in uns zu kompensieren, indem er ständig wiederholt, dass wir in Ordnung sind. So vermeiden wir das Schamgefühl, dass wir so sind, wie wir sind. Wir tun im Gegenzug dasselbe. Beide lernen, sich gegenseitig durch eine stark an Bedingungen geknüpfte Liebe, die auf den darunter liegenden Schuldgefühlen beruht, zu manipulieren. In dem Moment, in dem uns die andere Person ihre Bestätigung entzieht, sehen wir uns wieder mit unserem Schuldgefühl und unserem Selbsthass konfrontiert. Dann bricht alles in sich zusammen. Liebe verwandelt sich unmittelbar in Hass, und jeder Partner greift den anderen an" (Tipping 2010, S. 93).

Dass wir uns *Entschuldung* von anderen nicht mehr erwarten, sie für ihren Widerstand nicht ablehnen, dass wir keine Genugtuung fordern, wo wir enttäuscht werden, dass wir letztlich aus Anschuldigung, vorwurfsvoller Anklage und Beziehungsabbruch nicht den Schluss ziehen, erneut zum Opfer geworden zu sein, das ermöglicht allein die Auseinandersetzung mit dem *Schatten* in uns, aus dem heraus wir nicht nur einstecken, sondern auch heftig austeilen. Nur die Zurücknahme der übermäßigen Bedeutung, die wir uns für den Anderen zuschreiben, macht uns offen für den Sinn der Liebe, befreit von Erklärungsmodellen, mit denen wir recht haben wollen.

## Meine Metapher zum Selbsterleben

Ich möchte mein Verständnis von Ich und Selbst mit einer Metapher vorstellen. Ich verstehe das Ich als Konstrukteur der komplexen Architektur psychischer Selbstorganisation. Indem Freud darauf hinwies, dieses ‚Ich' sei nicht Herr im eigenen Haus, deute ich aus heutiger Sicht die Lage folgendermaßen: Substrukturen der Architektur entsprechen Räumlichkeiten in diesem Gebäude. In dessen Räumen logieren Selbstanteile, die insgesamt vom Selbstsystem zur Selbstwertregulierung laufend organisiert und reorganisiert werden müssen, um letztlich dem integrierten Selbsterleben des Ich als Konstrukteur und Organisator möglichst wenig Schwierigkeiten zu bereiten. Doch verhalten sich manche Selbstanteile wie Störenfriede, da sie sich sowohl untereinander als auch in Bezug auf den Hausherrn nicht anstandsgemäß gebärden. Insofern werden diese besonders unliebsamen Bewohner in den Keller gesperrt. Andere greifen in das Regime des gestressten Gastgebers von den oberen Penthouse-Departements her ein, erheben relativ hohe Ansprüche und sparen nicht mit Kritik an den Gepflogenheiten der Haushaltsführung.

Manche Selbstanteile, deren Herkunft aus Beziehungsgeschichten mit der Außenwelt stammt, erweisen sich als bedürftig und maßloser als die Bewohner des Dachgeschosses. Wieder andere planen Aufstände, aus Gründen, die sich der Einsicht des Eigentümers vollständig entziehen. Wie ich die Metapher einlösen will, soll sich im Laufe der Abhandlung weisen. Dazu sind auch die Theoriehinweise im Anhang jedes Kapitels gedacht. Ich will vorausschicken, dass das ‚Ich' durch seine Funktionen bestimmt ist und als Konstrukteur der Selbstorganisation, als Bauherr der Architektur, teils aus Identifizierung, Imagination und Instinkt, jedenfalls als Urheber von Subjekt- und Objektprozessoren (Moser, 2008) zu verstehen ist. Kein leichter Job.

Im Anhang zur Einleitung verweise ich auf Konzepte der Ich- und Selbstpsychologie. Daniel Hells Anmerkung zum Spannungsfeld zwischen *Selbstbild* und *Selbsterleben* kündigt an, inwiefern ich auf mein Konzept zweier Regime des Ichbewusstseins und dessen geteiltes Selbsterleben gekommen bin. „Um das ursprüngliche seelische Selbsterleben lagern sich im Selbstbild die verschiedensten Schichten der historischen und biografischen Sozialisation ab. Was wir so als ‚Selbst' bildlich wahrnehmen, besteht nicht mehr nur aus unseren Gefühlen und Empfindungen, sondern auch aus den Vorstellungen und Reflexionen, die wir von Vorbildern übernehmen. […] Wird das Selbstbild für einen Menschen wichtiger als das Selbsterleben, erhält es eine Macht, die einen Menschen erdrücken kann. Kaum etwas anderes macht einen Menschen psychisch so verletzlich wie ein rigides oder überforderndes Selbstbild, das der Seele keinen Raum lässt" (Hell 2013, S. 22-23). Hell nennt es ‚Selbsterleben', ich nenne es Selbstgefühl.

### Die Organisationsstruktur des Systems Ich

Wer „Ich" sagt, meint sich selbst. So ist das sprachgebräuchlich. Diese Selbstbezeichnung verweist auf die Urheberschaft des Subjekts. Und nur ein Ichbewusstsein kann dies sagen, denken, fühlen. In anderen Worten: Das Ich organisiert Wirklichkeit. Doch fordern zwei Fronten dieses Ich. Es gilt ein Regime gegenüber dem Außen zu errichten. Das handelnde Ich ist Organisator der Umweltbeziehungen. Ich nenne es das *weltbezogene Ich*. Das zweite Territorium dehnt sich nach innen aus, betrifft die *Innerlichkeit* des Subjekts. Auch sie will wahrgenommen sein. Daher nenne ich diese Ausrichtung des Bewusstseins das *selbstbezogene Ich*. Im Grunde ist das Ich strukturell einheitlich, nur seine Funktionen wechseln: Es richtet die Aufmerksamkeit nach außen, dann wieder nach innen. Im günstigen Fall gelingt die Oszillation zwischen den beiden Funktionen. Das ist ein komplexes Aufgabenspektrum.

Indem das Ich Wirklichkeit organisiert, verkürzt gesagt, Eindrücke aufnimmt und Ausdruck dafür finden soll, wird es sich dementsprechend auch dem Erleben, nicht nur dem Handeln, widmen. Aus diesem Grund systematisiert das Ich sein Selbsterleben. Wie ich mit meiner Metapher gezeigt habe, und Freud zustimme, ist das Ich nicht Herr im eigenen Haus. Mit dieser Gegebenheit interner Schwierigkeiten versucht das Ich auch, im Binnenraum ein Regime zu errichten. Es läuft da draußen nicht immer alles so, wie es locker zu verkraften wäre. Eindrücke erwirken schwer verdauliche Erlebnisse. Manches, was sich in der Welt ereignet, lässt sich durch das *selbstbezogene Ich* zur Aufrechterhaltung der Hausordnung nur dadurch bewerkstelligen, dass es zwar Ereignisse nicht verhindern, aber Erlebnisse verdrängen kann. Zu diesen Erlebnissen zähle ich in erster Linie die Enttäuschung von Wünschen und Erweckung von Ängsten. An dieser Feststellung lässt sich bereits erkennen, dass die Binnenstruktur des Ichbewusstseins zwei Erlebnisweisen organisiert.

Ich verwende im Lauf der Abhandlung zwei Formen des Selbsterlebens, die ich nun vorstelle. Ich fange mit jenen Erlebnissen an, die das *selbstbezogene Ich* in den Keller sperrt, weil sie das *weltbezogene Ich* bei seiner Arbeit stören. Diese Erlebnisweise nenne ich das *Selbsterleben in Wahrheit*. Davon ist abzulesen, dass abzüglich der weggesperrten Erlebnisse die weltbezogene Seite den Namen *Selbsterleben aus Gewohnheit* verdient. Der Vorteil dieser zwei Namen soll sich als handhabbar erweisen. Es besteht die Möglichkeit, Erlebnisweisen wegzusperren, sie auf ihre Grundmotive hin zu prüfen, letztlich alle Erlebnisse zu einem einheitlichen Selbsterleben zu verknüpfen, worunter ich das *integrierte Selbsterleben* verstehe.

Um die Situation andersherum zu beschreiben: Was hinlänglich als Authentizität bezeichnet wird, verstehen wir auch als Wahrhaftigkeit und Aufrichtigkeit uns selbst, manchmal auch anderen gegenüber. Dies würde bedeuten, dass sich die beiden Erlebnisweisen gegenseitig nicht ausschließen. Ich möchte dieses Verständnis nachschärfen. Das *weltbezogene Ich* orientiert sich ausschließlich an Ereignissen in der Außenwelt und ist dadurch strukturell mit Handlungen, Auftreten, Erscheinen und nicht zuletzt mit ‚Ankommen‘ befasst. Der Ertrag dieses Wirkens für den Selbstwert und das Selbstbild füllt das *Selbsterleben aus Gewohnheit* wie einen Speicher.

Ist der Speicher voll, fühlen wir uns gut, ist er wenig befüllt oder leer, fühlen wir uns schlecht. Das *selbstbezogene Ich* befasst sich mit diesem

Ertrag und den im Speicher befindlichen Erlebnissen. Nun hat es strukturell die Aufgabe, diese Erlebnisse auf die Grundbedürfnisse, Wünsche und Selbstachtung hin zu prüfen. Das Ergebnis dieser Prüfung ist in dem Fall das *Selbsterleben in Wahrheit,* oftmals als *Selbstgefühl* benannt, welches Wohlbehagen und Stimmigkeit signalisiert, weil der Selbstwertpegelstand hoch ist. Andernfalls, weil das Ergebnis der Prüfung Unbehagen und Unstimmigkeit signalisiert, werden Aspekte des *Selbsterlebens in Wahrheit* in den Keller gesperrt. Was den Selbstwert stabilisieren und das Selbstbild intakt erscheinen lassen soll.

Wenn das Wirken im Außen und das Fühlen im Innen übereinstimmen, dann wurde nichts in den Keller gesperrt. Es handelt sich um *integriertes Selbsterleben,* das sich stimmig anfühlt. Es lässt sich erahnen, was es bedeutet, wenn das *Selbsterleben in Wahrheit* keinen Einlass ins *Selbsterleben aus Gewohnheit* findet. Die Bedeutung des Wirkens nach außen und der Erfolg von Anpassung an die Umwelt werden übergewichtig. Stellen wir uns vor, eine Persönlichkeit orientiert sich vornehmlich an Wirkungen im Außen und vernachlässigt deren Überprüfung in Bezug auf das *Selbstgefühl.* Wie Alexander Lowen (1986) sagt, investiert das Ich nur noch ins *Image* (engl.). Dieser Begriff ist vom inneren Bild *Image* (franz.) zu unterscheiden.

Falls das *selbstbezogene* mit dem *weltbezogenen Ich* verwechselt wird oder sie gegeneinander ausgetauscht werden, entsteht ein schwerwiegendes Problem. Dadurch ist die Verleugnung des *Selbstgefühls* nicht ausgeschlossen. Es gibt einen Trick. Ich gehe von einem *kontrastiven Selbstkonzept* aus, wenn es dem Subjekt gelingt, sich gleichsam in zwei Welten, wenn nicht daheim seiend, so zumindest abwechselnd hin und her zu bewegen. Wir können uns das so vorstellen: Jemand wirkt mit Erfolg des *weltbezogenen Ichs* und von daher im *Selbsterleben aus Gewohnheit* gut angepasst an die Realität, während er oder sie das *Selbsterleben in Wahrheit* gut kennt, nicht in den Keller sperrt, sondern in eine Gegenwelt verlegt. Das, so meine ich, verdient die Zuschreibung *kontrastives Selbstkonzept.* Ich sage dazu vereinfacht *heimliches Selbst. Kontrastiv* bedeutet ein heimliches *Selbsterleben in Wahrheit*, das schon in harmloser Tagträumerei seinen Ausgang nimmt, um auf Kurzurlaub – mit Abstand von Forderungen des Alltags und konventionellen Realitätserfahrungen des *Selbsterlebens aus Gewohnheit* – Bedürfnisse und damit Entgrenzung auszuleben. Diese Entgrenzung schließt naturgemäß, wie es beim Tagtraum bereits der Fall ist, Illusionieren nicht aus. In vielen Fällen übernimmt das Illusionieren die Aufgabe der Selbstbelohnung. Ich werde im Laufe der Abhandlung auf den Motivator ‚Lust-Ich' zu sprechen kommen.

Natürlich wird es immer Situationen und Anlässe geben, wo wir keineswegs bereit sind, und es auch unklug wäre, das *Selbsterleben in Wahrheit* öffentlich preiszugeben. Daher ist es verständlich, dass wir uns auch verstellen, um uns zu schützen: vor Schmach, vor Angriffen, vor Enttäuschung. Das sollte uns aber nicht daran hindern, die Wahrhaftigkeit vor uns selbst zu bekennen, sie nicht zu vernebeln oder zu verschleiern. Das *Selbsterleben aus Gewohnheit* erträgt ein erstaunlich hohes Maß an Unstimmigkeit zwischen Selbstbild und Selbstgefühl, sofern das *weltbezogene Ich* Bestätigung des Selbstwerts organisiert. Die Wahrscheinlichkeit einer Selbsttäuschung und schließlich Selbstverleugnung nimmt zu. Dies betrifft nicht allein private Beziehungen. Es betrifft durchwegs Selbstausbeutung aufgrund oft jahrelangen Erduldens von Unzumutbarkeit, von Leistungsdruck durch innere Antreiber, die damit einhergehende Selbstüberforderung in beruflichen Handlungsfeldern. Hingegen ist das *Selbsterleben in Wahrheit* darauf bedacht, dass zwischen Selbstbild und Selbstgefühl Stimmigkeit vorherrscht. Dafür muss aber das *selbstbezogene Ich* online bleiben. Es wird hinreichend viele Gelegenheiten geben, anderen gegenüber Aufrichtigkeit zu zeigen, unverhohlen einen Standpunkt zu vertreten und dem Selbsterleben in Wahrheit die Treue zu erweisen.

Da ich mir vorgenommen habe, einen Leitfaden für ein *integriertes Selbsterleben* zu spinnen, so will dieses Projekt dazu ermutigen, eingesperrte Erlebnisweisen und Erfahrungen aus Gegenwelten zu integrieren. So mögen im Laufe der Zeit auch Erfahrungen des *Selbsterlebens in Wahrheit* auf eine kreative und unkonventionelle Weise Einlass in das *Selbsterleben aus Gewohnheit* finden. Dass dieses Identitätsprojekt vor der Herausforderung steht, jene unliebsamen Erfahrungen aus dem Keller zu befreien, nach C.G. Jung den *Schatten* in das Selbst zu integrieren, ist kein leichter Vorgang. Aber er lohnt sich allemal, denn die *Sehnsucht nach dem Ganzen* (Lacan, 1994) ist stets auch ein Heimweh nach der ungebrochenen Ursprünglichkeit.

## Die Selbstwertregulierung

Ursprünglich entsteht ein *Selbstgefühl* aus Beziehungserfahrungen, in denen wir uns wohlwollend behütet fühlten. Durch die nach G.H. Mead so genannten signifikanten Anderen, das ist zuerst einmal die Mutter, erfahren wir unser Selbstgefühl mittels versorgender und liebevoller Zuwendung sowie durch Spiegelung im Glanz ihrer Augen (Kohut, 1976). Dieser Glanz vermittelt die Grundlage für Selbstachtung, sich in Ordnung zu fühlen und ein wertvolles Wesen zu sein. Noch handelt es sich nicht um Anerkennung von Leistung, sondern um das entzückende Glück, mit der eigenen Lebendigkeit willkommen zu sein.

Der Vergleich mit anderen beginnt, wo wir uns als Ähnliche oder Verschiedene erkennen. Die Grundlage für Verähnlichung liegt in der Anpassung an die uns vermittelten Forderungen von Bezugspersonen und in dem Bestreben der Nachahmung – ein anderes Wort für Identifikation. Wir gleichen uns an und indem wir das tun, vergleichen wir uns mit anderen. So entsteht das Selbstbild. Sind wir ihnen ähnlich, fühlen wir uns in Ordnung. Fehlt die Verähnlichung, fühlen wir uns fremd, mutterseelenallein. Das Vertrauen ins Selbstgefühl kann wachsen, wenn unser Gefühlsausdruck verstanden und durch *markierte Spiegelung* für uns selbst signifikant wurde. Markierte Spiegelung durch Bezugspersonen ist als Bezeichnung unseres Empfindens zu verstehen (siehe Fonagy, Gergely, Jurist & Target, 2019) und so lernen wir die Regungen unserer Lebendigkeit von den Regungen anderer zu unterscheiden.

Damit ist es möglich, auch unlustvolle Gefühle als eigene anzunehmen und in weiterer Folge in unser Selbsterleben zu integrieren. Dies vollzieht sich nicht zuletzt dadurch, dass unlustvolle Gefühle durch markierte Spiegelung und *Symbolisierung* mittels Sprache zu erträglichen Bewusstseinsinhalten werden können. Selbstgefühl heißt der Fragestellung nach: *„Kann ich mich selbst fühlen?"* Sich selbst fühlen, Gefühle nicht allein auf andere zu beziehen, sondern als Zustandsanzeigen des Selbsterlebens zu verstehen, verlangt zuallererst, dass unser Gefühlsausdruck für uns bezeichnet und uns belassen, nicht enteignet wurde.

Unsere Gefühle der Zuwendung werden durch *narzisstische Besetzung* von Bezugspersonen enteignet. Wir verschenken das Gefühl, ohne zu ahnen, dass wir dessen beraubt werden. Vereinnahmende und benutzende Bezugspersonen tragen dazu bei, dass wir mehr die Gefühle der anderen empfinden als die eigenen und dies nicht unterscheiden können. Somit folgt, dass wir uns in emotionaler Nähe zu jemandem sofort in dessen System verstricken. Es entsteht die Frage: *„Darf ich mich selbst fühlen?"* Bin ich verstrickt, fehlt mir die Unterscheidung. Ist dies der Fall, finde ich keine Antwort. Denn ich lebe das Leben der anderen, um in mir anwesend zu sein. Ein fremdes Selbst ist eine durch narzisstische Besetzung verinnerlichte Erfahrung. Oder es handelt sich um ein leeres Selbst, sofern wir realisieren, dass wir das wahre Selbst durch Enteignung zur Verfügung gestellt haben. In beiden Fällen überrascht uns eines Tages die Erkenntnis, dass wir für uns selbst gar nicht stattfinden. Somit wird die nächste Frage gelöscht: *„Was bin ich mir selbst wert?"* Der Grund für diese nicht gestellte Frage ist in der Biografie angelegt.

So stellt sich die Herausforderung, im Durchschreiten von Täuschungen und Leere, die durch Ent-Täuschung entstehen, Vertrauen ins Selbstgefühl zu finden. Die Prüfungen einer nahezu initiatischen Erfahrung betreffen die Feuerprobe und die Wasserprobe, die Begegnung mit der Angst. Angst kann als Signal für einen anstehenden Entwicklungsschritt gesehen werden. Wenn ja, kann die Entwicklung in Bewegung kommen. Die Umwandlung einer Angsterregung in Gestaltungswillen bedeutet Initiation. Die Feuerprobe kann als Befeuern und Verbrennen der Ängste und Zweifel verstanden werden. Die Wasserprobe hingegen betrifft die Hingabe an zartes sowie ausdrucksstarkes Fühlen. So erwecken wir mit dem *Selbstgefühl* die zärtlichen wie auch die angriffigen und verteidigenden Gefühle, die letztlich dazu verhelfen, die Selbstgrenze anzuerkennen.

Wer sich verstrickt oder sich ängstlich von der Welt zurückzieht, kennt auch seine Selbstgrenze nicht wirklich. Ist ihr Barrierewert hoch, fühlen wir uns eindringlichen Reizen gegenüber geschützt. Ist ihr Barrierewert niedrig, fühlen wir nicht den Unterschied zwischen Ich und Du, zwischen Innen und Außen, zwischen Welt und Selbst, sind verletzlich oder vereinnahmend. Dramatische Beziehungen, spürbar an einer verschwommenen oder aufgelösten Selbstgrenze, ringen um Unterscheidung und heben diese notwendige Differenz durch Verschmelzung von Ich und Du auf.

Analog dazu hat die biologische Zellmembran die Aufgabe, Nährendes hereinzulassen, Verdorbenes abzugeben und im Schließen Ruhe zuzulassen, um der Verwertung und Erholung zu dienen (Lipton, 2009; Davis, 2020). Eine auf Dauer geschlossene Selbstgrenze wäre ein Widerspruch in sich selbst, denn dies würde psychosoziale Kontaktlosigkeit implizieren. Eine ständig offene Selbstgrenze wäre in Bezug auf den Selbstschutz eine große Gefahr aufgrund hoher Verletzlichkeit. So gestaltet sich Selbststeuerung als *Pulsation* zwischen den Polen offen und geschlossen. Selbststeuerung bedeutet vor allem Handhabe gegenüber Kränkungen, die wir nicht verhindern, aber verarbeiten können.

## Das Problem der Genugtuung

Viele Narrative schildern langjährige Kränkungen. Unterschiedliche Kränkungsereignisse verbindet das Erleben von *Ablehnung*. Mit der Zeit stieß ich auf unterschiedliche Formen *verinnerlichter Ablehnung*. Dies entspricht dem Begriff *introjizierte Sanktion*. Es stellte sich der Eindruck ein, dem Kind sei Enttäuschung auch als Ablehnung seiner Person widerfahren. Wie mir Klienten und Klientinnen erzählen, musste es sich nicht um Entwertung und Strafmaßnahmen handeln. Dennoch wurde Ablehnung empfunden, indem sich Unverständnis gegenüber Sehnsucht oder Enttäuschung an die Verunmöglichung koppelte, Ablehnung und Auflehnung zum Ausdruck zu bringen. Ablehnung bedeutet Unterbindung der damit verbundenen Regungen. Von wem aus, ist manchmal nicht so klar.

Jedenfalls wurde aus Unterbindung eine Ablehnung verpönter Regungen wie beispielsweise Wut. Aus der Repression von Aggression wurde Sanktion. Und sie begann sich zunehmend als Gewissensnot, Schuldgefühl, Selbstzweifel, Minderwertigkeit, Unzulänglichkeitsgefühl und Angst vor der Angst zu verfestigen. Die Wechselwirkungen schaukelten sich zu innerer Unruhe und zu einer Verselbstständigung der inneren Kritiker, Antreiber und Bestrafer auf (Roediger, 2018). So lässt sich ein *negatives Selbstkonzept* beschreiben. Es entwickelte sich ein Verlangen nach Genugtuung, die sich je nach Temperament und Charakter als eine der Varianten äußern sollte: Wiedergutmachung oder Vergeltung, vielleicht auch Verheimlichen und Betören. Viele meiner Gespräche brachten Motive hervor, die nach Satisfaktion verlangten, um Selbstwert und Selbstbild auf die eine oder andere Weise zu rehabilitieren.

*Satisfaktion* ist ein Begriff, der ursprünglich aus der Duelltradition stammt. Wer sich beleidigt, in seiner Ehre angegriffen fühlte, verlangte Genugtuung, selbst wenn er im Duell getötet werden konnte. Die Koppelung an den Selbstwert ist dadurch mehr als offensichtlich. Aus heutiger Sicht korrespondiert Satisfaktion mit dem Begriff *narzisstische Gratifikation* unter dem Vorzeichen von Entschädigung. War eine offen ausgetragene und faire Konfliktbereinigung zwischen Eltern sowie zwischen ihnen und Kindern nicht möglich, hinterließen Kränkungen, Verletzungen, Traumatisierungen sanktionierende Spuren im Gedächtnis des Kindes. Von daher beziehe ich das Erleben verinnerlichter Ablehnung in meine Betrachtung des *Selbsterlebens in Wahrheit* mit ein. Das *Selbsterleben aus Gewohnheit* kämpft mit Eifer dagegen an. Das geht lange Zeit gut, weil sich Erfolg von Leistung im Außen einstellt.

Den Kern des Problems verstehe ich als *verinnerlichte Ablehnung,* die auf der Unterdrückung verpönter Regungen basiert und damit den Zugang zu Erfahrungen in den Dunkelkammern des Kellers versperrt. Das *Selbsterleben in Wahrheit* drängt jedoch mit all seinen Regungen, seien es Wünsche nach wie auch Ängste vor der immer schon ersehnten Befreiung. Diese Befreiung ist gewiss nicht durch Genugtuung, sei sie eine Wiedergutmachung, Vergeltung oder Verheimlichung, gegeben. Befreien heißt Liebe von Schuld und Scham zu befreien. Befreien heißt Ausdruck von Empörung an den Tag legen, wo Unrecht empfunden wird. Befreien heißt letztlich Vergeben, Verzeihen als Verzicht auf Genugtuung. Dass durch Frustration der Grundbedürfnisse und Kränkungen des Selbstwerts Motive nach Rache, Sühne, Bestrafung, Schadenersatz, Entschädigung, Tatausgleich, Wiedergutmachung, Forderungen nach Gerechtigkeit entstehen, muss nicht aufwendig hinterfragt werden. Der mäßige Erfolg durch Vergeltung liegt daran, dass wir uns durch einen Gegenschlag nicht besser fühlen, indem wir unsererseits Unrecht begangen haben. Bestrafung erinnert an restriktive Familienverhältnisse gedemütigter Kinder, die sich auf drastische Folgen durch Revanche einstellen mussten, wenn sie ihren Gefühlen der Auflehnung und Empörung Ausdruck verleihen wollten.

Wiedergutmachen kann eine Ausgleichshandlung sein. Wenn wir uns damit selbst verleugnen, hilft auch sie einer Verbesserung des Selbstgefühls nichts. Vielleicht ging es in der Kindheit auch anders zu. Obgleich Wiedergutmachung erwirkte, sich neuerlich in Ordnung zu fühlen, auch Reue gezeigt oder von Eltern eingefordert wurde, konnte das Kind keinen anderen Ausweg finden, als Genugtuung durch Verheimlichung seines *Selbsterlebens in Wahrheit* in die Unerreichbarkeit und damit in eine für andere nicht nachvollziehbare Gegenwelt zu verlegen. Unterschiedliche Ausdrucksformen der Satisfaktion, Rehabilitation und narzisstischen Gratifikation verstehe ich als Möglichkeiten, sich Genugtuung als Entschädigung für Kränkungen und verinnerlichte Ablehnung zu organisieren. Meinem Dafürhalten nach tut Vergeben gut, Verzicht auf Genugtuung. Aus dem Vergeben entsteht Güte oder fördert sie, wo ihr Keim in uns schlummert, seitdem wir atmen. Aber vielleicht brauchen wir für dieses Vergeben Geduld. Denn weder lässt sich Gewesenes abschneiden oder nachhaltig wegsperren, noch lässt sich Kommendes erzwingen. So möchte ich meine einleitenden Gedanken mit den Worten Rainer Maria Rilkes abrunden.

## Über die Geduld

Man muss den Dingen
die eigene, stille
ungestörte Entwicklung lassen,
die tief von innen kommt
und durch nichts gedrängt
oder beschleunigt werden kann,
alles ist austragen – und
dann gebären …

Reifen wie der Baum,
der seine Säfte nicht drängt
und getrost in den Stürmen des Frühlings steht,
ohne Angst,
dass dahinter kein Sommer
kommen könnte.

Er kommt doch!

Aber er kommt nur zu den Geduldigen,
die da sind, als ob die Ewigkeit
vor ihnen läge,
so sorglos, still und weit …

Man muss Geduld haben
Mit dem Ungelösten im Herzen,
und versuchen, die Fragen selber lieb zu haben,
wie verschlossene Stuben,
und wie Bücher, die in einer sehr fremden Sprache
geschrieben sind.

Es handelt sich darum, alles zu leben.
Wenn man die Fragen lebt,
lebt man vielleicht allmählich,
ohne es zu merken,
eines fremden Tages
in die Antworten hinein.

Rainer Maria Rilke,
Viareggio bei Pisa, 23. April 1903

## Terminologischer Diskurs

Die Bezeichnung Diskursanalyse bezieht sich auf Argumentationsstränge meiner Recherchen. Insofern dienen Aussagen der zitierten Autorenschaft dem Vergleich mit meiner Darlegung von Sachverhalten. Dies ist eine Einladung, meine Texte durch die Diskursanalyse zu reflektieren. Überdies entspricht das umfangreiche Zitieren meiner Begeisterung für Autoren und Autorinnen, die im aktuellen Diskurs oftmals nicht erwähnt werden, wenngleich ihre wissenschaftlichen Arbeiten grundlegend für unseren Erkenntnisfortschritt sind. Sollte meine Auswahl den Eindruck einer Überfrachtung erwirken, empfehle ich, die Abschnitte einfach zu überspringen und meinem Leitfaden zu folgen. Aber vielleicht bietet sich meine Abhandlung auch als ein Handbuch zur Reflexion von Psyche, Kunst und Therapie an.

Der Einstieg in die Diskursanalyse legt Perspektiven der Ichpsychologie durch Peter Kutter und Hermann Roskamp mit Bezug zu Freud dar. Aus ihrer Sicht ist das Ichbewusstsein als Teilgebiet der Persönlichkeit aufzufassen. James Glover spricht von Ich-Kernen, die allmählich zum kohärenten Ich-Selbst-System verschmelzen. Otto Kernberg sieht das Selbst als Aspekt der Ichstrukturen und definiert Ichschwäche als Fehlen eines integrierten Selbst. Die Folge seien dissoziierte, abgespaltene Ichzustände. James Masterson bezieht sich auf Kernberg und erläutert die sich allmählich herausbildende Differenzierung von Selbst- und Objektvorstellungen mit besonderer Bezugnahme auf das Borderline-Syndrom. Eine Weiterführung der Differenzierung von Ich und Selbst nimmt Kernberg vor, der das Selbst als intrapsychische Struktur versteht, die aus Selbstrepräsentanzen und den damit verbundenen Affektdispositionen zusammengefügt ist. Es folgen ergänzende Definitionen von Thomas Stüttgen, Erich Neumann, William Davis. Edith Jacobson erkennt Selbstrepräsentanzen aus Beziehungserfahrung. Perls, Hefferline und Goodman sehen das Selbst als Integrator.

Peter Fonagy et al. halten sich an William James, der das ‚I' vom ‚Me' unterschieden hat. Sie sprechen vom *konstitutionellen Selbst* (I) und *kategorialen Selbst* (Me). Damit nähere ich mich der Bezeichnung wahres Selbst, das ich mit meinem Begriff des Selbsterlebens in Wahrheit gleichsetze. Demgegenüber tangiert das kategoriale Selbst als ‚Me' bei James meinen Begriff des Selbsterlebens aus Gewohnheit. In weiterer Folge werden mit Alexander Lowen und Will Davis das Selbstgefühl, mit Otto Kernberg und Edith Jacobson das Selbstwertgefühl erläutert. Hiermit liegt die Verbindung zur Selbstwertregulierung nahe. Insofern mündet die Darlegung von Kernberg zum integrierten Selbst in die Unterscheidung anderer Formen des Selbsterlebens. Das falsche, fremde, leere und geteilte Selbst werden umrissen. Fonagy, Gergely, Jurist und Target nehmen dabei Bezug auf Donald Winnicott. Das geteilte Selbst, von Alexander Lowen dargelegt, erweist sich als Divergenz zwischen Selbstbild und Selbstgefühl.

## Perspektiven der Ichpsychologie

Peter Kutter formuliert im Vorwort zur *Ichpsychologie* (1974) die Definition des Ich wie folgt: „Das Ich ist Träger des Bewusstseins, stellt eine Struktur bzw. Organisation als ein ‚Teilgebiet der Persönlichkeit' dar und vermittelt zwischen Trieben, Realität, Über-Ich und Ich-Ideal. Es ist verdrängende bzw. abwehrende Instanz, Ort der Repräsentanzenwelt, der Sublimierung und ein mit bestimmter Energie besetztes System. Ich bedeutet zugleich Subjekt im Gegensatz zu Objekt, Organ der Selbsterhaltung, Stätte der Angst (S. Freud 1926) und Ursprung des Denkens, der Wahrnehmung und der Motorik. Es repräsentiert eine Stätte der Beobachtung (A. Freud 1936), ein Organ der Anpassung an die Umwelt, eine ‚Organisation' mit der Fähigkeit zur ‚Synthese' (Nunberg (1930) und ist dabei ‚Niederschlag der aufgegebenen Objektbeziehungen' (S. Freud 1923)" (Kutter 1974, VII).

Im Anschluss daran erweitert Hermann Roskamp die angeführte Definition, indem er ebenfalls auf Freud verweist, der das eigentliche Subjekt der Person nicht substanziell, sondern durch seine *Funktionen* definiert sieht. Die anwachsende Beherrschung körperlicher Funktionen führt zu einem Kern oder in anderen Worten zum „Körper-Ich" (Freud 1923, S. 255). „Sie betreffen aber auch die Kommunikation mit der sozialen Umwelt, die Interaktionen von Mutter und Kind. Aus den diesen beiden Erfahrungsbereichen, der körperlichen und der sozialen Sphäre entstammenden Informationen integriert sich im Zuge zahlloser Unterscheidungen von innen und außen zunächst ein ‚anfängliches Real-Ich'" (Freud, S. 1915a; S. 228 in: Roskamp 1974, S. 5).

Obwohl Freud ein primäres Lust-Ich konzipiert hatte, das seiner Natur nach von ihm vollständig unter dem Primat des Unbewussten [Es] gedacht worden war, korrigierte er später, über ein primäres Real-Ich würde sich ein purifiziertes Lust-Ich und schließlich ein sekundäres Real-Ich bilden. „In seinen ‚Formulierungen über die zwei Prinzipien des psychischen Geschehens' (Freud 1911 G.W., Bd. 8, S. 230) hatte Freud die Vorstellung der Umwandlung eines frühen ‚Lust-Ichs' in ein

‚Real-Ich' eingeführt. Dieses anfängliche ‚Real-Ich' geht nicht direkt in das *endgültige* ‚Real-Ich' über, sondern wird unter dem beherrschenden Einfluß des Lustprinzips durch ein ‚Lust-Ich' ersetzt" (Psychologie des Unbewußten. Studienausgabe Band II, 1975 f. S. 97 in: Freud 1975, S. 97f.). Freud (1937) hatte darauf hingewiesen, dass die Psychoanalyse nur bei einem „Normal-Ich" durchgeführt werden könne. Meinem Verständnis nach kann der freudsche Begriff „Normal-Ich" mit dessen Begriff *„endgültiges* Real-Ich" gleichgesetzt werden.

Übereinstimmend mit Beschreibungen der Repräsentanzenwelt von Sandler und Rosenblatt (1962) und dem Begriff Ich-Identität von Erikson (1956) sieht Kernberg das Selbst als Aspekt der Ichstrukturen. Würde hingegen ein integriertes Selbst fehlen, so spiegle sich die ‚Ichschwäche' in voneinander dissoziierten oder abgespaltenen Ichzuständen. Seine Hypothesen zum Ursprung der Ichbildung umfassen folgende Merkmale: „erstens die Differenzierung zwischen Selbst- und Objektimagines und zweitens die Integration libidinös–bestimmter mit aggressiv-bestimmten Selbst- und Objektimagines" (Kernberg 1983, S. 189-190). Indem Wahrnehmung und Gedächtnisspuren sich immer genauer zuordnen lassen, „werden allmählich Selbstimagines und Objektimagines voneinander abgegrenzt" (Kernberg 1983, S. 190). Den Begriff der Imago erläutere ich im weiteren Verlauf der Abhandlung (siehe fünftes Kapitel).

Ein zweiter Entwicklungsschritt, „nämlich die Integration derjenigen Selbst- und Objektimagines, die unter dem Einfluß libidinöser Triebabkömmlinge und der dazugehörigen Affekte entstanden sind, mit jenen anderen Selbst- und Objektimagines, die unter dem Einfluß aggressiver Triebabkömmlinge und der dazugehörigen Affekte aufgebaut wurden" (Kernberg 1983, S. 190) misslinge bei Borderline-Störungen. Insofern sollten genügend befriedigende und lustvolle Erfahrungen dem Säugling die Möglichkeit bieten, die „grundlegende, zunächst noch zu einer Einheit verschmolzene Selbst-Mutter-Imago, auf der das Urvertrauen beruht" (Kernberg 1983, S. 191) aufzubauen. Eine drastische

Störung sei gegeben, wenn der Aufbau einer „total-guten Selbst-Objekt-Imago" bzw. eines „guten inneren Objekts" nicht entwickelt werden konnte (Kernberg 1983, S. 191). So müssten die extrem gegensätzlichen und widerstreitenden Selbst- und Objektimagines aus Gründen der Abwehr voneinander getrennt gehalten werden. Die *Spaltung* als Abwehrvorgang ist hiermit benannt, die Grundlage von Ambivalenz erkannt.

James Masterson (1980) bezieht sich auf Kernberg und gliedert den Entwicklungsverlauf in vier Phasen, wovon ich ergänzend zu Kernberg seine Beschreibung der letzten Phase zitieren möchte. „*Phase 4:* Während der vierten Phase verschmelzen die ‚guten' und ‚bösen' Selbstbilder zu einem integrierten Selbstkonzept; mit anderen Worten, Selbstbilder stellen unter dem Einfluß polar entgegengesetzter emotionaler/ interpersonaler Erfahrungen Kohärenz und Kontinuität her, Affekte werden integriert, gemildert und unterliegen dann weiterer Differenzierung, und das Selbstkonzept des Kindes und sein tatsächliches Auftreten oder Verhalten im sozialen Feld nähern sich an. Gleichzeitig verschmelzen auch die ‚guten' und ‚bösen' Objektbilder, so daß die ‚guten' und ‚bösen' Mutterbilder in eine Konzeption von der Mutter als ‚totales' Objekt integriert werden, eine Konzeption, die sich der Wirklichkeit der Mutter im interpersonell-perzeptuellen Feld des Kindes stark annähert" (Masterson 1980, S. 31–32).

## Differenzierung von Ich und Selbst

Heinz Hartmann missfiel die Doppeldeutigkeit des Begriffs ‚Ich' – einmal zur Charakterisierung des regulierenden Anpassungsorgans als Teil der Person, dann wieder als Bezeichnung der Gesamtperson –, und er führte den Terminus *Selbst* ein. Er verstand darunter ausschließlich die *Selbstrepräsentanz*, so formuliert Mentzos „die Summe der inneren Bilder von sich selbst" (Mentzos 2003, S. 41). Moser und von Zeppelin fassen ein *Selbst* ganz ähnlich auf: das „Insgesamt der affektiven Rückkoppelungen aller Art und der zugeordneten Bilder" (Moser & von Zeppelin 1996, S. 133). Thomas Stüttgen (1985) vermittelt ein Bild vom Selbst, das der *innerpsychischen Repräsentanz* emotionaler Befindlichkeit des Ichs entspricht. Die Affinität zwischen bildhaften Vorstellungen und leiblichen Empfindungen fällt auf.

Im Anschluss an Hartmann (1964) versteht Kernberg das ‚Selbst' als „eine intrapsychische Struktur, die sich aus mannigfachen Selbstrepräsentanzen mitsamt seinen damit verbundenen Affektdispositionen konstituiert" (Kernberg 1983, S. 358). Edith Jacobson unterscheidet ein *Ich* als ‚strukturelles seelisches System' vom *Selbst* in Anlehnung an Hermann Hartmann (1939) und von *Selbstrepräsentanzen*. Selbst- und Objektrepräsentanzen würden die „unbewußten, vorbewußten und bewußten intrapsychischen Repräsentanzen des körperlichen und seelischen Selbst im System Ich" (Jacobson 1978, S. 30) bezeichnen. Die Errichtung des Systems Ich gehe mit der Entdeckung der Welt der Objekte einher und münde in die zunehmende Unterscheidung zwischen dieser und dem Selbst. „Aus den stetig sich vermehrenden Erinnerungsspuren lustvoller und unlustvoller triebhafter, emotionaler, ideationaler und funktioneller Erlebnisse und aus den Wahrnehmungen, mit denen sie assoziativ verknüpft werden, erwachsen Imagines der Liebesobjekte wie auch des körperlichen und seelischen Selbst. Anfänglich vage und veränderlich, erweitern sie sich allmählich und entwickeln sich zu konsistenten und mehr oder weniger realistischen intrapsychischen Repräsentanzen der Welt der Objekte und des Selbst" (Jacobson 1978, S. 30). Die Darlegungen von Kernberg, Masterson und Jacobson sind deckungsgleich.

Die Gründer der Gestalttherapie sehen das Selbst als ‚Integrator', insofern als synthetische Einheit. Entfremdungen des Selbst verstehen sie als ‚Ich'. „Das Ich (d. h. die vielfältigen Identifizierungen und Entfremdungen) muß durch Experimente bewußter Wahrnehmung der eigenen verschiedenartigen Funktionen gestärkt werden, bis spontan die Empfindung dafür auflebt, daß ‚Ich' es bin, der dieses denkt, wahrnimmt und fühlt" (Perls, Hefferline, Goodman 1979, S. 18). Daher benennen sie im Gegensatz dazu das Selbst als System der „ständig neuen Kontakte" (Perls, Hefferline, Goodman 1979, S. 17). Sie verstehen Kontaktnahme „als Verlangen und Zurückweisen, Annähern und Vermeiden,

Empfinden, Fühlen, Nutzbarmachen, Einschätzen, Kommunizieren, Kämpfen usw." (Perls, Hefferline, Goodman 1979, S. 11). Im fünften und letzten Kapitel nehme ich im Zusammenhang mit Schemata darauf Bezug.

## I und Me bei William James

William James hat die Begriffe ‚I' und ‚Me' geprägt. „Das ‚kategoriale Selbst' bezieht sich auf die Repräsentation all jener Merkmale und Eigenschaften, die man sich selbst zuschreibt, [...] und die man großteils aus den Reaktionen, mit denen einem die soziale Umwelt begegnet, erschlossen hat" (Fonagy, Gergely, Jurist & Target 2019, S. 211). Im Unterschied dazu ist unter dem von James genannten ‚I' das subjektive oder konstitutionelle Selbst zu verstehen. Es soll sich als zweckdienlich erweisen, das ‚kategoriale Selbst' vom ‚konstitutionellen (körperlichen) Selbst' als das *wahre Selbst* zu unterscheiden, da dieses ‚kategoriale Selbst' auch das *fremde Selbst* in sich trägt, was zu einer Verfälschung im *Selbsterleben aus Gewohnheit* beiträgt. Fonagy, Gergely, Jurist und Target erachten es als wichtig, den Prozess nachzuvollziehen, durch den das Verstehen des Selbst als mentaler Urheber aus der interpersonalen Erfahrung auftaucht. Für sie besteht ein enger Konnex zwischen der Mentalisierung und der Entwicklung des Selbst.

## Ich und Selbst bei Antonio Damasio

Damasio versteht das ‚Ich' als Produkt der Sprache im Unterschied zum ‚Selbst'. In *Ich fühle, also bin ich* (Damasio, 2000) unterscheidet er drei Formen der Selbstbewusstheit: Proto-Selbst, Kernselbst und autobiografisches Selbst. „Das Proto-Selbst beruht auf der ‚Gesamtheit jener Hirnmechanismen [...], die fortwährend und unbewusst dafür sorgen, dass sich die Körperzustände in jenem schmalen Bereich relativer Stabilität bewegen, der zum Überleben erforderlich ist'" (S. 36). Kernbewusstsein, Grundlage des Kernselbst, tauche auf, *„wenn die Repräsentationsmechanismen des Gehirns einen vorgestellten, nicht sprachlichen Bericht erzeugen, in dem niedergelegt ist, wie der eigene Zustand des Organismus davon beeinflusst wird, dass er ein Objekt verarbeitet, und wenn dieser Prozess die*

*Vorstellung von dem verursachenden Objekt verstärkt, so dass es in einem räumlichen und zeitlichen Kontext hervorgehoben wird"* (Damasio [1999] 2000, S. 205 in: Fonagy, Gergely, Jurist & Target 2019, S. 88).

## Das Selbstgefühl

Will Davis erkennt im ‚Selbstgefühl' des Kleinkindes bereits das Selbst als primär organisierende Instanz bzw. intentionales Zentrum der Subjektivität, was er als teleorganisch versteht, d. h. als angeborene Fähigkeit, den notwendigen Bedürfnissen eines lebendigen Organismus zu dienen. Damit schwenkt er zu Maturana und Varela, indem er deren Ansatz in biologischer Terminologie durch Paraphrasierung mit den in Klammern eingeführten psychotherapeutischen Termini ergänzt. „Wenn eine Zelle [das Selbst] mit einem Molekül [seinem Umfeld, z. B. einem Objekt] interagiert und es in seine Prozesse mit einbezieht [Introjektion, Identifikation, Internalisierung], dann wird das Ergebnis dieser Wechselwirkung nicht durch die Eigenschaften des Moleküls [des Objekts] bestimmt, sondern durch die Art und Weise, wie dieses Molekül [das Objekt] von der Zelle [dem Selbst] aufgenommen [‚gesehen'] wird, während es das Molekül [das Objekt] in seine autopoietische Dynamik einbezieht. Die Änderungen, die aus dieser Interaktion entstehen, sind durch die eigene Struktur und Einheit der Zelle [des Selbst] verursacht worden" (Maturana & Varela 1998, S. 51f.; in: Davis 2020, S. 172–173).

Sicherheit und Wohlbefinden seien Indikatoren für das Vertrautsein mit dem Selbstgefühl. Darüber hinaus würde das Selbstgefühl weder zu Bewertungen noch zu Urteilen verleiten. Ryan und Brown paraphrasieren: „In wirklicher Selbstbestimmung gibt es kein fixes Konzept eines Selbst, das zu schützen oder zu verbessern wäre" (Ryan und Brown 2003, S. 75; in: Davis 2020, S. 159). So ist auch Thomas Fuchs zu verstehen: „Also gleicht der Leib einem Felsgrund *unerschütterlicher Gewissheiten* [...] *wie ein vor-prädikatives (präreflexives) Wissen.* Radcliff hat kürzlich dargelegt, dass basale körperliche Empfindungen gleichzeitig Erfahrungen von Körperzuständen als auch Erlebnismodi der Welt sind.

Das gilt speziell für ‚existenzielle Gefühle' wie *sich zuhause zu fühlen* oder *zur Welt zu gehören*" (Fuchs 2009, S. 574; in: Davis 2020, S. 156). Ich teile diese Auffassung, nenne dies aber ‚das Wesen der Liebe'.

## Das Selbstwertgefühl

Mit Blick auf äußere Faktoren fallen folgende Komponenten der Selbstwertregulierung auf. (1) Effektive libidinöse Befriedigung durch Bezugspersonen; (2) Erfüllung von Ich-Zielen durch soziale Effektivität und Erfolg; (3) produktive Verwirklichung intellektueller und kultureller Bestrebungen. Will heißen, die libidinöse Besetzung des Selbst werde durch Liebe und Befriedigung seitens der Bezugspersonen, durch Erfolg in der sozialen Realität, durch eine Harmonie zwischen Selbst und Überich sowie durch die Wiederbestätigung der Liebe innerhalb der Objektrepräsentanzen, schließlich durch Triebbefriedigung und körperliche Gesundheit verstärkt. „Ein Selbst mit erhöhter libidinöser Besetzung – sozusagen in Frieden und glücklich mit sich selbst – ist auch in der Lage, äußere Objekte und ihre verinnerlichten Repräsentanzen stärker zu besetzen. Erhöht sich die narzißtische Besetzung, so wächst im allgemeinen zugleich auch die Fähigkeit, zu lieben und zu geben, Dankbarkeit zu empfinden und auszudrücken, Anteilnahme für andere aufzubringen, sexuelle Liebe, Sublimierung und Kreativität zu steigern" (Kernberg 1983, S. 364). Dies steigere die *Güte* gegenüber inneren Objekten und realen Personen und festige somit die Bindungsbeziehungen. Dieser Gedanke schenkt Zuversicht.

Kernberg definiert den normalen Narzissmus, die libidinöse Besetzung des Selbst, durch eine psychische Struktur, die sowohl libidinös wie aggressiv besetzte Anteile integriert. „Umgekehrt verringert sich die libidinöse Besetzung des Selbst beispielsweise bei einem Verlust äußerer Liebesquellen, beim Scheitern in der Erreichung von Ich-Zielen oder in der Erfüllung von Ich-Ansprüchen, unter Überich-Zwängen infolge für das Über-Ich unannehmbarer Triebbedürfnisse, im Gefühl des Unvermögens, den Erwartungen des Ich-Ideals zu genügen oder allgemein bei Frustration von Triebbedürfnissen oder körperlichen Krankheiten"

(Kernberg 1983, S. 364). Das ‚Selbstwertgefühl' hänge jedoch von der libidinösen Besetzung des *integrierten Selbst* ab. Und kurz darauf: „der Überich-Zwang läßt das Ich glauben, daß es die Liebe seiner inneren ebenso wie seiner äußeren Objekte nicht mehr ‚verdient'" (Kernberg 1983, S. 364).

Die Intensität bzw. der Pegelstand des Selbstwertgefühls sei als Marker zu verstehen, inwiefern und auf welchem Pegelstand das Selbst narzisstisch besetzt sei. „Das Selbstwertgefühl bezeichnet also die differenzierten Ebenen narzißtischer Besetzung, während diffuse Gefühle von Wohlbehagen, Lebenslust, Euphorie oder Befriedigung als primitive Äußerungen des Narzißmus gelten können. So sind zum Beispiel – wie Jacobson (1964) ausgeführt hat – Stimmungsschwankungen das Hauptmerkmal einer relativ primitiven Stufe der vom Über-Ich bestimmten Regulation des Selbstwertgefühls; auf fortgeschritteneren Stufen der Überichfunktion tritt an die Stelle von Stimmungsschwankungen die präziser abgrenzende kognitive Einschätzung oder Kritik des Selbst" (Kernberg 1983, S. 360-361).

## Ein integriertes Selbst

Das normale Selbst ist als *integriertes Selbst* aufzufassen, insofern sich mannigfache *Selbstrepräsentanzen* dynamisch zu einem Ganzen organisieren. ‚*Selbstrepräsentanzen*' stellen affektiv-kognitive Strukturen dar, welche die ‚*Selbstwahrnehmung*' einer Person in ihren realen und fantasierten Interaktionen mit Bezugspersonen widerspiegeln. Andererseits zählen zum Selbst ‚*Objektrepräsentanzen*', die Kernberg als verinnerlichte Repräsentanzen der Interaktionen mit signifikanten Bezugspersonen versteht. Dazu zählt er Idealselbst- und Idealobjektvorstellungen „auf verschiedenen Stufen der Depersonifikation, Abstraktion und Integration in allgemeine Ich-Ziele und Ideale" (Kernberg 1983, S. 358–359).

Diese Leistung des Ichs bringe ein *realistisches Selbstkonzept* des Ichbewusstseins hervor. „Daraus erklärt sich auch das Paradox, dass die

Integration von Liebe und Hass eine Voraussetzung der normalen Liebesfähigkeit ist" (Kernberg 1983, S. 359). Sandler und Rosenblatt bezeichneten dies als Spannungsverhältnis zwischen Real- und Ideal-Selbst. So würden auch Objektrepräsentanzen an der Regulation des Selbstwertgefühls beteiligt sein, sofern sie als Quelle narzisstischer Zufuhr und libidinöser Besetzung des Selbst zu erachten seien. „Die kritischen oder strafenden Aspekte des Über-Ichs regulieren das Selbstwertgefühl durch die vorwiegend ‚negative' Funktion der Kritik am Selbst" (Kernberg 1983, S. 362). Konträr zu diesen *Sanktionen* stünde das Ich-Ideal als Substruktur des Über-Ichs, welches aus der Integration von Idealobjekt- und Idealselbstimagines resultiere, da diese von der frühesten Kindheit an ins Über-Ich introjiziert worden seien. „… und es erhöht das Selbstwertgefühl, wenn das Selbst seinen Forderungen und Erwartungen entspricht" (Kernberg 1983, S. 362).

## Das falsche und das leere Selbst

Fonagy, Gergely, Jurist und Target (2019) beziehen sich auf Donald Winnicott, um im Rahmen ihres Mentalisierungskonzepts mangelnde Spiegelung bzw. Nichtverstehen des Säuglings durch seine Betreuungsperson auf die Entwicklung eines ‚falschen Selbst' zu beziehen. „Wenn sich dieses Verhalten trotz hartnäckiger Bemühungen des Babys fortsetzt, sind Winnicott zufolge mehrere Reaktionen möglich: Es ist denkbar, dass das Selbst überwältigt wird oder dass es voller Angst weitere Übergriffe erwartet und sich selbst nur dann zu erleben vermag, wenn es diesen Übergriffen entgegenwirkt; eine weitere Möglichkeit besteht schließlich darin, dass es sich fügt, seine eigenen Gesten verbirgt und auf diese Weise seine eigenen Anlagen untergräbt. Im letzteren Fall, so vermutete Winnicott, wird das Selbst seine betreuende Umwelt nachahmen, sich mit dem Mangel abfinden, auf kreative Gesten verzichten und vielleicht sogar vergessen, dass es sie je gab. Winnicott vertrat die Auffassung, dass der Säugling gefügig auf die Gesten der Betreuungsperson eingehe, so als wären sie seine eigenen, und dass diese Willfährigkeit der Struktur des falschen Selbst zugrunde liege" (Fonagy, Gergely, Jurist & Target 2019, S. 202).

Winnicotts Sichtweise der Merkmale des *wahren Selbst* impliziert, dass das *falsche Selbst* an seiner fehlenden Spontaneität oder Originalität zu erkennen ist. Betroffene würden auch im späteren Leben geradezu nach äußeren Übergriffen suchen, um die Erfahrung der ‚gefügigen Bezogenheit' zu wiederholen und sich damit der eigenen Existenz zu versichern. „Winnicott beschrieb auch jenes Selbst, das real zu sein scheint, aber auf Identifizierungen mit frühen Objekten aufgebaut ist, so dass ihm etwas fehlt, das einzig und allein ihm selbst gehört. Winnicott erläuterte, dass sich das falsche Selbst mitunter als real behauptet und auch auf andere real wirkt, aber eine Art mechanischer Existenz führt, in der jede genuine Verbindung zwischen intentionalen Zuständen und Handlungen fehlt. Ein Selbst, dessen konstitutioneller eigener Zustand nicht anerkannt wurde, ist ein leeres Selbst" (Fonagy, Gergely, Jurist & Target 2019, S. 202–203). Insofern beinhaltet das Selbsterleben aus Gewohnheit auch ein falsches Selbst.

Die Leere spiegle fehlende Affektaktivierung im konstitutionellen (wahren) Selbst. So wurde das Erleben bedeutungslos, die Suche nach starken Bezugspersonen, um sich an ihnen aufzurichten, ein fortwährendes Bemühen. „Das falsche Selbst erfüllt nach Winnicott die Funktion, das wahre Selbst zu verbergen und somit zu schützen. Das wahre Selbst ist der konstitutionelle Zustand, der in weiten Teilen durch mütterliches Spiegeln nicht repräsentiert wurde. […] Die Symptombildung bringt das wahre Selbst vielleicht zum Ausdruck, weil das auftauchende Selbst auf diese Weise in der Vergangenheit gespürt hat, dass es existieren konnte, ohne von einer Umwelt, die seine kreativen Gesten durch eigene ersetzte oder sie ignorierte, überwältigt zu werden" (Fonagy, Gergely, Jurist & Target 2019, S. 203).

## Das fremde Selbst

Wenn traumatische Erfahrungen das Kind dazu zwingen sollten, sich von Schmerz zu dissoziieren, identifiziere es sich mit dem Aggressor über das ‚fremde Selbst'. „Das leere Selbst wird daraufhin vom Bild des Aggressors kolonialisiert, und das Kind erlebt sich als böse und monströs"

(Fonagy, Gergely, Jurist & Target 2019, S. 205). Hinzukomme die massive Scham durch Brutalisierungserfahrungen und damit die Gefahr der Zerstörung des Selbst. Das Team stellt fest, dass ein *fremdes Selbst* in jedem von uns eingelagert sein könne. In der frühen Entwicklung versuche das Kind, sich von diesem ‚fremden Selbst' durch Externalisierung zu befreien; entfalte sich die Mentalisierungsfähigkeit allmählich, werde dieses *fremde Selbst* ins ‚Selbst' verwoben und erzeuge ein illusionäres Kohärenzgefühl.

„Das desorganisiert gebundene Kleinkind wird das Verhalten der Mutter daher häufig kontrollieren und manipulieren; dies ist Teil eines Prozesses projektiver Identifizierung, durch den das Kind sein Bedürfnis zu befriedigen versucht, das Selbst als kohärent zu erleben und den fremden Teil seiner Selbststruktur außerhalb, in anderen (gewöhnlich in der Mutter) wahrzunehmen. Die Desorganisation des Selbst führt zur Desorganisation der Bindungsbeziehungen, indem sie ein ständiges Bedürfnis nach dieser projektiven Identifizierung – der Externalisierung des fremden Selbst – erzeugt" (Fonagy, Gergely, Jurist & Target 2019, S. 19). Hiermit sind Bindungstraumata und das Borderline-Syndrom angesprochen.

## Negatives Selbstkonzept

„Das *negative Selbstkonzept* ist charakterisiert durch anhaltende Überzeugungen, als Person minderwertig, machtlos und wertlos zu sein. Sie können von tiefgreifenden und andauernden Gefühlen der Schuld und Scham begleitet sein. Diese können sich darauf beziehen, dass die Person die widrigen Lebensumstände nicht besser bewältigen oder das Leid anderer nicht verhindern konnte" (Reddemann & Wöller 2017, S. 19). Auf die Personen meiner Klientel trifft häufig ein *negatives Selbstkonzept* (Cloitre et al., 2012) zu, wobei Gründe dafür sowohl in der Erfahrung von Ablehnung und Benutzung als auch in der Überforderung durch den Druck des Über-Ichs und antreibenden Eifer zu finden sind. Vollumfänglich treffen die Störung der Affektregulierung und interpersonelle Störungen mit Blick auf eine komplexe posttraumatische

Belastungsreaktion (kPTBS) selten auf Personen meiner Klientel zu, auch wenn Gewalterfahrung und Zeugenschaft von Gewalt in ihren Narrativen auftauchen.

Im Gegensatz dazu habe ich den Begriff *kontrastives Selbstkonzept* oder *heimliches Selbst* gewählt, um ein Überwiegen der salutogenen Persönlichkeitsanteile gegenüber maladaptiven Anteilen hervorzuheben, wenngleich es sich um *Ambivalenzspaltung* und um Abwehrkonstellationen handelt. Die Bezeichnung ,maladaptive Anteile' möchte ich relativieren und spreche von dunklen Facetten oder Schattierungen der Gesamtpersönlichkeit. Häufig stelle ich ein Spannungsfeld zwischen passiv erfahrener und aktiver Ablehnung, ein Oszillieren zwischen Neigungen zur *Reviktimisierung* und zu *narzisstischer Gratifikation* durch Wiedergutmachung, Vergeltung, Verheimlichung oder Betörung fest. Probleme der *Affektregulierung* im engeren Sinn von erhöhter Reaktivität tauchen sowohl bei Männern und Frauen meiner Klientel auf, wobei es sich meinem Verständnis nach um *narzisstische Wut* und oftmals Angst vor der Wut handelt. Überdies tun sich Menschen, die von einer Erschöpfungsdepression betroffen sind, äußerst schwer, positive Emotionen in ihrem Zustand zu generieren oder zu registrieren.

### Das geteilte Selbst

Alexander Lowen geht davon aus, dass wir zu unserem Körper eine doppelte Beziehung haben: „Wir können ihn direkt durchs Fühlen erleben oder wir können eine Vorstellung von ihm haben" (Lowen 1986, S. 42; vgl. Hell, 2013). Sei die persönliche Identität allein auf dem Selbstbild [Ego] aufgebaut, liege eine Störung der Selbstbeziehung vor. „Das falsche Selbst bleibt an der Oberfläche als das Selbst, das der Welt präsentiert wird. Es steht im Gegensatz zum wahren Selbst, das hinter der Fassade oder dem Image wohnt. Dieses wahre Selbst ist das fühlende Selbst, aber es ist ein Selbst, das versteckt und verleugnet werden muß" (Lowen 1986, S. 59). Lowens Beschreibung war für mich Anlass, ein *heimliches Selbst* als Ergänzung zum Selbsterleben in Wahrheit hinzuzufügen.

Für nachfolgende Argumentation ist Lowens Sichtweise von großer Bedeutung, weil ich auf Ambivalenz und Ambivalenzspaltung Bezug nehmen werde: „Es gibt im Organismus nur eine Energie oder Kraft. Diese Kraft oder Energie ist identisch mit dem, was die Psychoanalyse unter Libido versteht, und ebenfalls mit Freuds Eros. […] Die Spaltung der Einheit des Impulses ist die Grundlage des Ichbewusstseins, denn sie ermöglicht eine spätere Wiederzusammensetzung der Komponenten für eine wirksamere Reaktion. Damit die beiden Komponenten wieder miteinander verschmelzen können, darf die Spaltung nicht zu weit gehen" (Lowen 1988, S. 108). Ein für das *kontrastive Selbstkonzept* relevanter Aspekt von Abwehr soll im Unterschied zum *integrierten Selbsterleben* folgendermaßen beschrieben werden: „Wo die Verschmelzung vollständig ist, kann der Beobachter die beiden Komponenten nicht voneinander abgrenzen. Unvollständige Verschmelzung erzeugt Ambivalenz und irrationales Verhalten. […] Vollständige Entmischung muss gleichbedeutend sein mit der psychotischen Spaltung" (Lowen 1988, S. 116).

## Zusammenfassung

Aktuell herrscht Konsens darüber, dass ein Selbstbild der eigenen Wahrnehmung entspricht und dieses sich zugleich am Idealbild bemisst. Letzteres entspricht dem, wie man sein möchte und sich auch von anderen idealerweise gesehen wissen will. Selbstbild und Idealbild werden somit dem Selbstkonzept zugeschrieben. Das Selbstkonzept steht unter dem Einfluss von vergangenen Beziehungserfahrungen, die verinnerlichte Urteile über einen selbst inkludieren. Als stabil gilt ein ausgewogenes Selbstkonzept. Es ist mir unter Berücksichtigung von Spaltungsvorgängen in ein ‚Lust-Ich' und ‚Real-Ich' sowie der Instanz ‚Über-Ich' und dessen Substruktur ‚Ich-Ideal' daran gelegen, die unterschiedlichen Termini auf einen gemeinsamen Nenner mit dem ‚Selbstkonzept' zu bringen. Aus der Zweiteilung des Selbsterlebens aus Gewohnheit und in Wahrheit geht jedenfalls ein ‚geteiltes Selbst' hervor.

Es ist ein Entwicklungsstrang unter dem Aspekt der Realerfahrung, ein zweiter unter dem Aspekt der Idealisierung zu erkennen. Realerfahrung schließt die Entfaltung des Kindes fördernde, aber auch einschränkende Vorgänge durch Eltern mit ein. Idealisierung betrifft sowohl die Vorbildwirkung von Bezugspersonen als auch die kindliche Nachahmung. Idealisierung bringt jedoch auch übertriebene Ansprüche an sich hervor; beispielsweise den Perfektionismus aufgrund mangelnder Unterstützung. Vorbildwirkung und Nachahmung bedeuten Identifizierung. Hinzu kommen Bewältigungsreaktionen gegenüber Frustration der Grundbedürfnisse: Strategien des Erduldens oder Vermeidens sowie diverse Kompensationen, die als Übertreibung gelten. Letztere ist auch als Überidentifikation oder im Gegenteil als Rebellion zu verstehen. Diese Gliederung korreliert mit den Schutzstrategien des angepassten und des rebellischen Schattenkindes (Stahl, 2017). Dies alles hinterlässt den Eindruck einer hohen Komplexität.

Indem ich Selbstgefühl und Selbstkonzept mit Auswirkung auf das Selbsterleben einmal als integriert, dann wieder als kontrastiv konzipiere, ordne ich dem Selbstkonzept das Selbsterleben aus Gewohnheit zu. Selbstbild und Idealbild erzeugen das Spannungsfeld innerhalb des Selbsterlebens aus Gewohnheit mit der Bürde, Unstimmigkeit lange Zeit ertragen zu können. Hingegen zeigt sich das im Laufe der Zeit gestärkte Selbsterleben in Wahrheit als unbeirrbares Selbstgefühl. Zur Anwaltschaft der Grundrechte beauftragt das selbstbezogene Ich das weltbezogene Ich. Allmählich gelingt ein Wachsen aus Verletzungen und Erfahrungen von Ablehnung. Es überwiegt zunehmend Güte. Ein kontrastives Selbstkonzept ist Produkt der Unvereinbarkeit zwischen illusionierendem Idealbild und konform zugeschnittenem Selbstbild unter dem Druck eines inadäquaten Über-Ichs. Insofern besteht ein Kontrast zwischen dem weltbezogenen und dem selbstbezogenen Ich, wobei letzteres seine reflexive Funktion zugunsten eines oft exzessiven und damit toxischen Lustgewinns aufgibt. In einer weniger drastischen Form kann ein heimliches Selbst jenes Selbsterleben in Wahrheit beinhalten, das geheim gehalten werden muss, um es zu schützen. Alternativ dazu ist an Eigenverantwortung auf Basis eines konsensorientierten Wertesystems zu denken.

# ERSTES KAPITEL

*„Man muss ein Stück Chaos in sich haben,
um einen tanzenden Stern gebären zu können."*

Friedrich Nietzsche

## STOLPERN IM LEBENSLAUF

In der Einleitung habe ich meine Konzeption des Leitfadens für ein integriertes Selbsterleben mit einem ersten Überblick vorgestellt. In wesentlichen Grundzügen war mir daran gelegen, die Reiseroute zu skizzieren und auf ein holistisches Verständnis des Selbsterlebens aufmerksam zu machen. Der Aufruf „Schluss mit dem Benutzen!" sollte damit auf ein zentrales Anliegen der Abhandlung hinweisen. Über meine Metapher vom *Hausherrn Ich* steuerte ich auf die Betrachtung zu, wonach das Selbsterleben vom Ichbewusstsein hervorgebracht wird.

Das System Ich hat Struktur und eine Grenze. Dem Ich wurden zwei Funktionen zugeordnet. Das *weltbezogene Ich* beobachtet und handelt. Das *selbstbezogene Ich* beobachtet das beobachtende und handelnde Ich. Es bewertet die Erlebnisse auf ihren Einfluss für den Selbstwert und das Selbstbild hin. Das *Selbsterleben aus Gewohnheit* passt sich den Umweltbedingungen an. Das *Selbsterleben in Wahrheit* hingegen betrifft das stimmige oder unstimmige Verhältnis zwischen Selbstgefühl und Selbstbild. Ich unterscheide zwischen integriertem Selbsterleben und Kompromissen als Folge eines kontrastiven Selbstkonzepts. Ich bin in der Einleitung auf drei Komponenten der Selbstregulierung eingegangen: Selbstgefühl, Selbstbild und Selbstwert. Das Selbsterleben in Wahrheit konveniert mit dem Selbstgefühl.

(1.1) Für das erste Kapitel habe ich mir vorgenommen, Erfahrungen aus der Praxis zu sammeln und sie zu unterbreiten. Der Titel *Stolpern im Lebenslauf* verweist auf Ereignisse im Leben jener, die mit Problemen zu mir kommen, weil ihre Gewohnheiten der Lebensgestaltung gestört wurden, massive Belastungen daraus entstanden sind. (1.2) Überdies mag es gelingen, Fehleinschätzungen in Bezug auf Störungsquellen nahezulegen. Dazu zählen Schuldzuweisungen, Enttäuschungen und schmerzliche Selbsttäuschung. Viele Probleme lassen sich beheben, wenn Verständigung im Dialog gelingt. (1.3) So endet das erste Kapitel mit der Darlegung von Korrespondenzen zwischen Kommunikationsstil und Beziehungsschemata bei der Verständigung bzw. Nichtverständigung. (1.4) Der Anhang reflektiert die hierfür relevanten sozialpsychologischen Theoreme.

## 1.1 Erfahrungen aus der Praxis

### Meine Praxis im Vulkanland

Über zehn Jahre arbeite ich in der Südoststeiermark, genauer, im Vulkanland. Ich begleite Menschen aus unterschiedlichen Milieus. Es sind durchwegs Lebensbelastungen beruflicher und privater Herkunft, die zu Störungen des Befindens, zu anhaltenden Beschwerden sowie Belastungsreaktionen geführt haben. Ich unterlasse hier eine Kategorisierung der Diagnosen und klinischen Befunde. Der gemeinsame Faktor betrifft die graduell unterschiedlich starke Beeinträchtigung der Selbstbeziehung. Ich vertrete eine phänomenologische Haltung, mit der ich den Menschen begegne und sie im Gespräch kennenlerne. Je nach Art und Schweregrad der Beeinträchtigung seelischer Gesundheit und deren Folgen führt *Lernen aus Beziehungserfahrung* im psychotherapeutischen Handlungsrahmen zu mehr Lebensqualität, sofern Erkenntnisse zu Veränderungsstrategien und Umsetzungsmaßnahmen im Alltag beitragen können. Es liegt in der Entscheidungshoheit jeder Person, die angebotene Form der *reflexiven Selbstbeziehung* im Alltagshandeln zu praktizieren. Die Einladung zur Betrachtung der Lebensgeschichte, zur Erkundung prägender Eindrücke, aus denen spezifische Verhaltensweisen und Überzeugungen hervorgegangen sind, verstehe ich als Kontaktangebot in diesem Rahmen.

## Der Erstkontakt

Es ist oft erstaunlich, auf welche Weise meine Anwesenheit im Erstgespräch wahrgenommen wird. Die ersten Minuten einer Situation, in der wir uns als Gegenüber kennenlernen, verlaufen unterschiedlich und mit offenem Ausgang. Es kann sein, dass mich die Person mit fragendem Blick und Schweigen dazu auffordert, die Führung zu übernehmen, indem ich beispielsweise durch die Frage *„Was ist denn der Anlass, dass sie jetzt bei mir sind?"* das Gespräch in Gang bringe. In anderen Fällen sitzen wir nach der Begrüßung noch nicht, da beginnt die Person von sich aus zu reden, was bis zu fünfzehn Minuten dauern kann, ohne dass ich von meiner Zuhörerrolle in die Erkundungshaltung als Fragensteller wechsle. Das sind zwei markant unterschiedliche Beispiele. Viele Erstsituationen verlaufen als Dialog zwischen Erkundungsfragen meinerseits sowie Ausführungen meines Gegenübers.

Auffällig sind Erzählweisen, die mich in eine Art Zeugenschaft versetzen, indem die erzählende Person zu Ereignissen und Vorgängen in jüngster Vergangenheit mir gegenüber Fragen aufwirft, sie aber unmittelbar selbst mit Erklärungen beantwortet. Zwar beinhalten diese Selbsterklärungsansätze immer auch einen Zweifel, ob diese Ursachenzuschreibung zutreffend sein könnte, doch will der Erzählfluss von mir nicht unterbrochen werden. Allemal geht es darum, nach und nach eine etwas luftigere Atmosphäre herzustellen, eine interessierte Aufgeschlossenheit zu vermitteln, um den Menschen mir gegenüber kennenzulernen.

Der grundsätzliche Handlungsrahmen beinhaltet die Erwartung einer Hilfestellung durch mich, ganz gleich, was der Anlass dafür sein mag. Es bedarf des Einfühlungsvermögens, dem Menschen in einer vertrauensbildenden Konversation entgegenzukommen. Wenn ich erfahrungsgemäß zwanzig Minuten als Erkundungsphase bestimme, folgt hernach die Aufmerksamkeitslenkung auf Erlebnishintergründe von Problemen, was so viel heißt wie den Fokus auf Bedürfnisse und Beweggründe zu richten. In sehr vielen Fällen mündet das in zwei Aussagen: *„Ich möchte* *mich wieder in meinem Körper spüren!"* und *„Ich möchte wieder Ich sein, so wie ich mich von früher kenne!"* Dieses ,Früher' liegt oft viele Jahre zurück.

## Ansatz der Prozessgestaltung

Ich beschreibe jetzt, was innerhalb einer Serie von Terminen vor sich geht. Je nach Darlegung von Sachverhalten und Erklärungen auf der Suche nach Ursachen, stellen sich unterschiedliche Gefühle bei meinem Gegenüber ein. Dazu zählen auch Unsicherheit und Aufregung, Niedergeschlagenheit und Verzweiflung, Hoffnung und Befürchtung in unterschiedlichen Intensitäten von getrübt bis düster, gedämpft und verworren, angespannt und bedrückt, ärgerlich und mürrisch. Die Frage nach dem Anliegen hängt vom jeweiligen Wunsch nach Veränderung ab. Die Antwort auf diese Frage korreliert mit dem Bewusstseinszustand und Selbstwertgefühl meines Gegenübers. Problemergründung und Lösungsorientierung zielen auf ein baldiges Wiedererlangen der Kontrollüberzeugung ab. Der jeweilige Selbstwert – niedrig bis zerrüttet, mittelmäßig bis gehoben, übersteigert bis hochmütig – wirkt auf die jeweilige Attribuierung ein.

Eine durch Belastungen eingeschränkte Auffassungsgabe möglicher Zusammenhänge ist zuweilen Ausdruck einer Überforderung bei gleichzeitiger Ungeduld, die sich auf die Dauer der Störung, ihre Auswirkungen und schließlich auf die beanspruchte Zeit ihrer ,*Behebung*' bezieht. In anderen Worten bemisst sich hiermit auch die Handlungsbereitschaft, die Verhältnisse zu ergründen und zu verändern oder eher im Bedauern zu verharren. Wenn jemand die Schuld bei anderen sucht, Menschen wegen ihres Verhaltens, ob ihrer Eigenschaften anklagt, zur Rechenschaft zieht oder verurteilt, dann trifft die Kehrtwende auf die Eigenverantwortlichkeit für Gefühle, Gedanken und Geschichten nicht selten auf Erstaunen, auch auf Empörung und Unverständnis.

Da ich eine Blickwende im Zuge von Situations- und Kontexterkundung anbiete und diese als optionale Perspektive artikuliere, kommt mir manchmal ein *„Aha!"* entgegen, zu anderer Zeit ein *„Ja, aber!"*. Die wiederholte Erkundungsphase zu Beginn von Sitzungen und im Laufe einer Serie von Terminen unterliegt unterschiedlichen Dynamiken des Beziehungsaufbaus, der Reflexion oder des Loswerdens schlechter Gefühle. Von meinem Kernberuf als Regisseur ausgehend möchte ich die Dynamik von einem dramaturgischen Prozessmodell her beschreiben. Die Struktur dient hiermit meiner Argumentation und ist kein striktes Vorgehen in der alltäglichen Praxis.

### Erster Akt: *Es kam anders als gedacht*

Aus der Menge an Informationen, die in Erzählungen als Sachverhalte und Erlebnisweisen zu unterscheiden sind, versuche ich, den *auslösenden Moment* herauszufiltern. Etwas ist geschehen, das den gewohnten Ablauf der alltäglichen Routinen unterbrochen hat. Das von der Dramaturgie sogenannte *unvorhergesehene Ereignis* versetzt die bisherige Ordnung in Unruhe, wühlt Gefühle und Gedanken auf. Der aufregende *Wirkfaktor des Unvorhergesehenen* manifestiert sich in seiner Querstellung zu den Gewohnheiten. Noch ist dafür kein Sinn zu finden. Aber eines ist klar: Nichts ist mehr so wie bisher. Der Umstand bedingt, dass Bemühungen, Alltägliches weiter im Zaum zu halten, erschwert sind. Durchwegs handelt es sich um Kontrollverlusterfahrung.

Kann sein, dass Betroffene bis zu diesem Zeitpunkt von seelischen Belastungen weitgehend verschont geblieben sind oder dass nun die Spitze einer bis dahin gesteigerten Anhäufung von Schwierigkeiten erreicht wurde. Allemal ist Ordnung in Unruhe versetzt. Wenn auch die Ursachen dafür unbeachtet geblieben sind, so zeigen Auswirkungen eine Störung an, die nicht zu verbergen ist. Selbstzweifel haben Raum eingenommen. Kontraste spannen Konflikte auf, Selbstverständlichkeit droht in Abgründe zu fallen. Orientierungslosigkeit schlägt am Tiefpunkt in Hilflosigkeit um. Die Gedanken kreisen um den Einbruch und seine unerwünschten Wirkungen. Verlusterfahrung erinnert an Trennungsgewalt.

## Zweiter Akt: *Am Gewohnten festhalten*

Hintergründe sind monatelang oder gar für Jahre unerkannt geblieben. Auslöser wurden sehr wohl mit Verdachtsmomenten verknüpft. Die Hoffnung auf *Besserung wie von selbst* schwand. Die Verwirbelung sollte sich dennoch baldigst beruhigen. Es ist sehr unbequem geworden. Je nach Hartnäckigkeit des Eindringlings in den Lebensraum steigert sich die innere Anspannung bis zum Ausbruch einer nicht rückgängig zu machenden Verhinderung des bisherigen Durchhaltens. Widerstand ist sehr anstrengend. Nun beginnt der Reigen wiederkehrender Arztbesuche und Inanspruchnahme anderweitiger Hilfestellungen. Der Verdacht, dass es sich um ein seelisches Problem handeln könnte, lässt sich nicht mehr beschwichtigen. Das Eingeständnis löst vielfach das Gefühl drohender Beschämung aus. Daher soll niemand von der wahren Befindlichkeit erfahren. Vertuschen ist angesagt.

Das geht eine Zeit lang halbwegs gut, dann wird es auch mit dem Verleugnen immer schwieriger. Die Beschwerden sind drastischer geworden: Angst, Panik, Schlaflosigkeit, Kopfschmerzen. Die Qual mit der Entscheidungsnot, etwas dagegen zu unternehmen, hat Kreise gezogen, Verwirbelung ausgelöst, Schaden angerichtet, der nicht plötzlich aufgewogen werden kann. Die Haltung, Gewohntes und die alte Identität zu wahren, ohne auf den Veränderungsprozess einzugehen, erzeugt ein unerträgliches Spannungsfeld auseinanderklaffender Erwartungen: Besserungswünsche und Kontrollverlustängste erzeugen immensen Druck. All dies hat vor unserem ersten Treffen stattgefunden und wird in den Erzählungen aufgerollt.

## Dritter Akt: *Die dramatische Wende*

Die Sitzungen mit mir erfolgen bereits seit einigen Wochen. Mal geht es besser, dann erleben manche wieder unliebsame Rückfälle, Handlungsblockaden, innere Widerstände. Doch indem die Erzählung von Ereignissen und Hintergründen klarere Gefühle, Gedanken und Geschichten hervorbringt, kann eine Deutung meinerseits zur Sprache kommen. Es geht darum, Projektionen ausfindig zu machen, um den Grund für seelisches Leiden eventuell nicht allein in der Welt der Verhältnisse zu suchen, sondern in der Welt der Bedeutungen, die durch Ereignisse im Erleben entstanden sind. Diese Betrachtung kann erst dann angeboten werden, wenn die Person sich in ihrem Leiden, den Beschwerden, wahrgenommen und dadurch auch gewürdigt sieht.

Im Zuge biografischer Rekonstruktion geht es darum, die Entstehungsgeschichte von Konstrukten zu verstehen, um zu Gefühlen, Gedanken und Geschichten ein geändertes Verhältnis eingehen zu können. Lösungen sind Maßnahmen, deren Zielsetzung ein attraktives Zukunftsbild darbietet. Der Blick nach vorn soll frei von Altlasten werden. Dies geschieht, indem innere Bilder und Kernüberzeugungen zur Vergangenheit erklärt werden können. Gelingt dies nicht, erzeugen Konstrukte immer wieder dieselben Hindernisse auf dem Weg zum Herzen und ins Freie.

## Innerer und äußerer Widerstand

Die Betrachtung mit den Augen des Regisseurs schwenkt den Blick auf die merkwürdige Konstellation von innerem und äußerem Widerstand. Der innere Widerstand richtet sich als Aufrechterhaltung des Gewohnten gegen das Unvorhergesehene. Der äußere Widerstand, eben die unvorhergesehene Störung, wendet sich an den inneren Widerstand, indem sich nun ein Bestreben zu erkennen gibt, welches durch das Selbsterleben aus Gewohnheit verdrängt worden ist. Wenn die Sehschärfe des Theatermenschen sich nicht täuscht, stammt die Störung aus der Dunkelkammer des Subjekts, macht auf das unterdrückte Selbsterleben in Wahrheit aufmerksam, auf ein unbeachtetes Bedürfnis, auf unerfüllte Wünsche: Sabotage des Selbsterlebens aus Gewohnheit, ohne den Zusammenhang mit dem unvorhergesehenen Ereignis augenscheinlich und sinnhaft zu erkennen. Aber dem entspricht ja der dramatische Spannungsbogen des Erkenntnisweges. Sinn erfüllt sich am Ende.

## Vermeidung des Ungewissen

Ich lerne im Laufe der Zeit durch Erzählungen Varianten des Vermeidens kennen. Ad hoc fällt mir die Vermeidung einer längst fälligen Forderung und anstehenden Auseinandersetzung ein. Konfrontation und damit offenkundige Stellungnahme werden vermieden. ‚Konfliktscheue‘ – privat und/oder beruflich. Als zweite Variante fällt mir das Vermeiden von Verbindlichkeit ein. Jemand will sich einfach nicht festlegen. Das wirkt sich auf dessen Beziehungsgestaltung aus. Überdies sind mir Fälle bekannt, da Personen eine anstehende Trennung vermeiden, obwohl sie seit langer Zeit ein Unbehagen plagt. Auch dies kann berufliche und private Verhältnisse betreffen. Was wird noch vermieden?

Beispielsweise die konsequente Veränderung des Suchtverhaltens. Vermieden wird auch das Berührtsein durch Begegnung, weil die gewohnte Ordnung dadurch ins Wanken gerät. Oder es kann jemand seinen Perfektionismus nicht relativieren, ein anderer seinen Spontanismus nicht. Meist hängt der Selbstwert an der Bestätigung der als Tugend empfundenen Eigenschaft, resp. des Verhaltens in gewohnter Weise. Vermieden wird die Auseinandersetzung mit einem abgelehnten Selbstanteil. Die vordergründige Absicht lässt sich leicht erkennen: Jemand will auf keinen Fall sein *Selbsterleben aus Gewohnheit* aufs Spiel setzen oder infrage stellen. Ist ja plausibel, da es sich um die Komfortzone und deren Erhaltung handelt. Was aber wird dabei vermieden? Zumeist die schmerzliche Erfahrung, eine Sackgasse oder einen Irrweg erkennen zu müssen. Wer will schon anerkennen, dass er oder sie einer Illusion auf den Leim gegangen und dadurch festgefahren ist? Es fühlt sich als Niederlage und Schmach an. Doch kann niemand dafür verantwortlich gemacht werden – außer man selbst. Das tut einfach weh!

So braucht es Mut, die gewohnte Richtung zu verlassen. Und selbst wenn ein Irrweg erkannt wurde, ist eine Kursänderung nicht gewährleistet. Warum? Weil die Kursänderung einen Selbstwerteinbruch verursacht, nachdem in das bisherige Vorgehen sehr viel Energie gesteckt wurde, um sie nicht nur zu legitimieren, sondern auch positiv zu bewerten. Der Glaube, es ordentlich und richtig zu machen, hat vergessen lassen, dass der eingeschlagene Weg nur für gewisse Zeit und vielleicht als Notlösung Gültigkeit hatte. Und wer will sich selbst eingestehen, dass etwas, das als richtig und gut verstanden wurde, nun zwecklos oder unnütz geworden sein soll? Jeder Mensch möchte grundsätzlich eine Sinnkrise vermeiden. Es steckt jedoch im unvorhergesehenen Ereignis ein tieferer Sinn. Aber wir sind möglicherweise zu verschlossen, den tieferen Sinn zu erkennen und anzunehmen. Das Leben ist eben schlauer als wir selbst.

Und es macht Sinn, sich den Widerständen der Vermeidung mit einer erkundenden Haltung zu stellen. Ich meine damit ein Anfreunden mit dem Nichtwissen. Dieses ist vielleicht die beste Ausgangsbasis für ein *Lernen aus neuer Erfahrung*. Lernen aus neuer Erfahrung heißt zuvorderst Aufgeschlossenheit für das Ungedachte, das auch ‚*implizites Wissen*' genannt wird. Dafür braucht es Vertrauen. Vertrauen ist der Gegenspieler zur Kontrollüberzeugung. Auch wird einsichtig, dass Vermeiden etwas mit Schutz und Sicherheit zu tun hat. Wir möchten einer Gefahr oder Bedrohung, zumindest einer Verunsicherung, aus dem Weg gehen. Vermeidung ist aber ihrem Wesen nach Verunmöglichung dessen, was durch sie ausgeschlossen wird. Und so gibt es eine Verbindung zwischen Vermeiden und Wünschen. Wenn wir uns etwas wünschen, dann bangen wir auch, denn es ist nicht gewiss, ob dieser Wunsch in Erfüllung geht. Was vermeiden wir in Wirklichkeit? Wir vermeiden die mögliche Enttäuschung!

Es gibt ein Phänomen, das mir immer wieder an Personen auffällt: Ihr Vermeiden ist gleichzusetzen mit der *vorweggenommenen Enttäuschung einer nicht ausgesprochenen Erwartung*. Das ist ein aufwendiger Beschreibungsversuch für eine Einstellung, die vorwegnimmt, was der Schmerz einer Enttäuschung erbringen würde. Das heißt aber, dass die abgemilderte Form des Schmerzes in der vorweggenommenen Enttäuschung keineswegs die Dringlichkeit eines Wunsches besänftigt, sondern dazu beiträgt, dass dieser verleugnet wird. Das ist beispielsweise ein Merkmal der *Ambivalenz*. Vielleicht deswegen, weil der Wunsch etwas Unmögliches fordert, vielleicht weil die Umstände die Erfüllung des Wunsches nicht zulassen oder zugelassen haben? Ich denke an die Kindheit.

Es ist nur natürlich, dass die kindliche Wunscherfüllung auf jene Person angewiesen ist, die den Wunsch wahrnimmt und dementsprechend handelt. Von da aus liegt die Wunscherfüllung in der Macht der adressierten Bezugsperson. Und wenn diese dafür nicht empfänglich ist, erfahren wir die Enttäuschung zumindest in der Kindheit als Ablehnung unserer gesamten Person. Die Gefühle, die dabei entstanden sind, altern nicht. Sie begleiten uns als Erwachsene bei jedem ähnlichen Anlass: beispielsweise durch Zurückweisung unserer Forderungen. So lassen sich auch in der Ratgeberliteratur zwei Strategien nachlesen: die Übergewichtung von Ungebundenheit und die Bevorzugung von Angewiesenheit. Wer Verbindlichkeit meidet, erwirkt ein hohes Maß an Bewegungsfreiheit. Wer sich auf Angewiesenheit einlässt, riskiert zumindest den teilweisen Verlust an Unabhängigkeit.

## Überraschen lassen und begegnen

Die Grundierung der Aufgeschlossenheit durch Gelassenheit, ein Zustand des Gewährens von Überraschungen, ist zugleich die günstigste Ausgangslage für Begegnung. Begegnung entzieht sich der Absicht, ein bestimmtes Ziel erreichen zu wollen. Sie findet statt oder nicht. Sich auf dieses Wagnis einzulassen, bedeutet, Ungewissem Raum zu geben, es willkommen zu heißen. Wer sich darauf einlässt, muss mit unbekannten Vorgängen rechnen, auch ihren offenen Ausgang mit einbeziehen. Lebensgeschichtliche Erfahrungen prägen uns durch Bedingungen, die Bedürfnissen nach Bindung und Freiheit entsprechen oder nicht. Es sind die Konstrukte, Erklärungsmodelle, die wir durch innere Bilder und Kernüberzeugungen mit uns tragen. Schutzhaltungen und Strategien zur Vermeidung von seelischen Schmerzen erwirken ein Spannungsfeld zwischen dem Wunsch nach Schutz bzw. Sicherheit und dem Risiko der Enttäuschung oder Verletzung.

Da gilt die Empfehlung, zwischen Sachverhalten und Bedeutungszuschreibung zu unterscheiden. Ereignisse sind im Grunde nicht verhinderbar. Vorgänge, die unseren Umgang mit diesen Ereignissen darstellen, sind gestaltbar. Das tragische Moment unberechenbaren Lebens besteht darin, dass anfängliche Begeisterung letztendlich zur Erschütterung führen kann. Daraus lässt sich die hohe Erwartungsspannung gegenüber dem Ungewissen ermitteln: Die Aufregung im Zuge einer Neuigkeit, die tief berührt, knüpft an Erfahrungen der Ungewissheit an, die mit Unbehagen in Verbindung gebracht werden. Es ist die Erwartungsspannung gegenüber überwältigender Neuigkeit.

Je überraschter ein Mensch, desto geringer ist zumeist sein momentanes Vermögen, einem Überfall durch *Unvorhergesehenes* mit Gelassenheit zu begegnen. Auswirkungen des Unvorhergesehenen sind unberechenbar, sei die Kontrollüberzeugung noch so stark. Es liegt in der Natur der Auswirkungen, dass sie bislang wirksame Konzepte, wie auch immer sie geartet sein mochten, verwirren, verstören, in Bewegung versetzen. Überraschen kann nur, was unbekannt, nicht vorgedacht ist. Wer sich nicht auf diese unkontrollierbare Bewegtheit einlässt, verwehrt sich gegen die Höhen und Tiefen seiner Lebendigkeit. So ist davon auszugehen, dass die offene Bereitschaft zur Überraschung mit einer erkundenden Haltung der ungewissen *Erfahrung von Werden* begegnen kann. Sich vom Auftauchen des Nichtbedachten angetroffen zu erleben, ist in dem Sinne ein Hinweis auf Lebenskunst. Selbstredend lösen unvorhergesehene Ereignisse Kaskaden von Gedanken und Sinnsuche aus. Aber Vertrauen ins Nichtwissen erleichtert den Zugang zur Bedeutungsoffenheit. Sinn erfüllt sich ohnehin erst im Rückblick auf Folgen und Ergebnisse von Handlungen, auch wenn Zweckabsichten bestanden haben.

Dabei kommt ein journalistisches Motto zur Geltung. „*Gute Geschichten beginnen mit schlechten Nachrichten und münden in neue Erkenntnisse.*" Psychotherapeutische Praxis ist zwar kein derartiges Metier, aber die gewissenhafte Recherche deckt sich mit dem seriösen Journalismus. Schließlich mündet alles in eine praxisnahe Beschreibungssprache. Um es mit

Thomas Ogden zu sagen: „Das unbewusste Erleben kann nur dann ‚gesehen' (reflektiert) werden, wenn es für den Betreffenden metaphorisch repräsentiert wird" (Ogden 2004, S. 38). So verstehe ich Psychotherapie manchmal auch als poetisch im Gegensatz zur Fragebogenpsychologie mit vorgefertigten Kategorien.

Insofern ist *Werden von Erfahrung* eine gleitende Bewegung über mögliche Versuche eines voreiligen Erklärungsdrangs hinweg. In dem Zusammenhang verstehe ich Begeisterung als Inspiration, als Eingebung, als Aufspringen einer Idee, die sich wie eine Blüte unter der Kraft der Sonne ihrem Wesen nach dem Licht entgegenstreckt. So mag unsereins das Licht der Sonne als Begeisterung verstehen, Unwetter mit Sturm und Regen als Erschütterung. So kann Begegnung vielleicht das Keimen einer Pflanze im Frühling bedeuten, das Überschwemmen dieser Pflanze durch einen stürmischen Regenschauer. Das Gleichnis der beiden Wetterextreme soll die Existenzbedingungen von Wachstum versinnbildlichen. Ich möchte die Altlasten in tieferen Schichten als Dünger für Wachstum in Richtung *seelischer Wirklichkeit* verstehen. Das geschieht unmittelbar, indem Überraschungen Begeisterung oder Erschütterung auslösen. Im Vertrauen darauf, dass Begegnung nicht zufällig in unser Leben eintritt, stellen wir uns darauf ein, dass ihre Folgen begeistern und erschüttern können.

Zu Erschütterungen zähle ich Erfahrungen, die keiner bisherigen Denkfigur entsprechen. Mit heftigen Auswirkungen ergreift uns vor allen anderen Anlässen der Tod eines nahestehenden Menschen, unmittelbar gefolgt von einer bedrohlichen Erkrankung. In diese Steigerungsreihe schmerzlicher Erfahrung reihen sich Verlusterfahrungen ein, die einen Bruch, eine Trennung, eine Verhinderung, ein Scheitern darstellen. In Begegnungen öffnen sich die Selbstgrenzen, sind wir in diesem Moment ungeschützt, dem Ereignis ausgesetzt. Um es zu verdeutlichen: Begegnung ist zuallererst ein Akkord, der anstimmt, wenn zwei Menschen in Kontakt kommen. Daraus kann sich eine Symphonie oder Kakophonie ergeben, je nachdem, wie sie sich in weiterer Folge mit ihrer *psychischen Realität* auf dieses Konzert einstimmen. Gibt es einen Sinn der Überraschung, sei sie Begeisterung oder Erschütterung? Es kommt darauf an, welcher Widerstand auf die Folgen der Begegnung einwirkt. Allemal hat Begegnung zu einem Zeitpunkt stattgefunden, der nicht im Kalender vermerkt war. Das ist ja das Sonderbare am Unvorhergesehenen. Indem es nicht kalkulierbar ist, trifft es plötzlich ein.

Die Annahme der Einladung, umzudenken, querzudenken, hängt vom Vertrauensklima ab. Im besten Fall ist eine anregende Atmosphäre entstanden. Sie inspiriert, assoziativ und kombinatorisch Impulse der Intuition mit Erfahrungswissen im Dialog zu verknüpfen. So kommt der günstige Moment *Kairos*, der die Begegnung mit *seelischer Wirklichkeit* zulässt. Es geht um spannungslösende Maßnahmen, die davon abhängen, ob die Überzeugtheit bisheriger Bedeutungs- und Ursachenzuschreibung im Moment des Innehaltens losgelassen werden kann. In diesem dichten *Gegenwartsmoment* (Stern, 2007) darf eine Möglichkeit in Gestalt des bisher Ausgeschlossenen die innere Bühne betreten.

## Begegnungsmomente in der Psychotherapie

Ein Überraschungsmoment während der psychotherapeutischen Stunde bietet manchmal Gelegenheit, die Aufmerksamkeit auf Gefühlsregungen zu lenken und das Empfinden dieser verdichteten Gegenwart zu erkunden. Gelingt diese Umlenkung der Aufmerksamkeit auf ein Spüren der Gefühlsregungen und Beschreiben der Empfindungen, so manifestiert sich eine Begegnung. Dieses Innehalten und Zulassen von Regungen mindert die Abwehr gegen einen Gefühlsausdruck und, wenn man so sagen will, öffnen sich die Pforten einer Fassade und das Empfinden strömt. Geschieht dies zwischen beiden in der Sitzung, so findet meinem Gutdünken nach soeben Begegnung statt. Ich könnte auch sagen, wir beide sind jetzt ganz da und wissen vorerst nicht weiter. Wir sind von der Atmosphäre zwischen uns betroffen.

Dieser Begegnungsmoment, wörtlich zu verstehender unmittelbarer Augen-Blick, darf eine Möglichkeit willkommen heißen. Auch in mir kreisen keine Gedanken um die bislang geschilderten Sachverhalte, sondieren keine Meinungen fachliche Wissensbestände. Es waltet jene Schöpfung des Geistes, die ich als *Ahnung* verstehe. Es ist nicht weit hergeholt: Wir ahnen uns unmittelbar. Sofern in dem Moment unsere Selbstgrenzen geöffnet sind, befinden wir uns im leiblichen Feld ohne filternde Schichten irgendwelcher Abwehrformen. Wenn dem so ist, durchdringt uns für eine Dauer, die in vergehender Zeit nicht lange weilt, aber gefühltem Zeitstillstand gleichkommt, *seelische Wirklichkeit*. In der dichten Intensität dieses Erlebens vollzieht sich ein Perspektivenwechsel.

Die Dichte des Augenblicks ermöglicht Weite im mentalen Raum, worauf der stockende Widerstand von vorhin – in welchem das Erzähl-subjekt gewissermaßen steckte, im Zuge dessen seine Gefühlsregungen eingeklemmt waren – nun von einer entfernteren Warte aus Beachtung findet, das Aufwallen der Gefühlsregung ihre nachträgliche Betrachtung zulässt. Im Vertrauen auf den geschützten Rahmen dieser Zusammenkunft artikuliert sich der dramatische Prozessknoten der Wende als Entlastung des Selbstwerts von der gepanzerten Schwere, der Schutzhaltung und Abwehrform gegen das, was sich hinter dem Widerstand, in diesem verschlossenen Raum, befunden hat. Je nachdem, was die Erzählung zum Thema erhoben hatte, breitet sich im Gefühlsausdruck ein Schwall aus Wut und Angst, Scham und Schuld, Groll und Gram aus. Hernach staunen wir einfach in angehaltener Zeit und sind da. So darf sich Erleichterung einstellen, vielleicht auch die Freude der Erkenntnis, des Selbstbekenntnisses. Noch warten die Begriffe auf ihre Benennung. So weilt ein Moment des Schweigens in stiller Trauer.

Im Unterschied zur Unterdrückung von Gefühlen, umlagert und beherrscht von Bedeutungs- und Ursachenzuschreibung, erlaubt der befreiende Ausdruck einer Gefühlsregung die Aufhebung der Vorstellung, die sie eben verwehrte. Die Wendemacht der *Ahnung* im Spiegel gemeinsamer Anwesenheit ist jener Akkord, der anschwillt und daraufhin die Gefühlswelle meines Gegenübers in mir ihr Echo findet. Noch sind Namen der Gefühle nicht ausgesprochen, da trifft ihre Ausdruckshaftigkeit auf mein Anschauungsvermögen. Ich beobachte meine spontane Imagination in dem Moment als *Resonanz* auf die Ausdruckshaftigkeit des leiblichen Empfindens meines Gegenübers. Fast möchte ich es ein *stillendes Verstehen* nennen, weil im unmittelbaren Anschluss an die Ausdrucksform kein Hunger nach Bedeutung zu verspüren ist.

Im Nachklang dieses Akkords wird es dann stimmen, die Intention des Gefühlsausdrucks zu benennen. Sie bezieht sich auf den vormals durch Widerstand unzugänglichen Raum im Gedankengebäude des Erzählsubjekts, der Person mir gegenüber. Es formiert sich auf beiden Seiten ein Staunen darüber, was sich in diesem Raum verborgen hielt. Was ich als *Ahnung* in dieser Momentaufnahme der Begegnung bezeichne, betrifft das *szenische Verstehen* dessen, was ein *implizites Beziehungswissen* ad hoc zum Beziehungsgeschehen hervorbringt: eine Szene, deren Erweckung vor Augen führt, welche Not unbeantwortete Bedürfnisse ins Schmerzgedächtnis des Körpers eingeschrieben hat. Es ist verständlich, dass um diese Szene ein Schutzwall aus Abwehrformen errichtet werden musste. So entfaltet sich die Melodie der Selbstbefreiung, die im Nachklang des Akkords unserer Begegnung, von einem rhythmischen Pulsieren getragen, fortgepflanzt werden will, wie die Phrasierung einer Melodie ihre Gestaltschließung anstrebt.

Es berührt mein Gegenüber das Empfinden, erkannt zu sein, und zwar im Zuge meiner Zeugenschaft von seinem Selbsterkennen, bebend erschüttert vom Empfinden des Schmerzes, gegen dessen Befreien so viel Anstrengung erforderlich war. Deshalb mischen sich die beiden Wirkungen zu einem Staunen, auf dessen Ausbreitung anschließend Erleichterung folgt. Das bedeutet keineswegs die Erfüllung des ursprünglichen Wunsches. Das ist eine komplett andere Geschichte. Für den Moment kann jedoch der weitere Erkenntnisweg mit einer beruhigenden Entlastung angedacht werden, indem wir das bisherige Gedankengebäude erst einmal verlassen und uns in der sich darbietenden Landschaft im Freien vorfinden, das erhebende Empfinden von Gelöstheit genießen und an der Stelle auf alle Fälle lächeln können. Es ist ein Lächeln der Zustimmung. Was soeben geschehen ist, wirkt selbsterklärend. Es mag jetzt genug sein.

## 1.2 Manch Perspektivenwechsel

### Der erste Eindruck kann täuschen

Wenn wir uns von einer Situation oder einer Person einen ersten Eindruck machen, dann hängt diese Informationsaufnahme von unserer momentanen Verfassung ab. Es macht logischerweise einen krassen Unterschied, ob wir offen oder verschlossen, freundlich oder missmutig sind. Hermann Schmitz nennt die ‚Lehre vom leiblichen Befinden' den Kern seiner Phänomenologie der Leiblichkeit und führt eine charmante Definition von ‚Eindruck' an: „Der Eindruck ist vielsagend, aber man kann nicht genau, schon gar nicht vollständig, sagen, *was* er sagt. Man weiß aber mehr davon, als man sagen kann. Das wird an dem Eindruck klar, den man von einem etwas undurchsichtigen Menschen hat, mit dem man umgeht. Man lernt ihn zu ‚nehmen', während noch ganz dürftig ist, was man von ihm zu sagen weiß" (Schmitz 1985, S. 73).

Daher lässt sich feststellen, dass ein Eindruck zwar eher unbestimmt, doch berührend sein kann. Damit wirkt der Eindruck auf die Gestimmtheit, die entweder annäherungsbereit oder eher distanzmotiviert ist. So wird der jeweilige Eindruck davon abhängen, ob wir uns der eigenen Gestimmtheit sicher oder unsicher sind. Es wird sich weisen, ob diese Gestimmtheit mit Anziehung oder Widerwillen getönt ist. Für gewöhnlich schreiben wir diesen Qualitäten Sympathie und Antipathie zu. Das ist alles ganz normal. Wenn ein aufgeregter oder gar übererregter Zustand waltet, dann kommen leicht Kontrollbedürfnisse ins Spiel und die können unmittelbar mit Urteilsbildung verknüpft sein.

Wir wissen, dass Empfindungen Wertungen und nicht einfach nur Wahrnehmungen des Organismus sind. Sie entscheiden gleichsam instinktiv darüber, was wir als erregend oder beruhigend, stark oder schwach, schmerzlich oder wohltuend erleben. Sind Empfindungen jedoch mehr von Vorstellungen als von Wahrnehmungen beeinflusst, so treten Wirklichkeitsurteile durch *Attribuierungen* in Kraft. Sie können täuschen. Es handelt sich dabei um die vom ‚Empfänger' des Eindrucks vollzogenen

Eigenschaftszuschreibungen, die auf das Verhalten des ‚Senders' zutreffen oder davon abweichen. Es ist an sich eine Mutmaßung, vom momentanen Eindruck eines Verhaltens Rückschlüsse auf festgelegte Eigenschaften zu ziehen. Drastischer wird die Unterstellung, wenn sich durch Urteilsbildung ein kurzer Eindruck zur *Kausalattribuierung* wandelt. Hier waltet nicht nur ein Überwiegen von Vorstellungen gegenüber Wahrnehmungen, sondern es verschärft sich die urteilende Eigenschaftszuschreibung zur Ursachenerklärung und diese liegt aufgrund von Eindrücken aus dem Beziehungsgeschehen sehr nahe an der Anschuldigung oder Besserwisserei.

## Bedeutung kann sich ändern

Von Selbsttäuschung ist auszugehen, wenn sich unsereins einer fixen Vorstellung verschrieben hat, die sich als Illusion entpuppt. Irgendwann erfolgt eine Desillusionierung, die sich als Enttäuschung erweist. Illusionieren, mit Ausnahme der Kunst, die darauf hinweist, dass sie in Wirklichkeit Unmögliches darstellt, trifft Illusionieren im Lebensalltag auf Erscheinungen zu, die unsere Wahrnehmung verzerren. Die Wirkmacht einer fixierten Vorstellung verklärt beispielsweise im *Begehren* unser Gegenüber zur idealisierten und wunscherfüllenden Gestalt. Umgekehrt erscheint jemand als verabscheuungswürdige Figur im Fall von Verächtlichkeit, falls unser *Begehren* nicht erwidert wird. Idealisierung kann aufgrund einer Demütigung durch Rachegelüste massiver Eifersucht in Verteufelung umschlagen.

Ich komme auf den Faktor *Bedeutung* zu sprechen. Woher stammt die Bedeutung eines Wunsches? Vom Selbstwertempfinden, das Erwartung aufgebaut hat? Dieser Erwartungsgehalt ist ein Bild, eine Szene, eine Geschichte. Erfüllen des fantastischen Erwartungsgehalts durch Konkretion in der Realität soll gelebte Erfahrung vermitteln. Die Manifestation der *Bedeutung*, die im mentalen Raum des Subjekts verortet ist, kann ihre Realisierung nur vermeintlichen, indem Illusionieren zu diesem Kraftakt antreibt. In allen Fällen handelt es sich um Projektion. So ist *Bedeutung* vorweggenommene Erfahrung, die den Mangel an Sicherheit tilgen soll. Momentan interessiert mich die Vehemenz des Durchsetzungswillens, weswegen sich eine als fixierte Vorstellung erhobene *Bedeutung* dem Widerstand der Welt und der Anderen aussetzt. Das hartnäckige Bestreben, Desillusionierung zu vermeiden, bringt einen nicht enden wollenden Durchsetzungskampf ins Rollen, dessen Ansinnen es ist, die aufgestellte *Bedeutung* keinesfalls zum Einsturz zu bringen. Jedoch: Bedeutung kann sich ändern, ein Ereignis nicht.

Das Desaster der Selbsttäuschung offenbart sich im Einsturz jenes Gedankengebäudes, das die *Bedeutung*, mit der wir den Anderen kolonialisieren (Moeller, 2002), zunichtemacht. Wer möchte schon Selbsttäuschung entlarven? Da liegt Schuldzuweisung nahe. Es scheint leichter, dem anderen oder den misslichen Umständen die Schuld zuzuschreiben. Sich eine Täuschung einzugestehen, indem man für sich erkennt, es war die Einschätzung der Möglichkeiten einfach überzogen, eine Fehleinschätzung kann jedem passieren, das wäre besser zu verkraften, wenn nicht der Gesichtsverlust hinzukäme. Hier greifen Peinlichkeit, Schmach und Schuldgefühl aufeinander zu. Nach Colin Tipping bricht mit dem Einsturz eines Mythos, auf dem eine Beziehung aufgebaut wurde, auch der abgewehrte Selbsthass durch.

## Schuldzuweisung

Damit wird eine Ursachenzuschreibung eigenen oder fremden Verhaltens bezeichnet. Sie wird mir im Rahmen von Berichten und Erzählungen häufig auffällig. Sie findet im Vollzug des Alltagsgesprächs als Erlebnishintergrund oftmals unhinterfragt statt. Im Unterschied zum *reflexiven Erleben*, wenn die Bewusstmachung von Ursachenzuschreibungen in den Vordergrund rückt, vollziehen sich das gewohnheitsmäßige Bewerten und Beurteilen wie von selbst und damit unreflektiert. So oder so handelt es sich um einen Vorgang, Ereignissen Bedeutung zu geben, von der eine Ursachenklärung erwartet wird, wodurch vor allem Ereignisse vorhersehbar werden sollen, Verhalten sich darauf einstellen kann. Dies alles entspricht der Kontrollüberzeugung und gegensätzlich dazu der Angst vor Kontrollverlust.

In diesem Sinne ist *Kausalattribuierung* im Alltag zur Strukturierung und Organisation von Handlungen und Beziehungen zweckdienlich, andererseits hinderlich, weil dadurch Missverständnisse produziert werden. Für das Bewusstmachen von Ursachenzuschreibungen sind zwei grundlegende Arten zu unterscheiden. Die sogenannte *internale Kausalattribuierung* zeichnet sich dadurch aus, dass eine Person die Ursache oder den Grund für ein Ereignis sich selbst unterstellt. Die *externale Kausalattribuierung* hingegen liegt vor, wenn eine Person Ursache und Grund bei anderen Personen, Umständen, Sachlagen und Umwelteinflüssen sieht. Im Kontext psychischer Struktur sind beide Kausalattribuierungen von Projektion gekennzeichnet. Letztlich entscheiden das Selbstbewusstsein und der Selbstwert darüber, wo und wem gegenüber eine ursachenzuschreibende Unterstellung vorgängig ist.

Häufig treten *Attributionsfehler* auf, wenn der situative Kontext ausgeblendet, zumindest vernachlässigt wird. Der häufigste Fall eines Attributionsfehlers tritt unter Stress auf. Jemand bezichtigt sich eigenen Verschuldens oder weist durch Anschuldigung die Verantwortung anderen zu. Letztere scheint der Wahrung des Selbstwerts dienlich zu sein, schließen sich doch Scham, Schuld, Angst oder Wut mit an. Anschuldigung bzw. projektive Identifikation ist ein Versuch, das Ideal seiner selbst aufrechtzuerhalten, die Last der Eigenverantwortlichkeit von sich fernzuhalten. Eine Selbstbezichtigung vollzieht das Gegenteil. Schmach löst die Hilflosigkeit gegenüber dem Gefühl aus, für etwas schuldig zu sein, von dem nicht einmal zu ahnen ist, woran es liegt. Ausgehend von dem schambesetzten „*Ich bin nicht Ordnung*" führt die Frage „*Was habe ich falsch gemacht?*" eventuell zum Schuldgefühl ohne ersichtlichen Grund.

### Wer handelt, verliert die Unschuld

Dieser Sachverhalt bringt es mit sich, dass jeder Entscheidung mit Verantwortung für ihren Preis oder ihre Folgen auch Entscheidungsreue folgt. Grundkonflikte, die uns allen nicht erspart bleiben, bewirken unvermeidbar: „*Wer handelt, verliert die Unschuld!*" Reue im Anschluss an eine Entscheidung ist auch Abschied von einer Möglichkeit, ist ein Stück Trauerarbeit. Wenn wir als Kinder gehorsam sind, bleiben wir uns den Eigenwillen schuldig. Wenn wir nicht gehorsam sind, bleiben wir uns die Bindungssicherheit schuldig. So verlieren wir allemal unsere Unschuld, denn die hieße, mit unserem Verhalten keine Absicht und keine Wahl verknüpfen zu müssen. Da jede Absicht auf Erwartungen anderer trifft, können wir Unschuld vermeintlich nur bewahren, indem wir niemandem eine Enttäuschung zufügen möchten, keine Wahl zu haben glauben, indem wir Gehorsam leisten und erdulden.

Auch ist es nicht ungeschickt, anzukündigen, es möge jemand nichts von uns erwarten. Wer nichts erwartet, den können wir nicht enttäuschen. Das ist natürlich ein Trugschluss, denn jede Absicht erwartet sich etwas – wie auch die Erwartungserwartung in uns nicht frei von Erwartung ist. Wenn ich die Erwartung, dass jemand etwas von mir erwartet, auf null herabsetzen will, dann ist es günstig für mich, Erwartungen so lange zu enttäuschen, bis vom Gegenüber die Erwartung an mich erlischt. Es ist schwer vorstellbar, dass ohne Erwartung Beziehung stattfindet. Handeln ist Bekenntnis zur Wahl. Hatte ich in jungen Jahren vielleicht nicht die Wahl, Erwartungen zu erfüllen oder nicht zu erfüllen?

Wovon habe ich mich mit vermeintlicher Unschuld selbsttäuschend befreit? Nicht nur, dass ich meiner Eigenverantwortung die Durchsetzungskraft schuldig geblieben bin, die es bräuchte, um vor meiner Selbstachtung Glaubwürdigkeit zu erwirken, habe ich mich der Vorenthaltung von Verbindlichkeit schuldig gemacht. Es mögen unzählige Argumente dafürsprechen, dass ich nicht anders handeln konnte, meine Lebensgeschichte dafür Gründe aufzuweisen hat. Dies legitimiert mein Selbsterleben aus Gewohnheit. Aber das Selbsterleben in Wahrheit unterscheidet sich von anderen Wahrheitsvarianten darin, dass die ‚wirkliche Wahrheit‘ ausschließlich in der Verantwortung der Folgen von Entscheidungen liegt. Es gibt keine anderen Gründe und keine Legitimation durch die Umstände heranzuziehen, wenn ich mir die Selbsttreue schuldig bin. Das ist nicht einmal eine überzogene

Moralvorstellung, sondern die Ultima Ratio der radikalen und damit aufrichtigen Subjektivität. Andernfalls bin ich Objekt der Machenschaften anderer und sehe mich als Opfer. Schauen wir in die Kindheit zurück, wo alles begann.

## Entsprechen anstatt widersprechen

Die Mutter und/oder der Vater stellen dem Kind gegenüber unbeugsame Bedingungen auf. Das Kind lernt, zu entsprechen, und erfährt, dass seine Wünsche nicht zählen. Dadurch kommt es zur Ablehnung seines Selbsterlebens in Wahrheit durch Interaktion, in der Folge zur verinnerlichten Ablehnung von eigenen Wünschen einerseits, zur Verunmöglichung von Auflehnung gegen ungerechte Maßregelung andererseits. Die Vermeidung der in diesem Sinne verpönten Regungen geht vom Selbsterleben aus Gewohnheit aus. Doch lassen sich Regungen in Wahrheit nicht löschen. Neurotische Kompromisse und Abwehrkonstellationen sind über Jahrzehnte hinreichend durch die Fachliteratur geklärt und plausibel in ihrer Funktion dargelegt worden. Mir geht es darum, die nachteilige Verbindung von verinnerlichter Ablehnung und Neigung zum Misslingen und Scheitern davon abzuleiten. Ich nenne an der Stelle einige Kernüberzeugungen aus dem Negativurteil sich selbst gegenüber.

1. Ich darf den Erwartungen meiner Eltern nicht widersprechen.
2. Ich darf meine Wünsche nicht verwirklichen, um meine Eltern nicht zu enttäuschen.
3. Würde ich mich gegen sie auflehnen, müsste ich mein Elternbild entmachten.
4. Würde ich ihrem Regime entwachsen, müsste ich eigenverantwortlich sein.
5. Lieber strafe ich mich selbst durch Scheitern, als dass sie mich strafen.
6. Ich darf die Einschränkungen der Eltern nicht durch eigenes Gelingen übertreten.
7. Durch mein Scheitern suche ich immer noch den Schutz und die Obhut der Eltern.

8. Um zu wachsen, müsste ich mich wirklich dem *Selbsterleben in Wahrheit* annehmen.

9. Um zu wachsen, müsste ich mein *Selbsterleben aus Gewohnheit* als veränderungsfähig erachten.

## Unausgesprochenes in Anwesenheit

*Unausgesprochenes in Anwesenheit* meint das Unvermögen, in Gegenwart einer Bezugsperson oder eines Partners/einer Partnerin dies zu benennen und zu beschreiben, was in deren Abwesenheit einem durch den Kopf geht und keine Ruhe lässt. Es deutet meines Erachtens alles darauf hin, dass Scheu und Vermeidung dadurch zustande kommen, dass das Subjekt der Mut verlässt, Gefühlsverwirrung eintritt, weil seine Gehemmtheit mit *verinnerlichter Ablehnung* zusammenhängt. Insofern bekommt das *Selbsterleben in Wahrheit* kein Stimmrecht, wird durch Hemmung gestaltlos. Da keine Kontur gegeben ist, kann weder ein Standpunkt vertreten noch Durchsetzungskraft mobilisiert werden. Es fühlt sich wie eine Paralyse an.

Bei genauerer Betrachtung fällt auf, dass Verschweigen oder Verstummen einerseits an Verlustangst gekoppelt ist, andererseits mit Unterwerfung unter einseitig gestellte und unbeugsame Bedingungen im Machtgefälle zwischen Eltern und Kind korreliert. Es waltet Einschüchterung, deren Prägung alt ist und auf eine aktuelle Situation übertragen wird. Das Selbsterleben aus Gewohnheit verfügt über Routinen, diese Paralyse zu ertragen und zu überspielen. Wie es bei Machtverhältnissen nicht selten der Fall ist, kann sich das Machtverhältnis durch Überlagerung mittels verdeckter Kontrolltaktik umkehren. Die Metapher vom Herrn und seinem Knecht ist landläufig bekannt. Beispielsweise ist da ein Mann, der seine Frau wie Besitz behandelt, sich von ihr rundum versorgen lässt, in Abhängigkeit von ihrer Fürsorglichkeit gerät, wodurch sie über Fürsorge und Unabkömmlichkeit Macht und Kontrolle über ihn ausübt.

Das ist nur eine Variante möglicher Abwehrkonstellationen, bei denen es allemal zutrifft, dass die Abwehr vom Selbsterleben aus Gewohnheit ausgeht und das Selbsterleben in Wahrheit verdrängt oder verleugnet wird, bis sich die Seele körperlich bemerkbar macht. Mir fällt in diesem Zusammenhang ein Satz von Meister Eckhart ein: *„Wir selbst sind die Ursache all unserer Hindernisse."* In der Weise verdoppelt oder zumindest verstärken akute Regungen und Impulse die *verinnerlichte Ablehnung.* Es ist permanent ein innerer Widerstreit zugange, der sehr viel Anstrengung kostet und nicht in Aussicht stellt, dass es zu einer Integration des Selbsterlebens kommen kann. Um eine Veränderung im Sinne der Integrität des Subjekts als *Individuum* im Laufe der Zeit voranzubringen, bedarf es als ersten Schritt des Achtens und Annehmens der Impulse und Regungen, Empfindungen und Neigungen, der inneren Bilder und Gedanken aus dem verdrängten Selbsterleben in Wahrheit. Dies kann durch einen reflexiven Dialog in der Psychotherapie geschehen. Angebote der Gestaltungs- und Kunsttherapie können die erforderlichen Ausdrucksformen unterstützen.

In weiteren Schritten mögen Verhaltensabenteuer und Handlungsentwürfe im geschützten Rahmen dazu beitragen, dass Sehnsüchte und Ängste sich allmählich der Realität annähern, um in zielgerichteten Aktivitäten eine Integration des Selbsterlebens zu erwirken. Ich halte diese Vorgehensweise für plausibel und verstehe sie als Motto: *Was sein will, ist im Werden.* Im Gegensatz zur fatalistischen Haltung, das Leben entscheide ohnehin, zeigt das klare Motto eine eindeutige Ausrichtung auf zwei Sehnsüchte hin, die ich als Botschafterinnen seelischer Wirklichkeit verstehe: Verbundenheit und Freiheit.

Das Selbsterleben aus Gewohnheit kann durchaus den einen oder anderen Pol, je nach Art frühkindlicher Bindungserfahrung, bevorzugt gewichten, aber die Ganzheit der Persönlichkeit lässt sich nicht anders als durch Integration der beiden Bestrebungen auslegen. Alles andere wäre wieder das Ergebnis von Ambivalenzspaltung. Die zuvor aufgelisteten Kernüberzeugungen sind nach meinem Verständnis existenzielle Entscheidungen, die aus der Not getroffen wurden. Aber sie sind nicht für die Ewigkeit festgeschrieben. Die Sätze 8) und 9) artikulieren

zwar Vorsätze, deren Umsetzung möglicherweise jedoch durch Beibehaltung von Routinen des Selbsterlebens aus Gewohnheit blockiert sind
und insofern ein Verharren in der Komfortzone zum Ausdruck bringen.

Jede Veränderung eines Subjekts innerhalb eines Beziehungssystems fordert alle anderen Bezugspersonen zur Mitgestaltung an der Transformation des Systems auf. Gelingt dies nicht, zerfällt entweder das soziale
System oder es erstarrt in den rigiden Strukturen bislang gelebter Erfahrung, um dem Schein nach den *Status quo* aufrechtzuerhalten. Ich halte
nichts von radikalen Brüchen, strengen Maßregelungen und Verurtei-
lungen, da es um die Integration des Subjekts als *Individuum* geht. Und
die Erfahrung hat vielfach gezeigt, dass die Verlockungen der Grandiosität unter dem Regime des Idealbilds keineswegs hilfreich sind, die
Realität bzw. ein Beziehungssystem zu transformieren. Ich denke an
der Stelle daran, dass das Größenselbst der Spiegelung und umwandeln-
den Verinnerlichung dieser Spiegelerfahrungen in der Kindheit bedarf,
um das Idealbild durch Ichideale (Werte) abzulösen (Kohut, 1976). Insofern können neue Bekanntschaften und auch Liebschaften zu einer
Spiegelerfahrung des Selbsterlebens in Wahrheit beitragen. Psychotherapie ist die unverfänglichste Form.

## Enttäuschen muss nicht verletzen

Aus Kindertagen tragen wir das Vermächtnis in uns, Enttäuschung und
Verletzung in gleicher Weise als Kränkung zu erleben. Dabei gilt es einen Unterschied zwischen den Vorgängen hervorzuheben. Das betrifft
die aktive Zufügung wie die passive Erfahrung. Jemand kann enttäuschen und verletzen, sein Gegenüber kann das Verhalten als Gefühl
empfinden, enttäuscht oder verletzt worden zu sein. Beides ist gegeben,
wenn ein Wunsch bestanden hat. Seinen Selbstwert verletzt zu erleben,
ist abhängig davon, mit welcher Erwartung ein Einsatz erbracht wurde,
der dann nicht zu dem Ertrag führte, der sich als Selbstwerterhöhung
einstellen sollte. Die Bereitschaft, Einsatz zu leisten, hängt von inneren Antreibern ab. Enttäuschung hängt davon ab, was verabredet oder
nicht besprochen wurde. Verletzung wird als Entwürdigung empfunden.

Oft besteht aufgrund innerer Antreiber eine hohe Vorleistungsbereit-schaft, die mehr der Erwartung einer Erwartung als einem abgeklärten Handlungsauftrag und Einsatzrahmen entspricht. Dazu zählt auch vorauseilender Gehorsam. Hierbei geht es um Anerkennung, deren Ertrag, überspitzt formuliert, seelische Einkommensoptimierung durch Unterwürfigkeit erwirken soll. Im Grunde ist es aber ein Übergriff.

Ein zweiter Komplex betrifft die ‚*vorweggenommene Enttäuschung einer nicht ausgesprochenen Erwartung*‘. Sie mag auf den ersten Blick als Schutz erscheinen, da aber keine Erwartung ausgesprochen wurde, kann sie nicht beantwortet werden. Wer Enttäuschung erfährt, ist mit der Verwicklung von Hoffnung mit Täuschung befasst. Wurden Erwartungen ausgesprochen, so mag eine Zurückweisung des ausdrücklichen Anliegens, Anspruches oder Bedürfnisses zwar enttäuschen, ist aber nicht gleichzusetzen mit einer Verletzung der Würde, auch wenn die betroffene Person dies als Kränkung erlebt. Dass ich enttäuscht werde, löst naturgemäß Kummer aus, ist aber per se kein Angriff auf meine Würde. Zu den Grundrechten zählt eben auch das aufrichtige und eindeutige *Nein* des Gegenübers. Wer somit in die Lage versetzt ist, ein *Nein* hinnehmen zu müssen, wird sich entweder damit abfinden oder sich dagegen auflehnen. Letzteres verstehe ich als *Empörung*. Dennoch wird es davon abhängen, inwiefern ein Anspruch berechtigt, ein Anliegen verständlich und die Erfüllung eines Bedürfnisses durch den Anderen erforderlich war.

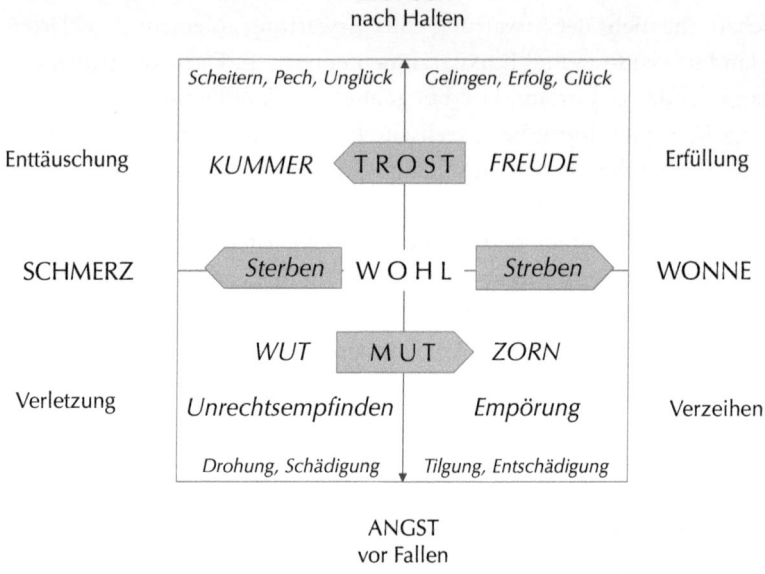

Abbildung 1: Erwartungen und ihre Bestätigung/Nichtbestätigung

Emotionale Reaktionen hängen mit Einstellungen, Erwartungen und bisherigen Erfahrungen durch Wunscherfüllung, Enttäuschung und seelische Verletzung zusammen. Die Abbildung zeigt, welche Ereignisse und Vorgänge zu Freude, Kummer, Wut und Zorn führen. Schmerz und Wonne bilden die beiden Pole des Empfindungsvermögens, das Wohl bildet die Mitte. Alle Wünsche haben einen Bezug zum Halten, alle Ängste zum Fallen. Lustgewinn bedeutet Streben nach Wonne. Die Steigerung von Unlust bis zum Schmerz erinnert an das frühkindliche Erleben von Todesangst (Sterben). Enttäuschung löst Kummer aus und braucht Trost. Kränkung, Verletzung der Würde, löst berechtigterweise Wut aus. Es braucht Mut, um vom Unrechtsempfinden auch in den Ausdruck von Empörung voranzukommen. Zorn ist Angriffsaggression. Aus meiner Sicht ist erst dann Verzeihen wirklich möglich, wenn sich jemand der Empörung auf faire Weise gestellt hat. Andernfalls bleibt die Wut in uns stecken.

### Lore entdeckt das Nein

Eine Sitzung mit Lore hat hervorgebracht, wie der Konflikt zwischen den beiden Formen des Selbsterlebens überwunden werden kann. Bei ihr ging es darum, dass ihre Mutter auf deren Wünsche zur Lebensgestaltung zugunsten der Bestrebungen ihres Ehemannes, Lores Vater, verzichtet hatte. Lore übernahm das Modell, indem sie ihrem Mann die Entscheidung überließ, den gemeinsamen Besitz von Haus und Garten durch eine Landwirtschaft zu vergrößern. Das ging lange Zeit gut. Doch dann meldeten sich Unwillen und Groll in Form von Kopfschmerzen und depressiven Einbrüchen bei ihr an. In unserer Arbeit über Monate war bereits das Thema *Unfreiwilligkeit* zur Sprache gekommen.

Und so überraschte sie ihren Gatten, als sie ihm klar darlegte, sie werde dieses Jahr für die Ernte nicht zur Verfügung stehen. Sie hatte zum ersten Mal ihr Selbsterleben in Wahrheit, den von ihm übergangenen Wunsch nach Überschaubarkeit der Landwirtschaft, zur Sprache gebracht, den Mut zu einer Konfrontation gegenüber dem Selbsterleben aus Gewohnheit aufgebracht. Sie stellte mit Erstaunen fest, dass es zu keiner Katastrophe kam. Wir besiegelten diese neue Aktion mit dem Titel: „Ich erlaube mir, eine Eigene zu sein." Damit war artikuliert, dass Realität ausgehandelt werden könne. Erstmals hatte sie die Rolle der braven Tochter ablegen können.

Im Rückblick sahen wir, wie das Selbsterleben aus Gewohnheit um Schadensbegrenzung bemüht gewesen war, dessen Schaden dadurch angerichtet wurde, dass sie die Entscheidung ihrem Mann überließ und ihren Wunsch unterdrückte. Sobald ihr klar wurde, dass es um eigenverantwortliche Entscheidung ging, konnte sie annehmen, dass sie die Anwaltschaft für ihr Selbsterleben in Wahrheit angetreten hatte. Dieser Prozess, in kleinen Schritten und alltäglichen Belangen gegenüber sich auf ‚Nein sagen' einzulassen, stärkte ihre Autonomie und zog weitere Kreise durch verändertes Kommunizieren. Die Beschwerden wurden seltener. Kamen sie, wusste Lore, ihr ‚Nein' wollte nicht übergangen werden.

## 1.3 Probleme der Verständigung

### Vieles ist ein Missverständnis

Unverständnis greift in nahezu allen Fällen den Selbstwert an. Das beginnt in der Kindheit und Erfahrungen diesbezüglich hinterlassen oft tiefe Spuren. Harmlose Missverständnisse stehen an der Tagesordnung. Jemand glaubt, den Anderen verstanden zu haben, und es stellt sich heraus, dass eine Annahme oder Auffassung, also eine Meinung, nicht weiter hinterfragt worden ist. In diesem Sinne bedarf Verständigung der Anschlusskommunikation. Will heißen: Zwei Menschen sehen sich veranlasst, nachdem Informationen durch Mitteilungen gesendet worden sind, deren im Grunde ungewisse Ankunft beim Anderen daraufhin zu befragen, ob sie so angekommen sind, wie dies ‚Ego' seinem ‚Alter' mitzuteilen imstande war.

Friedrich Nietzsche fällt mir dazu ein: „*Einer allein hat immer unrecht, die Wahrheit beginnt zu zweien.*" Der Anspruch auf Wahrheit sollte in Hinblick auf eine dialogische Ethik nicht allein von einer Person behauptet werden. Erst wenn Dialogpartner explizit ihren Konsens verbalisieren, kann von wirklicher Verständigung die Rede sein. Der Mangel an Verständigung, inwiefern Verstehen zur Verständigung über Verständnis, Einverständnis oder Unverständnis führt, erinnert an Missverständnisse aus der Kindheitserfahrung und wird aus dem Grund zu Verunsicherung führen, sie als bedrohlich erleben lassen. Oft zeigen sich im Mangel an Verständigung frühere Episoden enttäuschender und kränkender Kontaktabbrüche. Kontaktabbruch kann schon während eines Gesprächs passiert sein.

Ich denke an Situationen, wo jemand das Zuhören abbricht, weil er oder sie sich bereits in eine Rechtfertigung oder Überzeugungsoffensive verstrickt. Das Zuhören abzubrechen, leitet zur Rechthaberei über. Sie stellt Genugtuung in Aussicht, deren Preis für die Beziehungsqualität sehr hoch ist. Was ist denn so erbaulich an der Überzeugungskraft einer Durchsetzungswut, am Behaupten just des Gegenteils, an der Entkräftung der Sichtweise des Anderen, an dem Vernichtungsdrang, den Anderen seiner Selbstsicherheit zu berauben? Die Durchsetzungswut muss nicht immer hitzig sein. Sie kann durch starre Ablehnung und kalte Verachtung zum Ausdruck kommen. Es erweist sich in der Regel, dass dem Gegenüber, das damit angegriffen wird, die Souveränität untergraben werden soll. Streit ist ein Ringen um Selbstbehauptung: „Koste es, was es wolle." Insofern handelt es sich um eine Grundsatzentscheidung, sich dem dialogischen Prinzip zu verpflichten oder der Rechthaberei zu verschwören. Letztere schließt naturgemäß gewaltfreie Kommunikation aus.

## Verständigung oder Nichtverständigung

Ein integriertes Selbsterleben macht sich in authentischer und kongruenter Kommunikation bemerkbar. Im Unterschied dazu zeichnet sich der Kommunikationsstil eines egozentrischen Selbstkonzepts in der Regel durch Rechthaberei und mangelnde Perspektivenübernahme aus. Das bedeutet konkret: schlecht zuhören, rasch unterbrechen und bereits mit der Artikulation der Antwort befasst sein, anstatt sich ohne Vorurteil für die Information, Mitteilung und Verständigung aufgeschlossen zu zeigen. Andererseits kann ein nach außen hin angepasstes Selbsterleben aus Gewohnheit zur Routine werden, zu allem ‚Ja' zu sagen, selbst wenn im Geheimen ein ‚Nein' sich kundtun wollte und nicht darf.

Das Nachrichtenquadrat von Friedemann Schulz von Thun (1981) bietet durch die Analyse von vier Botschaften einen Einblick in kommunikative Vorgänge. Diesbezüglich ist die Wechselwirkung zwischen Appell und Selbstkonzept von grundsätzlichem Interesse. Dabei geraten Offenbarung oder Verbergung eines Bestrebens als Folge des Selbstkonzepts bei der Artikulation von Appellen in den Fokus.

## Miteinander reden

Friedemann Schulz von Thun legt in drei Bänden eine *Allgemeine Psychologie der Kommunikation* Band 1 *Miteinander reden* ([1981]1990), eine *Differentielle Psychologie der Kommunikation* Band 2 *Miteinander reden* (1989) und ein Modell für situationsgerechte Kommunikation Band 3 *Miteinander reden* (1998) vor. Mit den Begriffen ‚Kommunikation', ‚Nachricht', ‚Botschaft' und ‚Code' stellt Band 1 das Nachrichtenquadrat für die Kommunikationspsychologie vor.

- Sachinhalt: Was sage ich zu dir?
- Beziehung: Wie stehe ich zu dir?
- Selbstkundgabe: Wie möchte ich von dir gesehen werden?
- Appell: Was will ich von dir?

Die Rezeption der Botschaften gliedert sich in Aspekte der Wahrnehmung (Sachinformation und Sinneseindrücke), in Aspekte der Bewertung (Einordnen der Information in ein inneres Bezugs- oder Wertesystem) und in Aspekte der gefühlsmäßigen Reaktion (Resonanzen im Sinne von Empfindungen, Fantasien und Kernüberzeugungen). Im Appell formuliert ein Subjekt sein Anliegen und wie es gelernt hat, in einer ähnlichen Situation und unter ähnlichen Bedingungen ein Anliegen zu artikulieren, sich vor Verletzung zu schützen und dennoch sein Ziel zu erreichen. Selbstoffenbarungsangst kann so stark motivieren, dass der Ausdruck für das ‚eigentliche' Anliegen gar nicht mehr kommuniziert wird. Es werden daher drei Kategorien von Appellen unterschieden:

- Offene/direkte Appelle (bedürfnisäußernde Ich-Sätze)
- Verdeckte/indirekte Appelle (Anzeichen heimlicher Erwartungen)
- Paradoxe Appelle (d.h. zwei gleichzeitige, aber sich widersprechende Aufforderungen)

Eine explizite Aufforderung wird ausdrücklich formuliert, während die implizite als verborgene verdeckt bleibt. Kongruente Nachrichten liegen vor, wenn alle Signale in eine gleiche Richtung weisen. Inkongruente

Nachrichten treten auf, wenn die sprachlichen und körpersprachlichen Signale nicht zusammenpassen. Daher können die Botschaften einander in kongruenter oder in inkongruenter Weise qualifizieren (siehe Schulz von Thun 1990, S. 36-37).

- Qualifikation durch Kontext (offenkundige Sachverhalte in der Situation)
- Qualifikation durch die Art der Formulierung (Wortwahl und Satzbau)
- Qualifikation durch Körperbewegungen (Mimik und Gestik)
- Qualifizierung durch Tonfall (höfliche Botschaft oder grobe Äußerung)

„Inkongruente Nachrichten sind für den Empfänger natürlich verwirrend – soll er der Mitteilungsebene oder der Metaebene Glauben schenken?" (Schulz von Thun 1990, S. 38). Besonders wirksam ist eine widersprüchliche Handlungsaufforderung: Verbale und nonverbale Botschaft widersprechen einander. Verschärfend ist das Paradoxon, wenn der Empfänger aus dieser Situation nicht fliehen kann und eventuell beide zu keiner Metakommunikation (darüber reden, wie wir miteinander reden) fähig sind. Hinzu kommt, dass durch inkongruente Botschaften der Sender oder die Senderin sich nicht festlegt, eine Selbstklärung („worauf will ich hinaus?") unabgeschlossen ist. Folgende Einteilung der Appelle gibt Aufschluss darüber, inwiefern ein integriertes Selbsterleben zur Artikulation eines Anliegens vorliegt oder nicht.

| 1 | Offenbarter Wunsch | 9 | Freundliche Aufforderung |
|---|---|---|---|
| 2 | Unverblümte Bitte | 10 | Gutgemeinter Ratschlag |
| 3 | Anregende Idee | 11 | Wohlwollende Empfehlung |
| 4 | Schmeichelnde Betörung | 12 | Moralisierende Anzweiflung |
| 5 | Jammervolle Beschwerde | 13 | Entwertende Aburteilung |
| 6 | Dringlicher Hilferuf | 14 | Innere Aufkündigung |
| 7 | Vorwurfsvolle Anklage | 15 | Erpresserische Androhung |
| 8 | Ausdrücklicher Befehl | 16 | Berufung auf ein Gesetz |

Tabelle 1: Kategorisierung von Handlungsaufforderungen (Appellen)

Ich übernehme anstatt ‚Ego' und ‚Alter' die Bezeichnung ‚Sender' und ‚Empfänger' von Friedemann Schulz von Thun und verzichte an der Stelle auf das Gendern. Diese Liste betrifft zum einen die Betitelung direkter Appelle, wenn sich der Aufforderungsstil an einer offenkundigen Artikulation ablesen lässt. Beispielsweise äußert ein offenbarter Wunsch dessen Motiv im Hintergrund durch einen Ich-Satz: *„Ich möchte, dass du ..."* oder *„Ich wünsche mir von dir ..."* Diese Offenkundigkeit lässt sich auch an der *unverblümten Bitte* registrieren. Ab der *anregenden Idee* wird es trotz sprachlicher Artikulation schwieriger, den formulierten Text auf ein konkretes Motiv des Senders hin zum Empfänger interpretieren. Je nach Artikulation eines Appells verschleiert sich die Offenkundigkeit des appellierenden Senders auf folgende Weise.

Eine *jammervolle Beschwerde* lässt zwar eine miese Befindlichkeit annehmen, die ein Unbehagen ausdrückt, doch ist damit nicht gesagt, was der Sender vom Empfänger will. Hier ist bereits empathische Deutungsfähigkeit des Empfängers gefragt. Ob dieser den Aufwand betreibt, die verdeckte Botschaft auch im Sinne der Verständigung zu deuten, obliegt allein dieser Person. Ähnliches gilt für die Appellformen 3 bis 7. Der *ausdrückliche Befehl* immunisiert seinerseits das Anliegen des Senders, ist Ausdruck dafür, dass der Empfänger der Forderung bedingungslos nachzukommen hat. Die Appellformen 9 bis 16 verkehren das Anliegen des Senders in ein unterstelltes Anliegen des Empfängers. Wer zum Beispiel eine *wohlwollende Empfehlung* ausspricht, der artikuliert sich so, dass es dem Empfänger guttäte, der Aufforderung nachzukommen, obwohl nicht klar ist, was der Sender will. Die *Berufung auf ein Gesetz* will schlussendlich ein eigenes Anliegen oder Bestreben völlig gegen Ungehorsam immunisieren.

In diesen Beispielen bin ich davon ausgegangen, dass die Handlungsaufforderung explizit sprachlich artikuliert wurde. Das Gegenteil ist anzunehmen, wenn Sender ihre Aufforderungen nicht durch einen offenkundigen Ich-Satz artikulieren, sondern Intentionen in einer verdeckten Weise zum Ausdruck bringen, die zwar am Tonfall, nicht aber an der Wortwahl zu erkennen sind. Beispielsweise kann eine Aussage wie „*Ich tanze gerne Salsa*" je nach Tonfall einen der 16 aufgezählten Appelle induzieren. Der Sender spricht sie verdeckt aus, sodass die Intention als sogenannter *Subtext* der direkten Rede erkannt und ausgelegt werden muss.

Dass wir überhaupt in der Lage sind, verdeckte Appelle mit indirekter Anspielung dessen, was die Senderperson mitteilen will, zu deuten, liegt in unserem impliziten Beziehungswissen und einer Portion Intuition begründet. Aus dem Tonfall des Satzes „*Ich tanze gerne Salsa*" durch den Sender kommt je nach Empathie des Empfängers eine *wünschende, bittende, jammernde* oder anderweitige Artikulation als schwer dechiffrierbare Kundgabe entgegen. Da wir als Kinder bereits vor dem Spracherwerb die Intentionalität von Äußerungen, das Beziehungsgeschehen zwischen Wollen und Folgen, durch *Prosodie* kennenlernen, verfügt das *implizite Beziehungswissen* über eine präzise Registratur des Tonfalls, seiner Lautstärke sowie des Tempos und der Melodie jeder Äußerung. Dazu kommt die visuelle Wahrnehmung von Gestik und Mimik. Und in der Weise sind wir in der Lage, *Authentizität* und jede Form der *Inkongruenz* zwischen verbaler und nonverbaler Information durch *implizites Beziehungswissen* zu registrieren. Ein Blick hinter die Kulissen im Sinne ‚maskierter Appelle' lässt Bindungstypen und deren Selbstkonzepte erkennen.

## Bindungstypen

*Bindungstypen* sind als *harmoniebedürftige*, vom *Bindungswunsch* geprägte Personen charakterisierbar, wohingegen ihre ‚Antagonisten' sich durch *Bindungsangst* und *Eigenmächtigkeit* hervorheben. Zu bedenken ist, dass in der Kindheit Konstrukte entstanden sind, die das Verhältnis von Selbstbild und gelebter Erfahrung bis heute prägen. Diese Entwicklung führt entweder zum *duldenden Ja* der Unterwerfung oder zum *rebellierenden Nein* der Durchsetzungswut im Kampf zwischen *Anpassung* und *Eigensinn*. Im Idealfall haben wir mithilfe der Eltern Kompetenzen entwickelt, die es uns ermöglichen, mit Konflikten konstruktiv umzugehen. Sind unsere Kompetenzen *gut integriert*, laufen wir nicht so schnell Gefahr, den festen Stand zu verlieren, auch wenn es kompliziert wird. Sind wir hinsichtlich dieser Kompetenzen *mäßig, gering* geübt oder *desintegriert*, können äußere und innere Konflikte unsere soziale Kompetenz und unsere eigene Selbstorganisation empfindlich stören.

Im Unterschied dazu leben Persönlichkeiten mit Bindungssicherheit wahrscheinlich die stärkste Beziehungsfähigkeit. Die Vermutung liegt nahe, dass ein *integriertes Selbsterleben* Wertneutralität, Perspektivenvielfalt und Perspektivenübernahme verfügbar handhaben kann. Empathie zeichnet sich dadurch aus, Erwartungen des Anderen nach dem Bewertungsschema oder der Relevanz seiner Subjektivität zu realisieren. Empathie heißt, dem Anderen nicht das eigene Wertesystem überzustülpen. Wertebewusstsein unter Berücksichtigung der gleichberechtigten Wertevielfalt setzt auf beiden Seiten die Fähigkeit voraus, eigene Werte und die Wertorientierung des Anderen als Grundlage der Verständigung aufzufassen (Moeller, 2002).

Im Kontext des Persönlichkeitseigenschaftenmodells ‚Big Five' mit Faktoren wie Extraversion, Aufgeschlossenheit für Erfahrungen, Gewissenhaftigkeit,

Verträglichkeit im Sinne von Rücksichtnahme und Einfühlungsvermögen sowie Neurotizismus als emotionale Labilität und Verletzlichkeit verstehen wir mehr oder weniger drastische Folgen von Bindungsunsicherheit für Beziehungen. Es hängt von der Wirkkraft der Schutzstrategien und des Antreibers *Eifer* ab, welche Richtung die Entwicklung einschlägt. Unterwerfung erwirtschaftet Selbstwertbestätigung aus Vorteilen von Überanpassung, Selbstachtung und Selbstwirksamkeit bleiben auf relativ niedrigem Niveau. Das kann in den Worten von Betroffenen heißen: „*Ich bin nicht gut genug, willkommen zu sein wie ich bin. Oder ich muss gut genug sein, um willkommen zu sein.*" Das bedeutet immer auch Anstrengungen, sich in Ordnung fühlen zu dürfen.

## Beziehungsabwehr aus Gewohnheit

Die Veränderung und Erweiterung hin zu einem integrierten Selbsterleben setzen bei Problemen an, die ich als ‚Beziehungsabwehr' bezeichne und sie als ‚Pseudosymbiose' und ‚Pseudoautonomie' verstehe. In beiden Fällen dirigiert das Selbsterleben aus Gewohnheit die Annehmlichkeiten narzisstischer Gratifikation unter Beibehaltung von Kontrolle über den Anderen. Interaktionsmuster verfestigen Konstellationen, die keine authentische Beziehung sind, keine vertrauenswürdige Bindung vermitteln. Pseudosymbiose ist geprägt vom Wunsch nach Zugehörigkeit unter allen Umständen, nach einem unzerbrechlichen Bündnis. Das heißt, sie ist unkündbar. Die pseudosymbiotische Tendenz strebt nach Harmonie, nach einem Stillhalteabkommen, indem Konfliktspannungen beschwichtigt oder gänzlich vermieden werden. Pseudoautonomie entspricht der Aufkündigung von Zuverlässigkeit, geprägt von der Forderung uneingeschränkter Eigensinnigkeit aus Abgrenzungsnot. Pseudoautonomie braucht gerade die harmonisierende Tendenz des Gegenübers, um sich als Usurpator dagegen zu verwehren.

Stefanie Stahl (2017b) stellt die beiden Charakteristiken als asymmetrische Beziehungsdynamik dar. Pseudoautonomie und Pseudosymbiose erweisen sich als gemeinsame Abwehrkonstellation. Manche Paare erzeugen das Phänomen, indem die Abgrenzungsnot der Person X gegenüber der klammernden Person Y zum Anlass genommen wird, sich abzuschotten und zu entziehen. Beide verstehen ihr Verhalten als eine berechtigte Tugend, die sich aus deren Anschuldigung begründen lässt: *„Ich verhalte mich nur so, weil du dich so verhältst!"* Erstaunlicherweise kommen beide nicht voneinander los, obwohl das Muster unbefriedigend ist. Person X schwächt ihre hart abgrenzende Selbstbezogenheit ab, jedoch nur so lange, wie die Person Y sich mit dem Klammern zusammenreißt. Bei nächster Gelegenheit kommt das Karussell wieder in Fahrt (siehe auch Bauriedl, 1983; Mentzos, 1988).

Sofern Paare diesen Lebenswandel unter Kontrolle haben, alles letztlich irgendwie zusammenpasst, stellt sich erstaunlicherweise dennoch Kohärenzgefühl ein. Dies kann platzen, wo unvorhergesehene Ereignisse einbrechen, darunter liegende Selbsttäuschung oder Selbstverleugnung zutage tritt. Dann bricht auch das Selbsterleben in Wahrheit durch, bringt akute Inkonsistenz alles in Unordnung. Entwicklung heißt dann Dekonstruktion von Kernüberzeugungen und Abwandlung von Schutz- in Schatzstrategien (Stahl, 2017a). Wo dies nicht geschieht, lässt die Zeit ihre Trägheitswirkung ins Spiel kommen. Mit der irgendwann wiedererlangten Routine tritt auch die Rückkehr zur Komfortzone ein. Folgendes Beispiel illustriert eine krisenbehaftete Nichtverständigung zwischen Eheleuten, deren komplementäres Beziehungsmuster in eine Pattstellung geraten war, die weder einzeln noch durch Metakommunikation in der Paarberatung aufgelöst werden konnte.

### Du verstehst mich nicht!

Der Prozess mit Traudl hat eine vermeintliche Entscheidungsschwäche aufgezeigt. Auch dies ist eine täuschende Fehleinschätzung. Ich habe ihr erläutern können, dass wir uns grundsätzlich jeden Moment entscheiden, auch wenn wir uns für das ‚Nichtentscheiden' entscheiden. Entscheiden heißt auf alle Fälle Verzicht auf eine Möglichkeit durch Wahl. Doch muss Wahlmöglichkeit bestanden haben. Für Traudl schien es keine Wahl zu geben. Ihr Wunsch gegenüber ihrem Ehemann hieß im Grunde: *„Ich wünsche mir deine Zuwendung!"* Es ging im Lauf des Prozesses mit ihr darum, sie zu ermutigen, den Impuls seit so langer Zeit endlich wahrzunehmen und ihn als direkten Appell zur Sprache zu bringen. Sie konnte es nicht. Ihrem ‚inadäquaten‘ Gewissensdruck folgend, konnte sie nur „*Ich tue alles für dich!*“ ableisten. Als wolle sie sich vor einer Verurteilung schützen, sollte sie den Wunsch offen aussprechen.

Ich lud Traudl dazu ein, den Entscheidungen des Selbstgefühls, dem *Selbsterleben in Wahrheit,* Vertrauen zu schenken, Impulse zu spüren, sie Aktion werden zu lassen. Ihre Unentschlossenheit, womit sie ein Zögern rechtfertigte, diente ihrem Schutz vor der Angst, unverstellte Forderungen zu stellen, vielleicht sogar eine Trennung der frustrierenden Bindung zu vollziehen. Im Gegenteil erwartete sie sich weiterhin durch das „*Ich tue alles für dich!*“ eine Belohnung durch seine dankbare Zuwendung dafür. Aber nein, er verweigerte sich und forderte radikalen Respekt. Sein Motiv lag in der Kindheit begründet, als er Nähe nur durch Überfürsorglichkeit erfahren konnte, sich aber bedrängt und unterworfen fühlte. Insofern war Traudls sekundärer Wunsch jener, ihren Gewissensdruck zu entlasten, um nicht fordernd zu erscheinen. Doch verweigerte sich ihr Ehepartner, indem er von ihr nicht manipuliert werden wollte.

Damit erfüllte sich ihre Prophezeiung, ihre Wünsche würden nicht wahrgenommen und erfüllt werden. Diese unglückliche Mischung aus *vorweggenommener Enttäuschung* und *vorauseilendem Gehorsam,* ihrem normativen Selbstbild entsprechend und dem Gewissensdruck folgend, fiel Traudl wiederholt in dasselbe Schema. Die alte Verletzung konnte sie erspüren, indem ich sie fragte, ob es in ihrer Kindheit je um ihre Wünsche gegangen sei. Sie weinte. Ich schwieg. Dann machte ich ihr ein Angebot: Über den Schatten springen, sich auf ein Wachstumsabenteuer einlassen. Forderungen stellen wäre möglich. Ich fragte sie: „*Was wäre, wenn du dir ein Verhaltensabenteuer eingestehen würdest?*“ So könnte eine Wahlmöglichkeit entstehen. Sie war nicht dazu zu bewegen. Im Gegenteil, sie antworte: „*Es passt schon, wie es ist.*“ Wie kann zwischen ihrem Gefühl, „*es passt schon*“, um sich für das Zurücknehmen und Ausharren im Leid zu entscheiden, und dem Impuls dessen, was sie sich wirklich wünscht, ein Unterschied erzeugt werden? Ihr *Selbsterleben aus Gewohnheit* lässt sie im „*es passt schon*" verharren.

Gewissensdruck ist nicht Eigenverantwortung. Wenn jemand zuwartet, bis *es* sich fügt, die Umstände *es* zulassen, dann fügt sich die Person der verinnerlichten Norm, im Fall von Traudl, dass ihre Wünsche nicht zählen. Ihrem Mann will sie gerecht werden. Seine Zurückweisung ihrer Fürsorglichkeit katapultiert sie in eine alte Beschämung zurück und sie erlebt ihr vertrautes Gefühl, sie sei daran schuld, dass er sie nicht liebt, wie sie es sich wünscht. Damit wird ihre Aggression, die es für ihre entschiedene Konfrontationsfähigkeit bräuchte, abgespalten, als Verweigerung ihm zugeschoben. Beide verharren im defensiven Gebaren. Beider Aggression kleidet sich in eine passive (destruktive) Form: Verweigerung plus Schuldzuweisung. Durch die Vermeidungsstrategie des *Selbsterlebens aus Gewohnheit* bevorzugt sie ein Verharren, auch wenn sie darunter leidet.

Die Abwehr besteht darin, zu glauben, Enttäuschung oder Verletzung könne durch *Ableisten von Versorgung* verhindert werden. Das ist der Trugschluss, der letztlich in die Enttäuschung und seitens des Selbstwerts in die alte Verletzung führt. Traudl erhält ihre so sehr gewünschte *Zuwendung* nicht. Die in der Verweigerung latente Aggression gegen das *Selbsterleben in Wahrheit* verdoppelt das Nein ihres Mannes mit einem Nein sich selbst gegenüber (Lehofer, 2017). Die Folge davon heißt: „*Ich bin nicht gut genug und nicht wert, zu verdienen, dass du mich liebst, obwohl ich mich so sehr bemühe.*" Das schreckliche ‚*umsonst*' folgt auf die mangelnde Risikobereitschaft Traudls, ihren Willen zu artikulieren und, wenn nötig, sich von ihrem Muster zu trennen. Das wäre dann ihr *Verhaltensabenteuer* (gewesen).

Traudl meinte, es würde sich rächen, den primären Wunsch als unverstelltes Beziehungsangebot zu leben. Ich mochte einwenden, dass diese Entscheidung ein sabotierendes Wirklichkeitsurteil ist. Im Lauf der Zeit gab ihre Erzählung von der Kindheit zu erkennen, dass eine Durchsetzung ihrer Bedürfnisse mit Liebesentzug strafend abgelehnt wurde – sowohl vom Vater als auch von der Mutter. Die Mutter hatte ihr darüber hinaus ein Frauenbild vermittelt, wie sie sich als Frau den Bedingungen des Mannes zu fügen und durch fürsorgliche Zuwendung sein Wohlwollen zu erwirken habe. Traudls Legitimierung des Verharrens und Erleidens vor sich selbst baute auf der Bedrohung durch ein ‚Nein‘ wirklichen Verlangens gegenüber ihrem Ehemann auf, das sie just durch ihr Schema evozierte und sich auf diese Weise wieder als abgelehnt fühlte. Durch fortwährendes Abwägen von Einwänden spielt *destruktive Aggression* als Selbstbehinderung herein. Die scheinbare Befriedung des Gewissens durch Fügen ins Schicksal belohnt zwar durch moralischen Gewinn, sich ordentlich zu verhalten, die Vermeidungsstrategie erzeugt jedoch Unverhandelbarkeit und Unvereinbarkeit mit dem Anliegen des Anderen, der sich dieser Totalität verwehrt, sich zurückzieht wie ihr Ehemann.

An diesem Beispiel habe ich *Veränderungsresistenz* aufgezeigt. Sie deutet auf Verbitterung. Es bringt die Nichtumkehrbarkeit der Zeit mit sich, dass der Hunger von damals nicht gestillt werden kann. Was verstärkt psychische Defizite von damals heute? Was unterscheidet Süßigkeiten erfreulichen Lebens von der Bitterkeit spärlichen Darbens? Der schmerzliche Hunger betrifft die fehlende emotionale Zuwendung (Resonanz), deren Grundbotschaft heißen mag: *„Du bist in deinem Leben und auf dieser Welt willkommen!"* Selbstverständlich kann ein Säugling die Botschaft nicht denken. Das Gesicht der Welt zeigt sich im Antlitz der Mutter, im wohlwollenden Lächeln, in deren Achtsamkeit und Gelassenheit, die Behütung und Beruhigung erwirken. So entstehen Bindungssicherheit, Urvertrauen und Geborgenheit. Da dies aufgrund verschiedenster Umstände nicht so verläuft, zeichnen sich als Ersatz für gelebte Erfahrung Fantasien und Strategien ab. Ausgehend von dieser Disposition übernehmen kompensatorische Konstrukte das Regime. Wie der Ausspruch sagt, sind es in weiterer Folge nicht die Dinge, die wir fürchten, sondern die Vorstellungen, die wir uns von ihnen machen.

Hoffnungen und Befürchtungen erwirken innere Anspannungen, die nicht vermeidbar sind. Insofern bleiben uns grundlegende seelische und zwischenmenschliche Konflikte nicht erspart. Aber wir können unsere sozialen Verhältnisse steuern, gegebenenfalls Strategien überdenken und durch Training Verhaltensänderung erwirken, ohne uns radikal ändern zu müssen. In diesem Sinne unternahm ich mit dem Paar ein Coaching, um ihre Kommunikation zu verbessern. Sie leben heute noch zusammen. An ihrer Grundhaltung hat sich nichts geändert. Einige Tipps zur Anwendung dialogischer Gesprächskultur und zur Optimierung der sozialen Kompetenz sollen den Dialog anregen, falls eine Paarbeziehung krisenanfällig ist.

## Frageformen

| Geschlossene Fragen: | zielen auf ein Ja oder Nein ab |
| Offene Fragen: | *Was kann ich für Sie tun?* |
| | *Welche Beobachtung haben Sie gemacht?* |
| Gerichtete Fragen: | An bestimmte Personen, um alle zu Wort kommen zu lassen |
| Ungerichtete Fragen: | *Wer fühlt sich angesprochen von …* |
| Klarstellende Fragen: | *Was meinen Sie damit?* |
| | *(Floskel, Allgemeinplatz, etc. konkretisieren helfen)* |
| Hypothetische Fragen: | *Angenommen, dass Folgendes …* |
| | *Gesetzt den Fall, es käme …* |
| | *Was wäre, wenn …* |
| Zukunftsorientiert: | *Was wünschen Sie sich?* |
| Fokussierende Fragen: | *Was hat das damit zu tun … Worauf wollen Sie hinaus?* |
| Zirkuläre Fragen: | *Wenn Ihre Mitarbeiter Sie/uns sehen, was meinen Sie, denken sie dann?* |
| | *Wenn Sie etwas vorschlagen würden, wie würden sie reagieren?* |

## Feedbackregeln

- Formulieren Sie Feedback so ausführlich und konkret wie möglich.
- Teilen Sie Ihre Wahrnehmungen als Wahrnehmungen, Ihre Vermutungen als Vermutungen und Ihre Gefühle als Ihre Gefühle mit.
- Feedback analysiert den anderen nicht.
- Feedback umfasst auch gerade positive Gefühle und Wahrnehmungen.
- Feedback berücksichtigt die Informationskapazität des anderen.
- Feedback bezieht sich auf begrenztes und konkretes Verhalten.
- Feedback erfolgt möglichst unmittelbar.
- Geben Sie Feedback, wenn die andere Person es auch hören will.
- Die Aufnahme von Feedback ist dann günstig, wenn der andere es sich wünscht.
- Nehmen Sie Feedback nur dann an, wenn Sie dazu auch in der Lage sind.
- Wenn Sie Feedback annehmen, hören Sie zunächst nur ruhig zu.
- Feedback-Geben bedeutet, Anregungen zu geben, ohne den anderen zu belehren.

## Gesprächsvorbereitung

- Wem gegenüber habe ich welches Anliegen oder welchen Anspruch?
- Was brauche ich an Wertschätzung, um mich als Person angenommen zu fühlen?
- Welche Gestaltungsideen zur Veränderung bringe ich in das Gespräch ein?
- Welche Aufgaben bin ich bereit zu übernehmen?
- Sind dafür Kenntnisse und Mittel erforderlich?
- Habe ich ein Ziel der Unterredung vor Augen?

## Gesprächsführung

- Wie erreichen wir ein gemeinsames Ziel?
- Ist die Bereitschaft zu einem Übereinkommen auf beiden Seiten gegeben?
- Woran machen wir ein gutes Ergebnis des Gesprächs fest?
- Sind wir uns mit Beendigung des Gesprächs darüber einig, dass wir uns verstanden haben?
- Braucht es eventuell noch einmal eine Verständigung über Gesprächsinhalte und Verstehen?

## Gesprächsabschluss

- Wie sieht die Lösung des Problems/Konflikts in Bezug auf die Aufgabenverteilung aus?
- Worin sehe ich das Risiko, wenn wir diesbezüglich nichts tun bzw. auf etwas warten?
- Bis wann sind diese Maßnahmen umzusetzen und inwieweit brauchen sie Kontrolle?
- Woran könnten wir merken, dass gute Ergebnisse wirksam geworden sind?

## Weisheitskompetenz

Das Mentalisierungskonzept (Allen, Fonagy & Bateman, 2016) und die Weisheitstherapie (Baumann & Linden, 2014) stimmen dahingehend überein, dass sich der Grundgestus der *Weisheit* in der *Selbstdistanz* zeigt. So nehme ich die von Baumann und Linden ausgearbeiteten zehn Dimensionen der von ihnen so genannten *Weisheitskompetenz* (Baumann & Linden 2014, S. 65) hierher mit herein. *Perspektivwechsel:* „Inwieweit werden die verschiedenen Perspektiven der am Problem beteiligten Personen erkannt?" *Empathiefähigkeit:* „Inwieweit werden Gefühle der am Problem beteiligten Personen erkannt und nachempfunden?" *Emotionswahrnehmung und -akzeptanz:* „Inwieweit werden eigene Gefühle wahrgenommen und akzeptiert?" *Serenität:* „Inwieweit werden die eingenommenen Standpunkte und Argumente mit emotionaler Ausgeglichenheit vorgetragen?" *Fakten- und Problemlösewissen:* „Inwieweit zeigt die Antwort sowohl generelles als auch spezifisches (z. B. Lebensereignisse) Wissen um Probleme und Möglichkeiten der Problembearbeitung?" *Kontextualismus:* „Inwieweit werden die zeitliche und situative Einbettung des Problems erkannt?" *Wertrelativismus:* „Inwieweit wird die Vielfalt von Werten und Lebenszielen und die Notwendigkeit, jede Person innerhalb ihres Wertesystems zu betrachten, wahrgenommen und akzeptiert, ohne dabei eigene Werte aus dem Auge zu verlieren?" *Ungewissheitstoleranz:* „Inwieweit gibt (jemand) zu erkennen, dass er sich bewusst ist und zugleich ertragen kann, dass das Ergebnis seines Handelns oder des Handelns Dritter nicht vorhersagbar und kontrollierbar ist?" *Selbstdistanz und Anspruchsrelativierung:* „Inwieweit wird Bescheidenheit zum Ausdruck gebracht und anerkannt, dass man selbst nicht das Zentrum der Welt ist?"

## Stufen

Wie jede Blüte welkt und jede Jugend
Dem Alter weicht, blüht jede Lebensstufe,
Blüht jede Weisheit auch und jede Tugend
Zu ihrer Zeit und darf nicht ewig dauern.
Es muß das Herz bei jedem Lebensrufe
Bereit zum Abschied sein und Neubeginne,
Um sich in Tapferkeit und ohne Trauern
In andre, neue Bindungen zu geben.
Und jedem Anfang wohnt ein Zauber inne,
Der uns beschützt und der uns hilft, zu leben.

Wir sollen heiter Raum um Raum durchschreiten,
An keinem wie an einer Heimat hängen,
Der Weltgeist will nicht fesseln uns und engen,
Er will uns Stuf' um Stufe heben, weiten.

Kaum sind wir heimisch einem Lebenskreise
Und traulich eingewohnt, so droht Erschlaffen;
Nur wer bereit zu Aufbruch ist und Reise,
Mag lähmender Gewöhnung sich entraffen.

Es wird vielleicht auch noch die Todesstunde
Uns neuen Räumen jung entgegen senden,
Des Lebens Ruf an uns wird niemals enden,
Wohlan denn, Herz, nimm Abschied und gesunde!

Hermann Hesse
Mai 1941 nach langer Krankheit


## 1.4 Sozialpsychologischer Diskurs

Dieser zweite Diskurs schafft einen Überblick zu Kommunikationstheorien. Margot Berghaus fasst grundlegende Konzepte von Niklas Luhmann unter soziologischer Perspektive zusammen. Es geht zum einen darum, Kommunikation als Senden und Empfangen von Informationen durch Mitteilungen und schlussendlich als Verständigung zu betrachten. Berghaus übernimmt den von Luhmann eingeführten Begriff der Selektion und verweist auf den philosophischen Begriff der Kontingenz. Darunter sind die grundsätzliche Bedeutungsoffenheit und das Erfordernis einer Verständigung darüber, ob Verständigung stattgefunden hat, zu verstehen. Aus diesem Grund habe ich mit Fritz Simon auch die Unterscheidung von Humberto Maturana miteinbezogen, der zwischen Verhalten und Bedeutung differenziert.

Dirk Baecker, der bei Luhmann habilitierte, spezifiziert den Informationsbegriff und Helmut Willke nimmt Bezug auf den Kontingenzbegriff. Damit tritt der Begriff der Erwartung in den Vordergrund. Insofern geht es auch darum, dass sich Kommunikationsparteien erwarten, dass eine Festlegung beiderseits vorgenommen wird. Da diese Erwartungen an Gefühle gekoppelt sind, zeigt sich, dass *Erfüllungsgefühle* bestätigend wirken, *Enttäuschungsgefühle* hingegen auf die Nichterfüllung einer Erwartung folgen. Der historisch einzuordnende Schritt zurück in der Zeit führt zu Paul Watzlawick und seinem Team, der zwischen Inhalts- und Beziehungsaspekten der Kommunikation unterschied. Mit Bezug auf Gregory Bateson werden zwei Beziehungsmuster analysiert, die als symmetrische und asymmetrische bekannt sind.

Konstellationen stehen in direktem Zusammenhang mit Gleichheit und Ungleichheit, Über- und Unterlegenheit. Der Diskurs schließt mit einer straffen Darlegung der fünf Grundbedürfnisse. Ihre Beeinträchtigung durch prolongierte Frustrationen, eine Auflistung der Erklärungskonstrukte in Bezug auf Störungsentstehung von Persönlichkeitsstilen sowie deren Zuordnung zum Kategoriensystem ICD-10 nehme ich in das zweite Kapitel herein. Der Bezug zu Abwehrmechanismen erfolgt im Anhang zu Kapitel 3 innerhalb des tiefenpsychologischen Diskurses.

## Soziale Systeme kommunizieren

Berghaus nimmt Bezug auf die Allgemeine Systemtheorie und in weiterer Folge spezifisch auf die Theorie von Niklas Luhmann. „Alle Systeme existieren nur, indem sie *operieren*; soziale Systeme operieren, indem sie *kommunizieren*. […] Kommunikation ist also die Art von Operation, durch die soziale Systeme sich autopoietisch bilden, erhalten und von ihrer Umwelt abgrenzen" (Berghaus 2004, S. 73). Luhmann unterteilt Kommunikation in drei Selektionen: „Information, Mitteilung und Verstehen" (Luhmann 1997, S. 190 in: Die Gesellschaft der Gesellschaft. Erster und zweiter Band. Frankfurt a. M. siehe Berghaus 2004, S. 74). Luhmann schreibt der Kommunikation drei Aktionen zu: „Kommunikation ist ein *dreistelliger* Selektionsprozess, der (1) die Selektion der Information, (2) die Selektion der Mitteilung und (3) die Selektion der Annahme, des Verstehens umfasst. Die ersten beiden Selektionen liegen beim Sender – also Alter -, die dritte Selektion liegt beim Empfänger – also Ego" (Berghaus 2004, S. 77). Selektion bedeutet im engeren Sinn, eine Unterscheidung treffen. Und so entsteht durch Unterscheidung

Information. „Ein Beobachter trifft eine Unterscheidung; kreiert eine Differenz zwischen dem, was er als Information ansieht, und allem anderen" (Berghaus 2004, S. 78-79).

Der nächste Selektionsschritt betrifft die Form der Mitteilung. „Die Entscheidung *für* eine Mitteilung ist gleichzeitig eine *gegen* viele mögliche andere Mitteilungen; zur Wahl steht auch die Möglichkeit, überhaupt nichts mitzuteilen. Beim Sender gibt es also *zwangsläufig* eine Differenz zwischen Information (Selektion eins) und Mitteilung (Selektion zwei)" (Berghaus 2004, S. 80). Seien die Selektionen der Information und Mitteilung geklärt, bleibe die ‚Selektion der Annahme/ des Verstehens' als dritter Akt. Dieser liege bei der empfangenden Person. Selektion bedeute wiederum im Sinne der Kontingenz: die Sache kann so oder anders laufen. Ego könne die Mitteilung verstehen bzw. annehmen oder nicht. Dementsprechend sei dieser Akt in Bezug auf Verständigung zentral für den Kommunikationsprozess. Erst im Verstehen komme Kommunikation zustande. „Begreift man Kommunikation als Synthese dreier Selektionen, als Einheit aus Information, Mitteilung und Verstehen, so ist die Kommunikation realisiert, wenn und soweit das Verstehen zustandekommt" (Luhmann 1984, S. 203 in: Soziale Systeme. Grundriß einer allgemeinen Theorie. Frankfurt a. M. – siehe Berghaus 2004, S. 82).

### Verhalten und Bedeutung

Mit Fritz Simon sind in Anlehnung an Maturana und Varela (1982, 1987) folgende Unterscheidungen zu erfahren: „Der lebende Organismus als *Unterscheidung* – seine Haut trennt innen und außen – kann nur ein Verhalten zeigen, das zu den inneren Strukturen und Prozessen, die ihn als Einheit erhalten, wie auch zum *Kontext* dieser Unterscheidung, seiner Lebenswelt, paßt" (Simon 1990, S. 116). Verhalten bezeichnet Interaktionen zwischen Organismus und Milieu. „Es ist eine Auffassung, die der Biologe Humberto Maturana vertritt, der dem Verhalten als ‚Beschreibung erster Ordnung' die sprachliche Beschreibung als

‚Beschreibung zweiter Ordnung', d. h. als Beschreibung der Beschreibung gegenübergestellt" (Simon 1990, S. 56). Und weiter: „An die Stelle der Organismen treten Symbole und Worte, an die Stelle der Verhaltensweisen, Beschreibungen 1. Ordnung, treten Bedeutungen, Beschreibungen 2. Ordnung" (Simon 1990, S. 117).

Maturana sieht die Position des einzelnen Organismus einschließlich seiner spezifischen Struktur in seinem Medium als „Ergebnis der Interaktionsgeschichte sowohl seiner eigenen Vorfahren als auch seiner selbst" (Maturana 1982, S. 20). Daher ist die Geschichte der strukturellen Koppelung eines Organismus und seines Nervensystems „eine Geschichte von Interaktionen, in deren Verlauf eine Struktur durch operationale Relationen moduliert wird, die einem Beobachter als Verhalten erscheinen, die jedoch ausschließlich strukturell bedingt und realisiert sind" (Maturana 1982, S. 21; vgl. Davis 2020, S. 172–173).

Bedeutung ist auch als Intention zu verstehen. Gemäß der philosophischen Tradition versteht Stern *Intention* als „primäre Antriebskraft des interaktiven Austauschs" (Stern et al. 2012, S. 15). „Intentionalität bezieht sich auf das subjektive Gefühl, einem Ziel- oder einem Endzustand zuzustreben oder von ihm angezogen zu werden, ihm entgegenzudrängen oder entgegengedrängt zu werden. In diesem Sinn ist Intentionalität gleichbedeutend mit Freuds Konzept des Wunsches oder des Bedürfnisses, mit dem ethologischen Konzept der motivationalen Aktivierung und der Zielstände, mit dem kognitionswissenschaftlichen Konzept des Wertes oder der Valenz und mit dem juristischen Begriff des Motivs" (Stern et al. 2012, S. 209). „Demnach ist ‚Bedeutung' das, was man sich vorstellt oder denkt', ‚intendiert' und ‚präsentiert' (Stern 2011, S. 163), wobei als Grundbedingung Urheberschaft oder Initiative anzusehen ist (siehe Stern et al. 2012, S. 98), die Thomas Metzinger als „attentionale Agentivität, also die erlebte Kontrolle der eigenen Aufmerksamkeit" (Metzinger 2012, S. 152) versteht. Precht bringt in einfachen Worten zum Ausdruck, welche Formen von Intentionalität den Empfindungen unterstellt werden dürfen. „Entweder *erstrebe* ich etwas, oder ich versuche, etwas zu *vermeiden*" (Precht 2012, S. 78). Daniel Stern stimmt mit Michael Basch (1975) überein, wenn dieser *Intention* allgemein als eine „Einwirkung der Disposition auf Aktion" definiert. *Interaktion* lässt sich so verstehen: „Einwirkung oder wechselseitigen Einfluss zwischen Personen" (Stern et al. 2012, S. 107).

## Intention und Kontingenz

Vorerst eine ausführlichere Beschreibung des Kontingenzbegriffs. „Der Kontingenzbegriff wurzelt in der scholastischen Philosophie, wo er die Möglichkeit bezeichnet, dass etwas ist oder auch nicht ist (ausführlich dazu Luhmann 1984, S. 184ff.). [...] Menschen haben im Prinzip die Möglichkeit, unvorhergesehen, überraschend, variabel, offen, also kontingent zu handeln und ebenso kontingent zu reagieren" (Willke 2000, S. 26). So betrifft dies Freiheitsgrade der Handlungssteuerung und der Kontrollüberzeugung. „Auf der Ebene von Gesellschaften verfügen traditionelle Gesellschaften über bedeutend weniger Kontingenz als moderne Gesellschaften mit entwickelter Kapitalwirtschaft und demokratischen Herrschaftsstrukturen" (Willke 2000, S. 28-29).

In Anbetracht einer ‚komplexen Kontingenz der Welt' muss sich das Individuum an seinen Erwartungen und jenen anderer orientieren und „diese Erwartungen mit Blick auf die tatsächlichen Ereignisse laufend" korrigieren (siehe Backer 2007, S. 27). So kommen kybernetische Aspekte ins Spiel. Es geht um Unterscheidung, in diesem Fall im Verhältnis einer Nachricht zu anderen möglichen Nachrichten. Nach Norbert Wieners Kybernetik heißt das: „Es geht um Kontrolle, nämlich um die Frage, wie es innerhalb einer unendlichen Sequenz einzelner Kontingenzen möglich ist, dass jedes einzelne Ereignis als Rückgriff auf vorherige und Vorgriff auf zukünftige Ereignisse zustande kommt" (Baecker 2007, S. 27). Baecker formuliert daher: „Kommunikation ist dann möglich, so die Annahme, wenn sie auf sich selbst verweist und sich in der Kombination von Bestimmung und Verunsicherung, die jeder Selbstverweis enthält, verankert" (Baecker 2007, S. 59).

Kommunikation resultiert aus der Bestimmung von etwas, das ohne diese Operation nicht bestimmt werden könnte. Dabei gelten für Baecker die Bezeichnung und die Unterscheidung als Variablen seines Kommunikationsbegriffes. Die Form einer Kommunikation ergibt sich somit aus der Operation innerhalb eines Kontextes. „Unser Formalismus läuft darauf hinaus, Kommunikation als Verschränkung von Beobachtungen erster und Beobachtungen zweiter Ordnung zu denken. Die Beobachtung erster Ordnung nutzt die Freiheitsgrade der Bezeichnung aus, die die Beobachtung zweiter Ordnung von Unterscheidungen einführt" (Baecker 2007, S. 76).

Es sei daher nicht möglich, „sich auf Kommunikation einzulassen, ohne eine Erwartung damit zu verbinden, womit man es zu tun bekommt" (Backer 2007, S. 87). Dabei stünde eine Erwartung stets im Verhältnis zu ihrer Enttäuschung. „Das Rechnen mit der Enttäuschung ist die Unterscheidung, die es erlaubt, eine Erwartung zu bezeichnen" (Baecker 2007, S. 89). Er schließt an, dass Kommunikation auch bedeute, dass jede dieser Erwartungen mit erwarte, was der andere erwartet. „Wenn sich der andere auf die Erwartungen, die zu haben man ihm anbietet, nicht einlässt, zieht man sich wieder zurück und hat im Zweifel gar nicht erwartet, dass der andere etwas erwarten könnte" (Baecker 2007, S. 91). Wenn sich Individuen begegnen, geraten sie in die Situation, nicht zu wissen, was vom anderen zu erwarten ist. „Beide warten, dass der andere sich festlegt und damit eine Unterscheidung öffnet" (Baecker 2007, S. 93).

Baecker beschreibt Gefühle als Konstruktionen „die aus der Amplifikation von Erwartungen zu Ansprüchen entstehen, und dies sowohl im Fall der Bestätigung als auch im Fall der Enttäuschung von Erwartungen. […] Erfüllungsgefühle verdichten bestätigte Erwartungen zu auf weitere Bestätigung dringenden Ansprüchen, Enttäuschungsgefühle halten an Ansprüchen fest, auch wenn die zugrunde liegenden Erwartungen enttäuscht wurden und möglicherweise sogar fallen gelassen wurden" (Baecker 2007, S. 96 und 97). Diese Steigerung der Erwartungen zu Ansprüchen vollziehe sich „unter der Bedingung, dass das Gefühl eine unbezweifelbare, weil subjektive Aussage über die objektive Situation trifft, in der man sich befindet. Gefühle sind Kommunikationen, die denjenigen, der sie hat, zur Situation machen, in der er sich befindet" (Baecker 2007, S. 97).

## Menschliche Kommunikation

Watzlawick, Beavin und Jackson (1982) haben darauf hingewiesen, dass wir alle unentwegt in Kommunikation eingesponnen und von daher in den Stoff unendlicher Geschichten verstrickt sind. Sie beziehen sich mit diesem Sachverhalt auf Thomas Hora: „Um sich selbst zu verstehen, muß man von einem anderen verstanden werden. Um vom anderen verstanden zu werden, muß man den andern verstehen" (Thomas Hora, 1959). Watzlawick, Beavin und Jackson stellten damit zentrale Thesen auf, die bis heute Gültigkeit haben. Ich fasse sie so zusammen:

## Die Inhalts- und Beziehungsaspekte der Kommunikation

„2.31 Wenn man untersucht, *was* jede Mitteilung enthält, so erweist sich ihr Inhalt vor allem als Information. Dabei ist es gleichgültig, ob diese Information wahr oder falsch, gültig oder ungültig oder unentscheidbar ist. Gleichzeitig aber enthält jede Mitteilung einen weiteren Aspekt, der viel weniger augenfällig, doch ebenso wichtig ist – nämlich einen Hinweis darauf, wie ihr Sender sie vom Empfänger verstanden haben möchte. […] Wir finden somit in jeder Kommunikation einen *Inhalts- und einen Beziehungs*aspekt" (Watzlawick, Beavin & Jackson 1982, S. 53).

## Digitale und analoge Kommunikation

„2.52 Es gibt zwei grundsätzlich verschiedene Weisen, in denen Objekte dargestellt und damit zum Gegenstand von Kommunikation werden können. Sie lassen sich entweder durch eine Analogie (z. B. Zeichnung) ausdrücken oder durch einen Namen. […] Namen sind Worte, deren Beziehung zu dem damit ausgedrückten Gegenstand eine rein zufällige oder willkürliche ist" (Watzlawick, Beavin & Jackson 1982, S. 62). In der analogen Kommunikation dagegen würden wir etwas besonders

Dingartiges in dem zur Kennzeichnung des Dings verwendetem Ausdruck finden, denn es liege im Wesen einer Analogie, „daß sie eine grundsätzliche Ähnlichkeitsbeziehung zu dem Gegenstand hat, für den sie steht" (Watzlawick, Beavin & Jackson 1982, S. 62).

## Zwei Beziehungsmuster

Im Jahr 1935 berichtete Bateson über ein Beziehungsphänomen, das er während seines Aufenthalts bei den Jatmuls auf Neuguinea beobachtet hatte. In seinem ein Jahr später veröffentlichten Buch *Naven* referierte er darüber in größerem Rahmen. „Wenn z. B. das Verhalten des Individuums *A* in der betreffenden Kultur für dominanter gilt und als kulturbedingtes Verhalten von *B* darauf Unterwerfung erwartet wird, so ist es wahrscheinlich, daß diese Unterwerfung ein weiteres Dominanzverhalten auslöst, das seinerseits weitere Unterwerfung erfordert. […] Progressive Veränderung dieser Art kann man als *komplementäre* Schismogenese bezeichnen. […] Wenn z. B. Prahlen das kulturbedingte Verhalten einer Gruppe ist und die andere Gruppe darauf ebenfalls mit Prahlen antwortet, so kann sich daraus ein Wettstreit entwickeln, in dem Prahlen zu mehr Prahlen führt und so fort. Diese Form von fortschreitender Änderung kann *symmetrische* Schismogenese genannt werden" (Gregory Bateson 1958, S. 176f. in: *Naven,* 2. Ausgabe. Stanford University Press – siehe Watzlawick, Beavin & Jackson 1982, S. 69).

Bekanntlich werden die beiden Muster als symmetrische und komplementäre Interaktion bezeichnet. „2.62 Sie stehen für Beziehungen, die entweder auf Gleichheit oder auf Unterschiedlichkeit beruhen. Im ersten Fall ist das Verhalten der beiden Partner sozusagen spiegelbildlich und ihre Interaktion daher *symmetrisch*. […] Im zweiten Fall dagegen ergänzt das Verhalten des einen Partners das des anderen, wodurch sich eine grundsätzlich andere Art von verhaltensmäßiger Gestalt ergibt, die *komplementär* ist" (Watzlawick, Beavin & Jackson 1982, S. 69). Folgende Kriterien stellen zum einen Bezugspunkte zu Luhmanns Selektionen dar, zum anderen beziehen sie sich auf psychologische Kriterien der Verständigung, die sich sowohl auf das Klima einer Beziehung als auch auf die Regulierung des Selbstwerts maßgeblich auswirken.

„3.331 *Bestätigung.* B kann als erstes *A's* Selbstdefinition bestätigen, indem er *A* in der einen oder der anderen Weise mitteilt, daß auch er *A* so sieht" (Watzlawick, Beavin & Jackson 1982, S. 84). „3.332 *Verwerfung.* Die zweite mögliche Reaktion von *B* auf *A's* Selbstdefinition ist, diese zu verwerfen. Verwerfung jedoch, wie schmerzhaft sie auch sein mag, setzt zumindest eine begrenzte Anerkennung dessen voraus, was verworfen wird, und negiert daher nicht notwendigerweise die Wirklichkeit des Bildes, das *A* von sich hat. Gewisse Formen der Verwerfung können sogar heilsam sein, wie etwa, wenn der Psychotherapeut sich weigert, die Selbstdefinition des Patienten in der Übertragungssituation anzunehmen, wenn der Patient typischerweise versucht, ihm sein ‚Beziehungsspiel' aufzuzwingen" (Watzlawick, Beavin & Jackson 1982, S. 85). „3.333 *Entwertung (disconfirmation).* Die dritte Möglichkeit dürfte sowohl vom pragmatischen als auch vom psychopathologischen Standpunkt aus die wichtigste sein. Es ist das Phänomen der Entwertung der Selbstdefinition des anderen, die sich wesentlich von der Verwerfung unterscheidet" (Watzlawick, Beavin & Jackson 1982, S. 85).

### Die Grundbedürfnisse auf einen Blick

1. „*Bindung* als Bedürfnis, eine verlässliche Bezugsperson zu haben, wenn ein Mangel an Schutz, Versorgung oder Nähe erlebt wird. [...] Erlebte Bindungssicherheit ist eine zentrale Voraussetzung für die weitere regelhafte Entwicklung des Kindes, insbesondere für die Entwicklung einer ‚echten' Autonomie" (Zarbock 2014, S. 47-48).
2. „*Autonomie/Kontrolle/Orientierung.* Unter Autonomie verstehen wir Selbständigkeit im Sinne der Unabhängigkeit von anderen. [...] Bei Bedrohung des Autonomieerlebens wird Reaktanz (innerer oder äußerer Widerstand gegen die ausgeübte Reglementierung und die Beschränkung von Handlungsfreiheiten) ausgelöst. [...] Autonomie wird hier ergänzend zu Grawes Konzeption mit Kontrolle und Orientierung zusammengefasst. [...] Weiterhin steht Autonomie in

einem dialektischen Verhältnis zur Befriedigung des Bindungsbedürfnisses" (Zarbock 2014, S. 48).

3. „*Selbstwerterhöhung.* Unter dem Selbstwertgefühl (SWG) verstehen wir die bewertende (evaluative) Stellungnahme einer Person zu sich selbst, wobei ein positives Selbstwertgefühl oft mit den Emotionen *Freude und Stolz,* ein negatives Selbstwertgefühl mit den Emotionen *Trauer und Scham* einhergeht. Das Selbstwertgefühl ist also Resultat einer Selbstbeurteilung" (Zarbock 2014, S. 49).

4. „*Lustgewinn/Unlustvermeidung.* Nach Grawe (2004, S. 260ff) werden alle Erfahrungen hinsichtlich ihrer Qualität auf der Dimension ‚gut-schlecht' bewertet. Eine Bewertung als ‚gut' löst Annäherungs-, eine als ‚schlecht' Vermeidungstendenzen aus. […] Die Aktivierung des Annäherungssystems führt zu positiven Emotionen und Annäherungsverhalten, die Aktivierung des Vermeidungssystems zu negativen Emotionen und Vermeidungsverhalten" (Zarbock 2014, S. 50).

5. „*Konsistenzstreben.* Auf formaler Ebene können wir unter dem Konsistenzstreben ein Streben nach dem Zusammenpassen und der Widerspruchsfreiheit psychischer Inhalte verstehen. Das Konsistenzstreben zielt also auf einen relativ spannungs- und konfliktarmen Zustand des Psychischen ab. Eine wichtige Quelle von Inkonsistenz ist nach Grawe die Frustration von Grundbedürfnissen, da bei einer Bedürfnisfrustration sowohl der Wunsch nach Bedürfnisbefriedigung einerseits wie auch die real erlebte Nichterfüllung des Bedürfnisses andererseits psychische Inhalte sind und somit eine erhebliche Spannung (zwischen dem Ziel der Bedürfnisbefriedigung und dem Frustrationserleben) besteht. […] Das Streben nach Konsistenz bedeutet nun, dass im Erleben und Verhalten jedes Menschen Prozesse ablaufen, um auftretende Spannungen zu reduzieren, indem Konflikte zwischen Unvereinbarem abgeschwächt werden" (Zarbock 2014, S. 50). Konsistenz und Selbststeuerung korrelieren dementsprechend.

| MOTIVATION | fremdbestimmt | eher fremdbestimmt |
|---|---|---|
| REGULIERUNG | extern | introjiziert |
| WICHTIGE STEUERUNGS- PROZESSE | Belohnung, Strafe, Verführung, Zwang, äußerer Druck | Vermeidung von Schuldgefühlen oder Angst, Verstärkung des Selbstwertgefühls, Entwicklung von Stolz |

| MOTIVATION | eher autonom | autonom |
|---|---|---|
| REGULIERUNG | identifiziert | integriert |
| WICHTIGE STEUERUNGS- PROZESSE | Ziel oder Regulierung wird persönlich für wichtig oder wertvoll erachtet | intrinsisch (Aktion selbst ist interessant oder Freude bereitend), oder zumindest völlig freiwillig und Ziel oder Regulierung sind in das Selbstgefühl integriert |

Tabelle 2: Motivationale Faktoren der Selbststeuerung

## Gedächtnissysteme

Fogel (2001) wird von Stern zitiert, der ein ‚regulatorisches implizites Gedächtnis' proklamiert, „das es uns ermöglicht, unsere Reaktionen unbewusst auf die sensorischen, motorischen und affektiven Aspekte unserer physikalischen und sozialen Umwelt abzustimmen" (Stern 2007, S. 126) und ein ‚partizipatorisches Gedächtnis', „das in spezifischen Kontexten aktiviert wird und implizite Erinnerungen wiederbelebt, die aus der Vergangenheit stammen, aber als gegenwärtig erlebt werden", davon unterscheidet (ebd.). Stern bringt somit das *regulatorische implizite Gedächtnis* in Zusammenhang mit generalisierten Interaktionsrepräsentanzen („representations interaction generalized", RIG). Demnach gehört zu jeder RIG ein sogenannter *evozierter Gefährte*, demgegenüber sich die Selbstempfindung konstituiert (siehe Moser & von Zeppelin 1996, S. 25).

Die RIGs bilden die basalen Komponenten des *impliziten Beziehungswissens*. Dazu gehören Prototypen, Gestaltmuster, Funktionskreise (vgl. Fuchs, 2013). Daraus entwickelt sich das *implizite Beziehungswissen* – präverbal, nicht symbolisch kodiert, zeitlich und sequenziell organisiert, ein „gewissermaßen ‚musikalisches' Gedächtnis für die Rhythmik, die Dynamik und die emotionalen Konnotationen, die in der Interaktion mit Anderen mitschwingen" (Fuchs 2013, S. 194; siehe auch Plessner, 1982).

- *Ein explizites bzw. deklaratives Gedächtnis* (gemeint ist ein episodisches, autobiografisches Gedächtnis für Personen, Orte, Dinge), das im *Hippocampus* zentriert ist, vom Bewusstsein gesteuert wird und mit dem Sprachzentrum in Verbindung steht. Der *Hippocampus* vergleicht Reize und Situationen mit Vorerfahrungen, die im *assoziativen Kortex* gespeichert sind;
- ein *implizites emotionales Gedächtnis,* das von der *Amygdala* gesteuert wird, unbewusst abläuft und bildhaft [averbal] strukturiert ist. Es vermittelt Erinnerungen als affektiv-physiologisch kodierte Gegenwartserfahrungen ohne Integration in das biografisch deklarative Gedächtnis. So erwirkt ein totaler Ausfall des *Hippocampus* ein Erleben im Hier und Jetzt ohne Gedächtnis, während eine Entfernung der *Amygdala* zu einer totalen Affektblindheit führt, zu einer Unfähigkeit, emotionale Bedeutungen von Ereignissen zu generieren.

## Mikrowelten

Im Kontext der Gedächtnissysteme stellt Moser den Begriff *Mikrowelt* als Vernetzung von Personen mit anderen Entitäten dar, die allesamt in einen Raum gesetzt sind. Für *Symbolisierungsprozesse* ist relevant, dass eine Mikrowelt die Beziehung zum Körper ermöglicht, d. h. Körperprozesse im mentalen Raum als *Selbstrepräsentanz* abbildet. Entscheidend ist, dass dabei affektive Prozesse und kognitive Strukturen nicht voneinander zu trennen sind. Anfänglich werde das Kind von den Mikrowelten seiner Mutter beinhaltet. Allmählich beginne es, aus dieser Situation heraus eigene Mikrowelten zu gestalten. Durch Zentrieren einer Mikrowelt gelinge dem Kind bildhafte Externalisierung und damit die Unterscheidung von Innen und Außen bzw. Anschauung von Empfindung innerhalb des mentalen Raums. Unter Verwendung des Begriffs *Emulator* erläutert Moser die Funktion des Körperschemas im sensomotorischen Bereich. „Er ist eine Struktur, die den Körper repräsentiert, wenn er sich in einer Umgebung bewegt oder agiert" (Moser 2012, S. 44f.). Mentale Tätigkeit umfasse daher eine Metaphernbildung, welche die sensomotorischen und raumzeitlichen Strukturen abbildet. „Das gilt insbesondere für die Wahrnehmung, die im ältesten Kern kinästhetisch verläuft" (Moser 2012, S. 45).

*Interne Mikrowelten* enthielten *implizites Beziehungswissen* sowie eine spezifisch situationstypische Gestimmtheit, Zustandsaffekt genannt, eine affektive Koppelung der gesamten Mikrowelt. Sie „enthält demnach immer einen Wunsch, der die kognitiv-affektive Struktur der Motivation repräsentiert" (Moser 2012, S. 72). *Externalisierte Mikrowelten* zeichneten sich durch eine primäre Abkoppelung der kognitiven Struktur von der sensomotorischen Aktivität aus. Eine Form nennt Moser *Phantasie, „die sich ohne Anbindung an eine Wahrnehmung von konkreter Außenwelt bildet"* (Moser 2012, S. 49). Phantasie könne dabei unterschiedlich geschichtet sein. „Manchmal sind es nur situative einzelne Bilder, Gedächtnisfetzen" (Moser 2012, S. 50), oftmals Gegenwelten.

### Verinnerlichung von Interaktion

Ich orientiere mich hierbei sowohl an Alfred Lorenzer als auch an Daniel Stern. Eine knappe Skizze soll die Wertigkeit der Verinnerlichung und eventuell erforderlichen Modifikation durch Externalisieren aufzeigen. Daniel Stern, der sich den Ausdrucksformen der Vitalität widmete, schuf folgende Definition: „Internalisiert werden nicht ‚Objekte', sondern Interaktionserfahrungen" (Stern 2011, S. 184). Alfred Lorenzer definiert die Prädikation *Mama* als Situation: „Das Kind macht sich das Bild seiner Mutter nach dem Bilde der Interaktion" (Lorenzer

1981, S. 45). Die Verwandlung diffusen Körperbedarfs in ein spezifisches Körperbedürfnis definiert er unmissverständlich als Bildung von Erlebnisfiguren, als einen Niederschlag konkret erlebter Situationen.

„Die Art und Weise, wie ein Kind von der Mutter in den Arm genommen wird, bildet einen Erlebnis*inhalt,* eine ‚gestische Figur', die sein eigenes – aktives – Verhalten formt und als – passive – Erwartung festgehalten wird. Die Wiederholungen der Szene ‚festigen' die Form, der Ausfall der Wiederholung erzeugt Unlust, Angst, Gegenreaktionen, nämlich Aggression usw. Der Bedarf, der in einer realen Situation seine Stillung gefunden hat, wird in der Interaktionsform zum *Anspruch,* die Befriedigung in einer spezifisch einsozialisierten Weise zu erhalten. Unablässig findet ein Wechselspiel zwischen Realitätserfahrung und Realitätserwartung statt, das man in die Formel fassen kann: Interaktion (I) – Interaktionsform (If) – Interaktion (I), wobei sich im Wechselspiel die Struktur anreichert – eben das macht den infantilen Bildungsprozess von Persönlichkeit aus" (Lorenzer 1984, S. 87-88). Nicht unerheblich sind die folgenden Argumente in Bezug auf die Fähigkeit, Abwesenheit durch mentale Repräsentation kompensieren zu können.

Durch Martin Dornes werden aufschlussreiche Aspekte aufgegriffen, wenn er die Entwicklung der psychischen Repräsentanzen in Schritte unterteilt, deren Anbeginn eine Situation markiert, in der sich der Säugling noch kein Bild von einem abwesenden Ding oder einer abwesenden Person machen kann. „Der Säugling, der über einen Gegenstand nachdenkt, tut dies nicht in bildhafter Form. Er verfügt nämlich noch nicht über die Fähigkeit, sich ein Bild von einem abwesenden Objekt zu machen. Gegenstände existieren für ihn nur, solange sie anwesend sind und solange er in handelndem Umgang mit ihnen Kontakt hat. Seine ‚Objektvorstellung' ist eine Objektempfindung und weitgehend identisch mit den Sinneswahrnehmungen, die das Objekt bei ihm auslöst. Die Mutter ist für ihn kein Bild, das er im Geiste evozieren kann, wenn sie weg ist, sondern sie ist für ihn identisch mit dem Geruch, den sie ausströmt, wenn sie da ist, den Sinneseindrücken, die ihre Haut und ihre Kleidung bei Berührung vermitteln, wenn sie zu ihm spricht. ,Mutter' ist für ihn die Summe der Empfindungen, die ihre Anwesenheit bei ihm auslöst" (Dornes 1995, S. 24).

Für Dornes profiliert sich aus dieser primären Angewiesenheit auf ununterbrochene Verfügbarkeit (Anwesenheit) ein ,Wiedererkennungsgedächtnis' (vgl. Dornes 1995, S. 25) heraus, das er ,Rekognition' nennt. Dieses unterscheidet er von einem evokativen Gedächtnis, dessen Voraussetzung darin bestünde, in Abwesenheit der Mutter ,das Abwesende' dauerhaft reproduzieren zu können. „Mentale Inhalte können intrapsychisch erst manipuliert werden, wenn sie symbolisch encodiert sind" (Dornes 1995, S. 25; vgl. Stern 2007, Moser 2012). Er zitiert Piagets ,verzögerte Nachahmung', um aus ihr eine Art ,Vor-Bild' bzw. ,*Vorstufe* des bildhaften Denkens' (Dornes 1995, S. 26) zu generieren. „Ein kleines Kind ahmt ein Ereignis zunächst mit Körperbewegungen nach – z. B. den Flügelschlag eines Vogels mit entsprechenden Armbewegungen. Dann tritt zwischen Beobachtung und Nachahmung eine gewisse Zeitspanne (verzögerte Nachahmung). Schließlich werden motorische Bewegungen immer kürzer und rudimentärer ausgeführt, bis sie am Ende nur noch als rein mentale, bildhafte Operationen im Geiste stattfinden. Diesen Prozess nennt Piaget die Verinnerlichung einer Handlung. [...] Handlungen kommen zuerst, Bilder sind die Folge ihrer Verinnerlichung" (Dornes 1995, S. 26). Er widmet sich im nächsten Schritt zur Befähigung, sich ein ,Abbild' vorstellen zu können. „Ist dieser Schritt des Abbildens (mit 9–14 Monaten) erreicht, so erfolgt als nächster das kontextfreie *Vorstellen* des Abgebildeten mit ca. 18 Monaten. Statt etwas, was da ist, nur zu betrachten (abzubilden), kann jetzt etwas, was nicht da ist, in bildhafter Form vorgestellt werden" (Dornes 1995, S. 27).

Erst ab dem Alter von ca. 10 bis 12 Monaten könne daher von einer bildhaften Repräsentation gesprochen werden. „Man muss sich allerdings klarmachen, dass damit nur die Fähigkeit gemeint ist, 1. *ein* Bild zu evozieren, wenn 2. assoziativ damit verknüpfte Hinweisreize vorhanden sind" (Dornes 1995, S. 29). Dornes schlägt vor, erst dann von Phantasieren zu sprechen, „wenn mindestens zwei weitere Voraussetzungen (außer der Evokation eines Bildes) erfüllt sind: 1. Die Evokation mehrerer Bilder und die Verknüpfung von mindestens zweien zu einer Sequenz (,Bildgeschichte'). 2. Die Fähigkeit, solche Bilder zu verändern und/oder sie aus dem Kontext, in dem sie ursprünglich aufgetaucht sind, herauszulösen und in einen neuen (hypothetischen) Kontext einzugliedern" (Dornes 1995, S. 29).

Freies Evozieren werde vom Fantasieren dahingehend übertroffen, als das evozierte Vorstellungsbild in einer Weise verändert werden könne, „die durch keine bisherige empirische Erfahrung gedeckt" ist (Dornes 1995, S. 30). So definiert er ,empirische Repräsentation' als Erinnerung einer wirklichen, tatsächlichen Vergangenheit. „Im Gegensatz dazu bedeutet hypothetisches Repräsentieren, dass Möglichkeiten imaginiert werden, die (noch) nie Wirklichkeiten gewesen sind" (Dornes 1995, S. 30). Dornes und Koch waren sich bei der Frage darüber einig, inwiefern die „aus dieser Zeit stammenden symbiotischen Bedürfnisse, also solche nach fragloser Harmonie und Zweieinheit" (Dornes 1995, S. 17) als Ersatz für nicht erfüllte Bedürfnisse nach „affektiver Übereinstimmung bei Aufrechterhaltung der Ich-Grenzen" (Dornes 1995, S. 19) zu erachten seien.

Für Alfred Lorenzer haftet dem Namen des geistigen „Gegenstands" (der Vorstellung) die Empfindung der ursprünglichen Interaktion an. Er zitiert Piaget, wonach der Gegenstand der Erkenntnis keine Abbildung einer Gegebenheit ist: „… die Erkenntnis stellt nicht ein Abbild dar, da sie ja immer Beziehungen zwischen Subjekt und Objekt voraussetzt, indem sie den Gegenstand in die Verhaltensschemata des Subjektes einordnet. Diese Verhaltensschemata aber verdankt das erkennende Individuum seiner eigenen Tätigkeit; sie akkommodieren sich an den Gegenstand und machen ihn gleichzeitig für das Subjekt verständlich." In anderen Worten, „der Gegenstand existiert für das erkennende Subjekt nur aufgrund seiner Beziehungen zu diesem Subjekt, und wenn der Geist immer mehr Dinge erobert, dann nur deshalb, weil er seine Erfahrungen stets aktiver organisiert und nicht bloß außen eine in sich vollendete Wirklichkeit imitiert. Der Gegenstand ist nicht eine ‚Gegebenheit', sondern das Ergebnis eines Konstruktionsprozesses" (Piaget 1969, S. 377f. zitiert nach Lorenzer 1972, S. 94).

Ich erinnere an der Stelle an den Begriff *transformatorische Operation*: „Kernmerkmale sind sein bildhaft-konkreter Charakter, die affektive Regulierung des kognitiven Geschehens, die Abbildung der affektiven Prozesse auf kognitiver Ebene und die Dominanz nichtverbaler Grammatiken" (Moser 2012, S. 32). Diese ‚integrierende Funktionsform' ist gleichbedeutend mit Daniel Sterns Darlegung der Ausdrucksformen der Vitalität (2011). Er sah darin ein „Produkt der mentalen Integration zahlreicher innerer und äußerer Vorgänge" (Stern 2011, S. 12), die zu einer phänomenalen Realität subjektiver Erfahrung führen.

Aus diesem Grund werde ich im fünften Kapitel Bewegungsfiguren, bildhaftes Denken und sprachliche Ausformulierung in Bezug auf Symbolisierungsprozesse erläutern. Die von Daniel Stern angesprochene ‚Integration' wird abschließend zum neurobiologischen Diskurs führen. Diesbezüglich habe ich über Jahrzehnte ein Theaterlabor als Experimentierfeld utilisiert, um Interaktionsformen zu analysieren und zu systematisieren. Unter Einbeziehung der generalisierten Interaktionsrepräsentanzen und im Vergleich mit dem Kontaktzyklus (Assimilationszyklus) näherte ich mich der ‚nichtverbalen Grammatik' (Moser) und den Formen der Vitalität (Stern) an. Die Reflexion neurobiologischer Hypothesen mündete in meine Matrix R-I-T-D-A-X. Die Konstrukte ‚intermedialer Transfer', ‚intermodale Konsistenz' sowie ‚supra-modale Informationsverarbeitung' reflektierten meine szenischen Arbeiten. Ich präzisierte dadurch die Symbolisierungsprozesse im Theater und in der Therapie.

# ZWEITES KAPITEL

*„Wir sind vom Stoff, aus dem die Träume sind;*
*und unser kleines Leben beginnt und schließt ein Schlaf."*

William Shakespeare, Der Sturm

## GEGEN DIE WAND

Der Titel des Kapitels *Gegen die Wand* möchte die Aufmerksamkeit der Leserschaft auf tiefere Schichten und Zusammenhänge beim *Stolpern im Lebenslauf* lenken. (2.1) Ablehnung und ihre Verinnerlichung erzeugen seelischen Schmerz durch Unverständliches. Nicht selten erfahren wir nicht nur Ablehnung, sondern teilen sie auch aus. Wir laufen gegen die Wand. Oft sind hinter akuten Problemen tiefere Störungen der Selbstbeziehung erkennbar. Damit thematisiere ich die Zusammenhänge zwischen Persönlichkeitsstil und Beziehungsmustern. (2.2) Im zweiten Teil wende ich mich der Benutzung des Kindes, emotionalem Missbrauch und narzisstischer Besetzung zu, thematisiere Familienverhältnisse, mit denen sich das kindliche Selbstsystem von ernsthaften Konflikten bedroht sieht. Störungen der Selbstbeziehung und die massive Beeinträchtigung seines Selbstwerts gehen daraus hervor. Zu den äußerst prekären Beziehungserfahrungen zähle ich Doppelbindungen, die eine emotionale Verstörung im Kind hervorrufen und auch im späteren Leben durch Ambivalenz zum Ausdruck kommen. (2.3) Das Verstehen *narzisstischer Wunden* vertieft den Blick auf den Ursprung von Ambivalenz unter Einbeziehung des Konzepts von James Masterson. Innere Zerreißkräfte, pathologischer Lustgewinn, toxischer Genuss und sadistische Manipulation beleuchten die Schattenseiten der narzisstischen Störung. Dabei fällt die Paarung von Ambivalenz und Destruktivität auf. Im Zuge dieses Abschnitts wende ich mich dem grundlegenden Konflikt zu, der niemandem und durch kein Wundermittel erspart bleibt. Ich denke an die ‚gebrochene Ursprünglichkeit' ebenso wie an die ‚Ungeduld aus Mangel an Sein', wenn wir in der Gedankenwelt gefangen sind. Ein Angebot zur Selbsthilfe und das Fallbeispiel einer Umwandlung von Ablehnung in Selbstannahme schließen an die Abschnitte des Kapitels an. (2.4) Im Anhang folgt die Zuordnung der Themen zum tiefenpsychologischen Diskurs.

## 2.1 Erfahrungen mit Ablehnung

### Der Schmerz des Unverständlichen

Schmerzen entstehen durch unerträgliche Reizung, Erkrankung, Verletzung und Wunden, oft durch Missgeschick. Hinzu kommt der seelische Schmerz des Unverständlichen, des Missverstandenen, des nicht Verstehbaren. Wird sein Verstehen-wollen nicht berücksichtigt, muss das Kind sein Selbstgefühl abschalten. Es kommt zu einer drastischen Verfälschung des Selbsterlebens in Wahrheit und generiert ein Selbsterleben aus Gewohnheit, dem das Selbstgefühl abhandengekommen ist. Erklärungskonstrukte für Störungen durch Konflikte kommen oft Jahrzehnte später an die Oberfläche. Nun zieht das Regime des Selbstbildes auf. Es bedeutet die Verinnerlichung dessen, wie ein Kind gesehen wird. So lernt es, sich selbst zu sehen. Dahinter steckt aber eine Verfälschung, da sich das Kind ebenfalls am Idealbild orientiert, das folgende zwei Ausformungen annimmt: Selbstüberschätzung durch Größenvorstellungen oder Selbsterniedrigung durch Unzulänglichkeit ihnen gegenüber. In beiden Fällen wird die Wiederkehr des abgespaltenen Selbstgefühls bekämpft, denn dies würde unerträgliche seelische Schmerzen mit sich bringen. So zumindest lautet die Schlussfolgerung und Kernüberzeugung des Kindes.

Seelischer Schmerz aufgrund von Unverständlichem beginnt mit Verunsicherung, steigert sich zu Verwirrung, Überforderung, Bedrohung; schließlich mündet alles sekundenschnell in die Ablehnung. Überdies ist zu berücksichtigen, dass die Kluft zwischen Selbstbild und Idealbild drastische Frustrationen hervorbringen kann. Selbstüberschätzung tendiert zu Facetten wie Geltungsdrang und Grandiosität. Selbsterniedrigung tendiert zu Facetten der Duldungsbereitschaft und Unterwürfigkeit. Letztere bedeutet, entweder den Weltschmerz in sich zu tragen oder das Leid der Welt auf den Schultern zu tragen. Wer das Leid der Welt auf sich nimmt, entwickelt einen ungesunden Hilfestellungsstil. Wer den Weltschmerz in sich trägt, entwickelt eine bittere Haltung und Abkehr von der Welt und Gemeinschaft. Miesmacher werden zu Einzelgängern.

Wie bereits erwähnt, muss *verinnerlichte Ablehnung* in diesem Kontext als Aggression gegen das Selbst ausgelegt werden. Das meint den Umstand, dass sich Menschen aus Beziehungen zurückziehen „und die eigene Person zum Objekt entweder von Liebe, Bewunderung und libidinöser Befriedigung oder von Haß, Entwertung und Destruktivität" (Jacobson 1978, S. 18) machen. Kernberg plädiert eindringlich für ein „Ernstnehmen der Destruktivität und Selbstdestruktivität des Menschen allgemein und [für] die Hoffnung – nicht Gewißheit –, daß der Kampf gegen solche Neigungen in einzelnen Fällen erfolgreich ausgehen kann" (Kernberg 1983, S. 84).

## Ablehnung als Bindungsstörung

Ablehnung hat zwei Seiten: Passiv erlebte Ablehnung fühlt sich als Zurückweisung und Nichterfüllung von Wünschen an. Es gibt keinen Wunsch, der nicht als Begehren zum Ausdruck kommt. Die Frage ist nur, ob sich das Kind in seinem Wunsch anerkannt oder abgelehnt fühlt. Die Folgen sind allemal Kummer, Scham, Wut, Trotz. Nun muss es nicht zwingend so sein, wie es die Schuldzuweisung des kindlichen Erklärungsmodells anbietet, dass hinter der empfundenen Ablehnung auch tatsächlich und mutmaßlich Missachtung stattgefunden hat. Es kann ganz einfach passiert sein. Darüber hat das Kind keine Kontrolle. In ihm bewegt sich die Spirale der Verunsicherung durch Verlustangst und Liebesentzug.

Aufgrund kindlichen Begehrens, sich gesehen und gewollt zu fühlen, kann jede Form der Versagung einer Wunscherfüllung, und sei es die

Unterbrechung der Aufmerksamkeit dem Kind gegenüber, eine durch Zwischenfälle verursachte Unterbrechung der Hinwendung, das Gefühl der Ablehnung erwirken. Es gibt so viele Anlässe, die eine Versagung erwirken, ohne beabsichtigt oder gar böswillig zu sein. Der Punkt ist einfach der: Das Kind kann den Grund dafür nicht verstehen. Und so schafft es gleichsam als erste Abwehr die Schuldzuweisung, dann in weiterer Folge Erklärungen im Rahmen seiner geistigen Reife. Es entwirft aus Gründen des Unverständnisses für Ablehnung Überlebensstrategien einschließlich der Verhaltensmuster, die von inneren Kritikern hervorgebracht und mit Glaubenssätzen gefestigt werden. Die Alternative dazu wäre, dass Eltern mit dem Kind offen darüber sprechen, was geht und was nicht geht, sich sein Erleben anhören, benennen und verstehen, vielleicht einen Handel vorschlagen.

## Ablehnung gegen Ablehnung

Im engeren Sinn kann von Versagung gesprochen werden, wenn Zuwendung ausfällt bzw. entzogen wird. Der Grundkonflikt zwischen Sich-Fügen und Selbstermächtigung bringt uns den problematischen Bindungsthemen näher: Unterdrückung der Autonomiebestrebung, Flucht vor einschränkender Überbehütung. Die Unterdrückung der Auflehnung führt zu Überanpassung, die in Zusammenhang mit Dulden, Unterordnen und Sich-Fügen steht. Hier spielen Angst vor Liebesentzug, Beschämung und schlechtes Gewissen zentrale Rollen. Hingegen ist leugnende Verneinung als heimliche Auflehnung die Grundlage für Täuschungen anderer und verwebt sich mit dem Gefühl der Ablehnung durch Eltern. Die Lüge verspricht zuweilen einen Ausweg.

Gefühlte Ablehnung betrifft in diesem Kontext Gebote und Verbote, Rügen und Strafen, die Wirkung des ‚Neins‘ als Erziehungsvorgabe. Nicht nur Reinlichkeitserziehung spielt eine große Rolle, sondern jegliche Form der Anerziehung von Verhaltensregeln. Wenn die Sonderstellung des Kindes (wie es sich im Blick der Eltern gerne sieht und versteht) nicht in adäquater Weise beantwortet wird, nährt sich das Idealbild an unverhältnismäßiger Großartigkeit. Je temperamentvoller das

Kind ist, desto komplexer ist die Aufgabe der Eltern, seinem wilden Aufbegehren mit angemessener Begrenzung zu begegnen.

Wenn beispielsweise Kind und Bezugsperson eher hitzige Temperamente sind, dann vollzieht sich Sozialisation als heftiger Durchsetzungskampf. Und wenn eine primäre Bezugsperson sich mental und emotional als ausdrucksarm und introvertiert, gar als depressiv erweist? Was stellt ein temperamentvoll vitales Kind an, wenn es sich als nicht gesehen, nicht beachtet fühlt, da die Bezugsperson lau und fahl, abwesend und unerreichbar zu sein scheint? Es wird sich anstrengen, die Bezugsperson zu erreichen, zu ermuntern, aufzurütteln.

Wenn ein eher laues Temperament seitens des Kindes zu dessen Veranlagung zählt, so besteht die Gefahr, dass es ein hohes Maß an Scheu und Unterordnung entwickelt, da es sich je nach Temperament der Bezugsperson eingeschüchtert oder bedroht fühlt, darunter leidet, sich kalt abgewiesen zu fühlen, anstatt Einfühlsamkeit Übergriffe zu erfahren. Es wird sich darauf einstellen, dass seine Wünsche und Regungen bedeutungslos und unwirksam sind. Es wird verstummen, in eine fantastische Gegenwelt entschwinden. Wie gesagt: Wir stecken nicht nur ein, wir teilen auch aus. Folgende Tabelle soll mit einer Auswahl daran erinnern.

| Ablehnung | Haltungen |
|---|---|
| passiv | Ich wurde auf dieser Welt nicht willkommen geheißen. |
| aktiv | Ich akzeptiere die Bedingungen meiner Umwelt nicht. |
| passiv | Ich bekomme nicht jene Beachtung, die ich brauche. |
| aktiv | Ich vermeide, dass ich als fordernd gesehen werde. |
| passiv | Ich fühle mich von meiner Mutter nicht angenommen. |
| aktiv | Ich setze mich gegen deren Forderungen zur Wehr. |
| passiv | Ich fühle mich von meinem Vater nicht angenommen. |
| aktiv | Ich setze mich gegen seine Forderungen zur Wehr. |
| passiv | Ich werde von einer Gruppe hartherzig ausgeschlossen. |
| aktiv | Ich unterwerfe mich ihren Verhaltensweisen nicht. |
| passiv | Ich bin trotz Bemühen durch die Prüfung gefallen. |
| aktiv | Ich weigere mich, den Blödsinn auch noch zu lernen. |
| passiv | Ich werde in meinem Begehren und Werben abgewiesen. |
| aktiv | Ich verabscheue Aufdringlichkeit und Anhänglichkeit. |
| passiv | Ich fühle mich nicht in Ordnung, so wie ich bin. |
| aktiv | Ich bin mit mir selbst in keiner Weise einverstanden. |
| passiv | Ich fühle, Körperprozesse bringen mich aus der Fassung. |
| aktiv | Ich lehne bestimmte Körperprozesse von mir strikt ab. |
| passiv | Ich fühle mich von sozialen Repressalien abgelehnt. |
| aktiv | Ich untersage jeglicher Einmischung das Recht dazu. |

Tabelle 4: Gegenüberstellung passiv erfahrener und aktiv vollzogener Ablehnung

Es gibt viele Gründe dafür, dass wir eine Störung unserer Selbstbeziehung einfangen. Ablehnung, Auflehnung gegen diese Ablehnung, Ablehnung der Auflehnung, schließlich verinnerlichte Ablehnung – sie alle bilden den Nährboden für Beeinträchtigungen der Entwicklung und des Wachstums zu einem sich in Ordnung fühlenden Menschen ohne großartiges Zutun. Daher folge ich der Darlegung durch Gerhard Zarbock und übernehme seine Auflistung (Zarbock 2014, S. 78-80; *kursiv* vom Verfasser).

### Erklärungskonstrukte zur Störungsentstehung

*   *„Kritikerwartung*: Bestrafender Erziehungsstil mit Verunsicherung des Kindes kann zu einer generalisierten Kritikerwartung führen.
*   *Selbstüberforderung*: Perfektionistische Elternmodelle oder frühe Übernahme einer Versorgerrolle für jüngere Geschwister oder gar die (erkrankten) Eltern können zu einer Überbetonung von Leistungserfüllung bei gleichzeitigen Defiziten im Entspannungs-, Genuss- und Sozialverhalten führen.
*   *Negatives Selbstkonzept*: Abwertende Elternäußerungen werden ins Selbstkonzept übernommen. Selbsthass, Selbstabwertung: Kinder geben sich oft für (sexuellen) Missbrauch selbst die Schuld oder empfinden so viel Scham, dass sie sich nicht mitteilen können, und verarbeiten dann das Geschehen schuldhaft.
*   *Gelernte Hilflosigkeit*: Unvorhersagbare und unkontrollierbare aversive Situationen lassen das Kind die Erfahrung machen, keinen Einfluss und keine Kontrolle zu haben.
*   *Depressive Schemata*: Verlust- und Trennungserfahrungen können zu generalisierten Katastrophenerwartungen führen.
*   *Negative Selbstwirksamkeitserwartung*: Oft durch entwertendes bzw. nicht unterstützendes Erziehungsmilieu bedingt.
*   *Selbstwahrnehmungsdefizite*: Dient oft der Vermeidung aversiver Emotionen.
*   *Defizite in der Selbstregulation, im Entspannungs- und Genussverhalten*: Stehen aufgrund internaler Verbote (‚faul', ‚unnütz') oder mangelnder Lernerfahrungen nicht zur Verfügung.

- *Wahrnehmungsabwehr von Emotionen*: Emotionen werden nicht adäquat wahrgenommen, können nicht differenziert benannt werden. Die physiologischen Korrelate der Emotionen werden dann meist somatogen attribuiert.
- *Mangelhafte Frustrationstoleranz*: Bedürfnisaufschub wurde nicht gelernt, da entweder verwöhnend erzogen wurde oder aber das Umfeld so aversiv war, dass Warten nie belohnt wurde.
- *Distressintoleranz*: Hier haben Eltern ggf. versäumt, auch das Aushalten negativer Zustände zu belohnen oder durch Vorbild nahe zu bringen.
- *Defizite im Emotionsausdruck, in der intimen Beziehungsfähigkeit*: Der Patient kann seine ‚Rollenmaske' nie ablegen, sich nicht entspannen und entgleist psychophysiologisch.
- *Dysfunktionale Kognitionen*: Irrationale Glaubenssätze (z. B. Alle müssen mich akzeptieren und schätzen. Man darf keine Fehler machen.
- *Defizite in der Autonomieentwicklung*: Zu enge Bindung des Kindes an eine Bezugsperson, die das Kind für die eigene Bedürfniswelt funktionalisiert. […] Die Eltern wissen, was gut für das Kind ist, und erziehen überreglementierend.
- *Diskrepanz zwischen Anspruchsniveau und Leistungsvermögen*: Orientierung des eigenen Wollens/der eigenen Lebensziele an Maßstäben, die dem eigenen Können nicht entsprechen.
- *Internal stabile Misserfolgsattribution*: Misserfolge werden auf die Minderwertigkeit der eigenen Person, Erfolge auf Zufall/Glück attribuiert.
- *Mangelnde Fähigkeit zur Selbstverstärkung*: Extreme Feldabhängigkeit, da selbstunterstützende Verbalisationen in der Kindheit nicht erlernt wurden.
- *Generalisiertes Reaktanzverhalten* (‚Trotz'): Reaktion auf elterliche Überreglementierung und Bevormundung, Patienten rebellieren beim geringsten Anschein von Autorität/Strukturierung/Führung."

## Schadensbegrenzung aus eigener Kraft

Unter Berücksichtigung der Vielzahl an Beeinträchtigungen liegt es nahe, auf die daraus entstandenen Strategien der Schadensbegrenzung von Kindern aus eigener Kraft ein Augenmerk zu legen. Eckhard Roediger listet Schemata, Elternverhalten, Selbst-„Glauben" sowie Bewältigungs-reaktionen auf (https://www.schematherapie-roediger.de; vgl. Roediger 2018, S. 40-43). Dazu zählen 1) Erdulden, 2) Vermeiden und 3) Kompensieren in Bezug auf I) Bindung, II) Kontrolle, Autonomie und Leistung, III) Selbstbezogenheit, IV) Fremdbezogenheit und V) Gehemmtheit versus Lust/Unlustvermeidung. Durch die Kategorisierung von 18 Schemata gemäß Jeffrey E. Young lassen sich Erlebnismodi des verletzbaren, des wütenden sowie des impulsiv undisziplinierten Kindes benennen. Schemata sind etwa *„Ich bin emotional vernachlässigt"*; *„ich bin missbraucht"* oder *„im Stich gelassen"*. Meines Erachtens handelt es sich um Erklärungskonstrukte aufgrund frustrierenden Elternverhaltens – in Wahrheit unverständlich für ein Kind. Seine ‚maladaptiven Bewältigungsmodi' dienen der halbwegs brauchbaren Eingrenzung von Schädigungen der Integrität. Jede Bezeichnung eines Modus beschreibt im Grunde eine Schutzhaltung. Als ‚maladaptiv' sind kindliche ‚Bewältigungsreaktionen' deshalb einzuordnen, weil sie in späterer Zeit – im Erwachsenenalter – als ungeeignete Strategie die Handlungsfähigkeit einschränken. Ohne sie an der Stelle weiter zu erläutern, liste ich die Bewältigungsmodi auf (siehe Roediger 2018, S. 51):

- „unterordnender Modus (angepasster Unterwerfer) und gefühlsvermeidende Modi
- distanzierter Beschützer, distanzierter Selbstberuhiger, aggressiver Beschützer
- Überkompensierende Modi (Übertreiber)
- Selbsterhöher/Wichtigtuer, Pöbel- und Angreifermodus, Manipulierer, Trickser, Lügner, Zerstörer-/Killermodus, zwanghafter Kontrolleur"

Vergleiche ich die Typisierung mit der Auflistung von Schutzstrategien durch Stefanie Stahl (2017a, S. 31-54) im Arbeitsbuch *Dein inneres Kind muss Heimat finden*, sind gemeinsame Merkmale auffallend. Allgemeine Schutzstrategien: Verdrängen, Schönreden, Tagträumen; Delegation von Verantwortung und Opferdenken; Flucht, Rückzug und

Vermeidung; Tarnung, Rollenspiel und Lügen – Schutzstrategien von angepassten Schattenkindern: Hilflosigkeit, Kindbleiben; Perfektionsstreben, Schönheitswahn; Harmoniestreben und Idealisierung; Jammern und Klammern; Shoppen, Konsum und Sucht – Schutzstrategien von rebellischen Schattenkindern: Macht- und Kontrollstreben; Mauern und Verweigern; Attackieren und Fordern; Rationalisieren und Intellektualisieren; Abwertung und Arroganz

Roediger unterteilt ‚innere Kritiker' in ‚innere Antreiber' und ‚innere Bestrafer'. Innere Antreiber lassen sich durch Kurzformeln benennen: *„Sei stark!"* schließt aus, Unterstützung anzunehmen, um nicht in Abhängigkeit zu geraten. *„Sei perfekt!"* lässt uns keine Ruhe, selbst wenn wir schon das Maximum erreicht haben. Die noch nicht erlangte Vollkommenheit treibt weiter voran. *„Mach es allen recht!"* hindert uns daran, auch für das eigene Wohl ohne Verfügbarkeit für andere zu sorgen. *„Beeil dich!"* erzeugt permanent den Druck eilender Zeit und von daher Säumnisangst. *„Streng dich an!"* beweist uns, dass es nie leicht gehen darf. Nur was schwerfällt, ist etwas wert. ‚Innere Bestrafer' verstehe ich adäquat dem strafenden Über-Ich als Instanz und Produkt *verinnerlichter Ablehnung.*

Gegensatzspannungen zwischen Schattierungen kindlichen Erlebens erwirken aus meiner Sicht ein kontrastives Selbstkonzept, d. h. die Unvereinbarkeit von Grundbedürfnissen mit Forderungen der wichtigen Bezugspersonen und später der harten Realität. So stehen dem Ergebnis der Entwicklung nach die maladaptiven Bewältigungsmodi einem integrierten Selbsterleben als Hemmnisse gegenüber. Ich meine, dass dies Argument genug ist, die Kompensation von Frustrationen mit Satisfaktion in Verbindung zu bringen. Genugtuung bedeutet, dass Ausgleich gegenüber Kränkungen eingefordert, der Spieß sogar umgedreht wird: Aus passiv erfahrener Ablehnung geht aktive Ablehnung hervor. Roediger spricht davon, dass über den Prozess der Identifikation aus Gewaltopfern später Gewalttäter werden können. Genugtuung haftet jedoch der Makel an, dass Kränkungen nicht aus der Welt zu schaffen sind. Allein Vergeben kann die Wunden schließen.

## Persönlichkeitsstil und Beziehungsmuster

Dass wir unseren charakterisierenden Persönlichkeitsstil radikal ändern, davon ist nicht auszugehen. Wenn wir den Kommunikationsstil verändern, ist schon viel geschehen. Und falls diese Entwicklung sich positiv auf unser Selbsterleben auswirkt, ist schon das Beste getan. Nachfolgende Abbildung, dem Praxisbuch für systemisch biografische Verhaltenstherapie (Zarbock, 2014) entnommen, veranschaulicht die ätiologische Korrelation von Persönlichkeits- und Kommunikationsstil. Unter Letzterem ist im allgemeinsten Sinn das Verhalten einer Person in Zusammenhang mit ihren Modellen des Selbst und des Anderen dargestellt. Die jeweilige Zuschreibung (1) sicher, (2) abweisend, (3) verstrickt und (4) ängstlich bezieht sich von daher auf die Ambivalenz zwischen Nähe und Distanz, ursprünglich Bindung und Freiheit, schließlich Intimität und Autonomie. Auffallend an diesem Modell ist die Bedeutung der Angst in Relation zur niedrigen oder hohen Vermeidungstendenz. Persönlichkeiten, die sich durch *verstrickte Beziehungen* auszeichnen, weisen zwar einen hohen Angstpegel auf, zeigen jedoch geringes Vermeidungsverhalten. Hingegen werden *ängstliche Menschen* zwar durch hohes Angstniveau, aber deutliches Vermeidungsverhalten gekennzeichnet.

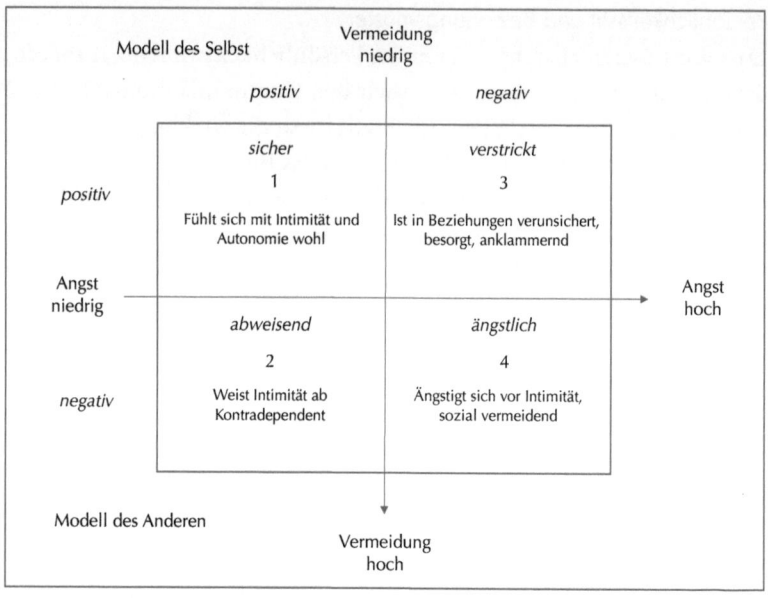

Abbildung 2: Bildungsstile Erwachsene. Ergänzt nach Brennan, 1998 und Neumann, Rohmann & Bierhoff, 2007 in Zarbock (2014, S. 85).

Trotz eines positiven Selbstbildes und wegen eines negativen Fremdbildes artikuliert der hier dargestellte abweisende Stil ein kontradependentes Muster, das im Unterschied zum sicheren Stil und dessen integriertem Selbsterleben eine Beziehungsabwehr aus Gewohnheit lebt. In den Mustern mit hohem Angstniveau erweist sich ein negatives Selbstbild, d. h. auch ein niedriger Selbstwert, als Komplikation des Bedürfnisses nach Bindungssicherheit, während der abweisende Stil den Eindruck von Selbstgenügsamkeit macht, der sich von anderen unabhängig und dabei gut fühlt. Abbildung 3 zeigt unterschiedliche Beziehungsschemata, die als Kommunikationsstile von Personen ausgehen, die auf die eine oder andere Weise *narzisstischer Gratifikation* nachzukommen bemüht sind. Die Gegenüberstellung *dominant* und *unterwürfig, feindselig* und *freundlich* deklariert die Einstellung anderen Personen gegenüber.

116

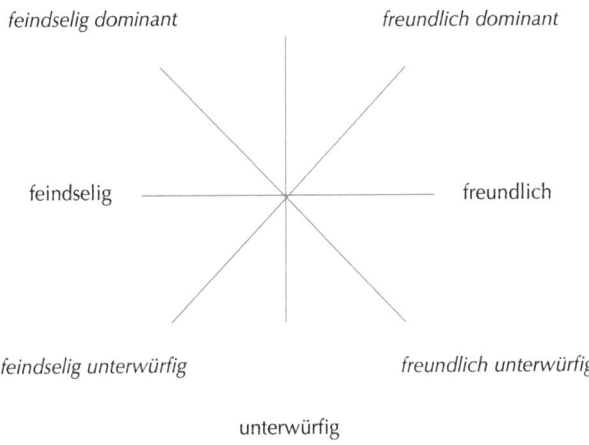

dominant

feindselig dominant                    freundlich dominant

feindselig                                              freundlich

feindselig unterwürfig                  freundlich unterwürfig

unterwürfig

Abbildung 3: Der interaktionelle Zirkel in: Zarbock 2014, S. 88.

Das Verhalten *freundlich dominant* lässt sich als Bezeichnung für souveräne psychosoziale Kompetenz deuten. *Feindselig dominantes* Verhalten verheißt *narzisstische Gratifikation* durch Selbstüberhöhung und Missachtung, Verachtung und Herabsetzung anderer. Das Verhalten *freundlich unterwürfig* bezieht *Satisfaktion* eventuell aus einem moralischen Sieg durch Aufopferung gegenüber einem Aggressor. Das Verhalten *feindselig unterwürfig* entspricht in etwa dem passiv-aggressiven Persönlichkeitsstil, der sich durch Verweigerung, stille Ablehnung und Boykott auszeichnet. Es mag absurd klingen und zu Zweifeln bzgl. *narzisstischer Gratifikation* veranlassen, doch durch den Erfolg von Verhindern oder Querstellen kann Genugtuung zustande kommen. Wer sich diesem Stil verschreibt, will eventuell anderen beweisen, dass deren Bemühungen und Bestrebungen des Vorankommens in einer Angelegenheit scheitern sollen, ohne dafür belangt werden zu können.

## Kategorisierung von Stilen und Störungen

Gerhard Roth (2021) unterscheidet acht Typen bzw. Stile. DYNA-
MIKER nennt er mit positiver Prägung ‚innovativ' und mit negativer
Prägung ‚veränderungssüchtig'. Eine zweite Kategorie bezeichnet Typen mit positiver Prägung als ‚ehrgeizig' und mit negativer Prägung
als ‚egozentrisch'. STABILE gliedert er mit positiver Prägung in ‚fein-
fühlig' und ‚gewissenhaft'; mit negativer Prägung nennt er Typen als
‚ängstlich unsicher' und ‚dogmatisch'. Zum Vergleich von Charakteri-
sierungen gemäß ICD-10 fasst die Tabelle Persönlichkeitsstile und Persönlichkeitsstörungen zusammen.

| Zarbock 2014 | Wery von Limont 2018 | Stahl 2017b |
|---|---|---|
| Persönlicher Stil | Alternative Bezeichnung | Kernüberzeugung |
| Sensibel | selbstunsicher, ängstlich | Fühlt sich rasch abgelehnt |
| Dependent | anhänglich, loyal | Sucht Schutz und Behü-tung |
| Passiv-aggressiv | Widerspenstig, getarnt | Duldet keine Einmischung |
| Anankastisch | gewissenhaft, zwanghaft | Sieht andere als leichtsinnig |
| Paranoid | wachsam, misstrauisch | Vermutet überall Hinter-halt |
| Antisozial | provokant, abenteuerlich | Versucht alle zu übertreffen |
| Narzisstisch | ehrgeizig, selbstbewusst | Erheischt stets Bewunde-rung |
| Histrionisch | dramatisierend, expressiv | Neigt zur Dramatisierung |
| Schizoid | selbstgenügsam, unge-sellig | Neigt zur Gefühlsarmut |
| Borderline | sprunghaft, spontan, labil | Keine emotionale Kont-rolle |

Tabelle 3: Persönlichkeitsstile im Vergleich Zarbock, Wery von Limont, Stahl

Einen wertvollen Zugang betreffend Veränderungsperspektiven von Persönlichkeitsstilen erkenne ich in Band 2 *Differentielle Psychologie der Kommunikation* (1989) von Friedemann Schulz von Thun, deren Wertequadranten ich überblicksmäßig skizziere, auch wenn ich manchen Wortlaut abgewandelt habe. Zur Lesart: Die obere linke Zeile (fett) benennt die anzustrebende Erweiterung des Stils. Hingegen nennt die rechte untere Zeile (kursiv) die Ausgangslage als Charakterisierung des Persönlichkeitsstils.

## Wertequadranten der Persönlichkeitsstile

| **Anzustrebende Erweiterung des Stils** | Entwicklungsperspektive der Erweiterung |
|---|---|
| Überzeichnung der Abwehrstrategie | *Ausgangslage des Stils als typischer Stil* |

1. Der bedürftig-abhängige Stil

| **Autonomie und Selbstverantwortung** | Bewusstheit von Bedürftigkeit |
|---|---|
| Verleugnung eigener Bedürftigkeit | *Verleugnung eigener Selbsthilfekräfte* |

2. Der helfende Stil

| **Herausforderung der Abgrenzung** | Anteilnahme und Mitgefühl |
|---|---|
| Abgestumpfte Gleichgültigkeit | *Starkes Mit-Leiden* |

## 3. Der selbst-lose Stil

| Selbstachtung und Selbstbehauptung | Hingabe |
|---|---|
| Herrschsüchtige Egozentrik | *Selbstlose Aufopferung* |

## 4. Der aggressiv-entwertende Stil

| Würdigung, Respekt erweisen | Kritik, ehrliche Konfrontation |
|---|---|
| Lobhudelei, Schmeichelei | *Geringschätzung, Herabsetzung* |

## 5. Der sich beweisende Stil

| Kooperationsfähig, transparent | Konkurrenzfähigkeit, Kompetenz |
|---|---|
| naive Humanitätsillusion | *ruinöse Rivalitätshaltung* |

## 6. Der bestimmend-kontrollierende Stil

| Offenheit, sich selbst zulassen | Strukturierende Selbstkontrolle |
|---|---|
| Kontrollverlust, sich gehen lassen | *zwanghafte Überkontrolliertheit* |

## 7. Der sich distanzierende Stil

| Unbefangene Kontaktbereitschaft | reservierte Zurückhaltung |
|---|---|
| Distanzlosigkeit, Kollektivismus | *Kontaktscheu, Berührungsangst* |

## 8. Der mitteilungsfreudig-dramatisierende Stil

| Dialogische Partnerbezogenheit | Selbstkundgabe |
|---|---|
| Ewiger Zuhörer, wortkarg verschlossen | *Monologische Selbstbezogenheit* |

Tabelle 5: Friedemann Schulz von Thun (1989, S. 38-53), zusammengefasst vom Verfasser

## 2.2 Erfahrungen mit Benutzung

### Wie war es um den Schutz bestellt?

Ich frage Personen meiner Klientel ab und an zur Erkundung ihrer Geschichte und Lebenserfahrungen, was ihnen zur strengen Mama und zum feigen Papa einfällt. Ebenso stellt sich die umgekehrte Frage ein, ob die feige Mama und der strenge Papa in der Erinnerung auftauchen. Dann höre ich in der einen oder anderen Formulierung folgende Kernaussagen: „*Mein Vater schützte mich nicht vor den Übergriffen meiner Mutter!*" Oder aber: „*Meine Mutter untersagte meinem Vater seine gewalttätigen Angriffe nicht!*" Beide Aussagen fördern zutage, welch hohe Bedeutung der Schutz des Kindes für seine spätere Lebenserfahrung hat. Der Verdacht weist in beiden Richtungen, dass ein Kind von einem Elternteil benutzt wurde, um eine konstruktive Konfliktaustragung zwischen den Eltern untereinander zu vermeiden. Aspekte kommen zur Sprache, wenn es um angemessene oder unverhältnismäßige Durchsetzung von Erziehungsstilen geht. Manche Eltern sind mit mangelndem Einfühlungsvermögen streng, brutal und grausam in ihrer Unbeugsamkeit. Ich höre beispielsweise Sätze wie: *„Ich habe mich weiter hinausgewagt, als es mir erlaubt war, und wurde hart zur Rechenschaft gezogen, obwohl ich einfach nur lustig war und Spaß haben wollte."* Die Übertretung eines Gebots oder Verbots führt oftmals zu harten Strafmaßnahmen. Und so kommt es vor, dass Menschen darüber berichten, wie sie durch Verleugnung (Verheimlichung) einer Handlung sich davor schützen lernten, belangt zu werden, obwohl immer ein Risiko bestand, aufzufliegen. Ich sehe darin einen der Gründe, ein kontrastives Selbstkonzept zu entwickeln.

Andere Eltern sind unklar, bieten kaum Grenzen und neigen dazu, den Kindern Freiräume zu lassen, in denen diese sich verlieren und daher keinen Halt finden. So tauchen Themen auf, die das Überschreiten von Grenzen zur Sprache bringen. Betroffene artikulieren die Ungewissheit, dass ihnen die orientierende Erlaubnis fehlte. Sie erzählen, dass sie gar nicht wissen konnten, welche Grenze sie überschritten hatten. Auch das kommt vor: Jemand weiß um die Übertretung einer Grenze, kann sich aber nicht zurückhalten. Ein Mann sagte mir unlängst, er sei sich der Unanständigkeit voll bewusst, wenn er fremdgeht, aber er könne sich nicht dagegen wehren und dem Drang entsagen. Wer jedoch seine Handlungen verheimlicht, der oder die rechnet innerlich damit, irgendwann aufgedeckt zu werden. Dies hätte zur Folge, dass durch die entschlossene Reaktion anderer ihre eigene Strategie oder Taktik ein Ende finden würde, nicht jedoch aus eigener Verantwortung. Für manche wirkt dieser Fall einer Aufdeckung wie Entlastung vom Gewissensdruck. Solange dies aber nicht geschient, treiben sie die Verhältnisse so voran, wie es ihnen Begehren und Verlangen vorgeben. Was heimlich bleibt, ist nicht geschehen.

## Emotionaler Missbrauch

Ich reflektiere den emotionalen Missbrauch oder in anderen Worten die *narzisstische Besetzung* des Kindes durch Bezugspersonen. Wie kam es dazu? Da sich emotionaler Missbrauch und narzisstische Besetzung um Gefallen-Wollen und sich Geltung verschaffen seitens des Kindes ranken, verleitet deren Benutzung durch Eltern zur Selbstenteignung. Indem ein Kind gefallen will und sich im Gefallen spiegelt, verschafft es sich ein Idealbild von Geltung durch seine reizende Wirkung. Das wäre nicht verfänglich, wenn dieses Begehren von der Bezugsperson nicht benutzt werden würde, um sich selbst dadurch aufzuwerten und ihrer Macht zu bedienen. Die Benutzung des kindlichen Begehrens ist mehr als verwerflich. Dem Desaster folgt die Selbstenteignung des Kindes, das lernt, zwischen seinem Idealbild in den Augen der anderen und seinem Selbsterleben in Wahrheit zu spalten. Die fatale Konsequenz, die ich so zuordnen will, betrifft die Hyperflexibilität, ähnlich dem Farbwechsel des Chamäleons, indem das Schema des Wirkens durch Gefallen in späterer Zeit in die Gestaltung von Beziehungen Einlass findet.

Ein Selbsterleben in Wahrheit ist zwar im Grunde zugänglich, jedoch nur unter dem Deckmantel der Verheimlichung. Die verinnerlichte Ablehnung bezieht sich auf das von der narzisstischen Besetzung bedrohte Eigensein. Dieses wird aufgrund der kolonialisierenden Beziehungsmuster in ein *heimliches Selbst* verlagert. Die Auffächerung der Person in Rollen nach dem Schema ‚Sein und Schein‘ ist mit dem Vorzeichen der Undurchsichtigkeit behaftet. Dies bedeutet, dass eine Scheinbeziehung durchgehalten werden kann, wenn sie alle Vorteile des Wirkens durch Gefallen bringt, ein Vorstoß zu einer Beziehung auf Basis des Selbsterlebens in Wahrheit jedoch bedrohlich wirkt.

Die Bedrohung liegt darin, und das ist das fatale Vermächtnis des emotionalen Missbrauchs, dass die verinnerlichte Ablehnung ein Sich-Einlassen verhindert, indem das Misstrauen gegenüber emotionalem Missbrauch vorherrscht. Das Unglück besteht darin, dass der Wunsch zum Greifen nahe ist und zugleich als unmöglich erscheint, dennoch nicht aufhört, zu drängen. Die verinnerlichte Ablehnung aus der Erfahrung emotionalen Missbrauchs mündet in eine aktive Behinderung oder Verhinderung von Beziehungsglück. Der Erkenntnisweg führt zu Schmerz und unbändiger Wut darüber, in das Netz der Begehrlichkeiten von elterlichen Bezugspersonen geraten zu sein. Eine Form der Bewältigung ist Ambivalenzspaltung. Weitere Gründe für verinnerlichte Ablehnung und nicht unerhebliche Folgen für das Selbsterleben erzählen mir Frauen und Männer, die von Verrat und Bloßstellung als Kinder betroffen waren und nicht selten als Erwachsene in ihren Beziehungen in etwas hineingeraten, das sie fürchterlich quält: beschämende Demütigung.

## Verrat und Bloßstellung

Wer Verrat begeht, verübt Frevel. Wer sich durch einen Frevel verraten und hintergangen fühlt, der ist dem Entsetzen ausgesetzt. Wird ein Geheimnis, das dem Schutz einer Person oder mehrerer dient, verraten, veröffentlicht, so wird dies Rufschädigung nach sich ziehen. Insofern zähle ich Rufschädigung zum Verrat am Anstand, an wohlwollender Gemeinschaftlichkeit. Durch Verrat fällt jemand aus einer wichtigen Zugehörigkeit heraus, steht isoliert und abgesondert da, ist möglicherweise Hohn und Spott ausgesetzt. Nicht selten erlebt sich jemand dadurch an den Pranger gestellt.

Wer jemanden beschämt und Verrat an ihm oder der gemeinsamen Sache begeht, der lädt Schuld auf sich. Wer von jemandem offenkundig bezichtigt wird, der verliert sein Gesicht, seine Würde und seinen Halt. Es sind graduelle Unterschiede festzustellen, die immer mit Beschämung einhergehen. Denken wir an das Anschwärzen, Erniedrigen und andere Formen der Demütigung. Wie soll sich jemand derart massiver Kränkung gegenüber verhalten? Kann es sein, dass gerade durch solche Erfahrungen die Auseinandersetzung mit einst verinnerlichter Ablehnung erforderlich wird, um in Zukunft Kränkungen gegenüber wehrhafter und souveräner auftreten zu können?

## Zusammenschau

Ich möchte an der Stelle Aspekte zusammenfassen. Die gefühlte Schuldigkeit und ihre Dramatik setzen mit der Selbstenteignung des Kindes ein. Im Rückblick aus dem Erwachsenenalter ist das angetretene Erbe oft schwer auszuloten. Solange wir den Konventionen der Leistungsgesellschaft mit gebührender Funktionstüchtigkeit nachkommen, unserem Selbsterleben durch Erfolge des weltbezogenen Ichs Ernte einbringen, kümmern wir uns nicht um das selbstbezogene Ich. Es bleibt unbedacht, ist offline und somit das Selbsterleben in Wahrheit kein Thema. Die Enteignung seines Selbstgefühls verunmöglicht dem Kind, sich authentisch zu spüren, was in ihm bzgl. Bedürfnissen und unzureichenden Antworten vor sich geht. Wenn ihm nicht gestattet wurde, sein Erleben auszudrücken, kamen auch aus diesem Grund keine Symbolisierungsangebote zustande. Zum Schmerz des Unverständlichen, des Missverstandenen und nicht Verstehbaren gesellte sich unerklärliche Unruhe, ein Aufpeitschen der Getriebenheit. Es kann durchaus zur Missachtung durch Eltern gekommen sein. Aber auch die kindliche Einbildungskraft, sich irgendeinen Reim auf das Unerklärliche machen zu müssen, kann eine Verfälschung des Selbsterlebens herbeigeführt haben. Die schmerzliche Enttäuschung wäre auf Dauer unerträglich gewesen.

Themen in den Gesprächen sind Überich-Druck, Zwang, ein peinigendes Schuldgefühl, Selbstzweifel und Minderwertigkeit als maladaptive Regulative. Ängste motivieren wiederum das Vermeiden dieser peinigenden Gefühle. Insofern ist Überich-Angst eine vermeintlich schützende Selbsteinschränkung. Sie warnt vor einer Grenzüberschreitung, sei diese real oder imaginär. Die Angst wird zum Regulator des Schuldgefühls. Die Selbsteinschränkung wirkt sich destruktiv als negatives Selbstkonzept aus. Arno Gruen dazu treffsicher: „Schuldgefühle, oft selbst an den Verzerrungen der Entwicklung beteiligt, erneuern nur die Bedingungen für die abgrundtiefe Destruktivität. Wirkliche Veränderung kommt nur zustande, wenn ein Mensch sich mit dem Schrecken seiner unermüdlichen Jagd nach irrealer Sicherheit auseinandersetzt" (Gruen 2019, S. 149).

Im Vergleich dazu Michael Kurt Moeller über Folgen verinnerlichter Ablehnung: „Schuldgefühle mache ich mir immer selbst und niemand anders. Denn ich brauche zum inneren Gleichgewicht diese Selbstbezichtigungen. Sie sind eine Form selbstauferlegter Buße. Ist sie gebührend abgeleistet, fühle ich mich besser" (Moeller 2002, S. 176). Trübsinn und Niedergeschlagenheit machen auf ein negatives Selbstkonzept aufgrund verinnerlichter Ablehnung aufmerksam. Sie kann sich zur Verbitterung steigern, sofern keine Möglichkeit besteht, Wehrhaftigkeit anstatt Erdulden zu zeigen. Die genannten Gefühle sind Eindringlinge und Störenfriede des Selbsterlebens aus Gewohnheit. Sie sind aber auch affektive Zustandsanzeigen in Bezug auf unterdrückte Impulse. Regungen würden im günstigen Fall registriert, akzeptiert und in entsprechende Aktivitäten mit konstruktiver Aggression umgesetzt werden. Was muss geschehen sein, dass diese Wehrhaftigkeit nicht zum Zug kam? Fehlte die Ermutigung, dem Selbstgefühl Vertrauen zu schenken und sich im Spiegel der Positivresonanz (Haller, 2022) lebendig zu fühlen?

## Der leere Spiegel

Im Unterschied zur Spiegelung kindlichen Gefühls von Besonderheit im Glanz der Augen seiner Mutter, im Unterschied zur markierten Spiegelung seiner Gefühlsregungen zum Aufbau seiner Affekt- und Selbstregulierung, seiner Unterscheidung des Eigenen vom Anderen, ist Narziss geprägt von lebloser, wenn auch artifiziell überzeichneter Grandiosität, für deren Spiegelung andere benutzt werden. Hinter diesem leblosen Idealbild verbergen sich innere Leere, Depression, Sinnlosigkeit und schamanfällige Kränkbarkeit, die Schattenseiten des gestörten Narzissmus.

Kernberg kennzeichnet Merkmale des gesunden Narzissmus als gelungene Selbstbeziehung: „1. Die Größenphantasien normaler Kinder, ihre wütenden Anstrengungen, die Mutter unter Kontrolle zu behalten und im Mittelpunkt der Aufmerksamkeit aller zu bleiben, sind bei weitem realitätsgerechter, als dies bei narzißtischen Persönlichkeiten der Fall ist. 2. Neben überschießenden Reaktionen auf Kritik, Mißerfolg und Schuld findet man bei kleinen Kindern immer gleichzeitig auch Äußerungen von echter Liebe, Dankbarkeit und Interesse für andere Menschen, sobald die Kinder nicht unter dem Druck von Versagungen stehen, und vor allem eine bemerkenswerte Fähigkeit, sich vertrauensvoll von wichtigen Objekten abhängig fühlen zu können" (Kernberg 1983, S. 311–312).

Gewöhnlich könnten reale Bedürfnisse gelten, während pathologischer Narzissmus sich durch übermäßige und unerfüllbare Ansprüche zeige. „Die Kälte und die abweisende Haltung von Patienten mit pathologischem Narzißmus, sobald sie ihren Charme nicht zur Geltung bringen können, ihre Tendenz zur Mißachtung anderer Menschen – sofern diese nicht gerade als potentielle Quellen narzißtischer Zufuhr vorübergehend idealisiert werden – und die in den meisten ihrer Beziehungen so überwiegende Verachtung und Entwertung des Objekts stehen in ausgeprägtem Gegensatz zur lustvollen Selbstbezogenheit eines kleinen Kindes" (Kernberg 1983, S. 312).

Heinz Kohut (1966) sieht die Störung als Defekt der Selbstentwicklung. Größenfantasien könnten neben tiefen Minderwertigkeitsgefühlen als scheinbar getrennte Persönlichkeitsanteile nebeneinander bestehen, ohne Einsicht in diese kontrastierende Widersprüchlichkeit. Sukzessiv würden Gegensätze mit Absolutheitscharakter ausagiert werden. Um sich jedoch vor dem Umschlag der Größenfantasie in das grausame Gefühl innerer Leere zu schützen, lebe das narzisstisch verwundete Subjekt mit einem ständigen Nachholbedarf an Spiegelung, sei es in seinem Schaffen oder einfach nur Wirken.

## Narziss und Echo

Eine Spiegelung ist Darbietung, die als Bezeichnung durch die Bezugsperson zu verstehen ist und nicht als Ausdruck ihrer eigenen Befindlichkeit gegenüber dem Kind. Spiegelung ist Bezeichnung, indem die Darbietung der Bezugsperson auf die Nachvollziehbarkeit für das Kind abgestimmt ist. Durch Mimik, Gesten und die Stimme werden Affekte des Kindes gespiegelt. Eigene Affekte werden nicht ausagiert. Das ist wesentlich, da andernfalls eine Übererregung stattfindet. Das Gegenteil davon wäre, dass das Kind gar keinen Spiegel erfährt, sondern wie durch ein kaltes Glas hindurchschaut und keine Positivresonanz findet (McDougall, 1989). Die Spiegelmetapher liegt im Mythos von Narziss und Echo begründet. Wir erfahren, dass Narziss sich im Spiegelbild eines Teiches in sein Porträt verliebte, während Echo vergeblich mit ihm Kontakt aufzunehmen versuchte. Ihr Schicksal war es, von Hera dazu verdammt zu sein, keine eigenen Intentionen aussprechen zu können, nur den Widerhall der Worte anderer artikulieren zu dürfen. So konnten Narziss und Echo sich nicht kontaktieren. Er konnte durch ihr Echo seiner Worte nicht von der Faszination seines Spiegelbildes abgelenkt werden.

Warum hat Hera Echo bestraft? Weil Echo im Komplott mit Zeus Hera davon abzulenken suchte, während Zeus seine Gemahlin betrog. Also handelt es sich um ein Beziehungsdreieck. Echo war in den Konflikt zwischen Zeus und Hera verstrickt. Ich übersetze die Szene in eine familiäre Situation. Fühlt sich die Mutter von ihm, ihrem Mann, dem Vater der Tochter, betrogen, kann sie dem Kind ihrerseits keine Positivresonanz zur Verfügung stellen. Lässt sich die Tochter vom Vater benutzen, seine Frau, ihre Mutter, zu betrügen? Echo entspricht in meiner Lesart der vom Vater benutzten, von der Mutter gestraften Tochter. Warum greife ich den Mythos in dieser Auslegung auf?

Wie kann ein dramatisches Dreieck entstanden sein? Ist der Partner seiner Frau und Vater des Kindes in der Lage, die Dualunion zwischen Mutter und Kind zu verkraften und eine Triangulierung als derjenige, der dazwischentritt, zu meistern, ohne das Kind narzisstisch zu besetzen? Es stellt sich die Frage, ob die Mutter bereit ist, die Dualunion auf die Triangulierung hin zu öffnen und das Kind für die Beziehung mit dem Vater freizugeben. Das zentrale Thema dieses Grundkonflikts ist die Spannung zwischen Bindung und Freiheit im Dreieck zwischen Kind, Vater und Mutter. Die Dramatik hinterlässt als ungelöste Aufgabenstellung einen Loyalitätskonflikt im Kind. Spiegeln sich Mutter und Vater narzisstisch im Kind? Erkennt es sich im Gehabe seiner Eltern als benutzt und abgelehnt? Beispielgebend schildert Heinz Kohut die Dreieckssituation des Knaben.

## Verquerte Familienverhältnisse

„Es ist nicht nur wichtig, sich klar zu machen, dass die ödipalen Größenphantasien des Kindes Abwehrzwecken dienen; es ist auch bemerkenswert, dass hinter der abwertenden Einstellung des ödipalen Liebesobjektes (der Mutter im Falle des Knaben) gegenüber dem ödipalen Rivalen (dem Vater) und der manifesten Bevorzugung des (auf diese Weise überstimulierten) Kindes (des Sohnes) regelmäßig bei dem ödipalen Liebesobjekt geheime Bewunderung für das eigene ödipale Liebesobjekt (den Vater der Mutter) und Angst vor ihnen verborgen sind. Die Mutter, die offen den erwachsenen Mann herabsetzt (d. h., den Vater des Knaben) und die scheinbar den Knaben bevorzugt, birgt somit in sich tiefe Bewunderung zusammen mit ängstlicher Ehrfurcht für die unbewusste Imago ihres eigenen Vaters. Wenn die Mutter also den Vater zu Abwehrzwecken entwertet, so nimmt der Sohn daran teil und vertieft die Spannung durch Größenphantasien; er spürt jedoch die Angst der Mutter vor der Gestalt des starken Mannes mit dem erwachsenen Penis und bemerkt (unbewusst), dass sie ihn, den Sohn, nur solange anbetet, als er sich nicht zu einem unabhängigen Mann entwickelt. Mit anderen Worten: Er ist zu einem Teil des Abwehrsystems seiner Mutter geworden" (Kohut 1976, S. 173). Was hat es mit dieser Benutzung auf sich? Welche Folgen für die Beziehungsfähigkeit stellen sich ein?

## Fatale Doppelbindung des Kindes

Der Begriff *Doppelbindung* tauchte für mich während meines Studiums durch die Lektüre von Paul Watzlawick, Janet H. Beavin und Don. D. Jackson *Menschliche Kommunikation* (1982) und weiterführend durch Ronald D. Laing in *Das geteilte Selbst* (1994) in Bezug *auf paradoxe Einladungen* in der Beziehung zwischen Kind und Bezugsperson auf. Die einfachste Definition einer durch paradoxe Kommunikation erzeugte Doppelbindung besagt: „... eine Mitteilung wird gegeben, die a) etwas aussagt, b) etwas über ihre eigene Aussage aussagt und c) so zusammengesetzt ist, dass diese beiden Aussagen einander negieren bzw. unvereinbar sind" (Watzlawick, Beavin, Jackson 1982, S. 196). Ergebnis davon ist, dass man auf eine solche nicht *nicht* reagieren und zugleich sich nicht in einer stimmigen Weise verhalten kann. Drastisch ausgedrückt: Doppelbindung ist eine Methode, um den anderen in den Irrsinn zu treiben. Die Unverständlichkeit des Verhaltens der Bezugsperson ist für das Kind auf die Spitze getrieben. Demnach kommt es zu einer Doppelbindung, wenn ein wiederkehrendes Beziehungsangebot als Einladung ein Verbot und eine Verführung zur Übertretung des Verbots anbietet. Fatale Folge einer *paradoxen Einladung* ist ihre seltsame Bindung, die es offensichtlich nicht ermöglicht, das Feld zu räumen. Die Bezugsperson teilt dem Kind mit, es solle etwas tun, und gleichzeitig teilt sie ihm auf einer anderen Ebene mit, es solle dies nicht tun oder solle etwas anderes tun, das sich damit nicht vereinbaren lässt.

Das Kind ist somit in einer *unhaltbaren Position* gegenüber der Bezugsperson. Alles, was es aus der Situation heraus unternimmt, führt zur Katastrophe. Viele der *paradoxen Einladungen* setzen sich aus einer verbalen und der ihr widersprechenden nonverbalen Botschaft zusammen. So beginnt das Rätselraten im Kind darüber, was die Bezugsperson eigentlich von ihm will. Offensichtlich kann die Bezugsperson ihrerseits nicht offenkundig mitteilen, wozu sie das Kind einlädt, weckt aber sein Begehren, dem ‚heimlichen' Wunsch auf Verdacht zu entsprechen. „Eine in einer Doppelbindung gefangene Person läuft also Gefahr, für richtige Wahrnehmungen bestraft und darüber hinaus als böswillig oder verrückt bezeichnet zu werden, wenn sie es wagen sollte, zu behaupten, daß zwischen ihren tatsächlichen Wahrnehmungen und dem, was sie wahrnehmen ‚sollte', ein wesentlicher Unterschied besteht" (Watzlawick, Beavin, Jackson 1982, S. 196). Das Fatale an der Kommunikation: Es kann nicht darüber gesprochen werden, was verwirrend, verstörend und misshandelnd wirkt.

## Du kannst mich haben und du kriegst mich nicht

*„Du kannst mich haben und du kriegst mich nicht!"* Die Bezeichnung trifft nur an der Oberfläche auf die fatalen Auswirkungen dieser Doppelbindung zu. Verwirrung und Verstörung sind schlicht Untertreibungen dafür, dass diese Doppelbindung in den Irrsinn und als Ausflucht in den

Tod treiben kann. Es handelt sich um das hochexplosive Gemisch aus sexueller Erregung und *narzisstischer Besetzung* im Akt einer *moralischen Täterschaft.* Diese Bezeichnung spielt auf den Sachverhalt an, dass zwar keine sexuelle Misshandlung stattgefunden hat, Fantasien jedoch geschürt wurden. Ausgangspunkt der fatalen Doppelbindung ist das *unerfüllte Begehren* der Bezugsperson, das sie in frevelhafter Weise auf ihr Kind überträgt. Dem Kind widerfährt dies als *paradoxe Einladung,* die verführerisch einlädt und ein Verbot übergeht, was dem sich heranbildenden Gewissen und Anstandsgefühl des Kindes heftigen Schaden zufügt.

*„Du kannst mich haben"* ist die Einladung zu einer hingebungsvollen Vereinnahmung, wie sie entweder unaufgefordert dem Säugling im Versorgungsgeschehen zukommt oder der Hingabe an das erotische Begehren zwischen adoleszenten Gleichaltrigen entspricht. Erwirkt die erotische Anziehung eines Elternteils *sexuelle Erregung*, die das Kind jedoch gemäß seinem Alter nicht umzusetzen vermag, entsteht ein Gefühl der Unzulänglichkeit allein schon wegen dieses Unvermögens, das erotische Begehren der erwachsenen Bezugsperson erwidern zu können. Das allein wäre Grund genug für eine gestörte Selbstbeziehung. Es handelt sich bei erotischer Anziehungskraft um Auftreten, Handhaben und Erscheinen der Bezugsperson, die sich mit der Faszination des Kindes spielt.

*„Und du kriegst mich nicht!"* Diese Aussage bedarf der doppelten Interpretationsanstrengung. Zum einen betrifft es aus der Warte des Kindes sein Unvermögen, trotz sexueller Erregung die erotische Einladung nicht beantworten zu können. Zum anderen vermittelt die Botschaft der Bezugsperson ein Verbot auf indirekte Weise. Sie sagt ja nicht: *„Ich erlaube dir nicht, mich so und so zu berühren."* Nein, sie unterschlägt dieses Gebot des Anstands und begeht damit den Frevel, sich die Übergehung des Verbots ihrerseits zu wünschen, um auf verdeckte Weise und damit vor sich selbst vermeintlich ‚unschuldig' zu bleiben. Diese Wahrung der Unschuld auf illusionäre Weise gegenüber der moralischen Verantwortung erzeugt moralische Täterschaft. Im schlimmsten Fall fühlt sich das

Kind durch Verführung für sein abzuleistendes Entgegenkommen und für die Einhaltung des Tabus verantwortlich, da die Bezugsperson zu achtsamer Abstinenz nicht in der Lage ist.

Aus dem erläuterten Beziehungsgeschehen entstehen im Kind nicht nur Gefühlsverwirrung und Verstörung seiner Selbstbeziehung. Es nagen Scham und Schuld an ihm. Nicht unweigerlich muss die Benutzung, müssen emotionaler Missbrauch und narzisstische Besetzung eine erotisierte Note tragen. In ebenso vielen Fällen erzählen Männer und Frauen meiner Klientel von Eltern, die unglücklich waren, übertriebenen Ehrgeiz und Geltungsdrang an den Tag legten, indem sie das Kind zum Eifer antrieben, aber nicht in der Lage waren, Leistung mit Würdigung zu beantworten. Allemal fühlte sich das Kind für das Wohlergehen seiner Eltern verantwortlich, um sich Anerkennung zu ergattern. Sie kam nicht. Und was war seine letztlich unmögliche Erwiderung?

### Schenken, was wir nicht haben

Diese Feststellung steht in engem Zusammenhang mit einer verdeckten Beauftragung durch Eltern. Es handelt sich um *Schenken* zur Tilgung eines Schuldgefühls und um das nutzlose *Verschenken* seiner selbst. Wenn in der Beziehung seiner Bezugspersonen etwas schiefläuft, schreibt sich das Kind möglicherweise die Schuld zu. Warum? Weil es entgegen seiner Allmachtsfantasie dennoch nicht selbstmächtig und handlungsfähig ist. Um diese Schuld zu bewältigen, erschafft es ein Geschenk und wünscht (erhofft) sich eine Tilgung des Schadens aus eigener Macht, der durch Verletzung entstanden ist. Fatal wird es, wenn das Geschenk von der Bezugsperson ihrerseits benutzt wird.

Sich als ganze Person zu verschenken, ist gleichermaßen die letzte Möglichkeit, an die das Kind glaubt, um die Situation zu retten. Was ist die Situation? Das Kind fühlt sich der Willkür der Bezugsperson ausgeliefert und abgelehnt. Die Antwort: *„Ich schenke dir alles, was ich habe (bin)."* Das Kind fühlt sich im Grunde fehl am Platz. Will heißen, es erlebt sich in der Welt als nicht willkommen. Daraus folgt: Es will sich einen Platz durch Leistung schaffen. Platz ist als *Sich-in-Ordnung-fühlen* innerhalb des beheimatenden Familiensystems zu deuten. Lernt das Kind überhaupt, *sich selbst* zu fühlen? Oftmals bedeutet das Abschalten oder Wegwischen des Selbsterlebens in Wahrheit, dass Personen weder ihre eigenen noch die Gefühle anderer gut lesen können. Im Extremfall kann von Gefühlsblindheit (Alexithymie) gesprochen werden. Anlass genug, die Gefühlspalette aufzuzeigen. Im fünften Kapitel werde ich diesbezüglich meine Gefühlsgalerien darstellen.

## Gefühle lesen

Salovey & Mayer integrieren Gardners interpersonale und intrapersonale Intelligenz in ihr Konzept der „Emotionalen Intelligenz" und definieren es als „die Fähigkeit, die eigenen Gefühle und die von anderen wahrnehmen und unterscheiden zu können und in die eigene Handlungssteuerung einfließen zu lassen". Dabei unterscheiden sie fünf Fähigkeiten, die zusammen die Emotionale Intelligenz bilden (Mayer & Salovey, 1995 in: Baumann & Linden X, S. 23-25):

- „Eigene Gefühle erkennen können" ist die Fähigkeit, Emotionen wahrzunehmen, einzuschätzen und angemessen auszudrücken.
- „Emotionen handhaben zu können" ist die Fähigkeit, mit Emotionen umgehen bzw. sie bewältigen zu können und sie so einzusetzen, dass sie das Denken erleichtern. Mit dieser Fähigkeit kann man sich selbst beruhigen oder Angst, Schwermut oder Gereiztheit in den Griff bekommen. Dazu zählen beispielsweise die Fähigkeiten, Emotionen zur Fokussierung der Aufmerksamkeit auf wichtige Informationen und zur Erleichterung der Urteilsbildung, Entscheidungsfindung oder der Problemlösung einzusetzen.
- „Emotionen in Expressivität und Handeln umsetzen können" ist die Fähigkeit, Emotionen zur Wachstumsförderung zu regulieren und sie so für die Erreichung von Zielen einsetzen zu können. Voraussetzung dafür ist die emotionale Selbstbeherrschung, also die Fähigkeit, Gratifikationen hinausschieben, mit Rückschlägen umgehen und Impulsivität unterdrücken bzw. Impulse kontrollieren zu können.

- „Empathisch reagieren zu können" ist zu wissen, was andere fühlen.
- Die Fähigkeit, „Beziehungen gestalten können", setzt die Kenntnis der Emotionen von anderen Personen, also Empathie, voraus. [...] Zu diesem Punkt der Emotionalen Intelligenz zählt auch die Fähigkeit zur komplementären Beziehungsgestaltung nach Grawe (2000).

So bilden Gefühle „den intuitiven Ausgangspunkt für begründete Verhältnisse zu sich, zu anderen und der Welt" (Löw-Beer 1995, S. 160). Oder in anderen Worten: „Ohne Gefühle hat das Leben keinen Sinn" (Servan-Schreiber 2006, S. 23). Luc Ciompi zeigt auf, inwiefern sich negative und positive Gefühle entwickeln: „Negative Gefühle wie Wut, Angst und Trauer, auch Ekel und Scham haben spezifisch trennende, distanzierende und ablösende Wirkungen auf damit belegte Kognitionen. Positive Gefühle wie Freude, Liebe, Vergnügen dagegen, die mit lustvoller Entspannung einhergehen, vermögen einzelne in dieser Stimmung erlebte kognitive Elemente zu größeren Entitäten bis zu umfassenderen affektspezifischen ‚Eigenwelten' zu verknüpfen" (Ciompi 1997, S. 302). Das Spektrum der Gefühle ist reichhaltig. Ich skizziere in Anlehnung an Gerhard Zarbock (2014) einige emotionale Reaktionen mit Bezug auf inhärente Handlungstendenzen.

*Angst* impliziert eine auslösende Beziehungssituation: Ich oder etwas mir Nahestehendes wird bedroht, und ich fühle mich unterlegen. Die Handlungstendenz veranlasst zur Flucht, um Schutz zu erwirken. Für *Ärger und Wut* gilt, dass ein Angriff auf meinen Eigenraum und meine Person als auch auf etwas mir Nahestehendes erfolgt, demgegenüber ich mich überlegen oder zumindest gleich stark erlebe. So starte ich einen Gegenangriff bzw. eine Abwehraktion. *Trauer* ist Ausdruck einer Erfahrung von Verlust mit Bezug zu etwas oder jemanden, die große Bedeutung für mich hatten. Insofern löst die Trauer einen Rückzug aus, ermöglicht eine Neuorganisation wichtiger Beziehungen.

*Verachtung* erwirkt ein Verstoß meinerseits bzw. gegen sehr wichtige Werte, Normen und Sitten. Verachtung kann den Ausschluss des

Anderen bis hin zu seiner Tötung auslösen. *Ekel* ist eine natürliche Reaktion auf eine toxische oder zumindest widerlich unangenehme Substanz, im übertragenen Sinn eine Situation. Ekel erwirkt ein Weg- und Ausstoßen als Schutz vor einer drohenden Schädigung. *Freude* ist Ausdruck von Befriedigung, Belohnung, eines Erfolgs, des Gelingens, einer Wunscherfüllung. Sie veranlasst zu Genuss und Entspannung, auch Dankbarkeit. Und sie tendiert dazu, die gute Erfahrung zu wiederholen, die Häufigkeit von positiven Zuständen zu erhöhen. *Überraschung* tritt ein, wenn etwas Unerwartetes mit positiver Auswirkung eintritt. Sie erwirkt ein Innehalten und die Hemmung gewohnter Handlungsabläufe, um eine vertiefte Exploration vorzunehmen.

*Schuld* verweist auf die Übertretung eines moralischen Gebots oder einer Anstandsregel. Sie veranlasst zur Wiedergutmachung und vielleicht auch zur Wiederaufnahme in ein soziales System, einen Bund. *Scham* kann bedeuten, dass wir einem Idealbild nicht nachkommen, Ansprüchen nicht entsprechen. Allemal ist es die Erfahrung einer Bloßstellung. Sie verleitet dazu, sich verbergen und kleinmachen zu wollen. Vielleicht auch deshalb, um Kritik zu vermeiden. Der *Stolz* erhöht das Selbstwertgefühl. In den Augen anderer als erfolgreich gesehen zu werden macht stolz, ebenso, wenn zusammen mit anderen, mit denen ich mich identifiziere, etwas gelungen ist. Als Handlungstendenz stellt sich eine „Dokumentation von sozialer Dominanz" oder gar Höherstellung im Sinne von Eitelkeit ein. *Neid* und *Eifersucht* bedeuten hingegen, dass über Vergleich jemand anderer besser dasteht als wir selbst. Es geht immer um ein Nicht-Haben. Dies kann zum Rivalisieren oder gar Zerstören eines Objekts meines Begehrens führen (vgl. Tabelle 14; Emotionen und Beziehungsthemen in: Zarbock 2014, S. 386).

## Aggression als Schutzprozess

Welche Rolle spielt Aggression? Unschwer ist zu erkennen, dass Aggression als Schutzverhalten in direktem Zusammenhang mit der Wehrhaftigkeit steht. In diesem Sinne ist auch die Aggression gegen Introjekte als ‚Abwehrkampf' zu verstehen: „Das System der Abwehrprozesse kann durchaus als Abkömmling des aversiven Systems (als eine Verinnerlichung) auf dem Niveau des affektiv mentalen Systems angesehen werden. [...] Ein heute beliebter anderer Zugang führt über das Studium der ‚aggressiven Affekte‘, denn diese gehören zu den klinischen Fakten der therapeutischen Situation. Es sind dies Wut, Ärger, Zorn, Groll, Neid, Hass, Empörung, Verachtung, Rache. Einige stehen aggressiven Handlungen nahe (z.B. Zorn), andere wiederum gleichen Affektkonserven (Groll, Neid). Wut, Ärger sind eher Auslöseraffekte, die den Wunsch nach einer Veränderung des Verhaltens des Objekts signalisieren" (Moser 2009, S. 118; vgl. Haller, 2022).

Das *Spektrum der Aggression* umfasst Schutzprozesse, ein Fernhalten schädlicher Einwirkungen durch Varianten der Flucht, des Kampfes, des Totstellens, der Ausstoßung von Substanzen, die bereits ins Innere gelangt sind. Letztere rufen Ekel hervor. Und selbstredend betrifft destruktiv aggressives Verhalten Formen der Gewalttätigkeit. In anderen Worten: Es bilden sich im Sinne Mosers Störungen der Selbstbeziehung, seiner Theorie nach *Affektkonserven*. Affektkonserven „enthalten ein *gehemmtes Potential an Interaktion einer Objektbeziehung mit aggressivem Gehalt*" (Moser 2009, S. 118). Dabei handelt es sich um latent schwelende und dauerhafte Spannungszustände, die jedoch als Zustandsgefühle nicht erlebbar sind. Diesem Verständnis nach setze ich *Affektkonserven* mit den genannten *introjizierten Sanktionen* bzw. mit *verinnerlichter Ablehnung* gleich.

Die Betrachtung der mit negativen Affekten gefüllten Konserven ist relevant, da es um erschwerten oder versperrten Zugang zum Selbsterleben in Wahrheit geht, um ablehnende Haltung im Selbsterleben aus Gewohnheit, das sich als tugendhaft versteht. Die Veränderungsresistenz der Haltung, damit verknüpfte Gestimmtheiten, begreife ich als Folge der Unterdrückung von Bedürfnissen, als Zurückhaltung von Impulsen und Verdrängung von Wünschen. Will heißen, dass verinnerlichte Ablehnung als Hemmnis und Selbstsabotage langwierige Verschleppungen oder gar Verhinderung befreienden Ausdrucks von Lebendigkeit

bewirkt. So geht es bei der durch Affektkonserven provozierten Selbstsabotage manchmal sogar um die Niederlage kurz vor dem Ziel. Was
tun gegen die Kolonialisierung durch Negativität?

## Angebot zur Selbsthilfe

Wenn negative Gedanken aufkommen und die Grübelschleife anspringt,
dann gilt es, sofort eine Unterbrechung zustande zu bringen. Das kann
einfach „*Stopp, schlechter Gedanke!*" heißen oder aber ins Spüren kommen,
indem Achtsamkeitstraining eingesetzt wird. Überdies ist es ganz wichtig, keine Erklärungsversuche auf das „*Warum?*" anzustellen, denn darin
liegt keine Lösungskompetenz für das Problem der Gedankenkreisläufe
und Grübelschleifen. In einem zweiten Schritt geht es darum, sich selbst
als Urheber und Urheberin negativer und belastender Gedanken zu verstehen. Gedanken lösen Gefühle aus und gemeinsam bilden sie die immer
wieder gleichen Geschichten. Es sind nicht die Umstände, die wir dadurch
in Angriff nehmen können, sondern zuerst, und nur diesbezüglich wirksam, erkennen wir die Mechanismen der mentalen Konstrukte in uns selbst.

In einem nächsten reflexiven Schritt macht es Sinn, sich die Frage zu stellen, inwiefern man sich als Opfer sieht und ob dies erforderlich ist: „*Kann
es sein, dass ich mich gerade wieder als Opfer sehe und diesen Zustand bedaure?
Brauche ich das wirklich?*" Im nächsten und entscheidenden Veränderungs-
vorgang ist der Frage nachzugehen, was man sich anstatt Grübelei momentan Gutes tun kann. Und damit gilt der Grundsatz: „*Es gibt nichts Gutes, außer man tut es!*" Indem du das akkurat tust, was dir guttut, erntest du
den Erfolg dieses Handelns und stärkst dadurch deine Selbstwirksamkeit.
In weiterer Folge, wenn du die Prozedur immer dann anwendest, wenn
dich Negativismen vereinnahmen sollten, stärkst du auch deine *Resilienz*,
die hiermit als mentale Widerstandskraft und Ichstärke zu verstehen ist.

Wenn sich der Ansturm innerer Beunruhigung gelegt hat, wenn du dich
wirksam gegen die Kolonialisierung durch Negativismen zur Wehr gesetzt
hast, dann kannst du dich fragen, ob du dein Selbstbild stimmig handhabst
oder dich erneut von der in der Vergangenheit entstandenen Diskrepanz

zwischen Selbstgefühl und Idealbild einfangen und verunsichern lässt. Wenn nämlich das Idealbild zu hoch angesetzt und stilisiert ist, seine Ansprüche dich peinigen, so ist es nur natürlich, dass dein Real-Ich und deine Handlungsfähigkeit da nicht mithalten können. Somit kannst du dich in einem vorletzten Schritt dem Selbstwert aus der Warte der Selbstachtung, des Selbstmitgefühls und der Güte zuwenden und der Frage nachgehen: *„Was bin ich mir selbst wert?"* Schlussendlich darfst du dir selbst das Recht herausnehmen, niemandem etwas schuldig zu sein und die Verantwortung uneingeschränkt für dein Tun und Lassen wahrzunehmen. Insofern übernimmst du die Anwaltschaft für deine Grundbedürfnisse in gefühlter Unabhängigkeit von Außeneinflüssen und Fremdeinschätzung.

## 2.3 Sehnsucht nach dem Ganzen

### Ambivalenz und Destruktivität

Eine der dramatischen Formen von *Ambivalenz* verstehe ich als Dilemma zwischen Größenvorstellungen und Unzulänglichkeit. Diese Diskrepanz zwischen wirklichen Grundbedürfnissen und überhöhten Ansprüchen des Eifers erkenne ich als Destruktivität. Ich rezensiere James Masterson, weil sein Konstrukt für destruktive Folgen der Ambivalenz verallgemeinert werden kann. Auch wenn sich Masterson spezifisch mit dem Borderline-Syndrom befasst, führt seine Terminologie zum Verständnis des unerträglichen Zwiespalts und der Zerrissenheit durch den Grundkonflikt zwischen Anpassung und Selbstbehauptung.

Wie Kernberg und Jacobson versteht er Objektbeziehungseinheiten als internalisierte Interaktionen mit der primären Bezugsperson, der Mutter. Diese Einheiten umfassen sowohl eine Selbst- als auch eine ‚Objektvorstellung', ein Bild der Bezugsperson. Im drastischen Fall der Borderline-Genese trifft Folgendes zu: „Die Mutter reagiert auf das regressive Verhalten des Kindes, indem sie ihm weiterhin ihre Zuwendung gibt; auf die Anstrengungen des Kindes zu Separation/Individuation reagiert sie mit dem Entzug von Zuwendung. Auf diese Weise werden tatsächlich jene Teileinheiten geschaffen, die als *entziehende Objektbeziehungs-Teileinheit* (EOT) und als *belohnende Objektbeziehungs-Teileinheit* (BOT) bezeichnet werden können. Die entziehende Teileinheit ist überwiegend mit aggressiver Energie besetzt oder ausgestattet, die belohnende Teileinheit mit libidinöser Energie, und beide ‚trennt' der Abwehrmechanismus der Spaltung voneinander" (Masterson 1980, S. 62–63).

| EOT | Entziehende oder aggressive Objektbeziehungs-Teileinheit |
|---|---|
| *Aggressive Teilobjekt-Vorstellung* | Ein mütterliches Teilobjekt, das angesichts der Selbstbehauptung oder anderer Bemühungen um Separation/Individuation angreift, kritisch, feindselig, wütend ist, Zuwendung und Anerkennung entzieht. |
| *Negativer Affekt* | Chronische Wut, Frustration, das Gefühl, hintergangen zu werden, verdecken eine tiefliegende Verlassenheitsdepression (Zorn, Depression, Angst, Schuldgefühl, Passivität und Hilflosigkeit, Leere und Nichtigkeit. |
| *Teilselbst-Vorstellung* | Die Teilselbst-Vorstellung, untauglich, schlecht, hilflos, schuldig, hässlich, leer etc. zu sein. |
| BOT | Belohnende oder libidinöse Objektbeziehungs-Teileinheit |
| *Libidinöse Teilobjekt-Vorstellung* | Ein mütterliches Teilobjekt, das für regressives und anklammerndes Verhalten Anerkennung, Unterstützung und Zuwendung gewährt. |
| *Positiver Affekt* | Sich gut fühlen, gefüttert werden, Belohnung des Wunsches nach Wiedervereinigung. |
| *Teilselbst-Vorstellung* | Die Teilselbst-Vorstellung, das gute, passive, klagende Kind zu sein. |

Tabelle 6: Psychotherapie bei Borderline-Patienten (Masterson 1980, S. 63), vom Verfasser formal modifiziert

Es ist nachvollziehbar, dass die verinnerlichten Objektbeziehungs-Teileinheiten und deren unvereinbare Teilselbst-Vorstellungen strukturell voneinander abgekoppelt sind und auch in anderen Schicksalen (nicht allein für die Borderline-Persönlichkeit) einen Grundkonflikt und dessen hohe Ambivalenz erwirken. Die Auswirkungen der Ambivalenz hängen von der Stärke oder Schwäche der Ichstruktur ab. Eine Verlassenheitsdepression wird möglicherweise manifest. „Warum besteht ein Teil der Ichstruktur des Patienten als pathologisches Ich oder Lust-Ich fort, anstatt sich zu einem Real-Ich zu entwickeln? Der Borderline-Patient ist zwischen seinem genetisch determinierten Trieb nach Separation/Individuation und dem Entzug der mütterlichen Zuwendung gefangen. Wenn die Selbstvorstellung des Patienten sich von der Objektvorstellung der Mutter zu differenzieren beginnt – wenn der Patient anfängt, sich loszulösen –, erlebt er unter dem Einfluß des mütterlichen Liebesentzugs den Beginn einer Verlassenheitsdepression. [...] Die pathologische Funktion des Ichs, um die es dabei geht, ist die Verleugnung der Realität der Trennung, die das Fortdauern des Wunsches nach Wiedervereinigung gestattet, was dann zum wichtigsten Abwehrmechanismus gegen die Verlassenheitsdepression wird" (Masterson 1980, S. 65).

## Toxischer Lustgewinn

So entstand mein Verständnis dafür, dass der Selbstanteil einer EOT sich in Form von verinnerlichter Ablehnung gegen das Selbst wendet, während die BOT ihren Mehrwert aus der Unterwerfung durch die dominierende Bezugsperson bezieht. Masterson spricht vom pathologischen Lust-Ich. Ich möchte zwischen pathologischem und exzentrischem Lust-Ich differenzieren. Das exzentrische Lust-Ich erkenne ich am Mehrwert einer Grenzüberschreitung ebenso wie am Geltungsdrang im Eifer. Ein falscher Lohn ist entstanden. Dessen Verführung besteht darin, sich dabei gut zu fühlen, obwohl es einem in Wahrheit schadet. Ich widme mich dem, was durch Nichtwahrnehmung von Schädigungen aufgrund toxischen Lustgewinns aus Erfolg zur Selbsttäuschung mit weitreichenden Konsequenzen führt. Es geht darum, dass Menschen sich

mit Mehrwert für das Selbstwertgefühl benutzen lassen und selbst aus-
beuten, ohne dabei auf ihre Ressourcen und Selbstgrenzen zu achten.

Andererseits kenne ich Menschen, die andere benutzen und daraus
Lustgewinn beziehen, wenn auch durch ihnen selbst verborgene Ge-
nugtuungsfantasien verursacht. Vordergründig sehe ich alltägliche und
gebräuchliche Instrumentalisierung als geschickte Einflussnahme auf
Menschen, um sie für eigene Zwecke dienlich zu machen. Das geschieht
nicht nur in Arbeitsverhältnissen, sondern gerade auch in Partnerschaften, in denen die Bezugspersonen einander eingestehen, sich zu (ge-)
brauchen. Es scheint die Betroffenen nicht zu stören, sondern verstärkt
im Gegenteil ihre gefühlte Verbundenheit. Es scheint zu passen. Ich erinnere an die Geschichte von Traudl.

Bedenklicher ist die einseitige Benutzung, wenn dies eine benutzte Person nicht realisiert, sondern sich von der benutzenden Person gewollt
und gebraucht fühlt. Natürlich ist auch die naive Haltung der benutzten Person kritisch zu hinterfragen. Kann es sein, dass sich die benutzte Person damit den Aufwand einer inneren wie äußeren Abgrenzung
erspart? Abwehrkonstellationen stellen eine Herausforderung dar, den
‚ausgelagerten Selbstanteil‘ ins *integrierte Selbst* hereinzuholen, genauer:
zurückzufordern! Dadurch würde Auseinandersetzung aufflammen.
Aus Gründen der Abwehr wird dies unterlassen. Ich beschreibe Auswirkungen von Abwehrkonstellationen auf den Habitus von Personen.
Die Schutzstrategien bzw. Bewältigungsreaktionen konvenieren mit
Abwehrmechanismen aus psychodynamischer Sicht, sind aber theoretisch genau genommen nicht identisch.

Ist die masochistische Schattierung von Strafbedürfnissen getrieben,
sammelt die melancholische ihrerseits Ungerechtigkeiten. Entlasten
sich Masochistische von Autoaggression durch Bestrafung, so betreiben
Melancholische Autoaggression auf bitter zermürbende Weise bis zur
Selbstzerfleischung. Masochistische versuchen es anderen rechtzuma-
chen. Melancholische ziehen sich hingegen von der Welt zurück, neigen

zur Menschenverachtung aus Bitterkeit. Diesbezüglich hat Robert Pfaller (2012) in Anlehnung an Lacan den Neid als Missgunst beschrieben, die darin besteht, seinem Idealbild nicht entsprechen zu können und dieses Nichthaben anderen gegenüber, die im Haben von Gesundheit, Reichtum, Glück und Erfolg gesehen werden, als *blockierte Selbstverwirklichung* zu erleben. Die blockierte Selbstverwirklichung ist als Selbstsabotage und Destruktivität wirksam. Bei näherer Betrachtung fällt eine Loyalität auf. Oftmals geht es darum, nicht glücklicher sein zu dürfen als ein diesbezüglich vorbelasteter Elternteil. Eine etwaige Abkehr von dieser Loyalität würde vom Kind als Bündnisverrat empfunden werden. Die für Veränderung erforderliche Trennungsaggression ist blockiert und auf das Selbst gerichtet oder stillgestellt.

Im Gegensatz zu den genannten Facetten lässt sich die sadistische Version in zwei Phänomene gliedern. Verführerisch ist die charmante Variante, ausbeuterisch und niederschmetternd die andere. Die Facetten erinnern an Typisierungen durch Gerhard Roth (2021). Charmant verführerisch kann vorerst innovativ bedeuten, dann aber auch veränderungssüchtig aufgrund einer hoch angesiedelten Begeisterungsfähigkeit. Auch ist deren manipulative Tendenz nicht zu unterschätzen, selbst wenn der Begriff sadistisch nicht augenfällig zu sein scheint. Charmant kann ‚Schmeicheln' bedeuten, aber auch betrügerisches Handeln kaschieren. Ein ehrgeiziger Typus zeigt einen immensen Leistungswillen bei gleichzeitig verringerter Bindungstendenz, während der egozentrische Typus eventuell mit impulsiven Störungen konveniert. Egozentrische beeindrucken durch rücksichtslose Gültigkeitsansprüche. Manipulatives Verhalten sehe ich als grandioses Gehabe, das eine depressive Grundschicht verdeckt, die jedoch durch seelische Erschöpfung hervortreten kann.

## Die gespaltene Selbstbeziehung

Die Bedingungen der frühen Bindungserfahrungen entscheiden darüber, ob sich ein im Sinne Kernbergs *integriertes Selbst* entwickelt oder ein *kontrastives Selbstkonzept* nach meinem Verständnis. Letzteres entsteht aus der Diskrepanz zwischen einem exzentrischen Lust-Ich, das womöglich dem Größenselbst unterstellt ist, und einem Real-Ich, das in der Lage sein muss, die Organisation von Wirklichkeit zu exekutieren, sich dabei phasenweise Unlust gefallen zu lassen. Das Lust-Ich operiert *primärprozesshaft*, produziert ausschließlich Wünsche, die zu konservativen Tendenzen verleiten, vertraute Befriedigung perpetuieren. Im Unterschied zum *Sekundärvorgang* und zur Anerkennung des Realitätsprinzips gelten für das exzentrische Lust-Ich Bezugspersonen als narzisstische Objekte. Als solche tragen sie keine andere Bedeutung als jene, die ihnen die narzisstisch akzentuierte Persönlichkeit zuschreibt.

Fatal an der Diskrepanz ist, dass das Real-Ich ‚energetisch' bzw. affektiv unterbesetzt ist. Damit behält es seine Schwäche in Anbetracht der Übermacht des exzentrischen Lust-Ichs. So entsteht eine Front der Selbstbeziehung: Das affektiv aufgeladene Lust-Ich, dem kein reales Beziehungsgeschehen entsprechen kann, bekämpft das geschwächte Real-Ich. Daraus folgt dessen Insuffizienz (Unzulänglichkeit) gegenüber den imaginären Forderungen der Grandiosität. Es liegt für mich auf der Hand, dass diese Selbsterfahrung nicht wirklich beziehungsfähig ist. Das Selbsterleben aus Gewohnheit kann lange Zeit von Forderungen der Grandiosität geprägt sein und das weltbezogene Real-Ich kann den Forderungen leistungsfähig nachkommen. Oder das Real-Ich erfüllt die Forderungen des exzessiven Lust-Ich bzw. Größen-Selbst nicht und das Selbsterleben aus Gewohnheit ist von Unzulänglichkeit gekennzeichnet. Es bestehen zwei einander ausschließende Tendenzen, die Ausdruck der Zerrissenheit sind. Doch liegt dem oft traumatisch bedingten Selbsterleben ein primäres Drama zugrunde, das uns nicht erspart bleibt, so freundlich unsere Kindheit auch gewesen sein mag. Diese ‚Ursprungsgeschichte des Bewusstwerdens' erfahren wir mehr oder weniger brüchig. Manchmal habe ich den Eindruck, dass es sich um ‚das primäre Trauma' handelt.

## Gebrochene Ursprünglichkeit

Richard David Precht reflektiert über Ernst Mach, der sich mit Fragen befasst hatte, deren dritte an dieser Stelle zur gebrochenen Ursprünglichkeit überleitet: „3. Woher weiß ich, dass ich ein ‚Ich' bin, sogar ein ganz bestimmtes ‚Ich', das darum weiß, dass es von sich selbst weiß?" (Precht 2019, S. 408). Identifizierung und das Trauma der Realität, Trennung und Differenz anzuerkennen, sieht McDougall als eine der größten Herausforderungen des Heranwachsens: „Ich meine, daß nur die *Illusion einer persönlichen Identität* diese Wunde zu heilen vermag" (McDougall 1989, S. 293).

So stellt sich die Frage, welchen grundlegenden Bedingungen wir so oder so nicht entkommen, die wir je nach Erziehungsstil als Abmilderung oder Steigerung der Zwiespältigkeit erfahren. Zu diesem Zweck ist es förderlich, ganz an den Anfang zu gehen und unser aller Schicksal der *gebrochenen Ursprünglichkeit* zu beleuchten. Die Erfahrung der *gebrochenen Ursprünglichkeit* (Plessner, 1982) wird sich nicht in Luft auflösen. Doch kann mithilfe des schöpferischen Vermögens und der inneren Freiheit ein Weg des Herzens beschritten werden, der über Anregungen durch die Kunst und kreatives Experimentieren zu einem integrierten Selbsterleben beiträgt. In Hinblick auf das Verhältnis des Menschen zu sich selbst interessiert Helmut Plessner die Theaterbühne.

Diesbezüglich erweist sich die Doppelung in zeigende Person und gezeigte Figur als Blickrichtung. Insofern tritt die „Darstellungsfähigkeit als Gabe der Verkörperung" (Plessner 1982, S. 409) im Schauspiel hervor, eignet für ihn aber der menschlichen Natur prinzipiell. Sollten wir dementsprechend „als virtuelle Zuschauer unserer selbst und der Welt, die Welt als Szene sehen?" (Plessner 1982, S. 411). Mit Nachdrücklichkeit verweist er auf ein grundlegendes Erfordernis, wonach der Darbietende „Kontrolle über die bildhafte Verkörperung" (Plessner 1982, S. 408) durch ein *Abstandhalten* zu gewährleisten habe. So würden Verstellen, Verstecken, Verkleiden und Nachahmen dieselbe Wurzel in dem Seinsgefühl der „gebrochenen Ursprünglichkeit" (Plessner 1982, S. 416) haben.

1982 fand ich meine künstlerische Heimat in der Theaterwelt. Nebst Plessner lenkten einige Schriften mein Interesse an der ‚inneren Bühne'. Erich Neumanns *Ursprungsgeschichte des Bewusstseins* (1968) und Humberto Maturanas *Erkennen: Die Organisation und Verkörperung von Wirklichkeit* (1982) sowie Jean Paul Sartres *Das Imaginäre* (1971) inspirierten mich, aus der Perspektive des Imaginierens und Illusionierens das Spannungsfeld zwischen gebrochener Ursprünglichkeit und der Sehnsucht nach dem Ganzen zu erkunden. Die Verflechtung mit Psychotherapie ist für mich grundlegend geworden. Folgende Referenzen versuchen ein möglichst präzises Bild davon zu vermitteln.

## Die Immanenz-Illusion

Sartre beschreibt im Vorwort zu *Das Imaginäre* (1971) seine Haltung gegenüber dem Impliziten: „Ich werde gleich versuchen zu erklären, was ich unter diesem Begriff verstehe, der weder die Ausflucht des Vor-Bewussten bedeutet noch das Unbewusste, noch das Bewusste bezeichnet, sondern den Bezirk umschreibt, in dem das Individuum immerfort von sich selbst und seinen Reichtümern überwältigt wird und wo das Bewusstsein zu der List greift, sich selbst durch Vergessen zu bestimmen" (Sartre 1971, S. 20). Er reflektiert die „metaphorische Struktur" und „Totalität" des Vorstellungsbewusstseins auf dem Fundament eines „prä-reflexiven cogito'.

Damit führt er den Begriff „objektives Analogon" ein: „… eine abwesende Realität, die sich eben gerade in ihrer Abwesenheit in dem kundtut, was ich ein *Analogon* genannt habe, das heißt in einem Objekt, das als Analogieträger dient und von einer Intention durchdrungen wird" (Sartre 1971, S. 25). Daher fällt auf: (1) die Totalität des Vorstellungsbewusstseins verhindert eine Abständigkeit zur Vorstellung. Sie wird damit für die Realität gehalten; (2) Das Wesen einer Vorstellung ist abwesende Realität, die durch ein *Analogon* substituiert wird. Es kommt aufgrund einer ‚Wahrnehmungsidentität' von Vorstellung und Analogon zur *Immanenz-Illusion*. Das Vorgestellte wird somit für existent gehalten (vgl. Rohde-Dachser 2003, S.49). Ein Thema, das mich auch in meiner Dissertation *Maskierte Gefühle* (1988) beschäftigte.

Fonagy, Gergely, Jurist und Target weisen mit dem Mentalisierungs-konzept darauf hin, dass zur Affekt- und Selbstregulierung das Spiel sowie die markierte Spiegelung dazu beitragen, den *Als-ob-Modus* hin-reichend gut vom Modus der *psychischen Äquivalenz* unterscheiden zu lernen. Der Begriff *psychische Äquivalenz* ist mit Wahrnehmungsidentität und impliziter Reflexivität (Moser, 2012) identisch. „Zu Anfang erlebt das Kind seine innere Welt so, als sei diese eine Art Aufzeichnungsge-rät, das exakte Entsprechungen zwischen innerem Zustand und äuße-rer Realität herstellt. Wir bezeichnen diesen Modus des Funktionierens mit dem Begriff *‚psychische Äquivalenz'*, um zu betonen, dass das kleine Kind mentale Vorgänge – ihre Einflussmacht, Verursachungkraft und ihre Implikationen – mit Vorgängen in der materiellen Welt gleich-setzt" (Fonagy, Gergely, Jurist & Target 2019, S. 376).

Freud hatte die Begriffe Denk- und Wahrnehmungsidentität eingeführt und in seiner Traumdeutung (Freud 1900a, S. 571) ausformuliert so-wie den *Primärvorgang* expliziert. „Der primitive Triebwunsch zielt […] auf die Wiederholung jener Wahrnehmung, die einmal mit der be-dürfnisbefriedigenden Situation verknüpft war" (Laplanche u. Pontalis 1967, S. 621). So ist im Konzept der Neurosenlehre *psychische Äquiva-lenz* ein maßgeblicher Faktor für das Leid an einer fixierten Vorstel-lung. „Die Neurose ist dadurch charakterisiert, dass sie die psychische Realität über die faktische setzt, auf Gedanken ebenso ernsthaft reagiert wie die Normalen nur auf Wirklichkeiten" (Freud, 1912-13a, S. 191f. in: Fonagy, Gergely, Jurist & Target 2019, S. 259).

Erika Krejci erläutert den von Wilfred Bion eingeführten Begriff der *Al-pha-Funktion*. „Diese muss man sich, soweit es um Sinneseindrücke geht, als akustische Muster, Geruchsmuster oder visuelle Bilder vorstellen, wie wir sie aus Träumen kennen. Alpha-Elemente eignen sich zu unbewusstem Wachdenken, bewusstem Denken und Überlegen, zur Speicherung, das heißt zur Bildung von Erinnerungen und zur Bildung von Traumgedan-ken" (Krejci in: Bion 1992, S. 20). Jene Sinneseindrücke (dazu sind auch die interozeptiven Reize zu zählen), die nicht zu einer Alpha-Funktion verknüpft werden können, bleiben als nicht regulierte Affekte erhalten, die Bion eben *Beta-Elemente* nennt. „Am Anfang des Lebens gibt es ausschließlich Beta-Elemente, Rohmaterial, das entweder weiterbearbeitet werden muss oder durch projektive Identifikation ‚beseitigt' wird. Beta-Elemente werden nicht als Phänomene empfunden, sondern als ‚Dinge an sich' erlebt" (Krejci in: Bion 1992, S. 21).

Indem Ulrich Moser (2008) zwischen Situationstheorie und Repräsentationstheorie unterscheidet, legt er die Führungsschienen für die wechselseitige Betrachtung von sensuell konkretistischen (implizit reflexiven) und späteren symbolischen (explizit reflexiven) Denkformen. Für Alfred Lorenzer haftet dem Begriff Vorstellung als geistiger Gegenstand die Empfindung der ursprünglichen Interaktion an. „Erst im Sozialisationsprozess wird das ‚an sich' dieser Fundamente der Sozialisationsdialektik zu einem ‚für sich' in der Konstitution von Bewusstsein" (Lorenzer 1981, S. 86). Damit komme ich auf ein weiteres Problem zu sprechen, für das mich Sartre inspirierte und zugleich dem *Primärvorgang* bei Freud geschuldet ist.

## Der Mangel an Sein und die Ungeduld

Bewusstsein ist im Grunde eine Reihenfolge von Bewusstheitszuständen, der vergehenden Zeit unterworfen, sofern wir bewusstes Denken als *Sekundärvorgang* erfassen. Der Bewusstseinsstrom lässt es nicht zu, Momente auf Dauer anzuhalten. Das liegt darin begründet, dass Gedanken Bewusstseinsinhalte erschaffen. Das wäre alles kein Grund zur Beunruhigung, wäre der erste Gedanke nicht aus einem Ur-Sprung hervorgegangen. Diese Bruchstelle zwischen lebendigem Sein und dem Erfassen dessen, was *nicht da* ist, erzeugt *Ungeduld.* Der Schrecken, dass *nicht da* ist, was da sein sollte, die Anwesenheit des Erfüllenden, kodiert den ersten Gedanken mit einem Schreckreflex (Keleman, 1992).

Manche Menschen erkranken aus Ungeduld gegenüber der Zeit. Es handelt sich meines Erachtens um die Kombination aus der *Sehnsucht nach dem Ganzen* (Lacan, 1994) und der *Ungeduld,* machtlos warten zu müssen, weil nichts geschieht und ein Tätigwerden nicht möglich ist. Ursprung ist das *Gewahrwerden* der *Leere* als Folge des Realisierens jenes Moments, der sich als *nicht da* benennen lässt. In dessen Sogwirkung, die sich zum *Verschlungenwerden vom Nichts* steigert, droht *Zerfall*, Fragmentierung des Kernselbst. Der *Schreckreflex* hinterlässt ein *existenzielles Loch* in den Erinnerungsspuren. Die *Leere* ist *der Nullpunkt* des ersten Gedankens. Der *intrusive* Gedanke weckt einen massiven *Vernichtungsimpuls* der verspürten Dauer gegenüber. Die Zeit lässt sich weder anhalten, noch überspringen.

Und daraus entwickelt sich das Drama zwischen dem Mangel an Sein im Gewahrwerden von *nicht da* und der Imagination von *jetzt sofort*. Letztere nenne ich die *Nullzeit-Illusion*. Sie gründet im Vermögen der Imagination, *nicht da* durch *jetzt sofort* oder *für immer da* zu ersetzen. Die Nullzeit-Illusion ist daher Ungeduld des ersten Gedankens an Nichtsein. Die Nullzeit-Illusion bringt das unglückliche Bewusstsein ihrer Verunmöglichung durch das lähmende Warten hervor. Deswegen glaube ich, dass Menschen daran erkranken, das Unmögliche erwirken zu wollen, gegen die Realität anzukämpfen, ohne zu realisieren, dass sich die lahme Dauer der Nullzeit-Illusion widersetzt. Der Schrecken des schmerzlichen Vermissens und die Angst, dass die Abwesenheit auf ewig bleibt, lösen Qualen aus. Dies kann sich im kindlichen Empfinden als Todesdrohung einlagern. Es ist mir in schlaflosen Nächten und durch unzählige Berichte über Schlafstörungen und innere Unruhe klar geworden, dass dieser Motor zur Erzeugung von Unruhe sich deswegen permanent bewegt, weil die Nullzeit-Illusion gegen die Zeit ankämpft, ohne sie anhalten oder überspringen zu können, wie es die Wunschvorstellung verheißt.

Das Problem taucht in Dialogen mit Klienten und Klientinnen auf, wenn sie erwarten, Beschwerden und Leid sollten sich wie durch einen Kippschalter löschen lassen. Mit dieser Ungeduld machen sie sich fast verrückt. Die Nullzeit-Illusion paart sich mit der Sehnsucht nach dem Ganzen. Ihrem Bangen ist ein Bestreben nach Vollkommenheit und Unbedingtheit des Seins immanent. Und so verbindet sich das

Gewahrwerden des ersten Gedankens mit der Imagination des Vollkommenen, die Sehnsucht nach dem Ganzen mit der Nullzeit-Illusion als Schrecken zu jedem gegebenen Anlass im Laufe des Lebens. Allein der schreckhafte Gedanke, etwas vergessen zu haben, erinnert daran.

Der Umstand lässt sich mit dem ‚Diabolischen‘ und ‚Symbolischen‘ verknüpfen. ‚Diabolisch‘ bedeutet übersetzt ‚trennend‘ und erst in Folge ‚teuflisch‘ oder ‚bösartig‘ und ‚verleumderisch‘; wohingegen ‚symbolisch‘ übersetzt ‚vereinigend‘ bedeutet und in der geläufigen Begriffsverwendung als ‚gleichnishaft‘ oder ‚sinnbildlich‘ bzw. ‚stellvertretend‘ verstanden wird. Ich halte mich an die Pole ‚trennend‘ und ‚verbindend‘. Da ich mich mit Symbolisierungsprozessen befasse, ist für mich einsichtig, dass der Mangel an Sein als das Trennende, Unterscheidende zwischen dem Selbst und dem Anderen, der Verbindung durch das Symbolische bedarf.

So ist der Prozess des Bewusstwerdens von Abwesenheit und die Überwindung der Ungeduld durch Symbolisierung als Erschaffen von Anwesenheit im mentalen Raum zu verstehen. Wo dieser Prozess behindert oder verhindert wird, klafft die narzisstische Wunde zeitlebens als Riss durch das Subjekt. In der Weise zeigen sich die Abkehr von der Welt und die fluchtartige Abwanderung in Gegenwelten. Ich erkenne in dieser Tiefschicht den Ursprung von Ambivalenzdramen zwischen Primärvorgang und Realitätssinn im Sekundärvorgang. Sie tragen somit zum Entstehen eines kontrastiven Selbstkonzepts bei. Insofern beinhaltet ein wesentlicher Faktor psychotherapeutischer Prozessarbeit Symbolisieren und Mentalisieren, indem es um die Relativierung der Immanenz-Illusion und psychischen Äquivalenz geht.

Martin Dornes hat die Frage aufgeworfen, inwiefern die „aus dieser Zeit stammenden symbiotischen Bedürfnisse, also solche nach fragloser Harmonie und Zweieinheit" (Dornes 1995, S. 17) als Ersatz für nicht erfüllte Bedürfnisse nach „affektiver Übereinstimmung bei Aufrechterhaltung der Ich-Grenzen" (Dornes 1995, S. 19) zu erachten sind.

Auch Gertrud Koch geht davon aus, dass, „die für die erlittenen Unbill des schwierigen und als konflikthaft erlebten Stadiums oraler Abhängigkeit entschädigen soll durch die Phantasie eines Goldenen Zeitalters eines Reiches ohne Grenzen zwischen sich und den anderen" (Koch 1995, S. 286). Sigmund Freud stellte im Zuge der Traumdeutung (1900) seine Hypothese vom Primärvorgang gegenüber dem Sekundärvorgang vor. „Während der erstere, vom Lustprinzip regiert, unfähig ist, etwas Unangenehmes in seinen Zusammenhang zu nehmen, und folglich nur Wünsche produzieren kann, muss der Sekundärprozess die Verfügung über alle Erfahrungen erlangen und kann dies nur durch die Hemmung der Unlustempfindung leisten" (Freud 1900, S. 606-609 in: Erdheim 1984, S. 210). Ich verweile noch beim Schicksal unserer Wünsche und ihrer szenischen Struktur.

## Kirschblüten und Kirschkerne

Kirschblüten, ein Film von Doris Dörrie (2008), erzählt von zwei Mitsechzigern, die durch den Tod getrennt werden und im Grunde erst dadurch, über den Tod hinaus, zueinander finden. In eindrucksvollen Szenen zeigt sich das Fest der Blüten japanischer Tradition. Und so berührt das Bild der Blütenpracht im Wind die Unwiderruflichkeit des Vergänglichen. Wenn dann im Kirschgarten die reifen Früchte von den Ästen fallen, stehen die Schalen mit süßen Kirschen vollgefüllt auf unseren Essenstischen. Eine Kirsche allein genügt nicht beim Verzehr. Der Geschmack weckt Gier. Und so erinnere ich mich, wie ich als Kind eine Schar von Kirschen hastig verschlang und Kerne verschluckte. Woraufhin die Ermahnung folgte, Kirschkerne würden sich in meinem Blinddarm sammeln und eine schmerzhafte Entzündung hervorrufen, weswegen ich ins Krankenhaus zu einer Notoperation müsste. Ich lernte, Kirschen mit etwas weniger Hast zu genießen.

Jorge Bucay beschreibt in seinem Werk *Das Buch der Trauer* (2016) Wege aus Schmerz und Verlust. Seine Kompetenz, diese Prozesse zu beschreiben und uns darin zu ermutigen, sie nicht zu vermeiden, indem wir zur Tagesordnung übergehen, wenn schreckliche Ereignisse uns erschüttert haben, die emotionalen Reaktionen nicht zu verdrängen, weil die Pflichten rufen, mag dazu beitragen, dass unsere Sehnsucht nach dem Ganzen durch umwandelnde Verinnerlichung von Beziehungserfahrungen im Zuge ihrer Symbolisierung gelingen mag. In diesem Sinn sieht er die Lernaufgabe darin, „die Wunden zu heilen, die entstehen, wenn sich etwas verändert, wenn der andere geht, wenn eine Situation zu Ende ist, wenn ich nicht länger mein Eigen nennen kann, was ich einmal hatte oder zu haben glaubte" (Bucay 2016, S. 28). Abtrauern bedeutet Abstandnehmen und auch schöpferische Selbstgestaltung. „Der Schlüssel könnte sein, dass man lernt, seinen Wünschen zu folgen und sie wieder hinter sich zu lassen. Dafür ist es unbedingt nötig, die Fähigkeit zu entwickeln, Wünsche zu haben, ohne mich in ihnen zu verrennen" (Bucay 2016, S. 62).

Für Moser gilt unzweifelhaft, dass Wünsche basale Einheiten des Motivationssystems sind. „In einem gewissen Sinne ist er selbst eine ‚kleine Mikrowelt', mehr oder weniger im Erleben des Subjekts ausdifferenziert. Er enthält eine spezifische Struktur: *ein Modell des Selbst, ein Modell eines Objekts und eine Wechselwirkung* (Interaktion). […] Ein Wunschelement trägt immer ein *Affektpattern* (einen affektiven Zustand), der wie üblich einen Erlebnis- und einen Handlungsbereitschaftsanteil hat" (Moser 2009, S. 31). Was geschieht mit diesen Einheiten, vor allem mit unerfüllten Wünschen? Freud erkannte die „Überschätzung der Macht der Wünsche" (Freud 1975, S. 43). Somit ist einsichtig, dass Wünsche drängen, ihre Nichterfüllung seelischen Schmerz bereitet. „Das führt zu massiver *affektiver Erregung,* weil über das Schicksal des Wunsches in Bezug auf die Bereitschaft des Objekts, die Erfüllung zu gewähren, keine Gewissheit zu finden ist. *Nichterfülltwerden wird mit Objektverlust gleichgesetzt*" (Moser 2009, S. 58). So werde die Beseitigung des Erregungszustandes, der eine Selbstbeziehungskrise hervorruft, wiederum zum dringlichen Anliegen. Moser nennt es das affektive Chaos. „Was der Inhalt auch sei, schlichte Panik, Angst mit Neid, Wut, Scham oder Hass gemischt, ein Ausweg in die Umgestaltung des ad-hoc-Modells wird nicht sogleich gefunden" (Moser 2009, S. 63).

## Die schöpferische Kraft

Mit Zuversicht in eine sinnstiftende Richtung des Leitfadens möchte ich Argumente von Will Davis (2020) einflechten. Sein Postulat, ein Endoselbst sei als Vorläufer jeglicher Selbstkonzepte zu erachten, führt zur Selbstbeziehung und zur Unterscheidung von Wunsch und Bedürfnis. „Es ist ein angeborenes Endoselbst, welches vom Trauma nicht beschädigt wurde und darum – trotz der gleichen Geschichte noch in der Lage ist, ein Objekt umzuwandeln, sobald das Erleben des Objekts verändert wurde. […] Wie bereits erwähnt, nutzt das gesunde Kind sein Endoselbst, um die Repräsentation des Mutterobjektes loszulassen und mit seiner Weiterentwicklung eine andere zu erschaffen […] Die Lust ist der natürliche Impuls hin zum Kontakt. […] das Bedürfnis erscheint, wenn ein Wunsch bzw. Lust nicht erfüllt wird. Das Bedürfnis ist ein Gefühl des Mangels, der Not mit einem dazugehörigen Ziel – üblicherweise ein eher entferntes" (Davis 2020, S. 333 und 334). Die aufdringliche ‚klebrige' oder ‚schrille' Qualität der Not gelte als Symptom eines unerfüllten Wunsches. Ich unterscheide dennoch zwischen Bedürfnis und Bedürftigkeit. Insofern ist das schöpferische Vermögen des Endoselbst das Wesen der Liebe in uns und daher nicht bedürftig.

Erfüllung hingegen ermögliche Entwicklung. Neue Wünsche würden entstehen. Andernfalls werde die Entwicklung gehemmt und von Frustration, Wut und Einsamkeit begleitet. „Der Wunsch oder die Sehnsucht nach Kontakt ist ein anderer Zustand als der Mangel an Kontakt. […] Aus humanistischer Sicht ist Kontakt die Basis für Erfüllung und Entwicklung. […] Die aus der Lust entstandene Spannung ist Erregung, die als Mobilisation zum Objekt hin fungiert und sich innerhalb der Toleranzgrenze des Organismus befindet – sie ist angenehm. Erst, wenn der Wunsch nicht erfüllt wird, verändert er sich zu einem Bedürfnis, einem Mangel" (Davis 2020, S. 182). Nun müsse der Andere das Bedürfnis erfüllen.

McDougall sieht in diesem Konnex Wünsche nach Vereinigung und Verschmelzung als archaische Form der Liebe, die auch von Erwachsenen noch erwartet werde. Ein erster Schritt zur Selbstregulierung ist getan, wenn wir diese Wünsche trotz ihrer Wucht anerkennen und benennen, um ein Abtrauern einzuleiten. „Jede Trennungsdrohung und jede Erinnerung an subjektive Unterschiede, die sich darin ausdrücken, daß eigene Wünsche verbalisiert werden müssen, kann nur eine Strafe oder Zurückweisung bedeuten. […] Der Anspruch, ohne Worte verstanden zu werden, verweist darüber hinaus auf den Schrecken angesichts von Enttäuschungen oder Zurückweisungen" (McDougall 1989, S. 274). Für sie ist die Schaffung einer ‚*Repräsentation des eigenen Selbst*‘ unausweichlich an die Notwendigkeit gekoppelt, „daß die Heranwachsenden mit dem Trauma der Realität des Andersseins fertig werden müssen" (McDougall 1989, S. 294). Werde die eigene Identität in Bildern über sich selbst gesucht, übertrage das Subjekt seine Belange der Selbstwertregulierung auf alles, womit es sich identifiziert. Dabei werde „die Illusion einer Verschmelzung […] ebenso gierig ersehnt, wie ein Säugling die Stimme und das Antlitz seiner Mutter zugleich mit deren Milch aufnimmt" (McDougall 1989, S. 306).

Fonagy, Gergely, Jurist und Target verweisen auf die Situation des Kindes im zweiten Lebensjahr, das lernt, zu verstehen, dass nicht alle seiner Wünsche erfüllbar sind. So gilt es aus diesem Spannungsfeld heraus die *Symbolisierungsfähigkeit* des Kindes zu unterstützen, diese weder zu über- noch zu unterfordern. Dazu der französische Analytiker Safouan: „Dieser symbolische Wert ist der wahre Inhalt des Begriffs der ‚guten Mutter‘, die nicht mit der ‚nährenden Mutter‘ verwechselt werden darf. In Wahrheit stillt kein Geschenk, sei es auch das der Liebe, den symbolischen Hunger. Stets klafft eine Lücke, wo der Wunsch entsteht, diesseits des Rufs der Liebe, und von diesem Ruf seine Unbedingtheit selbst erhält" (Safouan 1981, S. 286), die möglichen Bezeichnungen jener Freiheit atmend, von der ich meine, dass sie Begehren in schöpferischen Einfallsreichtum verwandelt (vgl. Ogden, 2004). Heißt dies nicht vielmehr, offen zu sein für die ‚Unabgeschlossenheit der Wahrnehmung‘ (Sartre, 1971) und durch *sinnliche leibliche Erkenntnis* dessen, was gerade im Werden ist, nicht vorhersagbar und zugleich alle Vergeblichkeit bloßstellend, „die ‚erste Geschlossenheit‘ des Imaginären wiederzufinden" (Safouan 1981, S. 311). Die Unvorhersehbarkeit des realen Geschehens im Unterschied zur Geschlossenheit des Imaginären bildet den Urgrund seelischer Konflikte, wenn wir zwischen Idealisierung und Ablehnung der Realität stecken bleiben.

## Dekonstruktion und Rekonstruktion mit Anna

Mit Anna kam ich über Dekonstruktion der Leistungsbereitschaft und inneren Antreiber zum negativen Glaubenssatz und schlussendlich zur Rekonstruktion ihres Wunsches, den nur sie beantworten kann: *„Ich bin willkommen, so wie ich bin!"* (5) Sie ist von ihrem Einsatz für soziale Anerkennung erschöpft; (4) sie erkennt den inneren Antreiber, es allen rechtmachen zu wollen; (3) sie verortet in der Kindheit aufgrund einer damaligen emotionalen Entscheidung das Gefühl: *„Ich bin nicht gut genug, es genügt nicht, so sehr ich mich auch bemühe"*; (2) Die unerfüllte Sehnsucht dahinter: *„Ich bin willkommen, so wie ich bin!"*; vorletzter Prozessschritt: (1) Vergegenwärtigung des in der Kindheit unerfüllt gebliebenen Wunsches, ohne Ablehnung sowohl des Wunsches als auch der abgewehrten Gefühle und unterdrückten Ausdrucksformen den entsprechenden Bezugspersonen gegenüber.

Schließlich die Erkenntnis eines langen Weges, der zum Herzen führt und Freiheit erwirkt: Sie selbst ist in der Lage, ohne Leistungsbeweis sich autonom Behütung, Unterstützung und Würdigung zukommen zu lassen, ohne Abhängigkeitsentwurf an eine Bezugsperson und ohne Einsatzbereitschaft für soziale Anerkennung. *„Ich heiße mich selbst in meinem Leben willkommen und ich fühle mich meinem Leben gewachsen. Ich verlasse mich nicht, auch wenn ich traurig oder zornig bin. Ich anerkenne meine Gefühle und handle nach eingehender Prüfung durch mein Selbstgefühl."* Die Abbildung veranschaulicht schematisch die Prozedur der biografischen Rekonstruktion und einer daran anschließenden kognitiven Umstrukturierung, um die Anwaltschaft für die Grundbedürfnisse zu erlangen. Natürlich dauerte die eigentliche Prozessarbeit über mehrere Monate mit wöchentlichen Sitzungen.

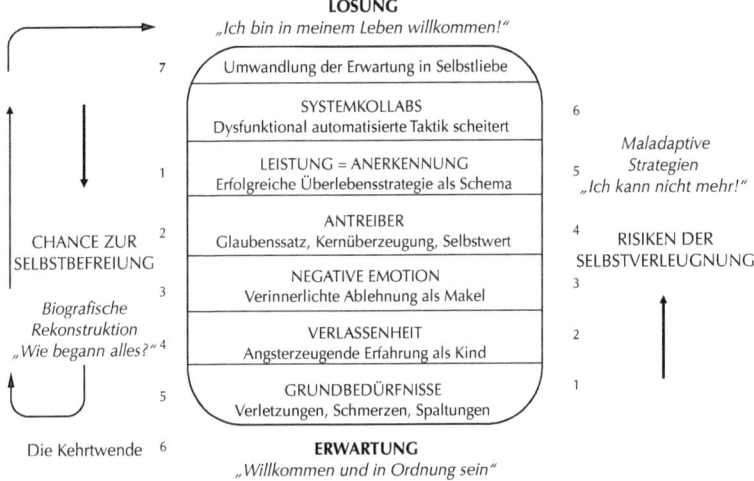

**LÖSUNG**
*„Ich bin in meinem Leben willkommen!"*

7 — Umwandlung der Erwartung in Selbstliebe

SYSTEMKOLLAPS
Dysfunktional automatisierte Taktik scheitert — 6

*Maladaptive Strategien*
5 — *„Ich kann nicht mehr!"*

1 — LEISTUNG = ANERKENNUNG
Erfolgreiche Überlebensstrategie als Schema

ANTREIBER
Glaubenssatz, Kernüberzeugung, Selbstwert — 4

CHANCE ZUR SELBSTBEFREIUNG — 2

RISIKEN DER SELBSTVERLEUGNUNG

3 — NEGATIVE EMOTION
Verinnerlichte Ablehnung als Makel — 3

*Biografische Rekonstruktion*
*„Wie begann alles?"* 4

VERLASSENHEIT
Angsterzeugende Erfahrung als Kind — 2

5 — GRUNDBEDÜRFNISSE
Verletzungen, Schmerzen, Spaltungen — 1

Die Kehrtwende 6

**ERWARTUNG**
*„Willkommen und in Ordnung sein"*

Abbildung 4: Prozedere einer biografischen Rekonstruktion und kognitiven Umstrukturierung

## Der Konzertflügel im Kloster

Selbstvergessenheit ist der Name für den Schwebezustand des Empfindens, da ich den Verstand abschalten konnte, den Gestaltkreis zwischen Gehör und Handspiel auf der Tastatur des Konzertflügels in der Bibliothek des Klosters Fischingen schloss. Da waren die Welt und das Selbst wieder eins. So gelang in den Stunden des Improvisierens am Klavier eine Vergnügungsreise in meine schöpferische Fantasie, die sich dieses Gestaltkreises bediente, Rhythmus und Melodie hervorbringend, von den Wänden der Bibliothek zurückgeworfen, als würden ihre Bücher erklingen. Der Tonwelt innig hingegeben vertraute ich den Impulsen, Spannungen, der Kraft, dem Tempo und Geschick des Fingerspiels. Klang und Raum, Herz und Geist schienen eine unbedingte Einheit zu erwirken, konnten Geborgenheit und Freiheit in einem Atemzug schenken. Aus *Sehnsucht nach dem Ganzen* hatte ich Lebendigkeit in den Tasten des Klaviers gespürt. Beglückend entzückende Übereinstimmung, weil alles so leicht ging. Form und Inhalt, Vielfalt und Einheit gleichursprünglich, indem das Kontinuum von Sein und Werden ein unsichtbares Gewebe flocht, umfassend und nichtörtlich.

## 2.4 Tiefenpsychologischer Diskurs

Entsprechend der Komplexität der Thematik sollen diese Theoriehinweise einen nützlichen Überblick zum Verständnis der Psychodynamik vermitteln. Zu Beginn erläutere ich Abwehrmechanismen und ihre Schutzfunktion. Komplexe Zusammenhänge von Projektion und Introjektion verfolgt Melanie Klein. Sie führt sadistische Impulse an, die zu destruktiv gefärbten Fantasien und zerstörerischen Regungen führen. Edith Jacobson erläutert den sekundären Narzissmus analog zu Freuds Narzissmustheorie. Nachfolgend schließen Ursprünge des Größen-Selbst nach Kernberg und die Idealisierung der Eltern-Imago nach Kohut an. So entsteht der Eindruck der Entwicklung des Überichs durch Introjektion der Erfahrungen aus der Elternbeziehung. Es folgen Erläuterungen zu den Auswirkungen der Erfahrung von Ablehnung bei Hans-Joachim Maaz und zur Fixierung auf die frustrierende Mutter. Schließlich enden die Hinweise zu maßgeblichen Theorien und ihren Konzepten mit der Darlegung des Konflikts zwischen Triebbefriedigung und Selbstachtung.

### Abwehrmechanismen

„Der Begriff der *Abwehr* ist zentral und für die psychoanalytische Theorie konstitutiv. Unter *Abwehr* verstehen wir alle intrapsychischen Operationen, die darauf abzielen, unlustvolle Gefühle, Affekte, Wahrnehmungen etc. vom Bewusstsein fernzuhalten bzw. sie ‚in Schach zu halten‘. […] Wir begreifen sie heute als habituelle, unbewusst ablaufende Vorgänge, die zwar primär Ich-Funktionen mit Schutz- und Bewältigungsaufgaben darstellen, die jedoch im Rahmen der neurotischen Konfliktverarbeitung letztlich *dysfunktional* werden. […] Diese Mechanismen werden eingesetzt, um recht unlustvolle Affekte und Gefühle wie Angst, seelischen Schmerz, Schuldgefühle usw., die aus neurotischen Konflikten entstehen, unbewusst zu machen oder unbewusst zu halten. Dadurch ist zwar zunächst eine gewisse Entlastung erreicht, der Konflikt wird jedoch nur pseudogelöst. Die aus dem Bewusstsein verdrängten kognitiven und emotionalen Inhalte bleiben trotzdem aktiv und zwingen zu immer intensiveren und komplizierteren ‚Abwehrmaßnahmen‘, die schon deswegen dysfunktional sind, weil sie die *bewusste* Erledigung des Konfliktes verhindern" (Mentzos 2003, S. 60-61).

Abwehrmechanismen, je nach *Reifegrad der Ichentwicklung*, unterteilt Mentzos in folgende Ebenen (Mentzos 2003, S. 62-65). „a) psychotische, wahnbildende Projektion, b) psychotische Verleugnung, c) Spaltungsvorgänge, d) Introjektion; […] Auf einer zweiten Ebene: a) nichtpsychotische Projektion, b) Identifikation als Abwehr […] Identifikation mit dem Angreifer; […] Auf der dritten Ebene: a) Intellektualisierung b) Affektualisierung, c) Rationalisierung, d) Affektisolierung, e) Ungeschehenmachen, f) Reaktionsbildungen, g) Verschiebung, h) Verlagerung, i) Wendung gegen das Selbst und j) Verdrängung im engeren Sinn; […] Auf einer vierten Ebene: Sublimierung.‘

Überdies befasst sich Mentzos mit *psycho-sozialen Abwehrmechanismen*: „Hier beschränkt sich der Vorgang nicht mehr auf eine intrapsychische Veränderung (wie bei den Abwehrvorgängen). Es wird außerdem (unbewusst) eine zwischenmenschliche Konstellation hergestellt, die die intrapsychische Veränderung bestätigt, rechtfertigt und real erscheinen lässt" (Mentzos 2003, S. 66). Zu denken ist an eine entsprechende Partnerwahl oder Rollenzuweisung. „Alle Abwehrmechanismen schränken letztlich das Ich ein und beeinträchtigen seine Flexibilität, seine freie Entwicklung. Es ist ein Nachteil, der sozusagen des neurotischen Gewinns wegen in Kauf genommen wird und in vielen Fällen – vorübergehend – in Kauf genommen werden muss" (Mentzos 2003, S. 67). Besonders auffällig finde ich die *Wendung gegen das Selbst*: „Wenn die Aggression nicht nach außen entladen werden kann, so richtet sie sich nach innen (autoaggressiv). Es handelt sich um eine Variation des Mechanismus der Verlagerung" (Mentzos 2003, S. 65).

## Ichspaltung und Totalisierung

Ich greife Freuds unterschiedliche Konzeptionen auf, die ich im terminologischen Diskurs (Anhang zur Einleitung) vorgestellt habe. Obwohl
Freud ein primäres Lust-Ich konzipiert hatte, das seiner Natur nach von
ihm vollständig unter dem Primat des Unbewussten [Es] gedacht worden war, korrigierte er später, über ein primäres Real-Ich würde sich
ein purifiziertes Lust-Ich und schließlich ein sekundäres Real-Ich bilden. Unter dem Einfluss des Lust-Ichs vollzieht sich eine Spaltung als
früher Abwehrmechanimus. „Die Außenwelt zerfällt ihm in einen Lust-
anteil, den es sich einverleibt hat, und einen Rest, der ihm fremd ist.
Aus dem eigenen Ich hat es einen Bestandteil ausgesondert, den es in
die Außenwelt wirft und als feindlich empfindet" (Freud 1975, S. 98).
So ist die Spaltung der Polaritäten Grundlage projektiver Identifikation:

- Ich-Subjekt – mit Lust
- Außenwelt – mit Unlust

Freud versteht so den ursprünglichen Sinn des Hassens in der Relation
des purifizierten Lust-Ich gegen die fremde und Reiz zuführende Außenwelt. „Erweist sich späterhin das Objekt als Lustquelle, so wird es
geliebt, aber auch dem Ich einverleibt, so dass für das purifizierte Lust-
Ich das Objekt doch wiederum mit dem Fremden und Gehassten zusammenfällt" (Freud 1975, S. 99).

## Projektion und Introjektion

Melanie Klein plädiert bei der Erkundung von Problemen des frühen
Ichs für die Sichtweise Winnicotts, in der er den Mangel an Kohäsion
hervorhebt. Sie sieht die Angstbewältigung als eine der primären Aufgaben des frühen Ichs und begründet die Genese der Angst aus der Aktivität des Todestriebes. Diese Todes-Angst werde als Furcht vor Vernichtung empfunden. „Die Furcht vor dem Zerstörungstrieb scheint
sich sofort an ein Objekt zu binden oder wird vielmehr als Furcht vor
einem unkontrollierbaren, überwältigenden Objekt gefühlt" (Klein
1974, S. 146). Klein stellt fest, dass der Zerstörungstrieb zuallererst als

orale Aggression empfunden werde. „Deswegen wird die versagende Brust, zusätzlich zu der in der kindlichen Phantasie bewerkstelligten Spaltung in eine gute und böse Brust, als Resultat der Angriffe in den oral-sadistischen Phantasien, als in Teile aufgelöst empfunden; die befriedigende Brust, die unter der Herrschaft der saugenden Libido aufgenommen ist, wird als vollständig (ganz) empfunden" (Klein 1974, S. 148).

Deswegen sei das Ich auch unfähig, inneres und äußeres Objekt zu spalten, ohne nicht sich selbst zu spalten. „Es mag deshalb nicht verwundern, wie sehr Fantasien und Gefühle über den Zustand des inneren Objektes die Struktur des Ichs beeinflussen [prägen]. „Je mehr der Sadismus in dem Vorgang der Einverleibung des Objekts und je mehr das Objekt in Stücken empfunden wird, um so mehr ist das Ich in Gefahr, in seiner Beziehung zu den verinnerlichten Objektfragmenten gespalten zu werden" (Klein 1974, S. 148). Die Ängste, die den Spaltungsmechanismus auslösen, sind ebenfalls fantastischer Natur. „Es geschieht in der Phantasie, dass der Säugling das Objekt und sein Selbst spaltet, aber die Folge dieser Spaltung ist eine sehr reale, da sie dazu führt, dass Gefühle und Beziehungen (und später Denkprozesse) tatsächlich voneinander abgeschnitten sind" (Klein 1974, S. 148). So schlussfolgert Klein: „Idealisierung ist mit Objektspaltung verknüpft; als Sicherheitsschutz gegen die Furcht vor der verfolgenden Brust werden die guten Aspekte der Brust übertrieben. Obgleich Idealisierung eine Nebenerscheinung der Verfolgungsangst ist, so stammt sie doch aus der Kraft der Triebwünsche nach unbegrenzter Befriedigung, welche das Bild einer unerschöpflichen und immer Nahrung spendenden Brust – einer idealen Brust – formen" (Klein 1974, S. 149). Dieses Verständnis von Idealisierung werde ich später aufgreifen.

### Sekundärer Narzissmus
Edith Jacobson zitiert Freud (1914) in ihrem Kapitel über *Narzissmus, Masochismus und die Konzepte des Selbst und der Selbstrepräsentanzen*. Freud versteht den Narzissmus, eine der Außenwelt entzogene Libido, die dem Ich zugeführt wird, auch als Quelle des Größenwahns. Indem er diese

Verschiebung als sekundär auffasst, sieht er den *sekundären Narzissmus'* als Überlagerung eines primären, den er seinerzeit „durch mannigfaltige Umstände" als verdunkelt annimmt (Freud 1914, S. 140; vgl. Grunberger, 2001). Seiner Gegenüberstellung von Ich–Libido und Objekt–Libido folgend, erläutert Jacobson das „Aufgeben der eigenen Persönlichkeit gegen die Objektbesetzung" (Freud 1914, S. 140) im Zustand der Verliebtheit. „… eine Überschätzung der Macht ihrer Wünsche und psychischen Akte, die ‚Allmacht der Gedanken', einen Glauben an die Zauberkraft der Worte, eine Technik gegen die Außenwelt, die ‚Magie', welche als konsequente Anwendung dieser größensüchtigen Voraussetzungen erscheint" (Freud 1914, S. 140). Ich übernehme die häufig zitierte Passage aus Freuds ‚Das Ich und das Es' (1923): „Zu Uranfang ist alle Libido im Es angehäuft, während das Ich noch in der Bildung begriffen oder schwächlich ist. Das Es sendet einen Teil dieser Libido auf erotische Objektbesetzungen aus, worauf das erstarkte Ich sich dieser Objektlibido zu bemächtigen und sich dem Es als Liebesobjekt aufzudringen sucht. Der Narzißmus des Ichs ist so ein sekundärer, den Objekten entzogener" (Freud 1923, S. 275 in: Jacobson 1978, S. 16).

Schließlich mündet Jacobsons Referenz an Freud in das Zitat aus ‚Das ökonomische Problem des Masochismus' (1924), worin er sagte, dass „… unter bestimmten Verhältnissen der nach außen gewendete, projizierte Sadismus oder Destruktionstrieb wieder introjiziert, nach innen gewendet werden kann, solcherart in seine frühere Situation regrediert: Er ergibt dann den sekundären Masochismus, der sich zum ursprünglichen hinzuaddiert" (Freud 1924, S. 377 in: Jacobson 1978, S. 16). Das meint letztlich, dass Menschen Objektbesetzungen zurückziehen „und die eigene Person zum Objekt entweder von Liebe, Bewunderung und libidinöser Befriedigung oder von Haß, Entwertung und Destruktivität" (Jacobson 1978, S. 18) machen.

Eingedenk der Tendenz, alles ‚Angenehme und Gute' zu verinnerlichen und alles ‚Unangenehme und Schlechte' auszustoßen, erkennen wir die Neigung, „die Aggression gegen das frustrierende Objekt zu wenden und die Libido auf das Selbst" (Jacobson 1978, S. 67). Aus diesem Grunde sieht Jacobson ‚angemessene Enttäuschungen und Versagungen' als für die Entwicklung von Selbstständigkeit förderlich an. Die Unterscheidung von Selbst und Objekt verweise das Kind auf seine eigenen Kräfte und stimuliere progressive Weisen der temporären Idealisierung der Eltern als Vorbilder für unabhängige Leistungen. „Sie verstärken die narzißtische Ausstattung des Ichs und fördern die Herausbildung der sekundären Ich- und Überich-Autonomie. Übermäßige Befriedigungen rufen indessen, genauso wie schwere Frustrationen, regressive Phantasien von Verschmelzung zwischen Selbst und Liebesobjekt hervor" (Jacobson 1978, S. 68).

## Das Selbstsystem und seine Abwehrprozesse

Als narzisstisch werden narzisstische Kränkungen bezeichnet. Die damit entstehende Wut wird ebenfalls narzisstisch genannt. Einmal steht das Narzisstische im Gegensatz zum Objektbezogenen, ein andermal ist dem Narzisstischen das Triebbezogene entgegenzusetzen. Das Narzisstische kann in diesem Sinne objektbezogen sein: So ist z.B. die Regulation des Selbstwertgefühls sehr stark von der narzisstischen Zufuhr, also von den Objekten, abhängig. Mentzos unterscheidet zwischen der Triebentwicklung zum einen und narzisstischen Entwicklung zum anderen. Beide hängen eng miteinander zusammen und beeinflussen sich gegenseitig. Damit lässt sich auch der Konflikt zwischen Triebbedürfnissen und narzisstischen Bedürfnissen verstehen. „In bestimmten Situationen wird eine Triebbefriedigung sogar als Erniedrigung empfunden" (Mentzos 2003, S. 55).

Zusammengefasst: 1. „*Narzissmus als Schutz- bzw. Abwehrvorgang* impliziert einen Rückzug vom Objekt weg und eine Zuwendung zum Selbst hin (‚Selbst-Liebe'). In diesem ersten (und ursprünglichen) Sinne werden alle Tendenzen, Phantasien, Befriedigungen usw. narzisstisch genannt, die durch eine Bewegung vom Objekt weg zum Selbst hin charakterisiert sind, die also eine Vermehrung der libidinösen Besetzung des Selbst bedeuten" (Mentzos 2003, S. 52) Und mit Referenz an Kohut: „So ist z. B. die narzisstische Homöostase (die Regulation des Selbstwertgefühls) sehr stark von der narzisstischen Zufuhr, also von den Objekten, abhängig. Dies gilt auch für den psychologisch gesunden Erwachsenen, der ‚weiterhin die Spiegelung des Selbst durch Selbstobjekte (um genau zu sein: durch die Selbstobjekt-Aspekte seiner Liebesobjekte) braucht" (Kohut 1979, S. 163 in: Mentzos 2003, S. 53).

## Ursprünge des Größen-Selbst

Kernberg analysiert den pathologischen Charakter einer Form von Idealisierung, wo der Analytiker als Anteil des eigenen Größen-Selbst des Analysanden narzisstisch besetzt wird. „Meines Erachtens werden die idealisierten Objektimagines, die normalerweise in das Ich-Ideal und damit auch in das Über-Ich integriert werden, bei diesen Patienten stattdessen mit dem Selbstbild legiert. Daraus ergibt sich, daß keine normale Überich-Integration zustandekommt" (Kernberg 1983, S. 322). Äußere Objekte und ihre Repräsentanzen seien einem verheerenden Entwertungsprozess ausgesetzt. Übrig bleibe in der inneren Repräsentanzenwelt nur das eigene Größen-Selbst, umgeben von entwerteten, schemenhaften Bildern der eigenen Person und von Verfolgern, „die nicht-integrierten sadistischen Überich-Vorläufern und primitiven, verzerrten Objektimagines entsprechen, die durch Projektion heftiger oral-sadistischer Triebimpulse so bedrohlich geworden sind" (Kernberg 1983, S. 322).

So lässt sich differenzieren: „Der normale Narzißmus hat seinen Ursprung in der libidinösen Besetzung einer zunächst noch undifferenzierten Selbst-Objekt-Imago, aus welcher sich später libidinös besetzte Selbst- und Objektimagines herausdifferenzieren. […] das integrierte Selbst ist von integrierten Objektrepräsentanzen umgeben" (Kernberg 1983, S. 324). Es wurde mit Bezugnahme auf Edith Jacobson (1978) deutlich, inwiefern schwere Frustrationen und das dadurch bedingte Überwiegen aggressiv-bestimmter ‚total schlechter' und verschmolzener Selbst-Objekt-Imagines weitere Entwicklungsschritte behindern.

## Idealisierung der Eltern-Imago

Kohut (1976) setzt die Bezeichnung *Größenselbst* mit dem Begriff ‚narzisstisches Selbst' gleich, um die grandiose und exhibitionistische Struktur zu beschreiben, die das Gegenstück zur *idealisierten Elternimago* ist. Er charakterisiert in Anlehnung an Winnicott die ‚idealisierte Eltern-Imago' als Übergangs-Objekt. „… [M]an wird die idealisierte Imago nur dann als einem Übergangsstadium zugehörig betrachten, wenn man ihre Stellung mit der des Größenselbst und seiner libidinösen Besetzung vergleicht. Genauer gesagt: innerhalb der Entwicklungsfolge von (1) archaischem Selbst-Objekt über (2) psychische Struktur zu (3) dem echten Objekt gehört die idealisierte Elternimago eindeutig zur Kategorie des archaischen Selbst-Objektes (ein Vorläufer psychischer Struktur), weil sie Aufgaben erfüllt, die die Psyche des Kindes später übernehmen wird. Mit anderen Worten: die idealisierte Elternimago wird noch keineswegs als unabhängiges Objekt erlebt" (Kohut 1976, S. 52 f.).

Die Verinnerlichung der mit Objektlibido besetzten Anteile der Elternimago forme diese unter günstigen Voraussetzungen in Gehalte und Funktionen des Über-Ichs um; „die Verinnerlichung der narzisstischen Aspekte erklärt die erhöhte Stellung, die diese Inhalte und Funktionen dem Ich gegenüber haben. Von deren Idealisierung […] wird nämlich die spezifische und charakteristische Aura absoluter Vollkommenheit der Werte und Normen des Über-Ichs abgeleitet; und die Allwissenheit und Macht der gesamten Struktur kommen auch daher, dass sie teilweise mit narzisstischer, idealisierender Libido besetzt ist" (Kohut 1976, S. 61).

Als idealisiertes Über-Ich introjiziert, werde es wesentlicher Bestandteil psychischer Struktur, die den Führungsanspruch über die Ideale vertrete. Unter dem Aspekt der Verwundbarkeit junger psychischer Strukturen selbst am Beginn der Latenz werde ersichtlich, wie sehr die „neu erworbene Idealisierung seiner Werte und Normen" auf dem Spiel steht, wenn „eine schwere Enttäuschung an einem idealisierten ödipalen Objekt noch am Beginn der Latenzzeit eine erst schwach ausgebildete Idealisierung des Über-Ichs zerstören und zur Wiederbesetzung der Imago des idealisierten Selbst-Objekts und zu einer erneuten intensiven Suche nach einem äußeren Objekt der Vollkommenheit führen kann" (Kohut 1976, S. 64).

## Wurzeln des Eifers

Freud spekuliert in *Jenseits des Lustprinzips* (1920) über den Drang nach Vervollkommnung und sieht den wahren Grund in der Triebverdrängung. „Der verdrängte Trieb gibt es nie auf, nach seiner vollen Befriedigung zu streben, die in der Wiederholung eines primären Befriedigungserlebnisses bestünde; alle Ersatz-, Reaktionsbildungen und Sublimierungen sind ungenügend, um seine anhaltende Spannung aufzuheben, und aus der Differenz zwischen der gefundenen und der geforderten Befriedigungslust ergibt sich das treibende Moment, welches bei keiner der hergestellten Situationen zu verharren gestattet, sondern nach des Dichters Worten ‚ungebändigt immer vorwärts dringt'" (Mephisto im *Faust*, I [4. Szene], Studierzimmer. In: Freud 1975, S. 251).

Es wäre nicht Freud, käme in diesem Zusammenhang nicht der Ödipuskomplex zur Sprache. Im Wandel von der Besetzung der Mutter zur Identifizierung mit dem Vater sieht Freud im Knaben Ambivalenz und einen Zwiespalt aufklaffen. „Die beiden Beziehungen gehen eine Weile nebeneinander her, bis durch die Verstärkung der sexuellen Wünsche nach der Mutter und die Wahrnehmung, daß der Vater diesen Wünschen ein Hindernis ist, der Ödipuskomplex entsteht" (Freud 1975, S. 299). Die Errichtung des Über-Ichs sieht Freud als Vermächtnis des Hindernisses gegen den ödipalen Wunsch und somit prägt die Strenge des Verbots die Wirkkraft des Über-Ichs als Gewissen. Es bedeutet, sich nach dem Vorbild des Vaters zu richten und sein Verbot zu respektieren, nicht alles tun zu dürfen, was er tut; „manches bleibt ihm vorbehalten" (Freud 1975, S. 302).

Und so kommt Freud zu dem Schluss, dass ein Zwiespalt auf der Strecke bleibt, indem das Ich ihm als Repräsentant der Außenwelt bzw. Realität gilt, während das Über-Ich „als Anwalt der Innenwelt, des Es" (Freud 1975, S. 303), ihm gegenübertritt. So erkennt er Konflikte zwischen

Ich und Ideal, „den Gegensatz von Real und Psychisch, Außenwelt und Innenwelt" (ebd.). Und so dürfte auch uns heute einsichtig sein: „Die Spannung zwischen den Ansprüchen des Gewissens und den Leistungen des Ichs wird als *Schuldgefühl* empfunden" (Freud 1975, S. 304).

Es erhellt sich der Umstand, den ich zu den Wurzeln des Eifers zähle. „Die Entstehungsgeschichte des Über-Ichs macht es verständlich, daß frühe Konflikte des Ichs mit den Objektbesetzungen des Es sich in Konflikte mit deren Erben, dem Über-Ich, fortsetzen können. Wenn dem Ich die Bewältigung des Ödipuskonfliktes schlecht gelungen ist, wird dessen dem Es entstammende Energiebesetzung in der Reaktionsbildung des Ichideals wieder zur Wirkung kommen. Die ausgiebige Kommunikation dieses Ideals mit diesen *ubw* Triebregungen wird das Rätsel lösen, daß das Ideal selbst zum großen Teil unbewußt, dem Ich unzugänglich bleiben kann. Der Kampf, der in tieferen Schichten getobt hatte, durch rasche Sublimierung und Identifizierung nicht zum Abschluß gekommen war, setzt sich nun wie auf dem Kaulbachschen Gemälde der Hunnenschlacht in einer höheren Region fort" (Freud 1975, S. 305-306).

## Das Konfliktmodell

Psychische Störungen sind als unausgereifte Konfliktverarbeitung zu verstehen. Innerseelische Konflikte sind ursprünglich äußere Konflikte gewesen, die im Laufe der Sozialisation nicht befriedigend gelöst werden konnten. So erweisen sich Störungen als Quellen innerer Spannung und Irritierbarkeit. „Es sind die im Konflikt enthaltenen und in ihrer Gegensätzlichkeit festgefahrenen Motivbündel, es sind die ineinander verklemmten Tendenzen, die sich gegenseitig in Schach halten und diese erhöhte Spannung hervorrufen" (Mentzos 2003, S. 76). Überdies ist nachvollziehbar, dass ein psychisches Trauma wie ein Fremdkörper (Introjekt) wirkt, dessen Eindringen immer wieder Schrecken (Intrusionen) auslöst. „Im Laufe der Entwicklung der Psychoanalyse wuchs die Einsicht, [...] daß Traumatisierungen auch durch sich wiederholende Frustrationen des Kontaktbedürfnisses, der Autonomiebestrebungen oder durch das Fehlen einer die Geborgenheit und Sicherheit garantierenden konstanten Bezugsperson oder auch durch ‚narzisstische' Kränkungen hervorgerufen werden" (Mentzos 2003, S. 78).

Der Schweregrad einer Störung und damit Belastung hängt von den Ausgangsbedingungen ab, die sich auf die Stabilität oder Instabilität der psychischen Struktur beziehen. Viele Menschen scheinen ein relativ gut organisiertes Ich zu haben; sie leiden jedoch an den Folgen eines verfestigten Konfliktes. Patienten mit einer ‚Selbstpathologie' weisen jedoch einen Strukturmangel auf, d. h., ihr Ich ist abgeschwächt.

„Diese Gegenüberstellung von psychischen Störungen, die vom *Konflikt beherrscht* werden, und jenen, die durch *strukturelle Mängel* gekennzeichnet sind, ist theoretisch und insbesondere praktisch sehr wichtig und nützlich" (Mentzos 2003, S. 83).

## Seelische Grundkonflikte

### Symbiotische Verschmelzung versus Subjekt-Objekt-Differenzierung
Die im 5. und 6. Lebensmonat beginnende Symbiose-Ablösung führt zur Errichtung der ersten Selbst- und Objektrepräsentanzen. Frustrationen verursachen eine Polarisierung zwischen nur gutem Selbst und dem nur bösen Objekt mittels projektiver Identifizierung. „Die erfolgreiche Überwindung dieser ersten großen Krise impliziert nicht nur die Subjekt-Objekt-Trennung, sondern auch die Aufhebung der eben erwähnten starken Polarisierung, und zwar zugunsten eines realitätsgerechten ermöglicht ein *Sowohl-als-Auch*, d. h. zugunsten einer Integration der positiven und negativen Anteile zu kohärenten Selbst- und Objektrepräsentanzen" (Mentzos 2003, S. 123-124).

### Abhängigkeit versus Autonomie
Trotz bestehender Abhängigkeit von der primären Bezugsperson müsse die autonome Entwicklung zwischen dem 2. und 3. Lebensjahr voranschreiten. Das Misslingen einer adäquaten Lösung dieser zentralen Entwicklungsaufgabe bedeute eine unnötige rigide Polarisierung zwischen

objektbezogenen und narzisstischen (Selbst-)Bedürfnissen. „Wird die Autonomie zugunsten der Abhängigkeit suspendiert, resultiert daraus oft eine Unterdrückung des eigenen Selbst und seiner Entwicklungsmöglichkeiten zugunsten pathologischer Bedürfnisse der Eltern. Dies kann verheerende Folgen haben (Prädisposition zur Depression, sonstige narzisstische Störungen, aber auch schwere psychosomatische Erkrankungen und Zwangsneurosen" (Mentzos 2003, S. 125).

### Dyadische versus triadische Beziehung: der ödipale Konflikt

Im 4. bis 5. Lebensjahr stellt die Hauptaufgabe die Überwindung des Dilemmas zwischen der Sicherheit und den Beschränkungen der dyadischen Beziehung im Gegensatz zu den Chancen und Risiken der Dreierbeziehung dar. „Das Kind soll also den Konflikt, die Rivalität, die Spannung, die Aggression und die sonstigen unvermeidlichen Konsequenzen der Dreierbeziehung bis zu einem gewissen Grade ertragen können" (Mentzos 2003, S. 126).

### Sicherheit der Primärgruppe versus Risiken (und Chancen) der Sekundärgruppen

In der Latenzphase zwischen dem 6. und 10. Lebensjahr gilt es die ausschließliche Beziehung zur Familie aufzugeben und sich in andere Gruppen zu integrieren. Diese Entwicklungsschritte erfordern erneut zur Lösung von Konflikten zwischen Sicherheit und Autonomie auf, was in ungelösten Fällen zu Minderwertigkeitsgefühlen führt (siehe Mentzos 2003, S. 127).

### Gemeinsamkeiten der primären Grundkonflikte

Die Pubertät bis zum 18. Lebensjahr steht unter dem Vorzeichen der Ablöse von der Familie mit einem kräftigen Schuss konstruktiver Aggression. Die Gemeinsamkeiten der Grundkonflikte lassen sich an der Aufgabe festmachen, eine jeweilige *Trennung* meistern zu können. „In allen Entwicklungsphasen stellt die zu leistende *Trennung* den erforderlichen Preis für einen Neubeginn dar. […] Auch die erfolgreiche Verarbeitung von Trennungen im späteren Leben, das Treffen von Entscheidungen und schließlich auch die Versöhnung mit der Realität des Todes bedeuten eine erhebliche Differenzierung und Reifung" (Mentzos 2003, S. 129).

## Sekundäre Konflikte und Aggressivierung

Reaktionen auf den Grundkonflikt äußern sich in sekundären Konflikten. „Die Neurotisierung eines Konfliktes impliziert fast regelmäßig eine asymmetrische ‚Bevorzugung' des einen Pols, also einer der beiden einander widerstrebenden Tendenzen: Abhängigkeitswünsche werden z. B. zurückgestellt, dagegen wird das, was als ihr Gegensatz empfunden wird, nämlich das Autonomiebedürfnis, in fast übertriebener Weise kultiviert. Oder umgekehrt: Die Autonomiestrebungen werden unterdrückt und dafür die Abhängigkeitswünsche in infantiler Weise intensiviert" (Mentzos 2003, S. 135). Psychische Versteifung ist erheblich einschränkend gegenüber Möglichkeiten der Selbstentfaltung. „In jedem Fall und ohne Rücksicht darauf, ob die ‚Versteifung' in die eine oder andere Richtung erfolgt, resultiert daraus eine *Frustration,* weil immer eine der rivalisierenden Strebungen unterdrückt wird. Dadurch aber entsteht *Aggression"* (Mentzos 2003, S. 136).

Die evozierte bzw. provozierte Aggression könne möglicherweise aus realistischen Gründen oder moralischen Erwägungen heraus nicht ausgelebt werden. Ihre Verdrängung erzeuge „sekundäre Konflikte" (ebd.). „Die durch Triebverzicht und Unterdrückung von Selbstbedürfnissen hervorgerufene und aufgestaute Frustrationsaggression wird via Über-Ich auf das eigene Ich abgeladen" (Mentzos 2003, S. 138). Der Sadismus des Über-Ichs und der Masochismus des Ichs würden sich nach Freud wechselseitig ergänzen. Eine Präzisierung der Grundkonflikte wird von Stavros Mentzos angeführt: *Sich-Hergeben* versus *Sich-Behaupten, Sich-abhängig-Machen* versus *Sich-Abgrenzen.* „Definiert man also den Grundkonflikt als den (vorgegebenen) Gegensatz zwischen narzißtischem Eigennutz (Autonomie, sonstige narzißtische Bedürfnisse) und Bindung (objektale Liebe, Altruismus etc.), so gelangt man zu einer Konzeption, die den klinischen als auch den historischen und soziologischen Gegebenheiten gerecht werden kann" (Mentzos 1988, S. 121).

## Dramatische Botschaften der Ablehnung

*„Sei nicht!"* – „Die Tragik liegt darin, dass die Urerfahrung von Nicht-sein-Sollen eine prinzipielle Lebens- und Existenzunsicherheit hinterlässt, die unbewusst Ablehnung provoziert, um die innerste Erfahrung mit der gegenwärtigen Realität in Übereinstimmung zu bringen. […] Ohne einen selbst zu verantwortenden Grund wurde man grundsätzlich abgelehnt – das ist eine praktisch unfühlbare Ungeheuerlichkeit. […] Und natürlich liegt bei vielen Depressiven und Suizidalen, manchem Unfallmenschen und destruktiv-chronisch Erkrankten eine frühe Ablehnung zugrunde, bei der die Erkrankung als Konflikt zwischen dem frühen Fluch und dem eigenen Lebenswillen verstanden werden kann" (Maaz 2019, S. 53-54).

*„Sei nicht anstrengend, sei nicht lebendig!"* – „Das Kind wird mehr oder weniger offen verantwortlich gemacht für die elterlichen Schwierigkeiten und Misserfolge. […] So kann ein Kind letztlich zum Symptomträger der elterlichen und sozialen Konflikte werden. Dass ein Kind keine eigenen Ansprüche entfalten soll, entsteht auch dann, wenn eine Frau das Kind nur will, um ihren Partner an sich zu binden oder um sich als Mutter narzisstisch aufzuwerten, und mit dem Kind Bedeutung und Macht erlangen will. Aber es gibt auch Männer, die Kinder wollen, um ihre Frau in eine häuslich-untertänige Eva-Existenz zu zwingen" (Maaz 2019. S. 56-57).

*„Sei so, wie ich dich brauche!"* „Die Eltern pressen das Kind in ihre Vorstellungen, missachten die Reaktionen und reagieren genervt und mit Verboten auf die Gefühlsäußerungen. Das Kind verliert den Kontakt zu sich selbst und muss lernen, sich überwiegend nach den Eltern zu richten. Es wird seine natürlichen Reaktionen, zu hemmen und zu verstecken, lernen und muss mit einem falschen Selbst die Eltern beruhigen oder begeistern. […] Selbstentfremdete Kinder bleiben von äußeren Angeboten abhängig, zu allem verführbar, weil sie den Kontakt zu sich selbst aufgeben mussten" (Maaz 2019, S. 58-59).

Zur narzisstischen Besetzung: „Die bedürftige Mutter wird das Kind als ein Teil von sich wahrnehmen, über den sie verfügen darf, sie wird aus der Existenz des Kindes für sich Nutzen ziehen wollen, sie wird dem Kind beibringen, dass es für das Wohlergehen der Mutter verantwortlich sei, sie wird es an sich binden und nur so sehen und akzeptieren, wie es nach ihrer Vorstellung sein soll. [...] Die Lebendigkeit des Kindes ist die Bedrohung für die Unlebendigkeit der Mutter" (Maaz 2019, S. 67). Und es ist nicht ausgeschlossen, dass verinnerlichte Ablehnung bzw. die Unlebendigkeit der Mutter im Kind Ängste evozieren, nicht zuletzt Ängste, die es von der Mutter introjiziert. Für Stavros Mentzos taucht Angst als Signal dafür auf, dass die Verdrängung durch die Unerträglichkeit eines befürchteten Gefühlszustandes in Gang gesetzt werde. „Es ist die *Furcht* vor einem unerträglichen, unlustvollen *Gefühlszustand* (seelischer Schmerz bei Trennung und Verlust, Selbstverlust, Scham und Schuldgefühle, Unsicherheitsgefühl bei aufsteigenden Triebwünschen), der zu der Unbewusstmachung, zu der Verdrängung führt" (Mentzos 2003, S. 32). Auch an der Stelle will ich auf mein Credo für Symbolisieren und Mentalisieren durch (szenisches) Externalisieren im fünften Kapitel verweisen.

Das Konzept der *markierten Externalisierung* affektiv besetzter Inhalte umfasst Ausdrucksformen im Als-ob-Spiel, in der Fiktion und Kunst, in Fantasien, Tagträumen und Imagination. „Im Dienste dieser emotionalen Regulierung können sowohl positive als auch negative Affektimpulse externalisiert werden (vgl. Stern, 1985). [...] Diese Zustände können aus schmerzhaften Erinnerungen an traumatische Lebenserfahrungen resultieren, aus – bewussten oder unbewussten – mentalen Repräsentationen von (realen oder phantasierten) interpersonalen Konflikten und Interaktionen oder aus sozial unannehmbaren Wünschen, die schmerzvolle Gefühle der Angst und Hilflosigkeit, Schuld- und Schamgefühle, Ärger, Furcht, Wut usw. erzeugen" (Fonagy, Gergely, Jurist & Target 2019, S. 298).

## Aussicht ins Freie

Die Suche nach dem Glanz in den Augen der Mutter, die jedoch leblos scheinen, der Straßenbau des Vaters, demzufolge einen Wettstreit um Niederlage oder Triumph antreten heißt: Es ist nicht leicht, seinen eigenen Weg zu gehen. Noch ist die Moral der Geschichte nicht von deren Verpackung befreit. Doch das schöpferische Selbst wird uns nicht verlassen, wenn wir uns ihm anvertrauen. Weil im Werden ist, was sein will, vollziehen wir im richtigen Moment den Schritt, verlassen wir die Straße. Introspektion durch das *selbstbezogene Ich* erwirkt die Reflexion des *weltbezogenen Ichs*. Daraus entwickelt sich eine salutogene Selbstbeziehung, ein integriertes Selbsterleben. Insofern ergreift das *selbstbezogene Ich* die Anwaltschaft für das *Selbsterleben in Wahrheit*. An die Stelle eines versklavenden Eifers rückt zunehmend die wohlwollende Güte sich selbst und anderen gegenüber. Die Aufspaltung der libidinösen und aggressiven Teil-Aspekte kann sich zu einem kraftvollen Ja oder Nein wandeln. Die Lebendigkeit setzt sich gegenüber der Ablehnung durch. Das Leben darf einfacher werden.

# DRITTES KAPITEL

> *„Wir bestehen alle nur aus buntscheckigen Fetzen,*
> *die so locker und lose aneinanderhängen,*
> *dass jeder von ihnen jeden Augenblick flattert wie er will;*
> *daher gibt es ebenso viel Unterschiede zwischen uns und uns selbst*
> *wie zwischen uns und den anderen."*
>
> Michel de Montaigne

## ACHTUNG SACKGASSE!

Menschen, die im Laufe ihres Lebens ins Stolpern geraten, gegen eine unsichtbare Wand stoßen und fallen, müssen vielleicht feststellen, dass sie in eine Sackgasse geraten sind, um ihren Fortschritt anderswie aufzunehmen. In Hinkunft werden sie Hinweisschilder zeitgerecht registrieren. (3.1) Der erste Abschnitt widmet sich den moralischen und sozialethischen Vorgaben unseres westlichen Kulturkreises einschließlich der katholischen Dogmatik. Insofern beginnt hier das Drama der Freiheit, wenn Handeln ins Spannungsfeld von Anstand und Frevel, von Begehr und Gesetz gerät. Die Verteilung der Rollen zwischen Opfertum und Täterschaft ist daher zu hinterfragen, wenn es um Genugtuung geht. Im Verständnis von Joyce McDougall kann Norm zur *Zwangsjacke der Seele* werden. So versuche ich, nachzuvollziehen, wie die Hoffnung entsteht, durch Genugtuung im Sinne einer Wiedergutmachung, einer Vergeltung, einer Verheimlichung oder Betörung *Satisfaktion* zu erwirken. (3.2) Aus diesem Anlass und mit Blick auf die fatalen Folgen der Benutzung von Kindern im letzten Kapitel widme ich mich den Zusammenhängen zwischen dem *Selbsterleben aus Gewohnheit*, seinen Kompromissen und dem *Entwurf von Gegenwelten* unter dem Einfluss des *kontrastiven Selbstkonzepts*. (3.3) Dieser Abschnitt gilt der Integration des Schattens in das Selbsterleben, wobei ich die ‚Gravitation der Finsternis' als Metapher für das *negative Selbstkonzept* wählte. Eine Reflexion unter Einbeziehung der Begriffe *Bringschuld* und *Holschuld* will erneut die Anwaltschaft für die Rechte des Kindes verdeutlichen. Eine Kurzgeschichte mit dem Titel „*Ein Ort zum Greifen nah*" erzählt von einer meiner schwersten Entscheidungen, deren Folgen aus heutiger Sicht gut ausgegangen sind. (3.4) Der affekttheoretische Diskurs schließt dieses Kapitel ab.

## 3.1 Moralvorstellung und Genugtuung

### Das Drama der Freiheit

Rüdiger Safranski beginnt sein philosophisches Werk *Das Böse oder das Drama der Freiheit* (1999) mit den schicksalsträchtigen Worten: „Wenn man in einer unübersichtlichen und gefährlichen Lage nach einem Ariadnefaden sucht, der einen aus dem Labyrinth herausführt, dann wendet man sich den Ursprüngen zu" (Safranski 1999, S. 17). Wie viele Kulturtheoretiker und Philosophen bewegt auch Safranski die Ursprungsgeschichte menschlichen Denkens. Alle Vorzeitmythen beginnen mit dem Chaos. Das bedeutet stets einen „Ursprung vor dem Ursprung" (Safranski 1999, S. 18). Ichbewusstsein verschont uns nicht mit dem Drama der Selbsterkenntnis. „Wenn das Bewusstsein der Freiheit ins Spiel kommt, ist es mit der paradiesischen Unschuld vorbei. Von nun an existiert der Urschmerz des Bewusstseins: Bewusstsein geht nicht mehr im Sein auf. […] Das Bewusstsein wird zum Begehren, zur Sehnsucht" (Safranski 1999, S. 24). Dieser letzte Satz erinnert an die *gebrochene Ursprünglichkeit* (Plessner, 1982).

### Das Verbotene und das Unmögliche

Das Gesetz schreibt vor, was gilt. Es ist Schöpfung des normativen Realitätsprinzips. „Dieses ‚Nein' ruft die Freiheit des Menschen hervor und wendet sich zugleich an sie. Denn es wird in das Belieben des Menschen gestellt, ob er diesem verbietenden ‚Nein' gehorcht" (Safranski 1999, S. 26). Das Gesetz verlocke daher auch zur Übertretung. „Es weckt bestimmte Vorstellungen, und sie sind es, die in der Sündenfallgeschichte als Frevel und Sünde gelten" (Safranski 1999, S. 27-28). Die

Gesetzeslage fordert die Strafe als Folge der Gesetzesübertretung. Das Begehren folgt seinem eigenen Gesetz.

Safranski steuert direkt auf die Reflexion des Imaginären und dessen Wirksphäre zu. „Zur Freiheit gehört die Fähigkeit, die Wirklichkeit zu verändern nach Maßgaben, die selbst nicht aus der Wirklichkeit stammen, sondern aus einer Welt des Imaginären. Was ist Imagination? […] Sie ist ein Bild, das nicht abbildet, sondern sich an die Stelle der Wirklichkeit setzt. Sie ist eine zweite Welt, die das Verhalten in der ersten steuern und sogar dominieren kann. Die Einbildungskraft bedient sich der Materialien, aus denen man lebt: Erfahrungen, Eindrücke, Obsessionen, Wünsche. Aber was sie daraus erzeugt, ist etwas Neues, das sich der sonstigen Wirklichkeit auch entgegensetzen kann" (Safranski 1999, S. 286-287). Illusionieren wird zum X-Faktor der *Selbstmächtigkeit*. Das Wandern durch die Übergangsphase, die eine Grenzüberschreitung vom Imaginären ins Reale markiert, lässt sich als Infiltration des Imaginären in die Wirklichkeit beschreiben. Die Nähe zu Sartres *Das Imaginäre* (1971) ist nicht zu übersehen.

### Das elfte Gebot

Die katholische Kirche versteht das Elterngebot „*Du sollst deine Eltern ehren*" als 5. Gebot. Unter das 6. Gebot oder Verbot des Ehebruchs werden in deren Moraltheologie sämtliche Verstöße gegen die Sexualmoral gefasst, auch Unzucht und andere sexuelle Regelverletzungen innerhalb und außerhalb der Ehe. Gegenwärtig werden diversifizierte Ausdrucksformen der Sexualität weitgehend akzeptiert und im Prinzip dahingehend beurteilt, ob sie jemandem psychischen oder physischen Schaden zufügen oder nicht. Das 8. Gebot betrifft das Falschzeugnisverbot: „*Du sollst nicht Falsches gegen deinen Nächsten aussagen.*" Das 9. und 10. Gebot oder Begehrensverbot lautet: „*Du sollst nicht nach der Frau deines Nächsten verlangen* (9) *und du sollst nicht das Haus deines Nächsten begehren,* […] *nichts, was deinem Nächsten gehört* (10)." Wie verhält es sich mit der sühnenden Tilgung oder der schwelenden Rachsucht gegenüber der Überschreitung dieser Gebote?

Es überrascht mich nicht, dass Männer und (mehr) Frauen von Ängsten und Altlasten moralischer Erziehung gefangen gehalten werden. Auch diese führen zu verinnerlichter Ablehnung. Es lässt sich darüber in philosophischer Denkart reflektieren, warum sich Betroffene unbefangene Selbstentfaltung in einer Liebesbeziehung nicht zugestehen, die Wehmut sie dazu antreibt, die Jagd nach dem Glück auf die eine oder andere Art aufzunehmen. Das 6. und 9. Gebot geben vor, Frau und Mann sollten sich nicht anderweitig umsehen, sondern innerhalb der Ehe ihr Glück versuchen. So komme ich auf das elfte Gebot zu sprechen, das in keinem der Bücher Mose erwähnt wird. *„Du sollst dich nicht täuschen!"*

*Verinnerlichte Ablehnung* ist gedoppelte Ablehnung jener Gefühle, die durch Erziehung abgelehnt wurden. Was wir in der Kindheit als Ablehnung erlebten, bedeutete, nicht willkommen gewesen zu sein, so wie wir uns wirklich fühlten und zu sein wünschten. Die Gründe dafür konnten mannigfaltig sein. Es mussten nicht einmal böse Absichten dahinterliegen. Ablehnung durch Mütter lässt sich finden, wenn sie sich dies trotz Überforderung vor ihrem Idealbild nicht eingestehen konnten (Maaz, 2019). So ziehen sich mangelnde Kongruenz und Authentizität über Generationen hindurch. Die Unterdrückung des Selbstgefühls hat daher eine lange Geschichte und diese wirkt sich sowohl auf das Selbstbild als auch auf das Selbstgefühl des Menschen aus. Die Entfaltung des Selbstgefühls bedeutet, zu wissen, was man will und worauf man hinauswill. *„Du sollst dich nicht täuschen!"* ist der ernstgemeinte Aufruf, die Stimme des Selbstgefühls zu befragen, inwieweit Selbstentfaltung dem Anstand geopfert wurde, ob heimlicher Frevel nicht einem Genugtuungsmotiv nachkommt, das den Weg zum integrierten Selbsterleben noch sucht. Für die Integrität gilt, sich selbst und anderen keinen Schaden zuzufügen.

## Anstand und Frevel

Schamlos ist eine verwerfliche Tat, bereits das unlautere Bestreben, etwas zu tun, das den Anstand hintergeht. So sieht es die Moral. Allemal geht es nicht nur um Lustgewinn, sondern ebenso um geeignete Unlustvermeidungswege. Wer einer Übererregung, der Versuchung gegenüber Verbotenem, der Verheißung des Unmöglichen widersteht, der kann sagen, *„mein Verzicht stärkt meine Selbstachtung, ich erspare mir ein schlechtes Gewissen".* Ist das wirklich so? Oder herrscht hier die religiös gefärbte Moral mit einem Lust- und Entfaltungsverbot? Frevel ist auch eine Form von Auflehnung. Wenn Selbstachtung und Selbstliebe Ausdruck einer gesunden Selbstbeziehung sind, so ist die Unterwanderung der Moral und des Gesetztes Ausdruck eines Grundkonflikts zwischen Eigensinn und normativem Wertesystem.

Heimlichen Frevel sehe ich als Auflehnung gegen *verinnerlichte Ablehnung* bei gleichzeitiger Wahrung von Anstand nach außen. Das funktioniert, weil das benutzte *Innere Kind* sich sein Recht verschaffen will, doch der Verantwortung nicht gewachsen ist. Und was sagt das betörte Gewissen dazu? *„Solange alles heimlich bleibt, ist es nicht wirklich geschehen!"* Ein Verzicht auf Frevel liegt fern, wo das Recht auf Lustgewinn beansprucht wird, auch wenn dies nur unter Verleugnung des realen Kontextes machbar erscheint. Die Scheinfreiheit entlarvt sich unter Stress, der die Zerrissenheit zutage fördert, die während kontrollierten Arrangements nicht ins Gewicht fällt. Sie kann verdrängt werden, solange der Lustgewinn überwiegt. Den Grund dafür erkenne ich in einer unglücklichen Selbstbeziehung, die zwischen Opfertum und Täterschaft jongliert.

## Opfertum und Täterschaft

Ich beabsichtige weder eine religiös gefärbte noch kulturhistorische Analyse des Verhältnisses von Opfertum und Täterschaft. Es steht außer Zweifel, dass Opfer von Gewalt, zunehmend Frauen, eines verstärkten Opferschutzes bedürfen, dass Schaden zufügen durch physische und psychische Gewalt gesetzeswidrig und moralisch verwerflich ist, strafrechtlich geahndet werden muss. Ich befasse mich in meiner Arbeit eingegrenzt mit *psychischer Gewalt* im Sinne des *emotionalen Missbrauchs*, dessen Opfer einst Kinder waren, deren Eltern ihr Schutzgebot missachteten. Warum ich die Paarung mit Täterschaft zur Sprache bringe, betrifft wiederum eingegrenzt das Motiv der Genugtuung und des

Tatausgleichs als Balance zwischen Resilienz und Vulnerabilität durch Satisfaktion. Je heftiger seelische Verletzung vorliegt, desto stärker bedürfte es seelischer Widerstandskraft, vielleicht durch Genugtuung.

Da ich Entstehungszusammenhänge des kontrastiven Selbstkonzepts in Erwägung ziehe, gehe ich von Spaltungsmechanismen aus, die mit Masterson eine versagend strafende Teilselbst-Vorstellung gegenüber einer vereinnahmend belohnenden Teilselbst-Vorstellung konfigurieren. So lässt sich sagen: In der versagenden Teilselbst-Vorstellung sieht sich das Subjekt als Opfer, reagiert mit masochistisch duldender Tendenz, während die vereinnahmende Teilselbst-Vorstellung narzisstisch entschädigende Aufwertung anstrebt. Illusorisch ist diese Qualität, weil ihr Ausagieren selbst zu Unrechtshandlungen führt, selbst wenn das Lust-Ich dies als Satisfaktion registriert. Narzisstisch ist diese Tendenz, weil die ursprünglich erfahrene aggressive Entzugserfahrung durch den Aggressor zu einem Racheakt motiviert, gerade auch dann, wenn in späterer Zeit die Sühne andere trifft. Ich schaue dabei auf das aufgebrachte und empörte innere Kind, dessen narzisstische Wunde trotz Bewältigungsstrategien stets aufzureißen droht.

Narzisstische Wunden sind tiefe Verletzungen, die Narben hinterlassen. Mit neurotischer Abwehr und Eifer wird der Versuch unternommen, die Wunde zu heilen. Die Narbe ist aber jederzeit durch Anspannung reizbar, bricht mit schwerwiegendem und fortwährendem Ausfall narzisstischer Zufuhr wieder auf. Der unselige Schmerz erfahrener Versagung weckt Wut und Kummer. Dies löst sadistische Impulse und Rachemotive aus. Da Zerstörungswut die Bezugsperson, von deren Versorgungsleistung und beständiger Zuwendung das Kind abhängig ist, in seiner Fantasie zu schädigen droht, setzt die archaische Impulshemmung des Schreckreflexes ein. Der Zwiespalt zwischen Zerstörungsimpuls und Schreckreflex erzeugt Verharren wie in einer starren Klemme. Die Klemme erzeugt durch massive Unlust Hass. So haften Begehren und Hass, Angst und Wut im Ambivalenzdrama aneinander. Scheinbare Befriedung des Dramas erwirkt Ambivalenzspaltung. Wenn sie gelingt, wird sie vergessen. Wer will schon wissen, was in Vergessenheit geraten ist. Ich stöbere dennoch nach.

## Stöbern in der Dunkelkammer

Der Begriff und das Motiv *Genugtuung* laden zu verschiedenen Lesarten ein: Wiedergutmachen oder Vergelten, Verheimlichen oder Betören. Genugtuung lässt sich als Wiedergutmachung einordnen, wo es um Tilgen von Schuld geht. Wiedergutmachung ist Einlösen von Bringschuld. Wiedergutmachung ist das Bemühen, durch Ausgleichshandlung ein Gleichgewicht wiederherzustellen. Das Gleichgewicht kann zwischenmenschliche Beziehungen betreffen und das Selbsterleben. So signalisiert das schlechte Gewissen ein Ungleichgewicht. Eine Beziehungsordnung ist im Ungleichgewicht, wenn Geben und Nehmen sich nicht die Waage halten. Eine innere Ordnung ist im Ungleichgewicht, wenn ein Mangel an Selbstwert die Selbstachtung mindert. Es tauchen Fragen auf, die zu Genugtuungsmotiven führen. Kann ich genug dafür tun, dass ein Missstand durch mein Bemühen aus der Welt geräumt wird? Wird mein Handeln gut genug sein, um mich von einer Schuld zu entlasten?

## Die Paarung von Sanktion und Satisfaktion

„Wann, wo, von wem, wodurch wurde ich beschämt? Wann, wo, wodurch habe ich wen beschämt? Wann, wo, von wem wurde ich verraten? Wann, wo, wen habe ich verraten? Wann, wo, von wem wurde ich weswegen beschuldigt? Wann, wo, weswegen habe ich andere beschuldigt?" Auf der Suche nach dem Inventar im Schatten stelle auch ich mir Fragen. Sie sind der Schlüssel zur Angst vor dem Unheimlichen in uns selbst. Dort verlangt jede Tat nach Tatausgleich. Es herrscht der Mythos: Wer Verderbliches gesät hat, erntet Verderbliches. Moira heißt in der Antike: Schicksal ist die Wiederkehr des Verdrängten.

Rache und Sühne mit dem Verlangen nach Vergeltung oder Tilgung versperren den Weg zum Verzeihen, auch sich selbst gegenüber. Jede Form der Nichterfüllung seines Wunsches, willkommen zu sein, fühlt das Kind als Verrat an seiner kindlichen Liebe. Die Spaltung in Anstand und Frevel als Erbe von Gut und Böse – Kategorien, die uns durch familiäre Verhältnisse und religiöse Erziehung zugetragen wurden – trägt dazu bei, dass das Kind ein kontrastives Selbstkonzept erfindet, um dem Zwiespalt, Liebe mit Schuld behaftet zu erleben, durch einen Kompromiss zu entkommen sucht. Es entzündet sich das Bestreben, durch Genugtuung oder Aufopferung den Schaden aus eigenen Kräften wiedergutzumachen.

Was läuft schief? Mit der Frage möchte ich zur Selbstbestrafung und zum Kontrollzwang überleiten. Es ist kein Geheimnis, dass unterdrückte Impulse und verpönte Regungen aus Interaktionen stammen. Sie äußern sich in Wut, Neid, Eifersucht, Schmach, Schuld, Groll, Kummer und Gram. Ihnen liegen Schrecken, Schmerz und Angst zugrunde. Wie Joyce McDougall (1989) treffend bemerkt hat, können wir die Leiden der Kindheit nicht ohne Mitwirkung von Allmachtsfantasien verstehen. Dies bezieht sich auch auf die Zerrissenheit und den Zwiespalt einer Liebe, die nicht frei von Schuld zu erfahren war. Es waltet ein zermürbendes Ringen um Urheberschaft und Unschuld bei fortwährendem Wünschen nach Willkommensein und sich in Ordnung fühlen.

Der Grundkonflikt ist zwischen verheißungsvollem Illusionieren und unbeugsam versagender Realität anzusiedeln. Schließlich ist von Interesse, auf welche Art und Weise das Kind Kränkungen verinnerlicht und Strategien für seine Gegenmaßnahmen entwickelt hat. So wartet ein prekäres Thema darauf, ans Licht gebracht zu werden. Es gibt Varianten: Ich wende mich zuerst mit Unbehagen Menschen zu, die eine Genugtuung darin sehen, begangenes Leid ungeschehen zu machen, indem sie Leid auf sich nehmen, Gefühlsarbeit für andere übernehmen und sich damit psychisch überlasten. Dies ist auch der Fall, wenn sich jemand aus tiefstem Herzen dem Erdulden von Missständen verschreibt und sich Abgrenzung durch ein ‚Nein' aus einem falsch verstandenen Anstandsgebot aus Höflichkeit verwehrt.

Sich tiefgründig dem Erdulden zu verschreiben, scheint in einer oberflächlichen Betrachtungsweise keinen Sinn zu machen. Wem ist damit geholfen? Hinlänglich scheinen erduldende Menschen an zu geringem Selbstbewusstsein zu leiden. Blickt man in ihre Abgründe, taucht der Verdacht auf, dass eine nicht seltene Art von Genugtuung am Werk ist. Kann es sein, dass es jemandem eine Genugtuung ist, Leiden auf sich zu nehmen, um sich Leidensfähigkeit zu bestätigen oder sie anderen zu demonstrieren? Tatsache ist, dass kein Bestreben vorangetrieben wird, wenn nicht ein Ertrag trotz Inkaufnahme von Belastungen darin enthalten ist. In manchen Fällen führt dies zur Selbstaufopferung. Warum besteht die Bereitschaft dazu?

## Moralischer Sieg als Genugtuung
Moralischer Sieger und moralische Siegerin stecken zwar Kränkung ein, fühlen sich aber dem Täter oder der Täterin ethisch überlegen, können dies nicht selten durch belehrende und ins Gewissen redende Weise einsetzen. Sie sind erfolgreich durch moralische Anzweiflung. Klagendes Selbstmitleid und wehmütiges Jammern können auch einer Genugtuung oder Entschädigung zugeordnet werden, indem sich diese Menschen als Opfer stilisieren. Beschämung, Verrat und Anschuldigung konnten in manchen Fällen nicht durch Empörung getilgt, durch Verzeihen entschädigt werden. Wurde jemand nicht wahrgenommen, wurde Empörung zurückgehalten und unterdrückt, wurde die Person erpresst, so erfolgt eine prekäre Verkehrung ins Gegenteil: *Selbstvergewaltigung* (Perls, Hefferline und Goodman, 1979). Der moralische Sieg ist ein Wermutstropfen. Wer sich selbst vergewaltigt, bestraft sich dadurch, auch wenn der Preis dafür durch dagegengehaltene Tugend, aus der sich ein Mehrwert für das Selbstbild erwirken lässt, aufgewogen wird. Ich bin ,gut' und du bist ,schlecht'. Auch der moralische Sieg ist nicht frei von Verächtlichkeit.

Wie verhält es sich bei der Selbstbezichtigung? Sich selbst eines Defizits wegen anzuschwärzen bedeutet, Empörung aufgrund von Unzumutbarkeit zu unterdrücken. Es scheint von Vorteil zu sein, sich selbst klein zu machen, anstatt sich aufzulehnen. Dies mag darin begründet sein, dass die Identifikation mit der attackierenden Person – es kann der Vater, die Mutter gewesen sein – den Erhalt vermeintlicher Nähe und vermeintlicher Sicherheit gewährleistet hat, obwohl dies nicht der Realität entsprach. Insofern ist die Selbstbezichtigung mit Selbstbestrafung, Selbstsabotage oder Selbstvergewaltigung gleichzusetzen. Es zeigt sich die destruktive Wendung einer unterdrückten wehrhaften Tendenz zum masochistischen Selbstangriff, zur Bekämpfung des *wahren Selbst* durch das über Anpassung entstandene Selbsterleben aus Gewohnheit. *Verrat am Selbst* (Gruen, 2019) motiviert auf fatale Weise Vergeltungsfantasien.

## Facetten der Vergeltung

Affektkonserven sind wie Tretminen. Genugtuung kann uns erwischen, wenn wir unbedacht auf sie stoßen. Mich beschäftigt nun die Notwendigkeit der Genugtuung als Rache. Das Rachemotiv kann sich durchaus als Gerechtigkeitssinn ausgeben oder ist einfach nur Schadenfreude. Moralischer Sieg und kaltherzige Beschämung sind zwei Seiten einer Medaille, wenn es um Vergeltung geht. Genugtuung ist ein Konstrukt. Jedes Konstrukt ist grundsätzlich imaginär, obgleich dessen Umsetzung konkrete Folgen mit sich zieht. Somit wird nachvollziehbar, dass ein affektives Aufheizen, in Gang gesetzt, mit ihm korrelierende innere Bilder und Szenen bis zur Affektwallung hervorbringt. Rache, mit dem Verlangen nach Vergeltung oder Sühne, kann, je plastischer die Fantasie und je temperamentvoller das Gemüt ist, zu Gruselfilmen ausarten, zumindest vollziehen sich zuweilen Morde auf der Kinoleinwand im Kopf. Wer Rache einfordert, der verspricht sich damit einen Tatausgleich. Doch mit ihrer Forderung nach Sühne kann Rache Unrecht nicht tilgen, da sie selbst Unrecht begeht.

Es ist gesetzeswidrig und moralisch verwerflich, anderen Schaden zuzufügen. Betrachtet man Betrug oder Veruntreuung als Spannungsfeld zwischen einer introjizierten Sanktion und der als notwendig sowie gerecht erscheinenden Satisfaktion, fällt in einer zweiten Bezugnahme auf, dass Vergeltungsmaßnahmen die soziale Realität aufs Spiel setzen.

Konsequenzen werden unernst erwogen, der Ernst der Lage zum Spiel mit dem Kitzel des Risikos und der Verlockung zur Schandtat erklärt. Dies ist vielleicht der heimzahlende Zug der belohnenden BOT in Relation zur entsagenden EOT gemäß Masterson. So führt die Unvereinbarkeit des frustrierten Real-Ichs mit dem illusionistischen Lust-Ideal-Ich zu Motiven der Vergeltung für Kränkungen. Es besteht der Verdacht, dass einstmalige Schmach zur Vergeltung motiviert.

Um sich dafür Handlungsspielraum zu verschaffen, müssen geltende Anstandsregeln und das Gesetz für ungültig erklärt werden. Ein im herkömmlichen Sinn begrenzendes Gewissen zur Vorbeugung eines solchen Verhaltens fällt weg, wird für nichtig erklärt. Dadurch eröffnet sich der Freiraum, der Satisfaktion ungehindertes Schalten und Walten zukommen zu lassen. Für den Täter oder die Täterin sind Betrug, Verrat und Raub kein Frevel, sondern ein Tatausgleich durch Vergeltungsmaßnahmen. Andere erleben dies als anstandslos, schamlos und gesetzeswidrig. Nicht so die vollziehende Person, da sie sich rückbezüglich zur Notwendigkeit ihrer Entschädigung im Recht fühlt. Die Betonung liegt auf ‚fühlt‘. Betören kann jemanden gefügig machen, um ihn dann fallen zu lassen. Das ist nicht edel, aber als Rache wirkungsvoll.

Ob nun Raub, Hintergehung, Betrug, Veräußerung – immer geht es um Heimzahlen. Kein Clou ist so ertragreich, dass das Begehren nach Revanche damit aufhört. Die Strategie ist inflationär, die Dopamin-Sucht wird prekär. Es kündigt sich an, dass diese Form der Entgrenzung gegenüber einer massiven Einschränkung der Entfaltungsfreiheit den Pegelstand des Selbstwerts nachgereicht erhöhen sollte. Dass ein Grundbedürfnis des Menschen Lustgewinn ist, koppelt sich bedauerlicherweise an einen falschen Lohn. Insofern genügt keine Genugtuung, welche die quälende Spannung zwischen Schmach und Vergeltung lösen könnte. Ein derart dramatisches Selbstkonzept trägt in sich hohe Ambivalenz, die, weil sie nicht ertragen werden kann, gespalten werden muss. Jedoch trägt dies nicht zu einem stabilen Selbstwert bei, sondern erhöht permanent die innere Konfliktspannung.

## Zerfall der Widerstandskraft

Wenn die Spannung unerträglich und Spaltung erfolglos werden, die Abwehr zusammenbricht, zerfällt auch die Widerstandskraft gegenüber der im Untergrund waltenden Zerrissenheit. An deren Stelle treten Verzweiflung, Hilflosigkeit und innere Leere. In dem Moment zeigt sich die depressive Grundschicht. Ihr düsteres Gewölk überzieht die helle Tagesbefindlichkeit des Bewusstseins mit dem Grauen der Schwermut. Dies ist nach der Polyvagaltheorie (Deb Dana, 2021) der Dauerzustand des dorsalen vagalen Tonus. Ihm zufolge manifestieren sich zwei disregulative exekutive Funktionen: die Vernichtung auf Raten oder auf einen Schlag, entweder als tödliche Gewalt an anderen oder durch Suizid des Subjekts an sich selbst.

Das System der Vernichtung auf Raten setzt sich aus zwei Komponenten zusammen: Auf der einen Seite waltet psychosoziale Destruktivität, auf der anderen Seite psychophysische Desorganisation, deren Folgen schleichend, aber beständig zur Zerrüttung des Organismus führen können. Letztere muss als sukzessive Vergiftung angesehen werden, der gegenüber die Satisfaktion des Lust-Ichs kurzfristige und inflationäre Verleugnung der Tatsachen erbringt. Nicht schwer zu erraten ist, dass es sich um Suchtmittelmissbrauch und vernachlässigte Selbstfürsorge handelt, die durch permanente Schädigung zur Erschöpfung der Vitalkräfte führen. Psychosoziale Destruktivität ist als Verrohung des Umgangs und an Streitsüchtigkeit, an Zerwürfnissen und Kontaktabbrüchen zu erkennen. Auch die Zunahme an Missgeschicken ist in der Weise aufzufassen, worunter auch Pannen zu zählen sind, in drastischer Form folgenschwere Unfälle. Chronische Erkrankung und somatoforme Leiden passen aufgrund von Stress und Traumen in diesen Formenkreis, den Reinhard Haller (2022) mit der ‚Hasspersönlichkeit' und dem Selbsthass assoziiert.

Ich will die ‚Bringschuld des Eifers' in diesem Zusammenhang nicht außer Acht lassen. Ein Kind, das sich in seiner Liebe von den Eltern verraten fühlt, gibt sich selbst die Schuld daran. Daraus entwickelt sich *Eifer* als

Kompensation. Eifer entwickelt sich in zwei Richtungen. Die eine führt in ein sozial-empathisches Überengagement, es allen recht zu machen. Die andere Richtung ist ihrem Wesen nach die Vorlage für Konkurrenzkampf und Rivalität. Im Dienst der Leistungssteigerung gerät dieser Mensch in die *Selbstausbeutung*. Ist diese Karriere lange Zeit durch Erfolg gekrönt, so erweist sich irgendwann die fatale Kehrseite als hoher Preis dafür: totale Erschöpfung ist uns als *Burn-out* bekannt. Zumeist herrscht in dieser Selbstbezogenheit der Eifer, der zwar desillusioniert, jedoch nicht aufgegeben worden ist, weiterhin. So überwiegen selbstquälerische Minderwertigkeit, Selbstanklage, Selbstzweifel, Gefühle der Unzulänglichkeit.

## Genugtuung im Geschlechterkampf

Da mein Praxisfeld Vulkanland heißt, wo die patriarchal dozierte katholische Moralvorgabe besonders stark eingeprägt ist, will ich es nicht unterlassen, eine Form von Satisfaktion zur Sprache zu bringen, mit der ich auf Christa Rohde-Dachser Bezug nehme. Der Begriff *Wahrnehmungsidentität* wurde von mir bereits aufgegriffen (siehe *psychische Äquivalenz* in: Fonagy, Gergely, Jurist & Target 2019, S. 376). Wir können voraussetzen, dass unbewusste Fantasien nach ihrer Realisierung drängen und der kürzeste Weg zur Wahrnehmungsidentität die halluzinative Wunscherfüllung ist (siehe Laplanche & Pontalis 1982, S. 621).

Wie Rohde-Dachser sagt, geht es darum, „etwas ‚wirklich‘ werden zu lassen, den inneren Entwurf in Szene zu setzen" (Rohde-Dachser 2003, S. 50). So verhält es sich bei Beziehungsfantasien und um zentrale Abwehrformationen des Patriarchats ebenfalls: Dabei wird sich „ein für die Freud'sche Psychoanalyse charakteristischer *doppelter Weiblichkeitsentwurf* herauskristallisieren, in welchem die Frau in der widersprüchlichen Konfiguration einmal als ‚kastrierte Frau‘ und zum andern als ‚furchtbare Frau‘, als Gorgo oder Medusa, in Erscheinung tritt. [...] Beide Bilder dienen – wie wir sehen werden der Stillstellung des weiblichen Subjekts" (Rohde-Dachser 2003, S. 52). Frauen haben den konsequenten Kampf dagegen aufgenommen. Erfreulicherweise halten nicht alle Männer am patriarchalen Mythos fest.

Rohde-Dachser unternimmt eine Dekonstruktion der freudschen Weiblichkeitstheorie, um jene in der Theoriesprache artikulierten Derivate unbewusster (männlicher) Fantasien zu dekonstruieren. Es handelt sich um Fantasien, die offensichtlich der Selbstversicherung des Männlichkeitsbildes im Dienste narzisstischer Integrität dienen, die von einer Trennungserfahrung her bedroht ist, welche Rohde-Dachser als infantile Theorie des Jungen erläutert. „Für meine Mutter (später: meine Frau) bin ich der Einzige. Sie wird immer bei mir bleiben, denn sie ist abhängig von mir. Ich brauche sie mit niemandem zu teilen. Sie braucht mich, nicht umgekehrt. Mein Penis garantiert mir ihren Besitz. Sie selbst hat nichts, worum ich sie beneiden könnte. Im Gegenteil, sie beneidet mich. Ich bin es, der sie liebt und begehrt, nicht umgekehrt. Sie selbst ist ohne Begehren. Deshalb wird sie auch nie nach einem anderen verlangen. Ohne mich gibt es für sie keinen Genuß. Sie lebt nur durch mich. Alles, was sie dabei erleidet, ist nicht meine Schuld. Sie will es so.

Weil dies so ist, brauche ich nie zu befürchten, daß

- ich jemals zum passiven Objekt ihrer Liebe oder ihres Begehrens werde (schon als Säugling war ich es nicht);
- ich ihre Liebe mit einem/einer andern teilen muss (schon als Mädchen war sie ihrem Vater exklusiv zugetan);
- ich von ihrem Begehren überwältigt werde oder vor ihm versage (ihre Libido ist schwächer als meine);
- sie ohne mich sexuell genießt (dafür hat sie nicht das richtige Sexualorgan);
- ich auf sie neidisch sein könnte (sie hat nichts, was Neid erweckt);
- sie mit ihrer Situation unzufrieden sein könnte (ihre Familie ist ihre Welt), sie ihre Interessen aktiv auf etwas anderes richtet als meine Person (an kulturellen Leistungen ist sie nicht interessiert); ich an ihr schuldig werden könnte (z.B. durch eine Schwängerung).

Diese Überzeugung gibt mir Sicherheit. Ich bin froh und stolz, ein Mann zu sein" (Rohde-Dachser 2003, S. 57-58). Dabei handle es sich um den

Versuch des Knaben, sich auf narzisstische Weise seiner Geschlechtsidentität gegenüber massiven Ängsten zu versichern. Was der patriarchalische Weiblichkeitsentwurf jedoch ausklammert, ist die Realität einer objektunabhängigen Frau. Was würde geschehen, wenn es ihr gelänge, „ihr Gefängnis zu verlassen, aus ihrem Kerker herauszutreten? [...] Sie erschiene in ihrer Fülle, ein ‚Weib‘, autonom, begehrend und begehrenswert – *der Inbegriff seines Wunsches"* (Rohde-Dachser 2003, S. 64). Wir erkennen den verhüllten Spiegel, jenen Glanz im Auge der Mutter, die den Jungen einst in dessen grandiosem Mittelpunktdasein bestätigte, wie sie sich zum bedrohlich begehrenden Subjekt wandelt, das aufhört, verfügbarer Spiegel zu sein. Damit kippt auch die Situation des männlichen Subjekts. „Mit dieser Feststellung sind wir gleichzeitig der Antwort auf die Frage näher gerückt, was es ist, das offenbar nicht nur den Wunsch gegenüber dieser *anderen* Frau erweckt, sondern auch die Furcht vor ihr begründet" (Rohde-Dachser 2003, S. 65).

Rohde-Dachsers These lautet: Diese Furcht hängt mit dem Bruch im narzisstischen Universum des Mannes zusammen. Der Wunsch allein, das Begehren der besonderen (anderen) Frau, muss zwiespältig anziehend und bedrohend zugleich wirken, sodass das männliche narzisstische Gleichgewicht ins Wanken gerät. „Die die patriarchalischen Entwertungen abstreifende, ihrer eigenen Ressourcen gewisse Frau wäre gleichzeitig in der Lage, den Wunsch zu verwehren. Mit dieser Vorstellung wird sie aber auch zum *Inbegriff der Versagung.* Sie ist es, die diesen begehrenswerten Körper besitzt, der sich dem Wunsch darbietet, vergleichbar dem Körper der Mutter, der *alles* versprach, bevor der männliche Blick die Kastration über ihn verhängte. Sie verfügt über diesen Körper autonom; durch ihre bloße Existenz widerspricht sie deshalb auch der Illusion seiner immerwährenden Verfügbarkeit" (Rohde-Dachser 2003, S. 65). Die Aufspaltung in Heilige und Hure scheint archetypisch männliche Imagines zu bedienen. Plots und Narrative im Kommerz perpetuieren das Spiel. Feministische Diskurse dekonstruieren die Klischees, sind aber nicht davor gefeit, ihrerseits kontrastierend Mythen zu bespielen. Ich denke dabei an Lilith.

Diese andere Frau würde in ihrer Autonomie die narzisstische Wut des Mannes wecken, weil sie sein Konstrukt demontiert. „Sie verweist ihn auf die Angst und die Möglichkeit, wie einst schon den Knaben, des eigenen ‚Versagens‘, d. h. der Unfähigkeit, mit der eigenen genitalen Ausstattung dem Begehren dieser Frau wirklich zu genügen. Die Scham wird so zur Aggression verkehrt, die erträglicher ist, weil sie ein Ziel ‚draußen‘ findet" (Rohde-Dachser 2003, S. 66). Die furchterregende Frau ist somit eine Manifestation des negativen, projektiv identifizierten Selbst des Mannes, dessen Imago-Spiegel eine Projektionsfigur animiert, die signalisiert: „Schau weg, Du könntest Dich selbst erkennen und nicht ertragen, was Du siehst" (Rohde-Dachser 2003, S. 67).

Nun oszilliert der Spiegel zwischen zwei gespalteten Spiegelbildern des narzisstisch instabilen Mannes: Sie ist einmal die bergend erhabene Angebetete, die nie erreicht werden kann, Rohde-Dachser nennt sie die ‚schöne Leiche‘ und ein anderes Mal die verschlingend Verruchte, die mit der Figur der ‚femme fatal‘ korrespondiert. „*Sandler* (1976b) meint, dass der Adressat einer solchen Botschaft den Sinn der Inszenierung unbewusst versteht und die ihm – ebenso unbewusst – angesonnene Rolle übernimmt, einschließlich der insgeheim damit verknüpften Versprechungen, Belohnungen und (Ent)täuschungen" (Rohde-Dachser 2003, S. 74).

Vom Stöbern in der Dunkelkammer, dem Beleuchten dramatischer Konflikte und von Motiven der Genugtuung sollen Gegenwelten zur Sprache kommen, die in Nachbarschaft zum Alltag von Personen angesiedelt sind, die mich kontaktieren und Lösungen für ihre Konflikte suchen. In diesem Sinne erzähle ich von ‚Entgrenzungen‘, die zwar von Divergenzen zwischen dem Gewohnten und Abweichungen davon handeln, aber nicht unbedingt auf Genugtuung beruhen. Inwiefern auch ihnen ein gewisses Maß an Belohnung im Interesse des Lust-Ichs anhaftet, mag jede Person selbst einschätzen. Ich weiß von mir selbst zu erzählen, dass Gegenwelten inspirieren und im günstigen Fall Einlass in das recht alltägliche Selbsterleben aus Gewohnheit finden, um den Prozess integrierten Selbsterlebens voranzubringen.

## 3.2 Ausflug in Gegenwelten

### Gegenwelten

Das Spektrum entgrenzender Gegenwelten reicht von autosuggestiven Fantasien über mediale Unterhaltung bis zum Imaginieren auf dem Feld der Kunst. Ich nehme an, dass eine Selbstannäherung gesucht wird, wo sozialer Rollendruck und unpassende Aufgabenerfüllung das Subjekt einschränken, vielleicht in seiner Selbstkompetenz bedrohen. Somit ist einsichtig und nachvollziehbar, dass ein Ausflug in Gegenwelten dem Begehren oder gar Verlangen nach Entgrenzung nachkommt. Ich wähle den Begriff *Selbstüberschreitung*, weil er auf das Bestreben zutrifft, wenn auch besuchsweise, durch Möglichkeiten der Gegenwelt sich ein Stück weit von Beschränkungen, vor allem durch einen selbst, zu befreien. Insofern sind im Sinne des *heimlichen Selbst* Gegenwelten dazu angetan, dem Selbsterleben aus Gewohnheit phasenweise zu entkommen. Und wie ich argumentieren werde, plädiere ich für eine Integration der Gegenweltentwürfe in das Selbsterleben in Wahrheit.

### Tagträume

Auf einer Skala der *Selbstüberschreitung* ist die Realitätsflucht mithilfe der Tagträumerei auf eher niedrigem Niveau einzustufen und gewiss nicht gefährdend. Davon ausgenommen sind Situationen wie das Lenken eines Fahrzeugs oder das Überqueren eines Zebrastreifens. Auch nicht von Vorteil ist es, während eines wichtigen Gesprächs in den Tagtraum abzuschweifen, bei einer beruflichen oder privaten Tätigkeit, die hohe Konzentration und Präzision erfordert, aus Unhöflichkeit und Langeweile oder Desinteresse in einen Tagtraum zu entschwinden. So richtig erholsame Tagträume bieten sich natürlich auf allen Urlaubsreisen und beim Aufenthalt in der Natur an. Tagträume können auch als Vorstufe zur Entwicklung einer Vision in Zusammenhang mit bevorstehender Veränderung oder Projekten dienlich sein. Als Ausflucht kommen tröstliche Tagträume zum Zug, mit denen wir eine ernst zu nehmende bestehende oder kommende Herausforderung aufschieben oder verdrängen wollen.

## Mediale Attraktionen

Somit wende ich mich der nächsten Stufe auf der Skala zu, lasse die Gegenwelt Tagträumerei liegen und widme mich der medialen Unterhaltung, einer bestenfalls anregenden Aufmerksamkeitslenkung durch rezeptive Prozesse, die im weitesten Sinn als Genuss zu bezeichnen sind, falls das Anspruchsniveau hoch genug angesiedelt ist. Infrage kommen Musik, Malerei, Theater, Literatur und Film. Nehme ich die triviale Unterhaltung in Augenschein, zählt zur Flucht aus dem Alltag und zur Ablenkung von Sorgen, Belastungen und unlustvollen Erledigungen in häufigen Fällen das Programm, das uns unzählige Radio- und Fernsehkanäle und Angebote wie Netflix, Amazon, Apple TV etc. anbieten. In weiterer Folge zähle ich Eintauchen und Abtauchen in Computer- und Videospiele hinzu. Ich möchte am Rande jedoch die Gesellschaftsspiele nicht außer Acht lassen. Sie zählen im allgemeinsten Sinn zur Freizeitgestaltung. Seltener und auch ausgewählter sind hingegen Lesegepflogenheiten, ein bewusster Musikgenuss, ob als Konzert oder zu Hause, Besuch einer Galerie, eines Museums, des Theaters oder Kinos.

Gemeinsam mit sportlichen Betätigungen, die der Ertüchtigung und Erholung dienen, sind alle Angebote auch mögliche Verführungen zur Sucht. Dann tritt die dramatische Konsequenz für das kontrastive Selbstkonzept durch das exzessive Lust-Ich ein. Die folgende Liste der Anfänge zur Suchterkrankung ist unvollständig: Spielsucht, Genussmittelmissbrauch, Drogen, Medikamente, Nahrungsergänzungsmittel, Sexsucht, Computersucht, Seriensucht, Eifersucht, Putzsucht, Streitsucht usw. Eigentlich gibt es kein Medium und keinen Stoff, der uns nicht zur Sucht verleiten kann, sofern wir in Richtung exzessives Lust-Ich aus der harten beklemmenden Realität flüchten. Überdies konkretisieren pornografische Szenerien jegliche Fantasie. Ich wende mich der romantischen Facette zu.

## Verliebtheit und Liebeswahn

Unendlich viel ist über Verliebtheit, Romantik, den Zauber eines jeden Anfangs, gesagt, gezeigt, geschrieben worden. Und ja, auch die Verliebtheit, besser gesagt, der Drang nach dem Kick, der die Ausschüttung von Dopamin anregt, kann zur Sucht werden, zur Romantiksucht. Es dürfte einsichtig sein, dass mit Referenz an die Forschung Verlieben bedeutet, dem Idealbild nachzukommen. Eine Sichtweise versteht die Anziehungskraft des Verliebens darin, dass zur Bestätigung des eigenen Idealselbst die Person unseres Begehrens erwählt wird. Betörung lässt einen selbst begehrenswert erscheinen.

Die andere Sichtweise geht davon aus, dass ein verlorenes Ideal-Ich durch die Person unseres Begehrens auf dem Weg über Projektion verkörpert wird und wir es in Besitz nehmen wollen. Wenn sich also zwei Begehrende finden und insofern einander das Idealselbst bestätigend ergänzen oder verkörpern, dann endet diese Phase mit dem Abnehmen der rosaroten Brille. Spätestens dann setzt sich die reale Persönlichkeit mit ihren Eigenschaften und Verhaltensweisen gegenüber der libidinösen Verklärung durch. Paare überwinden diese Hürde und finden zur Ausgewogenheit zwischen Intimität und Autonomie. Andere verkraften den Realitätsschock nicht und trennen sich, bevor es richtig angefangen hat. Dieses Schema schreibe ich dem *kontrastiven Selbstkonzept* zu. Das heißt, unter dem Einfluss eines exzessiven Lust-Ichs verträgt sich exklusive Intimität mit erotischer Attraktivität nicht.

Anders gelagert ist der Liebeswahn, der eine konkrete Person vergöttert, verklärt, mystifiziert und jegliche reelle Wahrnehmung ausblendet, jede Skepsis oder kritische Einschätzung ausräumt. Oder es betrifft gar keine erreichbare Person, sondern ein Idol, ein Phantasma, ein transzendentales Wesen, um die Reihe der Engel, Götter und überirdischen Wesen zu nennen, die trotz ihrer imaginären Herkunft als Entitäten zu einer Überidentifikation herangezogen werden. Der Liebeswahn ähnelt einer Besessenheit oder halluzinativen Wunschpsychose. Es gäbe einiges zu ergänzen, was den amourösen Romantizismus und die Erotomanie in der heutigen Zeit betrifft und in der Literatur ihre Vorbildwirkung findet. Die Medien übersättigen uns mit Illusionen. Und der Starkult lässt manche Massenhysterie aufkeimen.

## Amouröse Heimlichkeiten

Auch auf dieser Stufe meiner Skala ist weiterhin vom Gegenentwurf oder der Gegenwelt zur harten oder langweilig gewordenen (gewohnheitsgeprägten) Alltagswirklichkeit die Rede. Sei sie eine berufliche Unterforderung oder partnerschaftliche Aushöhlung. Allemal ist das Kennzeichen die Unvereinbarkeit von sozialer Realität und Fantasie. Drei Beispiele einer engeren Auswahl von Lebensformen führe ich an. Sind Alltagsroutinen, familiäres Funktionieren, Konventionen an den Rand der Frustrationstoleranz geraten, bietet sich eine Affäre durchaus als Abwechslung an. Primäres Motiv ist vielleicht die Suche nach Bedürfnisbefriedigung, die im Rahmen des Gleichbleibenden zu kurz gekommen ist.

Wer fremdgeht, folgt nicht nur dem Bedürfnis nach Erweckung der eingeschlafenen Sinne, sondern will die stillgestellte Selbstentfaltung mithilfe einer unbekannt gewordenen Anziehungskraft wiederbeleben. Dieses Begehren bezieht seinen Anreiz nicht nur aus der Neuartigkeit einer Begegnung, sondern antwortet auf ein ernst zu nehmendes Bedürfnis nach Selbsterweiterung. Die Forschung zeigt auf, dass Begegnung auf der Grundlage des Verliebtseins zumindest die Erweiterung der Selbsterfahrung in Aussicht stellt (Windscheid, 2021). Was mir daran bedenklich erscheint, ist der Umstand, dass die Sicherheit spendende Beziehungswirklichkeit der beständigen Partnerschaft aufs Spiel gesetzt, eine Trennung vor einem Neuankömmling im Leben nicht in Betracht gezogen wird, falls die Unstimmigkeit für das Selbsterleben in Wahrheit unerträglich geworden ist. Und wenn Trennung angedacht wird, handelt es sich vielleicht um eine Befreiungsfantasie, deren reale Folgen bei Weitem nicht realisiert werden wollen. So bleibt der Trennungsvollzug aus oder wird verschoben.

Gehe ich davon aus, dass es sich um eine Affäre handelt, die zwar die bestehende Ehe oder Partnerschaft in eine Krise manövriert, aber nicht zu deren Beendigung führt, so liegt der Schluss nahe, von einer Gegenwelt auszugehen, die vor allem der Selbstwerterhöhung durch Gefallen entspricht. Eine Affäre kann temporär eine Gegenwelt mit Lustgewinn im

Gegensatz zur bestehenden Partnerschaft darstellen. Führt der Prozess zur Aufgabe der Affäre, kann eventuell eine Transformation der Partnerschaft erfolgen. Geht die Affäre in eine dauerhafte Außenbeziehung über, ist ihre Funktion der Stabilisierung von Ehe oder Partnerschaft zumindest in Erwägung zu ziehen. Übrigens mache ich diesbezüglich keinen Unterschied zwischen hetero-, homo- oder bisexuellen Verbindungen.

### Käufliche Lust und Prostitution

Durchaus nahe am Begriff der Affäre im französischen Sprachgebrauch handelt es sich dabei um ein Geschäft. Trotz dieser Geschäftsabwicklung zwischen einer Prostituierten und ihrem sogenannten Freier ist diese nicht frei von Romantizismus einzuschätzen. In einem frivolen Sinn handelt es sich um bezahlte Triebabfuhr. Hier wirkt eine Spaltung zwischen libidinös erotischer Anziehung und aggressiver Benutzung, die Verachtung miteinschließt. Die gesamte Prozedur der Geschäftsanbahnung und ihrer Abwicklung als Vollzug verschiedener Services erwirken eine Entsubjektivierung auf beiden Seiten, auch wenn sich der Freier überlegen fühlt. Er täuscht sich.

In der Regel weiß die Prostituierte, dass sie Sexarbeit für Geld anbietet. Die Bereitschaft, einen fremden Körper hautnah an sich heranzulassen, verlangt von der nackten Dienstleisterin ein hohes Maß an Dissoziation zwischen ihr als Subjekt und Objekt der Begierde des Freiers. Indem sie mit unterschiedlich ausgeprägter Verführungskunst, entsprechendem Accessoire je nach Service, ihr Programm absolviert, bleibt sie sich nach professionellen Kriterien des Sachverhalts bewusst, dass sie eine Illusion verkauft. Die Illusion besteht darin, die Erregung des Freiers aus Lust an seiner Begierde mit eigenem Begehren zu vollziehen. In der Tat ist diese Verrichtung ein Spiel mit der Lust auf Geschäftsbasis.

Die Satisfaktion, abgesehen vom monetären Entgelt, besteht darin, die Doppelbindung *„Du kannst mich haben und du kriegst mich nicht"* als Genugtuung auszukosten. Deshalb meine ich, dass Verachtung im Spiel ist. Vonseiten des Freiers gilt dieses Doppelbindungsangebot nicht.

Vielmehr gründet seine Form der Verachtung in der Entsubjektivierung der Frau. Auf der Suche nach *verinnerlichter Ablehnung*, die vielleicht im Hintergrund zu vermuten ist, gibt erst einmal die Schamlosigkeit derber Nacktheit einen Hinweis auf die Entgrenzung durch das im Alltag frustrierte Begehren nach Frivolität.

Es geht mir nicht darum, meine Recherchen ausführlicher zu Papier zu bringen, als es dafür dienlich ist, die Exzentrik des kontrastiven Selbstkonzepts der Prostituierten als auch des Freiers zur Sprache zu bringen. Will heißen, dass jenes überspannte Getue um eine gespielte Anziehung in der Phase der Kontaktaufnahme bis hin zur vermeintlichen Ekstase seitens der Prostituierten, wenn sie professionell agiert, dem Freier den Anschein vermittelt, er sei ein guter Liebhaber und besonderer Gast in ihrem Leben. Ich will abschließend darauf aufmerksam machen, dass echte Empfindungen und Sehnsüchte nach zwischenmenschlicher Begegnung und Nähe nicht ausgeschlossen sind. So mag dies wohl auch zu einer Liste von Stammkunden führen. Manche dieser Frauen wurde geheiratet und dies war ihr sehnlichster Wunsch.

## Schauspiel und maskierte Gefühle

Wenn Prostitution lateinisch ‚Stellvertretung' bedeutet, so ist professionelles Schauspiel zwar nicht Darbietung sexueller Dienste für Geld, doch in vielen Belangen eine Kunst der Verstellung. Zwar hat Max Reinhardt gesagt, der Schauspielberuf sei Offenbarung, nicht Verstellung, so gilt für das Verkörpern einer dramatischen Figur doch der Als-ob-Modus. Daher ist von *markierten Gefühlen* auszugehen, indem die Identifizierung mit der dargestellten Person zumindest so in Schach gehalten wird, dass sich die darstellende Person nicht mit der vermeintlichen Person durch Affektualisierung der Darstellung verwechselt. Ich erinnere an Helmut Plessner (1982) im zweiten Kapitel.

Insofern der Theaterrahmen klar definiert, dass Person X eine Person Y darstellt und ein Publikum Z dabei zuschaut, ist die Kommunikation zwischen den Figuren der Handlung und den Personen der Darstellung komplexer als man hinlänglich annehmen würde. Es handelt sich um eine Dissoziation des darstellenden Subjekts als Objekt des Darzustellenden. Dieses produktive Dissoziieren erfordert hohes Funktionsbewusstsein in Bezug auf die Verkörperung des Darzustellenden im Unterschied zur wirklichen Identität. Die Kanäle, auf denen abwechselnd kommuniziert wird, erfordern ein hochdifferenziertes Wahrnehmungsbewusstsein für den Unterschied zwischen real und imaginär. So gilt primär für das Ensemble in Kooperation mit der Regie, sekundär für das Publikum, dass die dargestellte Gegenwelt in Hinblick auf die soziale Realität fiktiv ist, wohingegen die Produktion und Darstellung der fiktiven Gegenwelt konkrete und reale Arbeit innerhalb der Welt des Theaters bedeutet.

Ich kenne Schauspieler und Schauspielerinnen, die unscheinbar, schüchtern und kontaktscheu wirken. Wenn sie in Rollen schlüpfen, bringen sie eine ungeahnte Ausdruckskraft, Präsenz sowie berührende Wirkung hervor. Nun gelten die verinnerlichten Einschränkungen wie Scham und Angst für die Zeit der Darbietung nicht. Durch Verwandlung in eine fiktive dramatische Figur finden eine Entgrenzung und temporäre Befreiung statt. Ein privat misstrauischer und vielleicht depressiver Mensch kann auf der Bühne exzellenter Komödiant sein. Umgekehrt trifft es zu, dass ein harmoniebedürftiger Mensch auf der Bühne überzeugend einen rachsüchtigen Mörder spielen kann. Allen Gegenwelten gemeinsam ist das Risiko, in ihnen für die wirkliche Wirklichkeit abhandenzukommen. So lautete beispielsweise eine ZDF-Dokumentation über Leben und Wirken des Dirigenten Carlos Kleiber mit dem Titel: *„Ich bin der Welt abhandengekommen!"* Kann es gelingen, jenen Wunsch zu verstehen, der uns in Gegenwelten treibt?

### Gemeinsam erlebtes Leben

Thomas Ogden, der sich in *Gespräche im Zwischenreich des Träumens* (2004) auf die Arbeiten von Donald W. Winnicott bezieht, verweist unter der Perspektive des ‚analytischen Dritten' auf das Phänomen, wonach ein Mensch von einem anderen ‚gesprochen' werden kann und umgekehrt man selbst diesen zu sprechen in der Lage ist. „Wir werden auf eine Weise gekannt, wie wir uns bisher selbst nicht kannten" (Ogden 2004, S. 151). Damit greift er Argumente von Winnicott aus *Die primitive Gefühlsentwicklung* (1945) auf. „Das frühe Selbsterleben ist bruchstückhaft und wird gleichzeitig (mithilfe der Mutter) auf eine Weise ‚gesammelt', die es dem Erleben des Kindes hin und wieder ermöglicht, sich an einem Ort zu vereinigen. [...] Das lebendige Erleben des Individuums muss die Grundlage für die Schaffung von Kohärenz für die eigene Person und Integrität der eigenen Person sein" (Ogden 2004, S. 178). Von Bedeutung ist daher, auf welche Weise die ‚Objekt-Mutter' – ihre Imago – im Kind entstanden ist, für die sich ein Patient oder eine Patientin in der Therapie interessiert.

Von daher leitet Ogden den Begriff ‚Resonanz' ab, sofern diese in uns eine Stimme erweckt, die wir als eine uns zugewandte empfinden und von ihr innerlich angetroffen sind. Er argumentiert, das ‚Selbstgefühl' changiere in diesem Zwischenreich, in welchem einmal das objektlose Empfinden im Körper, dann wieder ein Spüren des anwesenden und habhaften Objekts vorherrsche. „‚Etwas' ist ein konkretes Ding, das Objekt, das gefühlt wird; und gleichzeitig ist ‚etwas' das unbestimmteste aller Worte, das lediglich darauf hinweist, dass irgendein Gefühl empfunden wird" (Ogden 2004, S. 187). Zum Vergleich: „Das psychische Selbst taucht auf, wenn sich das Kind als denkendes und fühlendes Wesen in der Psyche einer anderen Person wahrnehmen kann. Eltern, die über das innere Erleben ihres Kindes nicht verstehend nachdenken und entsprechend reagieren können, verwehren ihm die Entwicklung einer psychischen Kernstruktur, die es braucht, um ein stabiles Selbstgefühl aufbauen zu können" (Fonagy, Gergely, Jurist & Target 2019, S. 36).

Gekannt zu werden, bedeutet unter der Perspektive ‚Resonanz', sich in jener Person, welcher unser Begehren gilt, integriert, d.h. anwesend zu fühlen. „Dies ist im Leben eines Säuglings alltäglich, und wenn ein Baby einen solchen Menschen, der seine Einzelbestandteile sammelte, nicht hatte, beginnt es seine Bemühungen um Integration mit einem Handicap und kann möglicherweise auf Grund dessen die Integration nicht erreichen, oder zumindest fehlt ihm das Selbstvertrauen, das es braucht, um sie aufrechtzuerhalten. (...) Im Leben eines normalen Babys gibt es lange Phasen, in denen ihm gleichgültig ist, ob es viele Teile oder ein Ganzes ist, ob es im Gesicht seiner Mutter oder in seinem eigenen Körper lebt, wenn es nur gelegentlich zu einem Ganzen wird und etwas fühlt" (zitiert nach Winnicott 1945; dt. Parallelstelle: Winnicott 1983b, S. 65f in Ogden 2004, S. 184).

Ogden bekundet, der ‚geträumte Traum' (vgl. Moser & von Zeppelin, 1996) und der erinnerte/erzählte, zueinander durch Sprache in Beziehung gebracht, erwirke eine Integration sowohl zweier Selbstobjekte als auch den Unterschied zwischen dem Realen und dem Imaginären. „Mit seinen ‚Träumen bekannt gemacht werden' ist eine für Winnicott typische Formulierung; niemand außer ihm hätte diese Worte schreiben können. Implizit ist darin die Metapher enthalten, dass ein Erwachsener es beim ersten Zusammentreffen eines Kindes im Wachzustand mit seinen Träumen übernimmt, die beiden Seiten ‚miteinander bekannt zu machen'. Bei dieser imaginären formell-sozialen Situation lernt nicht nur das Kind, dass es ein Traumleben hat, sondern außerdem lernt sein Unbewusstes, dass ‚es' (das sich im gesunden Fall ständig im Prozess der ‚Ich'-Werdung befindet) ein ‚Leben im Wachzustand' hat" (Ogden 2004, S. 190).

Insofern arbeitet Ogden anhand von Winnicotts Darlegungen heraus, dass der „organisierende ‚rote Faden' der psychischen Entwicklung von ihren ersten Anfängen an aus dem Erlebnis des Lebendigseins und den Folgen von Unterbrechungen der Kontinuität des Seins besteht" (Ogden 2004, S. 193). Ein gemeinsames Erlebnis leben, dieser Akt bildet zugleich aus dem Eins-Sein ein Gegenüber-Werden, wofür Winnicott ein schönes Sprachbild fand. „Das nicht benannte Paradox, das hier zu Tage tritt, liegt in der Vorstellung, dass das *gemeinsame* Durchleben eines Erlebnisses dazu dient, Mutter und Kind voneinander zu *trennen* (sie – aus der Perspektive des Kindes betrachtet – als separate Wesen ‚in Beziehung zueinander' zu bringen). Dieses Paradox steht im Zentrum des Erlebens von Illusion. […] ‚Ich stelle mir den Prozess vor, als kämen zwei Linien aus entgegengesetzten Richtungen, die dazu tendieren, sich einander zu nähern. Sobald sie sich überschneiden, entsteht ein Moment von *Illusion* – ein Erlebnis, das das Baby *entweder* als seine Halluzination *oder* als etwas, das der äußeren Realität zugehört, verstehen kann'" (Hervorhebungen von Winnicott; zitiert nach Winnicott 1945; Parallelstelle der dt. Ausg. [1983b] S. 69 in: Ogden 2004, S. 194).

Die paradoxale Konfiguration der von Winnicott bezeichneten *Illusion* möchte ich präzisieren und eine Version *kontrastiven Selbstkonzepts* reflektieren, die ein Beziehungsdrama betrifft, das seinen Grund in einer tiefen narzisstischen Verwundung vermuten lässt. In einigen Fällen bringen Klienten und Klientinnen dieses Thema in Verbindung mit wechselnden Partnerschaften und dem unglücklichen Bewusstsein, ohne eine Idee zu haben, womit ihre Beziehungsprobleme zusammenhängen könnten. Von daher dauert es eine gewisse Zeit, bis wir uns an die Hintergründe herantasten, die an die Bestrafung des Sisyphos durch die olympischen Götter erinnern. Er war dazu verurteilt, von diesem Drängen, den Stein auf die andere Seite des Berghanges zu bringen, keinen Abstand finden zu können. Auch wenn Albert Camus meinte, Sisyphos sollten wir uns als einen glücklichen Menschen vorstellen, so hege ich meine Zweifel daran und stimme vielmehr der Ansicht von Peter Schellenbaum (2002) zu. Einen möglichen Zugang zum Verlassenheitsgefühl, zu einem Bindungstrauma, möchte ich mit der Fortführung meiner Metapher der Kirschkerne öffnen.

## Kirschkerne im Blinddarm

Die Metapher ist nicht vollständig ausbuchstabiert. Kirschkerne sind ziemlich hart. Wozu wollte man sie knacken? Angenommen, ein Bindungstrauma kapselt sich ab, ich denke an Dissoziation, dann lagern diese abgespaltenen Selbstanteile wie Kirschkerne im Blinddarm. Dieser Blinddarm befindet sich in einem okkulten Winkel des Gehirns. Sie bilden einen alarmierenden Entzündungsherd, wenn eine intime Bindung eingegangen wird. Eine Bindung, die aus dem Begehren hervorgehen soll, ein Grundübel zu entkräften. Und das Grundübel des Begehrens ist ein Mangel, den das traumatisierte Subjekt zu heilen trachtet, ohne zu ahnen, dass damit eine Re-Traumatisierung in Szene gesetzt werden wird. Ihm mangelt es an ‚Positivresonanz' (Haller, 2022). Dieser Mangel, der sich als Bindungstrauma erweist, betrifft den Bruch oder das gänzliche Fehlen jener Resonanz, die durch gemeinsam erlebtes Leben zwischen Mutter und Kind in ihm Verbundenheit erzeugt, ungeteilte Anwesenheit ihm die Gewissheit vermittelt, sich selbst zu fühlen. Es kommt jedoch anders. Aus diesem Mangel entsteht ein Begehren, das zu suchen und zu finden, was auf fatale Weise diese zersplitterte Spiegelerfahrung in Liebesbeziehungen hineinträgt. Sind wir davon betroffen, wählen wir Bezugspersonen, die unser dissoziiertes, d.h. abgespaltenes Kirschkernproblem erwecken (triggern), indem wir unser Begehren auf sie richten. Wir tun dies mit einem erstaunlichen Instinkt, als wollten wir geradezu die frühere Katastrophe beschwören und sie paradoxerweise dadurch heilen.

Wir begehren einen Menschen, der unseren Mangel an Resonanzerfahrung heilen soll und können nur jemanden begehren, der diese Resonanz nicht entgegenbringen wird. So geraten wir in den Sog, alles zu geben und uns selbst zu verschenken, indem es uns nicht gelingt, die schmerzliche Wahrheit des Kirschkerns zu enthüllen. Paradox ist jenes absurde Bemühen, gleich einem Sisyphos, da wir von jenem Anderen, der in Resonanz eine intime Bindung zu halten in der Lage ist, Liebe nicht annehmen. Nein, wir glauben diesem Menschen und seiner Liebe nicht. Im Gegenteil: Wir entfliehen dieser Nähe, weil wir den Unterschied zwischen hingebungsvoller Resonanz und betörendem Werben nicht kennen. Das Verlangen, diesen Mangel an Resonanz zu begehren und das Imaginäre darum zu bemühen, den Wunsch an die zum Scheitern verurteilte Beziehung zu adressieren, ist der Versuch, die abgekapselten Kirschkerne zu leugnen, den einstmaligen Trennungsschmerz nicht zu empfinden. Die ersehnte Vereinigung mit einer Person, die jenes Vorzeichen der Abwesenheit, des Mangels an Resonanz wie ein Stigma mit sich trägt, bedeutet schließlich, die Versagende oder den Versagenden zu begehren, so wie es sich anfühlt, an die frustrierende Mutter gebunden zu sein.

Naturgemäß handelt es sich um ein wechselseitiges Übertragungsgeschehen. Aber ich bin momentan nicht daran interessiert, die Beweggründe jener Person zu ergründen, die sich solchem Begehren des Mangels zur Verfügung stellt. Jedenfalls, so scheint mir, vertieft sich das paradoxale Verhältnis von Wunsch und Abwehr an derartigen Beziehungsentwürfen. Der Versuch, die frustrierende Bezugsperson durch ein exzentrisches Beschenken und Beschwören in eine andere als die zutiefst bekannte Gestalt zu verwandeln, kann im Grunde nur durch die Magie von Allmachtsfantasien wirksam und glaubhaft erscheinen. So artikuliert sich die Gestalt als Phantasma, das sich letztlich als Verrat des Schwurs erweisen muss, um uns auf die ursprüngliche Gebrochenheit zurückzustoßen, auf den Mangel an Resonanz. Liegt darin eine Gesetzmäßigkeit, die dem Scheitern zugrunde liegt?

Es betrifft zum einen die Abwesenheit, den Schnitt, die Bruchstelle der Verbundenheit. Zum anderen zeigt das Aufflammen der Lust Überlebensinstinkte an, die wir in aggressiven Impulsen erkennen müssen, mit denen sich unser Wesen in Liebeswut verwandelt. So vollzieht sich dreifache Überlastung durch die narzisstische Wunde: 1) die ursprüngliche Erfahrung des Mangels, ‚gemeinsam erlebtes Leben' zu vermissen, wie Ogden mit Winnicott beschreibt; 2) die verausgabende Anstrengung, die entstandene Liebeswut in den mühevollen Eifer des Werbens zu verkehren, wenngleich darin Verachtung steckt; 3) das Erwachen aus der Halluzination einer Verschmelzung mit dem idealisierten Objekt. Erkennt die begehrte Bezugsperson, womit sie identifiziert wird, kann sie sich nicht gemeint fühlen. Ihr Groll wird sich dementsprechend an uns rächen. Die Verleugnung, mit diesem drängenden Eifer zum Scheitern verurteilt zu sein, hält zugleich das Karussell des Illusionierens in Gang und mindert die Selbstachtung des Begehrenden. Die Trennung führt zum nächsten Versuch, bei nächster Gelegenheit wird es schon klappen. Aber was?

Das Begehren des Mangels trägt in sich das Versprechen, ein Nichthaben durch ein Haben zu ersetzen. Doch bedarf es gerade dem Versprechen gegenüber ichstarker Abstinenz. Wie soll es gelingen, sich vom

Nichthaben abzugrenzen? Man kann sich von etwas oder jemandem nur verabschieden, wenn zuvor ein Haben bestanden hat. So trägt die vom Begehren des Mangels umworbene Person bereits die Bringschuld unserer Allmachtsfantasie gegenüber in sich, wenngleich auch sie der Idealisierung durch Verlieben anheimfällt. Was geschieht durch Idealisierung und projektive Identifikation? Mit Mastersons Modell (1980) lässt sich veranschaulichen, wie die Beziehungsabwehr zustande kommen kann. Die *belohnende Objektbeziehungs-Teileinheit* (BOT) wird auf die begehrte Person projiziert. Wir selbst tragen jedoch die *entziehende Objektbeziehungs-Teileinheit* (EOT) als Aggression gegen das Selbst in uns.

Scheitert das Arrangement nach geraumer Zeit, erklären wir die vermeintlich rettende Person zur schuldigen und stilisieren uns zum Opfer. So dreht sich das Verhältnis durch projektive Identifikation um. Wird die Versagung durch die EOT auf die sich entziehende Bezugsperson übertragen, um uns selbst den guten verschenkenden Part BOT zuzuspielen, dann mangelt es an Abgrenzungsaggression, zu diesem Begehren Nein sagen zu können. Und es mangelt an Selbstachtung, wenn wir dem Begehren nachgeben. Spaltungen erzeugen eine fatale Konkretion des Imaginären, die eine reelle Bezugsperson verfehlen wird. In ihr entsteht daher Groll, ihre anwachsende Bringschuld unserem exzessiven Beschenken gegenüber zu erleben. Sie wird sich entziehen. Was zur paradoxalen Feststellung führt, immer schon abgelehnt worden zu sein. Hier schließt sich der Kreis zum dramatisch Unverständlichen.

Abschließend möchte ich das Verschmerzen von Getrenntsein beleuchten, um den Ausstieg aus dem Karussell des Illusionierens und Frustrierens aufzuzeigen. Gelungene Trauerarbeit stellt paradoxerweise einen misslungenen Rettungsversuch dar, der gegebenenfalls in den Bann der Realitätsverleugnung führen würde und einer ‚halluzinativen Wunschpsychose‘ (Freud 1917a, S. 430) zuzuschreiben wäre. Hingegen entfaltet sich in trotziger Auflehnung gegen die Realität des Nichthabens das Bild des sich entziehenden Liebesobjekts mit faszinierender Leuchtkraft. „Das verlorene Liebesobjekt wird gesucht, soll gerettet werden, aber die

Rettung muss scheitern. Das abwesende Objekt, zunächst idealisiert, macht eine Verwandlung ins Unheimliche und Monströse durch: es enthüllt über kurz oder lang seine verfolgende Doppelgängernatur" (Haas 2002, S. 207).

Haas bezieht sich hierbei auf Freud: „Die abwesende Mutter ist die anwesende böse oder verfolgende Mutter, der abwesende Vater kann zum anwesenden Teufel werden" (Freud 1923a – zitiert nach Haas 2002, S. 178). In diesem Ringen mit dem Doppelgänger, dem abgespaltenen Selbstanteil, den nun der Andere verkörpert, im Wechsel von *ausstoßender Projektion* und *einverleibender Introjektion* finden Umwandlungsprozesse statt. Schließlich gelingt das *Halten innerer Spannung* für den Trennungsvollzug. Loslassen öffnet die Hand. „Merkwürdig aber ist, dass etwas schmerzhaft oder traumatisch auseinanderreißen muss, damit seelischer Raum entstehen kann" (Haas 2002, S. 25).

Kann es gelingen, die Hinwendung eines Menschen, der in Resonanz mit uns tritt, anzunehmen und nicht davor zu flüchten? Es wird wohl ein Abenteuer werden, sich jemanden zu erwählen, der mit uns in Resonanz treten kann und wir diesen Menschen nicht für das Begehren eines Nichthabens verlassen, betrügen, verraten. Traumatherapie löst in der besten aller möglichen Welten ihr Versprechen ein. Ein gutes Ergebnis werden wir daran erkennen, dass wir die Liebe von der Bringschuld gegenüber unseren Allmachtsfantasien befreien und die Hingabe eines Menschen annehmen, der mit uns in Wirklichkeit gemeinsames Erleben teilt. Heilung ist möglich, wenn wir uns in schöpferischer Tätigkeit entdecken, ohne dem Anderen und der Welt abhanden zu kommen. Insofern ist ein traumatherapeutisch angeleitetes Imaginieren dazu angetan, die Fähigkeiten des schöpferischen Selbst zu unseren Gunsten anwenden zu lernen. Und das mag auch heißen, sofern wir an Ichstärke gewonnen haben, den Schatten zu integrieren. Und wenn wir auf eine Person treffen, die resonanzfähig ist, wird sie uns zuhören und mitschwingen. So mag es gelingen, dass auch wir selbst lernen, wie sich Resonanz jenseits der Illusionen anfühlt.

## 3.3 Anhaftung gilt es zu lösen

### Gravitation der Finsternis

Meinen Recherchen nach widmete Abraham (1924) als Erster der Depression eine Arbeit. Am Beispiel des Malers Segantini stellte er den Zusammenhang zwischen Depression und Kreativität her und verwies auf die Bedeutung des frühen Mutterverlustes, der Identifikation mit der idealisierten Mutter, wie auch der aggressiv-sadistischen Regungen gegen sie. Überdies sah er Ursachen für die Ausbildung einer Melancholie in narzisstischen Verletzungen durch wiederholte Liebesenttäuschungen, die vor gelungener Bewältigung der ödipalen Konflikte das Kind trafen.

Donald Winnicott sah Depression weder in der Identifikation mit dem gehassten Aspekt eines ambivalent geliebten und verlorenen Objekts, um damit den geliebten Aspekt zu schützen, indem der Verlust geleugnet wird, noch in der Weise wie Melanie Klein, im Zentrum der Depression stünde die unbewusste Fantasie, die eigene Wut habe das geliebte Objekt verletzt, vertrieben oder getötet, sondern: „In einem einzigen Satz legt Winnicott seine Auffassung dar (und zwar durch seine *Nutzung der Idee*, nicht durch deren Erklärung), dass Depression eine Manifestation der Übernahme und Aneignung der Depression der Mutter (oder eines anderen Objekts seiner Liebe) – durch deren Einverleibung in der Phantasie – ist, mit dem unbewussten Ziel, die geliebte Person von ihrer Depression zu erlösen" (Ogden 2004, S. 179).

In seiner Studie über die Depression (2001) bezog sich Béla Grunberger auf Freud, der in *Hemmung, Symptom und Angst* von der „libidinösen Natur des Selbsterhaltungstriebes" (Freud G.W. 14, S. 159) spricht und den narzisstischen Charakter der Depression hervorhebt. „Die Wiederbelebung der narzisstischen Wunde findet beim Depressiven mit besonderer Heftigkeit statt, so als habe er das ursprüngliche Trauma in einem Moment erlitten, in dem der Druck der positiven narzisstischen Besetzung besonders stark oder die Versagung besonders brutal war oder gar beide Faktoren zusammenkamen" (Grunberger 2001, S. 251). Die Depression drücke eine mangelhafte Bestätigung des Ich-Ideals aus. Der Narzissmus werde vom Ich „als *beschämende Schwäche und Mischung aus moralischer Vernichtung, Trauer, Scham und Ekel* erlebt" (ebd.).

## Fixierung auf die frustrierende Mutter

Hans-Joachim Maaz, dessen Bemerkungen zum Thema Ablehnung ich bereits zitiert habe, kann an der Stelle die Fixierung auf die frustrierende Mutter als mangelnden Trennungsvollzug beschreiben. Von der Seite der Männer her betrachtet könne sich der Sohn einer Mutter nur von ihr lösen und eine Frau als ebenbürtige Lebens- und Sexualpartnerin gewinnen, „wenn seine Muttersehnsucht gesättigt ist oder er gelernt hat, sein Mutterdefizit immer wieder betrauern zu können" (Maaz 2019, S. 19). Und Ähnliches gilt für die Seite der Frauen, nur in verkehrter Rollenzuschreibung: „Die Tochter wird erst dann ihren Partner nicht mehr zur versorgenden und beschützenden Ersatzmutter machen wollen, wenn auch sie über ihr Mutterdefizit trauern konnte und ihre unbewusste Identifikation mit der Mutter erkennen kann und durch schmerzliche Abnabelung zu überwinden gelernt hat" (Maaz 2019, S. 19).

Michael Kurt Moeller äußert sich zum Mutterbild, das wir nicht selten in uns tragen: „Sie ist unser Ebenbild. Weil sie die enttäuschte Mutter ist, ist sie die Mutter der Enttäuschung. Ihre wesentlichen Bedürfnisse sind unerfüllt geblieben. So sehr, daß sie nicht einmal die Fähigkeit erlangte, ihr notwendigstes Bedürfnis zu entwickeln, nämlich ihre wesentlichen Bedürfnisse zu äußern und sich für sie einzusetzen. Sie, die jetzt gezwungen ist, narzißtische Schäden in den Kindern hervorzurufen, ist selbst narzißtisch geschädigt und füllt ihre Lebenslücken, den Mangel am Selbst, mit dem Ersatzstoff Kind. Gerade Wunschkinder haben also kein Leben nach eigenen Wünschen. […] Sie bleiben Erfüllungsgehilfen mütterlicher Erwartungen, und das heißt: ihres ungelebten Lebens" (Moeller 2002, S. 56). Insofern ist die negative Mutter in uns selbst Ansammlung aller negativen Reaktionen auf ungelebtes Leben und Befriedung durch Unterdrückung. „Neid, Haß, Enttäuschungszorn, Gefühl der Leere bestimmen das Klima einer solchen unbewußten Beziehung" (Moeller 2002, S. 57).

Edith Jacobson (1978) beschreibt das Oszillieren zwischen konträren Stimmungen im wechselseitigen Vorgang von Projektion und Introjektion (vgl. Klein, 1974). Insofern werden Libido und Aggression einmal auf die Bezugsperson, dann wieder auf das Selbst gerichtet. So liegt es auf der Hand, dass in dieser Zeit „ein unberechenbares Schwanken zwischen der Haltung passiver, hilfloser Abhängigkeit von der omnipotenten Mutter und aktivem, aggressiven Streben nach Selbstexpansion und machtvoller Kontrolle über die Liebesobjekte" (Jacobson 1978, S. 55) vorgängig ist. Fehlentwicklungen würden sich einstellen, wenn das Verhalten der Mutter kein empathisches Verständnis zeigt oder wenn sie umgekehrt vom Kind erwartet, es könne wie sie auf einer Ebene des Erwachsenenstatus handeln und verstehen. „In beiden Fällen ist die Mutter unfähig, zwischen den kindlichen Bedürfnissen und ihren eigenen zu unterscheiden und ihre eigenen Identifizierungen mit dem Kind einem liebevollen Akzeptieren des Kindes als eines eigenständigen Individuums unterzuordnen" (Jacobson 1978, S. 68).

Analog zu Kernberg und Masterson beschreibt sie das Stocken der Entwicklungsschritte, wenn es zu einer aggressiven Überbesetzung der Selbstrepräsentanzen kommt. Ein Scheitern „entspricht masochistischem oder selbstdestruktivem Verhalten (Jacobson 1978, S. 95-96). Depressivaggressive Affekte setzten sich aus Unlustempfindung und Vorstellungsinhalt als universelle Begleiter des Subjekts zusammen. Die infantilen Vorstellungen von Wert oder Unwert entstünden nach den Wertmaßstäben von Lust und Unlust. „Wenn die aggressiven Reaktionen des Kindes auf Frustration Vergeltungsängste hervorzurufen beginnen, wird die ‚gute Mutter' zu einer bösen, strafenden, die durch das ‚Wiedergutsein' des Kindes versöhnt werden kann" (Jacobson 1978, S. 110). Die Wendung der Aggression gegen das Selbst deckt sich mit verinnerlichter Ablehnung. „Diese Form der Aggression herrscht, wie wir wissen, in ihrer gegen das Selbst gewendeten Form bei depressiven Zuständen vor" (Jacobson 1978, S. 112).

## Ungestilltes Verlangen

Meines Erachtens ist das Grundübel des Begehrens dem Umstand zu verdanken, dass Mangel an Resonanz es schürt. Kontaktabbruch, schon im Moment unangemessenen Verhaltens gegenüber einem Grundbedürfnis des Kindes zu entsprechender Zeit, erzeugt Lücken im Selbsterleben, an deren Stelle Phantasmen treten. Menschen beginnen, Phantasmen zu begehren, die angesichts der frustrierenden Realität zwar vielversprechend erscheinen, dennoch den Hunger nach vertrauter Anwesenheit nicht stillen. Daniel Stern bringt es auf den Punkt. „Die einzige Möglichkeit, man selbst zu werden, besteht paradoxerweise darin, intentionale Richtungen mit anderen zu teilen" (Stern 2012, S. 151).

Das ungestillte Verlangen zeugt von Leere ohne die Gemeinsamkeit mit einer Bezugsperson. Sobald dieser Hunger quält, können wir uns an Illusionen nicht wirklich nähren. Die Kluft zwischen Sein und Nichtsein ist nicht zu überwinden. Das womöglich nie dagewesene paradiesische Glück ist die Achillesferse des Narzissmus. Nebst Selbsterhaltungstrieb und Sexualtrieben bildet er die dritte Kraft, die meines Erachtens alles miteinander verbindet. Der narzisstische Strom (Kohut, 2001) ist jene Antriebskraft, die uns dazu bewegt, uns selbst als Ganzheit zu fühlen. Bedeutsam ist die Aussage Grunbergers, dass die – in seinen Worten – ‚narzisstische Strömung' weder Anfang noch Ende kennt, „mündet also praktisch in Ewigkeit und Allmacht, d.h. das Leben ist für das Unbewußte eine unendliche Reihe von Vorhaben. Hingegen ist die Zeit des Depressiven erstarrt und geronnen, er steckt in der Sackgasse" (Grunberger 2001, S. 251).

Ungestilltes Verlangen fordert lebenslang Trauerarbeit, die aber auch Quelle schöpferischer Tätigkeit sein kann. Unzweifelhaft durchströmt den schöpferischen Menschen immer auch die Melancholie, denn ein urgründendes Wissen lässt in jedem schöpferischen Werken am Ende ein unerreichtes Ziel erkennen. Zuletzt ist jede Fertigung ein Abschied von dem, was unverwirklicht und illusionär geblieben ist. Vielleicht gilt das auch für Liebesbeziehungen und Ehegemeinschaften. Die Kunst besteht darin, mit Desillusionierung leben zu lernen, ohne das Talent des schöpferischen Selbst dadurch zu entwerten.

Ich kenne eine Vielzahl von Kunstschaffenden, die sich bewusst sind, dass sie im Grunde ein Thema und dieses in Variationen bearbeiten. Ich zitiere stellvertretend Gottfried Helnwein: „Ich glaube, dass alle Arbeiten eines Künstlers im Grunde immer nur um ein einziges zentrales Anliegen oder Motiv kreisen. Und jedes Werk so etwas wie ein neuer, mehr oder weniger erfolgreicher Versuch ist, sich diesem Grundthema zu nähern, es sichtbar zu machen, zu fassen, zu formulieren, obwohl es im Prinzip immateriell, und daher nicht fassbar ist, und keine Form hat." Die unfassbare immaterielle Qualität ist für mich die Erfüllung unstillbaren Verlangens. Und wenn wir die Aussage Helnweins auf unsere unendliche Geschichte der Liebe umlegen, sie nahezu deckungsgleich sehen, dann wird dies heißen, dass der Sinn der Liebe darin besteht, Sinn zu schaffen (Schmid, 2017).

## Sehnsucht und Abscheu

Die Geschichte von Gerda mag Einblicke in die *innere Unruhe* auf der Suche nach einem Spiegelbild bzw. einer Spiegelung aufgrund ihres abwesenden Vaters in der Entwicklungsphase der Idealisierung geben. Gerda (35) führte in der Zeit unserer Gespräche über bald eineinhalb Jahre ein Doppelleben, das, wie nicht anders zu erwarten, mit Verlockung und Verheißung durch ihr Ideal-Ich begann. Sie hatte einen Mann kennengelernt. Sie verliebten sich ineinander. In den ersten Monaten dieser Liebschaft trafen sie sich heimlich und verbargen diese Treffen vor ihren jeweiligen Ehepartnern. Gerda zog in Erwägung, ihren Ehepartner zu verlassen. Ihr Liebhaber war dazu nicht bereit. Nach einiger Zeit stellte der Ehemann von Gerda Nachforschungen ob ihrer auffallenden Abwesenheit und sogar Abneigung ihm gegenüber an und deckte die Geschichte mit dem Liebhaber auf. Für ihn war eine Welt zusammengebrochen.

Gerda erlebte eine erste Spiegelsplitterung, indem sie realisierte, wie sehr ihr Ehemann unter dieser Belastung litt. Daraufhin versprach sie ihm, den Liebhaber nicht mehr zu treffen und in den Hafen der Ehe zurückzukehren. Mit seinem Glauben an ihr Versprechen und seiner Selbstbezichtigung, er selbst sei an der Misere schuld, weil er ihr in den letzten Jahren kaum Aufmerksamkeit geschenkt habe, bemühte er sich von da an mit besonderer Fürsorglichkeit um sie. In ihren Erzählungen gab Gerda zu, der Haltungswechsel ihres Mannes beeindrucke sie, sie erfülle ihm sein Begehren jedoch nur widerwillig um der Stabilisierung der Ehe wegen. Sie spüre aber keinerlei sexuelles Verlangen.

Und so kam es nach zwei Monaten, dass sie sich wieder mit dem Mann ihrer Träume unter strenger Geheimhaltung traf. Ihre Zerrissenheit steigerte sich zu einer unerträglichen inneren Unruhe. Wir sprachen in der Zeit über unerfüllte Wünsche und die Verheißung des Ideal-Ichs. Nach etwa einem halben Jahr kam es zu einer Veränderung ihres Begehrens gegenüber dem Liebhaber, dessen Auftreten in ihrem Leben beinahe den Abbruch der Ehe mit allen Konsequenzen bewirkt hätte. Gerda erkannte, dass sie in ihrer Ehe und mit den Kindern Heimat lebte, die sie nicht mehr aufs Spiel setzen wollte. Als sie ein letztes Mal zu einem heimlichen Treffen mit ihrem Liebhaber fuhr, überkam sie ein Unbehagen, das sie als Abscheu benannte. Noch während der Fahrt widerte sie ihr Handeln an und sie entschloss sich, mit diesem Treffen zugleich den Schlussstrich unter diese Zeit zu ziehen, den Mann ihrer Träume zu verabschieden.

Ich reflektierte in der nächsten Sitzung mit ihr das Erleben der Desillusionierung in Bezug auf ihre Selbstachtung, die sich gegenüber der Erregung des Begehrens durch die Affäre in Abscheu gewandelt hatte. Die Gegenüberstellung ihrer Suche nach dem idealen Spiegelbild und der nun wirksamen Abscheu ihrem ungestillten Verlangen gegenüber erwirkte in ihr eine Regulierung, die von Scham, nicht von Schuldgefühl ausgelöst wurde, zur ‚Ernüchterung‘ des Begehrens durch Selbstachtung beitrug. Ihre Entscheidung förderte die Bereitschaft, ihr Selbsterleben in Wahrheit als Thema hinter dem Thema zu erkunden und von daher das Mit-sich-selbst-Sein als Abenteuer anzunehmen. Wir arbeiteten in der Folgezeit an der Integration der Grandiosität in ihr Selbsterleben mit Hinblick auf den vermissten Spiegel ihres Ideal-Ichs durch den abweisenden Vater in ihrer Kindheit. Und schließlich gelang es ihr, dass sie im Bestreben nach Ichstärkung der Selbstachtung vertraute und die Achtsamkeit für ihr Wohlbefinden neu bewertete.

Heute ist Gerda ausgeglichener und beendet eine Zusatzausbildung, um sich endlich einen beruflichen Veränderungswunsch zu erfüllen. Auch wenn ihre Ehe nicht ihrem Idealbild entspricht, schätzt sie ihre Beheimatung in der Familie. Darüber hinaus hat sie gelernt, Begrenzung für ein Mit-sich-selbst-Sein durchzusetzen und kann auch Alleinsein genießen. Das Abenteuer hat jedoch erst begonnen, nur unter anderem Vorzeichen. Und es hat einen offenen Ausgang. Ich lege Gerdas zerrissene Identität so aus. Ihr Selbsterleben aus Gewohnheit war strukturell an Familie und Heimat gekoppelt und das Selbsterleben in Wahrheit an den Prozess des Aufbruchs. Das weltbezogene Ich war von strategischer Kontrolle und Taktik geprägt. Das selbstbezogene Ich war vom Begehren nach Liebe mit Hingabe geprägt. Die Wahrung bzw. Rückkehr zum Vertrauten ins Familienleben und dem Status im Habitat ist als Schadensbegrenzung strategisch und taktisch nachvollziehbar. Die Sehnsucht und das Begehren, geschürt vom Wunsch nach Entfaltung der Glücksfähigkeit, sind unter Kontrolle gehalten.

Das Selbsterleben in Wahrheit ist jenem der Gewohnheit unterworfen. Die Alternative bedeutet, durch Auseinandersetzung mit der Spaltung des Selbsterlebens das bislang verborgene Selbst gegenüber dem eingewöhnten Selbst deutlich zu verstärken, um Stimmigkeit von Anpassung unterscheiden zu können. Es geht um nichts Geringeres als die Entfaltung der Glücksfähigkeit jenseits von Kontrolle und Taktik. Inwiefern eine Spiegelung der Grandiosität, d. h. der Besonderheit und Unwiderstehlichkeit durch Verliebtheit, die vermisste Erfahrung in der Kindheit zu leisten vermag, muss jeder Mensch für sich selbst herausfinden.

## Paradiesglück und unmögliche Liebe

Eva Jaeggi (1999) legt einige Anregungen vor, einem seligen Versinken ins ozeanische Gefühl der Symbiose kritisch gegenüberzustehen. „In diesem Zusammenhang sei an Freud erinnert, der in einem Brief an seinen Freund Wilhelm Fließ sagt, daß eigentliches Glück nur in der Erfüllung der Kinderwünsche möglich ist. Die Wünsche kleiner Kinder sind oft maßlos und irreal, getragen von Ohnmachts- und Allmachtgefühlen und alles durchdringend" (Jaeggi 1999, S. 14). Unter dem Regime des *Primärprozesses* würden wir in der Verliebtheitsphase eine durchaus ähnliche Aufhebung der Realität erleben. „Der Traum vom Paradiesglück dieses Einsseins durchzieht auch im weiteren Leben alle Phantasien: als Trauer um den Verlust oder als utopische Sehnsucht. Meist ist es beides zugleich. Der holde Schein allerdings trügt vom ersten Moment an" (Jaeggi 1999, S. 74).

Wie an vielen Darlegungen abzulesen, lässt sich nicht verleugnen, dass die gesamte Entwicklung ein Kampf zwischen Rückkehr in die Geborgenheit und dem Drang nach Freiheit ist. Unter dem Blickwinkel von Wachstum und Reifung gilt die Überwindung der Dyade mit der Mutter als wichtigste Entwicklungsaufgabe. „Symbiose bedeutet immer auch einen Verlust an Identität; die Begegnung mit dem Fremden birgt die Möglichkeit konturierter Ich-Werdung" (Jaeggi 1999, S. 76). Spaltung sei gut geeignet, „einem Menschen ‚reifes' Funktionieren unter Ertragen der Ambivalenzspannung unmöglich zu machen" (Jaeggi 1999, S. 94). Und so ermahnt sie, dass Gefühle nicht imstande sind, die instrumentelle Vernunft zu korrigieren, „sondern die aus einer ganzheitlichen Erfahrung geborene Reflexion, in der solche Spaltungen hinterfragt werden" (Jaeggi 1999, S. 97).

Die universelle Notwendigkeit zur individuellen Identitätskonstruktion verweist auf das menschliche Grundbedürfnis nach Anerkennung und Zugehörigkeit. Identität bildet ein selbstreflexives Scharnier zwischen der inneren und der äußeren Welt. Insofern stellt sie immer eine Kompromissbildung zwischen Eigensinn und Anpassung dar. Nach

Mahler (1957) leide eine ‚Als-ob-Persönlichkeit' unter dem Verlust von Identitätsgefühl. Edith Jacobson zitiert diesbezüglich Erik Erikson, wonach „die Identitätsbildung dort beginnt, wo die Brauchbarkeit der Identifizierung endet" (Erikson 1956, S. 140 in: Jacobson 1979, S. 39). Das bedeutete für Gerda Auseinandersetzung mit der Spaltung ihres Selbsterlebens, Aufgabe der Annehmlichkeiten im Selbsterleben aus Gewohnheit und Entwicklung innerer Stimmigkeit als Kriterium der Authentizität. Und was sie daraus macht, verdient Würdigung. Denn egal wie es ausgeht, Hauptsache, dass es gut weitergeht (Kühbauer, 2017).

### Die Feuerprobe

Auf allen Stufen der Skala von Entgrenzungen ging es nie um Vernunft. Kognitive Kompetenz und Inkongruenz können einander ausschließen. Solange ein Handeln motivational als konsistent erscheint, kann es für legitim erklärt werden, weil es Satisfaktion verschafft. Dies gilt auch, wenn bei nüchterner Betrachtungsweise das gute Gefühl gar keinen wirklichen Beitrag zur Selbstachtung leisten kann; es wird dies ein Schamgefühl erzeugen. Ist jedoch der Lustgewinn höher als das Scham- oder Schuldgefühl, so löst die kurzfristige Satisfaktion vorübergehend die innere Anspannung und Unzufriedenheit gegenüber der fahlen Realität. Es ist nicht ausgeschlossen, dass die Befriedigung durch Lustgewinn gleichsam als Belohnung für das Durchhalten und Funktionieren in der normalen Alltagswelt ertragen werden kann. So schürt die dopaminerge Vorfreude auf den nächsten Ausflug in die Gegenwelt das Feuer der Lust, belohnt vielleicht die Disziplin der Alltagsbewältigung.

Der Schatten, von C.G. Jung als Begriff in seine *Analytische Psychologie* aufgenommen, bezeichnet Empfindungen und die daran geknüpften inneren Bilder, welche dem Idealbild oder Ideal-Ich nicht entsprechen, mit Unlustempfinden besetzt sind. Wir zählen dazu Zustandsgefühle, die durch *Kindmodi* (Roediger, 2018) als gefühlsvermeidende oder übertreibende Schemata erzeugt wurden: Wut, Ärger, Zorn, Empörung, Groll, Ekel, Neid, Scham, Schuld, Eifersucht, Verachtung, Rache, Hass; aber auch Kummer, Trauer, Angst und Schmerz. Die Integration des Schattens in das Selbst ist eine Feuerprobe. Wir gehen durchs Feuer, denn verinnerlichte Ablehnung verwandelt sich in vitale Energie, wenn sie mit der Gewalt, die sie gründete, in Berührung gerät und die Gewalt transformiert werden kann (Haas, 2002).

Die Feuerprobe braucht wie kein anderes Verhaltensabenteuer Mentalisierungsfähigkeit, die ich unmittelbar an Symbolisierungsprozesse gekoppelt sehe. Wird die Feuerprobe ohne Mentalisierungs- und Symbolisierungspraxis betrieben, droht Re-Traumatisierung, sobald die selbstorganisierenden Prozesse kollabieren. Selbst geringfügige Auslöser können zu gewalttätiger Affektentladung führen, wenn keine reflexiv differenzierende Kompetenz vorhanden ist. Nicht immer tickt die Zeitbombe wie im drastischen Fall kalt erstarrten Hasses. Das Grauen weist viele Varianten auf, die ein erhöhtes Kontrollbedürfnis erwirken. Selbst die freundlichste Mimik kann ihren missachtenden oder verachtenden Hintergrund nicht gänzlich verbergen, wo leblose Züge und Gesten darauf aufmerksam machen. Die Darlegung der Bindung an die frustrierende Mutter, an unsere zwiespältigen Mutter-Imagines, in Zusammenhang mit Depression, möchte als Ansporn verstanden werden, sich dem Schatten zu widmen.

Das Projekt *Integration des Schattens in das Selbst* mit dem Ziel, ein integriertes Selbsterleben zu erwirken, ist progressiv. Regressiv ist die Rückkehr in automatisierte dysfunktionale Verhaltensweisen, deren Schemata nicht situationsadäquat sind, den entsprechenden Habitus jedoch kontinuierlich konstituieren. Progressiv ist eine Integration, wenn abgespaltene Zustandsgefühle aus ihrer jeweiligen Entstehungszeit, emotional episodisch aus dem Gedächtnissystem, hervorgebracht werden. Will ich mich im psychotherapeutischen Prozess dem Schatten stellen, muss ich mich auf Konfrontieren mit affektiver Information einlassen.

Peter Schellenbaum hat sich in *Abschied von der Selbstzerstörung; Befreiung der Lebensenergie* (2002) eingehend mit den Motiven und Konsequenzen der Destruktivität befasst. Die einleitende Frage verweist auf das Anliegen seines Buches: „Wie können wir unsere negativen Vorstellungen loswerden und das Zerstörerische da klar erkennen, wo es wirklich am Werk ist?" (Schellenbaum 2002, S. 13). Er erzählt von düsteren Phantasmen, die dem von Schuld und Scham gequälten Menschen auf der Seele lasten. Abgesehen vom Plädoyer für seinen über Jahre elaborierten Ansatz der „Psychoenergetik" appelliert Schellenbaum an die Holschuld des sich befreienden Menschen von selbstzerstörerischer Unterwerfung unter das Leistungsgebot der Gesellschaft.

Er schlägt vor, den Blick auf die Wurzeln des Übels zu richten, wenn er das krasseste Beispiel dafür wählt. „Mancher Selbstmörder ist bloß der Vollstrecker eines Urteils, das die eigene Vorstellung über ihn gefällt hat. Unrealistische Vorstellungen stammen immer aus bestimmten Vorkommnissen in der Vergangenheit, meist der Kindheit. Sie machen blind für die reale gegenwärtige Situation, schneiden uns von diesem Augenblick ab, blockieren unsere Energie an immer demselben Knotenpunkt, lassen unsere vielfältigen Anlagen ungenützt verkümmern – kurz, sie verhindern das Ganzheitsbewußtsein, die Gefühlsaufmerksamkeit für das, was jetzt wirklich ist, den ungestörten Fluß unserer verschiedensten Begabungen, Fähigkeiten, Emotionen in einem einheitlichen Prozeß" (Schellenbaum 2002, S. 128).

Hans Joachim Maaz (2019) räumt ein, dass niemand davor gefeit ist, Befriedigungsaufschub und Verzicht sowie sinnvolle Ersatzbefriedigung zu leisten, woraufhin sich Vernunft und Einsicht als gedeihlich erweisen. Es kann kein Weg daran vorbeiführen, die immer wieder neu entstehende konflikthafte Spannung zwischen dem Lust- und Realitätsprinzip zugunsten der Lebensqualität zu meistern, seelische Weiterentwicklung zu ermöglichen. „Trauer, Schmerz und Wut sind deshalb unvermeidbare Begleiter des Realitätsprinzips" (Maaz 2019, S. 134).

Evelyn Fox Keller argumentiert, emotionale Reife impliziere einen Realitätssinn, der weder von der Fantasie abgetrennt noch von ihr abhängig ist; sie erfordere einen ausreichend sicheren Sinn für Autonomie. „Um mit Loewald (1959) zu sprechen, ‚ist das sogenannte vollentwickelte, das reife Ich, wohl nicht eines, das an das vermutlich höchste oder letzte Entwicklungsstadium gebunden ist, nachdem es die anderen Stadien hinter sich gelassen hat, sondern ein Ich, das seine Realität in der Weise integriert, daß die früheren und tieferliegenden Stufen der Real-Ego-Integration als dynamische Quellen einer höheren Organisation lebendig bleiben'" (Loewald 1959, S. 18 in: Fox Keller 1998, S. 98).

Es möge an der Stelle passen, die Problemsicht erneut aufzurollen und durch Unterscheidung von Bringschuld und Holschuld die Verwechslungen oder Vertauschung von Zuständigkeiten zwischen Eltern und Kindern auf den Punkt zu bringen.

## Bringschuld und Holschuld

Nehmen wir an, ein Käufer bestellt einen Einrichtungsgegenstand und dieser muss vom Verkäufer ausgeliefert werden. Mit der Bezahlung des im Kaufvertrag ausgewiesenen Betrags entsteht die Bringschuld beim Verkäufer. Leistungsort und Erfolgsort liegen beim Gläubiger. Holschuld bedeutet, etwas Gefordertes oder Beabsichtigtes anzupacken oder sich zum Beispiel ein Wissen anzueignen, um einer Aufgabe nachkommen zu können. Ein Gläubiger ist, wer eine Vorleistung erbracht hat und nun Anspruch auf den Ertrag hat. Im Fall der Holschuld liegt die Verantwortung beim Verlangenden. Für die Bringschuld liegt die Verantwortung beim Vermittelnden.

Eltern haben eine Bringschuld zu leisten, denn die berechtigte Erwartung ihres Kindes ist dessen Wunsch, unter den besten Umständen aufwachsen zu können. Wird das Kind allmählich in seiner Selbstständigkeit unterstützt und ist es somit in der Lage, Forderungen von Eltern zu verstehen und ihnen nachzukommen, so liegt die Holschuld beim Kind, sich diese Verhaltensweisen anzueignen, da es sich in den Regelkreis von Geben und Nehmen, Leistung und Gegenleistung einfügt. Sollte jedoch eine Verkehrung ins Gegenteil eintreten und Bringschuld vorzeitig oder unangemessen ihm zugeschrieben werden, kann sich das Kind seiner aufgelasteten Bringschuld niemals nachhaltig entledigen: Genug ist nicht genug!

Es versteht das Beziehungsgeschehen zwischen ihm und den Eltern oder einem Elternteil als Auftrag, fortwährend zu liefern. Damit entledigt es die Eltern oder einen Elternteil von deren Holschuld. Die Holschuld der Eltern liegt in ihrer Verantwortung, mit wohlwollenden Vorstellungen kindliches Verhalten zu fördern. Die vertrackte Koppelung der Holschuld als unlautere Forderung an das Kind und die genötigte Bringschuld des Kindes berauben es seiner Unschuld. Unschuld meint in diesem Kontext Freiheit, sich zu entfalten. Die Bringschuld knechtet das Kind mit Schuldgefühlen. Um sich geliebt oder zumindest wahrgenommen zu fühlen, leistet es seine Bringschuld ab und versteht den Sinn darin, dass man seine Eltern ehren soll und ihrem Willen gehorchen muss. Dies verhindert seine eigenständige und nach seinem Willen gestaltete Holschuld. Es liefert ab und steckt ein, was an Lob zu ergattern ist.

Die Holschuld des Kindes kann erst dann in Betracht gezogen werden, wenn es den Sinn elterlicher Forderungen versteht. Wird das Kind benutzt, versteht es seine Anwesenheit im Leben der Eltern fortwährend als Bringschuld, indem es sich deren Erwartungen und Forderungen unterwirft. Seine Holschuld gegenüber seinen Bedürfnissen für eigenständiges Wachstum kann ihm nicht bewusstwerden, weil die Eltern seinen Handlungsspielraum kolonialisieren. Das Kind lernt, dass seine Wünsche nicht zählen. Bringschuld lehrt uns, Verantwortung für andere zu übernehmen. Damit machen wir uns die Belange der Anderen zur eigenen Angelegenheit. Das mochte unseren Selbstwert durch Meistern der Bringschuld bestätigen und erhöhen. Aber in Wahrheit geht es um die Anwaltschaft für unsere eigenen Grundbedürfnisse und um die Gewissheit des Selbstgefühls.

Sinn macht, zu wissen, wozu Handeln gut ist. Handeln bedeutet, eine Absicht zu verfolgen und auf Gegebenheiten Einfluss zu nehmen. Einflussnahme, auch gegen Widerstände. Selbstermächtigung kann bedeuten, gegen eigene Widerstände etwas in Angriff zu nehmen. Das macht Sinn, weil ich der eigenen Holschuld nachkomme, die im Wachstumsbedürfnis gegründet ist. Dem Ergebnis nach geht es darum, immer wieder eine Handlungsepisode mit Motivsättigung abzuschließen (Burisch, 2006). So fühlt sich wirkliche Befriedigung an. Die ungestört vollzogene Handlungsepisode ist idealtypisch. Der Realität kommen Unterbrechungen, Verzerrungen, Umwege und Aufschub der Befriedigung nahe. Woran mag es liegen, dass wir nicht ankommen, wo wir sind? Vielleicht müssen wir erst in Erfahrung bringen, dass uns das Recht zu freien Entscheidungen zusteht, ohne dass wir in alte Muster verfallen und erneut Liebe mit Schuldgefühlen behaften.

## Ingrid geht

Sie ist erfolgreiche Bankmanagerin (33) und Tochter eines Informatikers und einer Lehrerin. Er ist Leistungssportler (28), der nun aufgrund einer Verletzung die Karriere aufgeben muss. Insofern ein ungewöhnliches Paar, als sie einige Jahre älter ist als er. Im Laufe einiger Gespräche kommt heraus, dass sie sich trennen will. Sie werde keinesfalls die Rolle der Krankenschwester spielen. Er reagiert darauf sarkastisch und gehässig. Sie streiten viel, nicht laut, aber sehr verletzend. Er wirft ihr vor, nur an die Karriere zu denken. Sie wirft ihm vor, zu verweichlichen. Die Aggression zwischen beiden wirkt kalt und hart. Sex hatten sie immer ausschweifend, aber ziemlich herzlos. In letzter Zeit sei ihr seine zunehmende Wehleidigkeit, wie sie sagt, auf den Nerv gegangen und im Bett versage er auch. Er werfe ihr vor, ihre Fraulichkeit durch den Konkurrenzkampf in der Bank zu verraten. Er sei von ihr als Frau enttäuscht. Da sei die rote Linie für sie überschritten worden. Sie ziehe jetzt den Schlussstrich. Warum sie mich eigentlich aufgesucht habe, fragte ich sie. Die Antwort überraschte mich.

Sie habe erkannt, dass sie ihren Vater und dessen Karriere übertrumpfen wolle und dass sie verstanden habe, wie sehr die Schulmeisterei ihrer Mutter sie gedemütigt habe. Und nun sei sie an der Stelle angekommen, wo sie ihr Leben umkrempeln wolle. Sie würde gerne ihre ‚inneren Antreiber' loswerden und von ihrem Perfektionismus loskommen. Dies zu bearbeiten, sei ihr Auftrag an mich. Gelänge dieses Vorhaben, sei sie endlich frei. Ich lächelte und hakte nach: *„Und wer bist* *du dann, wenn du dich frei fühlst?"* Sie meinte, dann müsste sie sich keine Geltung mehr verschaffen und nicht so hart zu sich und anderen sein. Die nächste Entgegnung machte sie stutzig. *„Gestehe dir deine Lebenslust ein und bestrafe dich nicht dafür."* War dies eine Verheißung oder hatte die Behauptung Essenz? Ich zweifelte selbst. Wir kamen zu dem Punkt, dass Selbstliebe das Recht in Anspruch nimmt, aus freien Stücken Ja oder Nein sagen zu können. Mir fiel Octavio Paz ein: *„Die Freiheit ist keine Philosophie und nicht einmal eine Idee. Sie ist eine Regung des Bewusstseins, die uns in bestimmten Momenten dazu bringt, zwei Wörter auszusprechen – ‚ja' oder ‚nein'."*

Ich weiß nicht, woher ich das Zitat hatte, jedenfalls schien es den Moment klarer auszuleuchten. Im Unterschied zu den leidlichen Folgen der Destruktivität in ihrer Beziehung mit dem Mann mochte die Befähigung zu einem eindeutigen ‚Ja' oder ‚Nein' Ausdruck einer inneren Befreiung von Zwiespältigkeit sein. Der radikale Respekt vor dem Selbsterleben in Wahrheit mochte zu der Entschlusskraft führen, vor ihren wirklichen Wünschen kein Schauspiel aufzuführen. Die neue moralische Autorität bestand darin, dem Instinkt des momentanen Eindrucks zu vertrauen und keine Kalküle und Prämissen als Grundlagen ihrer Entscheidung abzuwägen. Es galt sämtliche manipulativen Taktiken in die Schranken zu weisen, um sich als Anwältin ihres Wunsches entscheiden zu können. Ihre Beziehung ging in die Brüche. Da war nichts mehr zu retten. Aber sie veränderte damit ihr Leben als freie Frau. *„Wir sind vom Stoff, aus dem die Träume sind"*, meinte William Shakespeare, indem er Prospero im Meisterwerk *Der Sturm* diese Worte verkünden ließ. Ich führe das Thema der Entscheidungsfreiheit in eigener Sache fort.

### Ein Ort zum Greifen nah

„Ich saß da und niemand war bei mir. Vor meinen Augen lag, ohne dass ich dabei den Blick wandern ließ, eine sich ausdehnende Welt. Ich hörte Geräusche um mich herum. Dann spürte ich meinen Atem. Mein Herz pochte in der Mitte der Brust. Ein leichter Schwindel überkam mich nach tiefen Atemzügen, gefolgt von einem kaum merkbaren Vibrieren in meinen Handflächen, fast ein Zittern, dann wieder ein Strömen, und meine Haut dampfte. Ich roch meinen eigenen Schweiß, vermischt mit einer Duftnote meines Eau de Toilette. Das war am Anfang. Ich dachte an Wittgenstein: ,Die Welt ist alles, was der Fall ist' und mir fiel ein, dass sich alle Einfälle auf die Schwerkraft beziehen. Eingebung kommt von oben, Ahnung steigt auf." Es folgt das Panorama meiner Eindrücke von diesem Ort aus.

„Vor mir liegen die Berge des Berchtesgadener Landes, wie man sie vom Gaisberghang aus im Südosten sehen kann. Der Untersberg ragt beeindruckend ins Zentrum meines Blickfelds. Dann wirkt er wieder nur als Vordergrundmassiv für weiter hinten liegende Gipfel. Tief in der Blickrichtung, fast am Ende des Sichtbaren, ragt das Steinerne Meer aus einem Dunstgewölk, ein wenig weiter rechts, aus der zentralen Fluchtpunktlinie verschoben, der Watzmann, unerreichbar fern und majestätisch einsam seine steile Aufrichtung in den blauen Zenit, diesen Mai an den Flanken noch in Weiß gekleidet. In den Vordergrund herein wölben sich sanfte Gebirgshänge, Ausläufer der steilen Wände, ineinanderfließend, das Tal darunter liegt verborgen. Dunkel bewaldete Zonen verebben ins flache Gelände, das mir zu Füßen liegt. Die Zivilisation hat sich dort breitgemacht, Häuser und Straßen. Flächendeckend eingeteilte Muster gestalten den unteren Rand meines Blickfelds in voller Breite. Vor mir, in der Nähe meiner Nase, einfach nichts als Luft. Freiraum. Atemgebiet und Sonneneinfall. Hitze auf meiner Haut. Einige Vogellaute und surrende Insekten um mich."

Die Bildbeschreibung hat nichts weiter getan, als kommentarlos Einfällen zu folgen, die Bewegung einer Fantasie in Worte einzufassen. Es existiert zwar diese skizzierte Landschaft, die Erzählung habe ich jedoch am Schreibtisch verfasst. Im Unterschied zur ,Außenwirklichkeit' erkenne ich darin *Gefühlsspannungen* in meinem Bild: *Phänomenalität* im *Erscheinen einer Welt* (Metzinger, 2012), Hervorbringen von *Gestalten* im *Blickfeld meines Vorstellungsbewusstseins*. Nun kreisen Gedanken um die Frage, inwiefern die Beschreibung Gefühle zur Darstellung gebracht hat, ohne dass diese inneren Vorgänge *explizit* zum Thema wurden. Nehmen wir an, der epische Verlauf entfaltete ein mir selbst nicht bewusstes Motiv! Eine Bewegung im Gefüge von Stimmungslagen, Empfindungswellen, die einander wie die formalen Kraftfelder der Landschaftszonen im Panorama beeinflussen. Folge ich dieser Vermutung, so behandle ich die Bildbeschreibung als Übersetzung meiner *an sich* unsichtbaren Gestimmtheit in den Verlauf einer anschaulichen Darbietung, ohne den Beweggrund währenddessen erkannt zu haben.

Entscheidungen, vor allem jene, die eine tiefgreifende Veränderung zur Folge haben, *fallen* schwer. Wenn Unbehagen, Störelemente und Missstände auf*fallen*, tun sie es nicht mit flugfähiger Leichtigkeit, sondern in den üblichen *Fällen* mit Schwere. Vergegenwärtigen wir das *Vordergrundmassiv*, wie es sich eindringlich in das Blickfeld schiebt, und bedenken wir, dass ein Mensch manches Mal wie gebannt vor einem Vordergrundmassiv ansteht und seinen Blick nicht frei kriegt für Überlegungen, die aus der Enge in die Weite führen, um eine gute Entscheidung zu treffen. *Majestätisch ruht der Watzmann* in abweichendem Winkel von der Fluchtpunktperspektive. Er ist nicht Ziel, vielmehr ein Versteck, tröstlich verheißende Entlastungsfantasie umgibt ihn. Noch zeigt sich *die absteigende Erregungswelle von den steilen Gebirgshöhen bis in die Talsenke*, schon ist eine Steigerungsreihe in entgegengesetzter Verlaufsrichtung zu erkennen: von der Senke zur majestätischen Spitze nahe dem azurblauen Himmel als *steiler Anstieg meiner Karriere* als Theaterregisseur. Und ihr jähes Ende naht. Es handelt sich um das Jahr 2002, in welchem ich mit dem Wissen um den Intendanzwechsel in Salzburg mich entscheiden musste, vor Ort zu bleiben oder zu gehen, ohne zu wissen wohin, und mit welchen Folgen für meine Familie.

„Die Freiheit muss wohl grenzenlos sein" (Reinhard Mey), zumindest erweitert sie Horizonte. Ihren Anspruch einzulösen, ist jedoch ein beschwerlicher Weg auf steinigem Trittpfad, wo die Sachzwänge sich breitgemacht haben wie *die flächendeckend eingeteilten Muster* der Zivilisation. Ist es nicht die größte Herausforderung, sich in der Angst vor dem

Scheitern selbst in seinen Mitteilungen, Deutungen und Erklärungen zu durchdringen, das Schauspiel der Gefühle wie einen Traum zu betrachten, das Spannungsfeld zwischen Verheißung und Enttäuschung anzuerkennen? Letztlich entscheidet der sich selbst bezeichnende Gefühlsreflex (Sartre, 1971), nennen wir ihn die Letztbegründungsinstanz einer subjektiven Evidenz, das Bekenntnis zur Stimmigkeit, Effekt einer untrüglichen Resonanz, die der Mensch nur vor dem Hintergrund seines gesamthaften Lebensvollzugs einzuordnen vermag.

2003 starb mein Vater. 2004 habe ich Salzburg verlassen, um in Wien neu anzufangen. Zwischendurch bezog ich mein Atelier in Bregenz, kehrte 2013 nach Innsbruck zurück. 2014 starb meine Mutter. Seltsam, auf welche Weise sich manchmal Gestalten schließen. Der ‚Ort zum Greifen nah‘ hat durch eine Ansichtskarte eine neue Bedeutung bekommen. Im Oktober 1988 sandte mir mein Vater während seines Kuraufenthalts in Bad Gleichenberg eine Botschaft: „Es geht mir gut. Ich werde hier gut behandelt und ich wünsche Dir viel Erfolg für Deinen Berufseinstieg." Es handelt sich um das Jahr meiner Promotion, des Beginns meiner Regietätigkeit und seines baldigen Pensionsantritts. Die Ansichtskarte zeigt das Ölbild einer Villa im Zentrum des Ortes und am Rand des Kurparks. So kam es, dass ich mit einem Blick ins Internetangebot eine Wohnung just in jener Villa entdeckte, die auf der Ansichtskarte meines Vaters aus dem Jahr 1988 abgebildet war. Ich griff zu und mit Juli 2017 zog ich nach Bad Gleichenberg. Über die Jahre hatte ich mir nie Gedanken darüber gemacht, weshalb ich die Ansichtskarte meines Vaters stets im Handschuhfach meiner wechselnden PKWs bei mir hatte. Den ‚Ort zum Greifen nah‘ hielt ich mit seiner Ansichtskarte in der Hand, als ich den Entschluss fasste, mich dort anzusiedeln.

## 3.4 Affekttheoretischer Diskurs

Die bisher angeführten Diskurse, beginnend mit terminologischen Aspekten zu den Begriffen Ich und Selbst, damit verbunden Erläuterungen zum Selbstgefühl und Selbstwertgefühl, mündeten im Anhang zum ersten Kapitel in die Differenzierung zwischen einem falschen, leeren, fremden und geteilten Selbst. Ich lenkte mit dem sozialpsychologischen Diskurs auf Vorgänge während des Kommunizierens, auf Beziehungsmuster und Erwartungen im Sinne von Aufforderungen, die Friedemann Schulz von Thun ausgearbeitet hat. Dieser Anhang endete mit der kurzen Auflistung der fünf Grundbedürfnisse. Der tiefenpsychologische Diskurs war der Psychodynamik gewidmet. Hier fanden sich Konstrukte, die Abwehrmechanismen und vor allem das frühe Ich betreffende Spaltungsmechanismen aufzeigen sollten. Der Anhang zu Kapitel 3 zeigte das Konfliktmodell von Stavros Mentzos und verwies auf dramatische Botschaften der Ablehnung durch Hans Joachim Maaz. Schließlich leiten diese Reflexionsschritte zum affekttheoretischen Diskurs im Anhang zum dritten Kapitel über.

Ulrich Moser legt Aspekte des Affektsystems I und II dar, was zum Verständnis von Wehrhaftigkeit, andererseits zur Kenntnisnahme schwer verdaulicher Gefühle im Zuge von *verinnerlichter Ablehnung* aufschlussreich ist. Alexander Lowen unterscheidet zwischen Wut und Zorn, was im Zusammenhang mit der Erfahrung von Ablehnung zentral ist. An der Stelle wird erneut deutlich, dass unterdrückte Aggression sich gegen das Selbst richtet. So folgt eine Liste an Gefühlen der Unzulänglichkeit, namentlich die nähere Erläuterung des Schuldgefühls und der Schamreaktion, überdies Skizzierungen von Neid und Eifersucht. Daran schließen mit Kathrin Asper und Otto Kernberg Zuordnungen von Leere, Sinnlosigkeit und Langeweile zu narzisstischen Störungen an. Damit wird bewusst, dass sekundäre Gefühle auch primäre verdecken oder ersetzen können. Indem Kernberg auch auf Jacobson reflektiert, möchte ich nochmals auf Begriffe wie Selbstgefühl und Selbstwertgefühl, die ich im Zusammenhang mit der Selbststeuerung in der Einleitung dargelegt habe, Bezug nehmen. Das Schlusslicht bildet ein Abriss der Angststörungen aus psychoanalytischer Sicht, die Hans Morschitzky (2009) zusammengestellt hat.

## Affektsystem I und II

Ich wiederhole, dass Aggression als umfassendes Schutzverhalten in direktem Zusammenhang mit der Wehrhaftigkeit steht. Zu den aggressiven Affekten des Affektsystems I zählen Wut, Ärger, Zorn, Groll, Neid, Hass, Empörung, Verachtung, Rache. Überdies habe ich Moser zitiert, der *Affektkonserven* definierte: Sie „enthalten ein *gehemmtes Potential an Interaktion einer Objektbeziehung mit aggressivem Gehalt*" (Moser 2009, S. 118). Das Affektsystem II schildert er so: „Die Affekte dieses Systems erzeugen zunächst begleitende quälende Phantasien. Das Subjekt ‚geht unter', ‚stirbt', ‚wird aufgelöst', ‚entleert', ‚zerstückelt', ‚verschmilzt', wird wehrloses Opfer von Gewalten. Nichts kann mehr bewirkt werden, alle Macht kommt von außen" (Moser 2008, S. 72).

## Wut und Zorn

Perls, Hefferline und Goodman verstehen die Lust des Zerstörens als warmherzig oder gar feurig. Werde diese Form der Zerstörung abgelehnt, so könne das Selbst nur introjizieren oder sein Verlangen unterdrücken. Sie denken an das Erbe der Familie, denn „das nach fremdem Zeitmaß und ohne eigenes Bedürfnis zwangsgefütterte Selbst introjiziert Eltern und Kultur und kann sie weder zerstören noch assimilieren. Es gibt viele Teil-Identifikationen; diese zerstören das Selbstvertrauen, und am Ende zerstört die Vergangenheit die Gegenwart" (Perls, Hefferline, Goodman 1979, S. 129). Zum Vergleich Alexander Lowen: „Ist Wut nicht dasselbe wie Zorn? In einem Wutausbruch steckt zwar ein starkes Element des Zorns, aber die beiden Ausdrücke sind nicht identisch. Wut hat eine irrationale Qualität – man denke nur an den Ausdruck ‚blindwütig'. Zorn ist im Gegensatz dazu eine konzentrierte Reaktion; er ist auf die Beseitigung einer Kraft gerichtet, die dem Betreffenden entgegenwirkt. […] Und Wut ist nicht konstruktiv, sondern destruktiv" (Lowen 1986, S. 110). Und damit zu der für mich relevanten

Unterscheidung: „Abgelehnt werden oder offene Verletzung wecken ein Gefühl des Zorns, aber durch ein falsches Versprechen eines Menschen verraten zu werden, dem man vertraut hat, weckt mörderische Wut" (Lowen 1986, S. 118). In jüngster Zeit hat Reinhard Haller in *Die dunkle Leidenschaft* (2022) die für mich bislang einzigartige Unterscheidung von Wut, Zorn, Ekel, Hass und Verachtung (Haller 2022, S. 103-117) vorgenommen.

Mit Hans Joachim Maaz schauen wir erneut in den Abgrund der von mörderischem Hass vergifteten Seelen: „Wir müssen verstehen lernen, dass solche abgrundtiefen Affekte aus früher Bedrohung unbewältigt in Menschen schlummern, bis sie sich selbstzerstörerisch nach innen über Krankheiten oder destruktiv nach außen über soziale Gewalt entladen. Der Vergiftungszustand ist die Quelle für latente Angst und für versteckte Paranoia, denn schließlich ging es ja um die eigene Lebensberechtigung, die im tiefsten Herzen ungewiss geblieben ist. Dies ist der seelische Abgrund, der Feindbilder braucht, um sich die dumpf gefühlte innere Bedrohung erklärbar zu machen" (Maaz 2019, S. 80).

## Gefühle der Unzulänglichkeit

Das Schuldgefühl sieht Edith Jacobson als relativ unabhängig von der Außenwelt und als eine der unangenehmsten Unlustempfindungen, „ein Gefühlssignal, das sogar noch eine stärkere und sicherlich universellere und dauerhaftere Macht über das Ich gewinnt als die Kastrationsangst" (Jacobson 1978, S. 143). Das Über-Ich kümmere sich nicht so sehr um äußeren Erfolg oder Misserfolg, sondern vielmehr um „das Maß innerer Harmonie oder Diskrepanz zwischen seinen moralischen Codes und den Äußerungen des Ichs" (Jacobson 1978, S. 143). Die Folge daraus sei leicht abzulesen – jede Unzulänglichkeit oder Störung der Überich-Funktionen zeige sich in einer Beeinträchtigung des Stimmungsniveaus. „Depressive oder stimmungsgehobene Zustände aber haben keinen solchen Effekt auf das Ich; sie behandeln das Selbst auf primitive Weise in Begriffen von Bestrafung und Belohnung und sind funktionell bestenfalls von ökonomischem Vorteil für das Ich" (Jacobson

1978, S. 145). Vergleichsweise dazu die Aussage von Moeller: „Oft ist das Überich zu streng oder antiquiert. Seine Sollforderungen entsprechen nicht dem erwachsenen Leben. Es gehört zu unseren seelischen Entwicklungsaufgaben, das überkommene und übernommene Gewissen zu einem persönlichen umzugestalten" (Moeller 2002, S. 139).

Im Unterschied dazu die Scham: „Schamreaktionen werden ursprünglich hervorgerufen, wenn Verlust der Triebkontrolle, körperliche Defekte (Kastration) und eigenes Versagen für andere sichtbar werden" (Jacobson 1978, S. 155). Lynd (1958) hatte darauf aufmerksam gemacht, dass Scham im Gegensatz zu Schuld stets das ganze Selbst vereinnahmt. Jacobson gesteht ein, Schamreaktionen hätten eine breitere Basis als Schuldgefühle. Dabei sei daran zu erinnern, dass Schamgefühle sich auf eine visuelle Bloßstellung bezögen, Schuld hingegen auf verbale Gebote, Verbote und Kritik. Freud hatte in den „Neuen Vorlesungen zur Einführung in die Psychoanalyse" (1932) auf die Entstehung und Wurzeln von Minderwertigkeitsgefühlen hingewiesen. „Seiner Auffassung nach erwachsen sie aus der Zurückweisung durch die Eltern und spiegeln vor allem Konflikte zwischen Ich und Überich wider" (Jacobson 1978, S. 157). Es träten bei reiferen Erwachsenen Gefühle moralischer Scham gegenüber verpönten Regungen und verwerflichen Impulsen auf. „So können wir sagen, daß Schamreaktionen zwischen den Schuldgefühlen und den Minderwertigkeitsgefühlen stehen und mit beiden verknüpft sein können" (Jacobson 1978, S. 158).

Gefühle von Erniedrigung „entstehen auf Grund von Mängeln und Mißerfolgen, die Schwäche verraten und Abscheu und Verachtung verdienen und beziehen sich insofern wesentlich auf das Selbst als solches, und zwar lediglich in Hinsicht auf seine Macht, seine Unversehrtheit, seine äußere Erscheinung und selbst seine moralische Vollkommenheit, nicht aber hinsichtlich unserer Liebes- und Haßregungen und unseres entsprechenden Verhaltens gegenüber anderen" (Jacobson 1978, S. 158). Dazu Arno Gruen: „Schuldgefühle, oft selbst an den Verzerrungen der Entwicklung beteiligt, erneuern nur die Bedingungen für die abgrundtiefe Destruktivität. Wirkliche Veränderung kommt nur zustande, wenn ein Mensch sich mit dem Schrecken seiner unermüdlichen Jagd nach irrealer Sicherheit auseinandersetzt. Nur durch diesen schmerzlichen Prozess der Bewusstwerdung kann sich sein Herz öffnen und seine Sensibilität für seine Mitmenschen sich erweitern" (Gruen 2019, S. 149).

Stavros Mentzos stellt die Entstehungsgeschichte der Finsternis und ihrer Gravitationskraft so dar. „Wird Autonomie, Eigenständigkeit, Durchsetzung einseitig und systematisch zugunsten einer sozialen Anpassung vernachlässigt, so entstehen Insuffizienzgefühl, Selbstverachtung und schließlich auch Scham. Werden dagegen die sozialen Triebe, das Bedürfnis nach aktiver Liebe, nach Solidarität zugunsten egoistischer Entscheidungen vernachlässigt oder verletzt, so tritt Schuldgefühl auf" (Mentzos 1988, S. 124). Er ergänzt unmittelbar anschließend: „Der Vollständigkeit halber sei hier hinzugefügt: Werden Autonomiebedürfnisse oder Liebesbedürfnisse von außen, also durch äußere Gewalt verhindert, verletzt, vernachlässigt, so entstehen Enttäuschung, Zorn und Aggression" (Mentzos 1988, S. 124f.). So bedürfe es enormen Aufwands, um diese Schuld- und Schamgefühle zu kompensieren. „Ein unvorstellbares Maß an Energie und Erfindungsgeist wird so für die Bewältigung eines eigentlich sekundären Problems verwendet: Die zunächst sinnvolle Reaktion bzw. der sinnvolle Indikator in der Gestalt von Schuld- oder Schamgefühlen bei falschen, einseitigen Konfliktlösungen wird letztendlich selbst zum Problem" (Mentzos 1988, S. 124-125).

So stellt er das quälende Dilemma folgendermaßen dar: „Es ist nämlich ein großer Unterschied, ob ich Schuldgefühle bekomme, weil ich meine spontanen Liebes- und Solidaritätsneigungen zugunsten einseitiger egoistischer Entscheidungen vernachlässigt habe, oder ob ich Schuldgefühle bekomme, weil ich der Aufforderung der Eltern [...] nicht nachgekommen bin" (Mentzos 1988, S. 128). Sofern man Kindern abverlangt, dass sie sich solidarisch verhalten sollen, „müssen sie

‚Gehorsam' statt Eigenleistung vollbringen und ihr Autonomiebedürfnis, das gerade entsteht, vernachlässigen bzw. hintanstellen. Die Kinder stehen also vor der Alternative: Entweder verhalten sie sich, wie gewünscht, ‚sozial' und fühlen sich in ihrem eigenen Bestreben entwertet, traurig und vielleicht auch aggressiv – denn sie haben nur gehorcht. Oder sie weigern sich zu gehorchen und haben dadurch *sowohl sekundäre* Schuldgefühle (weil sie nicht gehorcht haben) *als auch primäre* Schuldgefühle, weil sie ihren natürlichen, positiven objektalen Tendenzen nicht entsprochen haben; […] und darüber hinaus geht es um dieses, meist nicht klar faßbare Bewußtsein, in eine Double-bind-Falle hineingelockt worden zu sein, aus der man selten unbeschädigt herauskommen kann. Denn egal, was man tut, man wird (wie das oben erwähnte Kind) mit sich selbst unzufrieden sein" (Mentzos 1988, S. 128-129).

## Vorwurfsvolle Anklage

Inwiefern Schuldgefühle Destruktivität erzeugen, vor allem als Selbstsabotage und als vorwurfsvolle Anklage, damit befasst sich Moeller folgendermaßen. „Mache ich meiner Partnerin Vorwürfe und werde mir dessen bewußt, dann kann ich mich im selben Moment fragen, was mir Schuldgefühle verursachen könnte, die diesen Vorwürfen entsprechen. Gelingt mir das, kommen wir weiter, während anhaltende Vorwürfe nur eines bewirken: Gegenvorwürfe" (Moeller 2002, S. 139). Ich erinnere an das Zitat von Colin Tipping in der Einleitung. Und so würden wir es alle gleich vollziehen: Ein Schuldgefühl, gekleidet in einen Vorwurf, den man im Grund oder in Wahrheit an sich selbst richtet, werde als Anklage gegen den anderen gewendet. „Das entlastet doppelt: erstens ist der Druck beim anderen, nicht mehr bei mir, zweitens wird die Lage undurchsichtig. Der Lärm übertönt die Wahrheit. […] Die geheime Absicht ist Abwehr" (Moeller 2002, S. 174).

Daher lassen sich unbewußte Schuldgefühle aus einem strittigen Verhalten und beleidigenden Äußerungen erschließen: „Krach, Vorwurfspingpong, wechselseitige Gereiztheit, Giften; Kränkung, Abwertung und Verletzung stellen Verkehrungen nach außen dar. Verdeckt bleiben:

- Selbstabwertung, Minderwertigkeitsempfinden, Unzulänglichkeit;
- Es geht alles schief, mir gelingt nichts, ich habe es schwer, ich leide, mir geht es schlecht;
- schmerzhafte oder ‚unpassende' Erkrankungen – etwa direkt vor dem Urlaub –
- und mißliche Fehlleistungen" (Moeller 2002, S. 175-176).

## Eifersucht und Neid

Eine der Hürden ist die Eifersucht. Sie zählt ebenfalls zu Kränkungen mit schmerzhafter Verwundung des Selbst. „Im Wesentlichen resultiert sie aus Angst: Angst vor wenig Zuwendung und vorenthaltener Liebe, Angst vor Verlusterlebnissen, Angst vor eigener Schwäche. [...] Das Wort Eifersucht birgt in seinem Wortstamm die Begriffe Feuer (ai = Feuer), Bitterkeit (eiver = das Bittere) und Krankheit (Sucht = Seuche)" (Haller 2015, S. 113). Max Frisch habe die Eifersucht als eine Angst vor dem Vergleich im Kontext der Rivalität erkannt. Robert Pfaller argumentiert, ein eifersüchtiger Mensch verweigere sich der Einsicht, die Liebe der geliebten Person nicht ertragen zu können. „Wenn der Andere unsere Liebe erwidert, gefährdet er nämlich unter Umständen genau dadurch unsere Liebe; er droht sie damit zu ersticken" (Pfaller 2012, S. 109-110). Und mit Blick auf das narzisstische Schicksal: „Eifersucht entsteht darum dort, wo jemand die eigene Liebe mehr liebt als die geliebte Person – und vor allem: mehr als deren Liebe. Wirklich Lieben hingegen heißt, den Anderen nicht einfach rücksichtslos mit Liebe überschütten, sondern vorsichtig das Ausmaß der gezeigten eigenen Liebe darauf abstimmen, was der Andere zu erwidern imstande ist" (Pfaller 2012, S. 110).

Wie der Konnex zwischen Narzissmus und Masochismus nahelegt, was für die Melancholie noch drastischer hervortritt, ist der Umstand, dass das erwählte Leiden an der nicht erwiderten oder scheiternden Liebe in Wahrheit das ganze Glück des Wehmütigen und des Neiders ist. Und wieder pointiert Pfaller: „Der Neidige hält am Überschuss eines unmöglich gewordenen Glücks fest" (Pfaller 2012, S. 111). Die ausschließliche Bezogenheit des Neiders auf sein Neidobjekt ist in Wahrheit eine unglückliche Faszination durch das begehrte und zugleich verhinderte Objekt in seiner Vorstellung. „Das Neidobjekt hat, wie zum Beispiel in der Verliebtheit, eine gewaltige Idealisierung durch den Neider erfahren. Und diese Idealisierung besteht, Freud zufolge, eben darin: ‚dass das Objekt so behandelt wird wie das eigene Ich' (Freud [1921c]: 105). Im Neidobjekt, das aus dem wirklichen Objekt oder dessen Zug plus der Aufladung durch den Neider zusammengesetzt ist, liebt der Neider ein Stück von sich selbst – und zwar ein Verlorengegangenes" (Pfaller 2012, S. 122).

## Leere, Sinnlosigkeit und Langeweile

Das Gefühl der Nichtigkeit oder Unzulänglichkeit lässt sich als innere Leere und Taubheit beschreiben. Seinen Ursprung hat es zu einem Großteil in der Verinnerlichung negativer Einstellungen der Mutter. Das Leiden an Verlassenheit und an mit ihr einhergehender Selbstentfremdung schreibt Kathrin Asper im Vorwort zu *Verlassenheit und Selbstentfremdung* (1991) dem Formenkreis der narzisstischen Störung zu. „Wer frühe Verlassenheit erfahren hat, reagiert auf jede spätere Verlassenheits- und Verlusterfahrung äußerst sensibel und versucht oft, sie durch Leugnung und Anklammerungstendenzen ungeschehen zu machen. Früh erfahrene Verlassenheit führt in vielen Fällen zu einer gewissen Selbstentfremdung. Wer sich nicht unter dem liebenden Blick einer guten Mutter (oder einer anderen Bezugsperson) erleben durfte, dem ist es oft nicht vergönnt, sich im Einklang mit seiner Spontaneität und seinem angestammten Lebensmuster zu entfalten, dem ist es auch nicht gegeben, Autonomie zu entwickeln und ein starkes, seines Selbstwertes bewußtes Ich auszubilden. Wer mit sich selbst entfremdet ist, fühlt sich ein Leben lang ungeliebt, zeigt Tendenz zu depressiven Verstimmungen und muß es geschehen lassen, daß er oft fremdbestimmt wird. Die beschriebenen Schwierigkeiten werden als narzißtische Störung bezeichnet, was Störung der Selbstliebe, des Selbstwertes, bedeutet" (Asper 1991, S. 11).

Analog dazu sieht Kernberg eine Verlassenheitssituation entstehen, in welcher das Selbst seine inneren Objekte als verloren empfindet. Marternde Erlebnisweisen treten auf. Leere, Nichtigkeit, Sinnlosigkeit des Lebens, chronische Rastlosigkeit und Langeweile quälen Menschen, „der sie ständig zu entfliehen versuchen, sei es indem sie sich in mannigfache Aktivitäten stürzen oder hektisch in sozialen Kontakten engagieren, sei es durch Einnahme von Drogen oder Alkohol oder durch eine ständige Suche nach Triebbefriedigungen sexueller, aggressiver oder oraler Art und zwanghafte Verhaltensweisen, womit sie sich von ihrem inneren Erleben abzulenken versuchen" (Kernberg 1983, S. 246). Diese gepeinigten Menschen würden an unbewussten Schuldgefühlen leiden und „die ‚Entleerung' ihres subjektiven Erlebens als Ausdruck ständiger Angriffe ihres Über-Ichs auf das Selbst" (Kernberg 1983, S. 247) sei so zu erklären. Eine strafende und strenge innere Instanz verurteile sie dazu, dass sie gar nicht verdienten, geliebt und wertgeschätzt zu werden. „Insofern kann man sagen, daß alle Patienten mit dem Syndrom der Identitätsdiffusion (das heißt aber keineswegs alle mit Identitätskrisen) von vornherein auch eine innere Bereitschaft dazu haben, solche Leeregefühle zu entwickeln. Besonders ausgeprägt tritt das Empfinden von Leere und Sinnlosigkeit in solchen Fällen in Erscheinung, wo aktive Dissoziations- bzw. Spaltungsmechanismen als vorherrschende Abwehrform gegen intrapsychische Konflikte eingesetzt werden" (Kernberg 1983, S. 253).

### Angststörungen

Das Modell der Psychoanalyse versteht Angst als Grundproblem aller Neurosen. Dabei ist das Ich jener Ort, an dem die Angst auftritt, wobei ihr Signal Abwehrmechanismen der Verdrängung und Unterdrückung in Gang setzt. So sind *intrapsychische Konflikte* die zentrale Ursache von Angst. Der Kern der *Desintegrationsangst* muss als Furcht vor dem *Zerbrechen des Selbst* verstanden werden. Mertens (1981) schildert in seinem Abriss der Psychoanalyse die Entwicklung von Angst basierend auf der dualistischen Triebtheorie „*Jenseits des Lustprinzips*" und der Strukturtheorie „*Das Ich und das Es*" nach der von

Freud (1966) veröffentlichten Schrift „*Hemmung, Symptom und Angst*".
Gruppen von Ängsten seien:

- Angst vor Verlust des Objekts oder Trennungsangst
- Angst vor Verlust der Liebe des Objekts
- Angst vor Strafe bei Verstoß gegen äußere Gebote und Verbote
- Über-Ich- oder Gewissensangst

Hans Morschitzky, der sich ausführlich mit Angststörungen befasst hat, schildert die Genese und Ausfaltung von spezifischen Ängsten so: „Bei Angststörungen sind die Abwehrmechanismen des Ich nicht mehr in der Lage, den unbewussten Reiz ausreichend abzuwehren, sodass er sich mit dem aktuellen Reiz in der symptomauslösenden Situation verbindet. Derartige Symptombildungen dienen dem Zweck, *konflikthafte Strebungen bzw. Einstellungen im Individuum durch einen Kompromiss miteinander zu versöhnen* und dadurch das psychische Gleichgewicht um den Preis einer neurotischen Konfliktlösung zu erhalten. Die neurotische Konfliktlösung durch *Verschiebung* auf ein äußeres Objekt führt zu einer *Phobie*, die Verschiebung auf den eigenen Körper bewirkt eine Konversionsstörung bzw. eine *Hypochondrie*. Wenn die Angstbindung durch Verschiebung ausfällt, bricht die Angst als manifeste, frei flottierende Angst im Sinne einer *Angstneurose* durch" (Morschitzky 2009, S. 364). Für Mertens besteht der wesentliche Faktor nicht in der Angst vor Objektverlust, sondern im Verlust omnipotenter Kontrolle über das als Selbstobjekt erlebte Objekt, die Bezugsperson. Wenn dieser Entwicklungsprozess aus der Wiederannäherungskrise stecken geblieben ist, zählt Mertens (1981, S. 110) folgende Anzeichen auf:

- „massive Befürchtungen, dass leidenschaftliche Gefühle zu einem symbiotischen Verschmelzungszustand führen könnten, der panische Angstzustände wegen des Verlusts der eigenen Identität zur Folge hätte;
- panische Angstzustände angesichts einzugehender Verpflichtungen und die Unfähigkeit, Anforderungen von anderen Menschen zu

ertragen, weil diese als ein Eingenommenwerden, als Schwächung, kurzum als ein ‚Verschlungenwerden' erlebt werden;

- ein intensives Bedürfnis, über andere Menschen verfügen zu können, um Nähe und Distanz kontrollieren und damit Panikreaktionen abwenden zu können."

## Der Hormoncocktail

„Die wichtigsten Neurotransmitter, die durch Psychopharmaka beeinflusst werden, sind Dopamin (DA), Serotonin (5HT), Noradrenalin (NA), Acetylcholin (ACH) und Histamin (H). Daneben spielen noch Glutamat als überwiegend erregender und Gamma-Amino-Buttersäure (GABA) als übergeordnet dämpfender Überträgerstoff eine Rolle. [...] Dopamin (DA) ist notwendig für ein basales Aktivitätsniveau sowohl der kognitiven als auch der motorischen Prozesse. [...] Dopamin spielt auch eine Rolle bei der basalen Ausrichtung auf ein Ziel und wird im sogenannten ‚Belohnungssystem' in den Basalganglien bereits vor der Handlung ausgeschüttet. [...] Ein Überschuss an Dopamin führt zu psychotisch-deliranten Bildern bzw. Halluzinationen. [...]

Die Qualität des Serotonins (5HT) ist schwerer zu erfassen. Auf der Seite der Verminderung bestehen Bilder von erhöhter Impulsivität und Zwängen, d.h. von Enthemmungsphänomenen mit verminderter Schwelle zwischen Gedanke und Handlung. Auf der Seite der Erhöhung bestehen eher ‚skrupulös'-ängstliche Bilder (z.B. mit Grübelneigung), was auf eine Erhöhung der Schwelle zwischen Denken und Handeln schließen lässt. Noradrenalin (NA) vermittelt eine gewisse basale Aktivierung und innere Ansprechbarkeit, die bei gesenkten Spiegeln vermindert ist. Ein erhöhter Spiegel (z.B. auch bei Einnahme von Psychostimulantien wie Kokain oder Amphetamin) führt zu erhöhter Aufnahmebereitschaft, Appetenz und Ausdauer.

Acetylcholin (ACH) führt bei verminderten Spiegeln zu einer reduzierten Stresstoleranz, Nervosität und Unruhe, bei erhöhten Spiegeln zu einer gewissen Abstumpfung und parasympathischer Orientierung nach innen. Histamin (H) bewirkt bei verminderten Spiegeln eine Sedierung, was Allergikern als typische Nebenwirkung der Antihistaminika vertraut ist. Erhöhte Spiegel werden bei Stress und in Aktivierungszuständen gefunden. Glutamat ist als erregender Neurotransmitter wichtig für Lernprozesse, führt bei übermäßiger Ausschüttung (z. B. bei Einnahme von Designer-Drogen) zu Zellschädigungen bis hin zum Zelltod. GABA als dämpfender Transmitter wird zum Beispiel durch Alkohol, Opiate, Benzodiazepine oder Barbiturate aktiviert, wodurch diese ihre dämpfende Wirkung entfalten" (Zarbock 2008, S. 182-183; vgl. Wery von Limont 2018, S. 35-44; Kunze & Jelincic 2021, S. 34-35).

Richard David Precht findet eine schlanke und eloquente Beschreibung. Wenngleich *Dopamin* antreibe, *Serotonin* ausgleiche, *Noradrenalin* aufrege, die Transmitter seien nur Botschafter, die am Ort ihrer Bestimmung Reaktionen auslösten, indem sie hemmten, beschleunigten, motivierten und blockierten. Als solche übten sie Funktionen der Bedeutungsübermittlung aus, aber sie würden nicht selbst Gedanken denken. „*Acetylcholin* ist so etwas wie der Sportler und Trainer unter den Transmittern. Es vermittelt die Erregungen zwischen Nerven und Muskeln und stimuliert zum Beispiel auch die Schweißdrüsen. […] *Dopamin* ist ein Einpeitscher und Motivator. Es spielt eine große Rolle bei der Durchblutung und reguliert zudem den Hormonhaushalt. Ein sehr niedriger Blutdruck lässt sich mit Dopamin aufpeppen. […] *Serotonin* ist ein Diplomat und Vermittler. […] *Noradrenalin* ist ein Rennfahrer und Beschleuniger. Es wirkt vorwiegend in den Arterien, und wie Dopamin steigert es den Blutdruck" (Precht 2007, S. 81-82).

## Schritte hinaus

Es zeichnet sich ab, dass angesichts der Herausforderung, ein situationsadäquates Handeln zu entwickeln, die Möglichkeit nicht auszuschließen ist, „mit einer Überanpassung an die Außenwelt zu reagieren und ‚übernormal‘ zu werden. Die Aufregungen des Lebens werden dann in einem kurzschlüssigen System abgefangen. Um kreativ zu werden, müssen sie durch eine symbolische Welt von Repräsentationen gefiltert werden, oder sie wirken rein destruktiv" (McDougall 1989, S. 463). Diese skeptische und doch konstruktive Anmerkung der von mir hochgeschätzten Psychoanalytikerin kündigt zugleich die Inhalte der kommenden beiden Kapitel an. Psyche, Kunst und Therapie spinnen den Leitfaden für ein integriertes Selbsterleben. Die Verflechtung zum Stoff des Träumens lässt mehr und mehr das nahtlose Gewand der Liebe entstehen: die Liebe zum Leben, zu sich selbst und zu den Anderen in schöpferischer Vielfalt.

# VIERTES KAPITEL

*„Zieht das vor, was positiv und vielfältig ist,
zieht die Differenz der Einförmigkeit, die Flüsse den Einheiten,
bewegliche Verknüpfungen dem System vor."*

Michel Foucault

## HAND AUFS HERZ

(4.1) Der erste Abschnitt gilt dem Erwachen aus *Phantasmen* der Kindheit, spezifisch der Befreiung von Plagegeistern der Vergangenheit, um aus Krisen und akuten Belastungsreaktionen wieder auf die Beine zu kommen und seinen eigenen Weg in einer neuen und vielleicht unerwarteten Weise zu gehen. Es gelingt daher ohne Genugtuung, Vergeltung und Wiedergutmachung als Bringschuld, vielmehr geht es um Selbstachtung und Eigenverantwortung. Dazu zählt das Vertrauen in instinktive Entscheidungen und die Relativierung der eigenen Größenvorstellung, um zu wirklicher Individualität und subjektiver Autonomie zu finden. Der Weg zum Herzen führt ins Freie. Insofern betrachte ich Güte als den Königsweg auf dem Feld der Liebe. Implizit ist dem Vorgehen auch *Utilisieren,* d.h. Erfahrungen des Gelingens auf einen aktuellen Problembereich zu übertragen und Lösungen zu finden.

(4.2) Das Konzept *integrierten Selbsterlebens* greift die Grundidee des Leitfadens auf. Bisher erörterte Aspekte, die zum Teil dem *Schatten* und *maladaptiven Bewältigungsstrategien* zuzurechnen sind, sollen nun zum *Wohl* und zur Anreicherung von *Güte* integriert werden. Devisen wie *„Du wirst Missachtung entkräften und Dich in Ordnung fühlen"* sollen ermuntern, Trauern als den Weg des Verschmerzens zu akzeptieren und sich nicht mehr selbst zu strafen. (4.3) Daher widmet sich der dritte Abschnitt der Entschiedenheit, mit der die Liebe Synthesen von Ambivalenz erwirken kann. Im Fokus steht die Selbstbestimmung als

Ausrichtung am *Selbstgefühl,* an der Selbstachtung im Unterschied zur Orientierung am übergewichteten Idealbild im Ringen um Bewunderung. Diese Vorkehrungen und nachhaltigen Maßnahmen sollen dazu beitragen, wieder das Vertrauen in das Körperwissen, ins Beziehungswissen und in das Bauchgefühl zu gewinnen. Wo Maßregelungen sich selbst gegenüber Wohlwollen und Güte in der Selbstbeziehung vermissen ließen, öffnet sich hier das Feld der Liebe über den sanften Weg des *Selbstmitgefühls.* (4.4) Der identitätstheoretische Diskurs bildet den Rundhorizont.

## 4.1 Gefühlte Unbefangenheit

### Es geht auch ohne Genugtuung

Keine Genugtuung zu erwarten, bedeutet, nicht unter allen Umständen narzisstische Gratifikation erlangen zu wollen, die Nichterfüllung einer Erwartung zwar als enttäuschend, aber nicht verletzend zu akzeptieren. So stellt sich nach Annäherungen der Fokus des Leitfadens für ein integriertes Selbsterleben heraus. Wenn es gelingt, das Streben nach narzisstischer Gratifikation zu mäßigen, den Drang nach Satisfaktion, die Erwartung an Genugtuung zu zügeln, bestenfalls wirklich zurückzunehmen, dann ist die Richtung frei für subjektive Autonomie und Abgrenzung gegenüber jenen Forderungen der Mitwelt, die bislang keine Möglichkeit der Wahlfreiheit erkennen ließen.

Vergeltung ist die letzte Steigerungsstufe der Genugtuung. Doch gibt es Nuancen narzisstischer Gratifikation. Der Selbstwertpegel gewinnt ein wenig Steigerung, wo das Selbstbild durch Satisfaktion kurz aufglänzt, dem Idealbild gerecht wird. Die Selbstachtung wird nicht gestärkt. Der seelische Schaden von damals gründet ohnehin tiefer, als ein Schadenersatz leisten kann. Ganz gleich, in welcher Weise die Genugtuung angestrebt, in die Tat umgesetzt wird, sie hinterlässt einen schalen Geschmack, auf Dauer die Bitterkeit einer unbefriedigten Erfüllungsfantasie. Es geht darum, Kränkung zu verarbeiten.

Wer verachtet, sucht Entschädigung für Verachtung. Wer benutzt, sucht Entschädigung dafür, benutzt worden zu sein. Die Reihe lässt sich beliebig fortsetzen und ist doch nie vollständig erfassbar. Allein aus dieser Einsicht macht es Sinn, Abstandnehmen von einer tilgenden Genugtuung einzuleiten, mit Geduld und Wohlwollen dem Mangel an Lebensbejahung entgegenzutreten. Das Selbstgefühl ist der einzig brauchbare und verwertbare Ertrag der Vergewisserung, dass wir für unser Erleben selbst verantwortlich sind. Und wenn wir diese Verantwortung begreifen, lernen wir, uns selbst anzunehmen.

Ein integriertes Selbsterleben eröffnet die Möglichkeit, Konfliktspannung und Ambivalenzspaltung in fließende Polarität umzuwandeln, damit wir die Synthese zwischen Gegensätzen in einer gleitenden Bewegung zur Mitte herausfinden. Zur eigenen Mitte und zum Gleichgewicht der Gegensätze in uns zu finden, bedeutet, niemand anderen für unsere inneren Konflikte zu belangen. Der Weg ist eine Reise in die Gelassenheit, die sich dem Nichtwissen anvertraut. Ich kann die Wahrheit des anderen nicht wissen, noch kann ich die Zukunft in Wirklichkeit vorhersagen.

## Selbstachtung stärkt

Wohl stellt sich nicht wie Erfolgserleben über ein hoch angesiedeltes Anreizklima und entsprechende Leistung ein. Das ist der Trugschluss der Grandiosität. Wohlbefinden ist mit Selbstachtung gekoppelt und diese muss sich nicht erst beweisen. Das ist der springende Punkt. Grandiosität übergeht jedes Risiko der Selbstschädigung zugunsten exzessiven Lustgewinns. Hingegen ist Achtsamkeit sich selbst gegenüber wohltuend. Der Marker für Wohlbefinden ist die Stimmigkeit zwischen Selbstbild und Selbstgefühl, ganz im Gegenteil zu Überanpassung und Unterwerfung bzw. Überheblichkeit und Abfälligkeit.

Selbstachtung muss sich nicht um der Erregung willen veräußern. Selbstachtung wird sich nicht selbst beschwindeln und übergehen. Das tut nur der Eifer. Er ist insofern vergiftend. Und damit rückt Eifer in die Nähe seines Auslösers Abscheu. Ablehnung befeuert den Eifer, obwohl die Abscheu vor seinem Gift warnen will. Wir überspielen dieses Unbehagen und reißen uns zusammen. Das ist in meinen Augen Selbstvergewaltigung. Kränkung durch Ablehnung führt zu Selbstkränkung und begünstigt Eifer. Dies kann Eifer nach Ansehen und Geltung ebenso sein, wie er zu Leistungen und einer Schenkung antreibt. Warum komme ich wieder auf die Schenkung zu sprechen? Sie sollte eine alte Bringschuld tilgen. Sie ist aus dem Anpassungsdruck entstanden und durch Selbstenteignung begründbar.

Wohlbefinden in der Kindheit gilt mir als gelebte Freiheit in einem Verbundenheit vermittelnden Familiensystem. Das heißt in anderen Worten, ohne Belastung durch Ansprüche, sich willkommen zu fühlen und in den Genuss von Behütung, Unterstützung und Würdigung zu kommen. Dies ist mit Unschuld gleichzusetzen. An Gründen, diese Unschuld in die Waagschale zu werfen, um Anerkennung durch Leistung zu erhalten, gibt es übermäßig viele. Sie treffen sich alle in der paradoxen (absurden) Aufgabenstellung, etwas zu bewirken, das unmöglich ist, weil es im Grunde außerhalb der Macht des Kindes liegt. Hier kommt das magische Denken des Kindes zum Einsatz.

Ein Kind verliert die Unschuld in dem Moment, da es sich zu einer Aufgabenstellung beauftragt, die in Wirklichkeit unmöglich zu bewältigen ist. Das ist definitiv eine Opferhandlung und als solche ist das Verschenken von Eigensein zu verstehen. Dies dient keineswegs der Entwicklung von Selbstständigkeit. Ganz im Gegenteil haftet an der Opferhandlung die Errettung dessen, was nicht zu retten ist. Das Kind verliert seine bis dahin unbedarfte Naivität, indem es sich einer Verantwortlichkeit bezichtigt, die in Wahrheit nicht seine Angelegenheit ist, jedoch aus Not und Liebe zu einer Anmaßung verleitet. In den Geschichten meiner Klientel betrifft dies vor allem das Schicksal von Scheidungskindern.

Ein anderes Motiv, sich zu verschenken, betrifft das von Winnicott dargelegte Bemühen des Kindes, seine depressive Mutter zu erlösen. Ich ergänze dies mit dem Beispiel, dass ein Kind versucht, den alkoholisierten und gewalttätigen Vater zu besänftigen, die Mutter zu beschützen, zwischen den beiden zu vermitteln. All diesen Biografien ist gemeinsam, dass die Unschuld der Allmacht geopfert wird. Wie sollte ein Kind auf anderem Weg die Idee entwickeln, etwas zu richten, von dem es überfordert ist? Selbst die Zuschreibung, dass ein Kind dies aus Liebe tut, mindert nicht die Anmaßung, die es dadurch auf sich nimmt. Und so werden Allmacht und Anmaßung auch in Zukunft das Empfinden von Liebe prägen, wenn es um das Abtragen einer Bringschuld geht. Diese durch Anmaßung stigmatisierte Liebe wird kein Wohlbefinden erwirken, sondern Eifer, innere Unruhe und Abscheu hervorbringen, indem sie immer wieder auf Bestätigung durch den Anderen ausgerichtet ist (Tipping, 2010).

Der Weg zum Herzen und ins Freie, somit zur schuldlosen Liebe, führt niemals an der Selbsterkenntnis vorbei. Das bedeutet, so weit wie möglich, Rücknahme von Projektion und Idealisierung, Zulassen dessen, was sein will. Vertrauen ins Nichtwissen. Unterlassen der Anmaßung. Was bleibt für das Begehren? Verbundenheit ohne Bemühen! Offenheit für Überraschung. Genuss des Augenblicks. Aufhebung der Zeit und des Versäumnisdrucks. Gegenwart! Innehalten! Stille! Wären diese Empfehlungen nicht abgedroschen, sie würden wie der Morgentau eines feuchten Herbsttages glänzen. Die Metapher spielt auf Abschiednehmen an. Der Herbst der Liebenden will ihr innigstes Bekenntnis zur Hingabe, zur Bewegung des Lebens, die ihrem Wesen nach immer auch ein Loslassen fordert. Nicht besitzen zu wollen, macht frei.

Eine existentielle Entscheidung, die zumeist in der Kindheit stattfand und auf dem Verzicht von Ganzheitlichkeit beruht, kehrt durch Wiederkehr des Verdrängten in die Gegenwart zurück und fordert zu einer revidierenden Bewertung der Situation, möglicherweise gegenteiligen Entscheidung auf. Andernfalls siegt der Wiederholungszwang, weil Veränderung weiterhin als bedrohlich erscheint. Sie ist es in Wirklichkeit nicht, wenn sich das Subjekt als Entscheidungsträger der aktuellen Wahlfreiheit gewiss wird. Wahlfreiheit bedeutet vor allem die Unterscheidung von Notwendigkeit und Möglichkeit.

Der Einsatz persönlicher Lebensenergie zur Erhaltung des gesamtgesellschaftlichen Systems verführt uns durch Verheißung von Wohlstand und verhindert durch die Gesetze des Marktes zugleich, dass es zum Genuss von Lebensqualität kommen kann. Dies funktioniert über das Schüren von Scham, Neid und Eifer als Reaktionen auf die Forderung, dem System unseren verausgabenden Einsatz schuldig zu sein. Die Wirtschaftsgüter der Konsumgesellschaft verlocken zur Freizügigkeit und Bedingungslosigkeit, alles jederzeit und einfach in Besitz nehmen zu können, falls man es sich leisten kann. Die stereotypen Ikonen, die abgekarteten Marketingslogans und die Tyrannei der Intimität in der Öffentlichkeit durch soziale Medien sind angedacht und dazu angetan, Manipulation durch Macht unter dem Decknamen der Freizügigkeit zu betreiben, Lebensinhalt und Sinn vorzutäuschen. In Wahrheit fördert Manipulation die Bereitschaft zur Selbstvergewaltigung. Sie ist die „Zwangsjacke der Seele."

Der Zusammenhang mit emotionalem Missbrauch und gefühlter Ablehnung liegt für mich auf der Hand. Betroffene sind gestörter Selbstbeziehung verhaftet, auf der Suche nach der Bezugsperson, nach deren Erreichbarkeit und Verfügbarkeit zur erforderlichen Identifikation sie ins Leere greifen lernten. Viele erzählen von Gewalt und Schrecken in ihren Kinderjahren. Dies vor allem in Zusammenhang mit Alkoholproblemen des Vaters. Sie berichten darüber, stets auf der Lauer vor der nächsten Katastrophe gelebt zu haben. Brach diese aus, so zogen sie sich verängstigt irgendwohin zurück.

Andere berichten, wie sehr sie versuchten, zwischen den Eltern zu schlichten. Sie sehen sich rückwirkend betrachtet als Beschützer der Mutter. Eine ,Doppelbindung' kann also gleichermaßen wie durch das paradoxe Gebaren einer Bezugsperson dadurch entstehen, dass ein Kind zwischen die zerrütteten Eltern geraten ist. Die mit einer unglücklichen Vermittlerrolle behaftete Position trägt zu massiven Loyalitätskonflikten bei. Daraus entwickelt sich wahrscheinlich die Unfähigkeit zu einem klaren ,Ja' oder ,Nein'. Das Kind verinnerlicht die Positionen beider Eltern und damit deren Konfliktverhalten.

Eine Version besteht darin, aus der Warte des Kindes, dem Opfer, dem vereinnahmten und wehrlosen Elternteil zur Seite zu stehen und den Täter bzw. Angreifer zu bekämpfen. Oder das Kind gesellt sich an die Seite des Überlegenen, um daraus mehr Sicherheit als durch eine Gegnerschaft zu erwirken. Perls, Hefferline und Goodman thematisieren *Loyalitätskonflikte* ausführlich. Was innerlich hängen bleibt, ist der Umstand, dass keine Möglichkeit geboten wurde, für sich, und ohne drohende Folgen, eine Entscheidung zu treffen. Stets musste das Kind abwägen, was ein Vorteil und ein Nachteil sein würde. In dieser Art und Weise lässt sich keine Entscheidung durch ein Selbsterleben in Wahrheit herausfinden.

## Instinktive Entscheidungen

Zu den bisher erörterten Varianten zähle ich noch eine weitere Form von Ambivalenz. Ich ziehe in Betracht, dass instinktive Entscheidungen in der Situation und durch implizites Wissen gefällt, aber vom Verstand angefochten werden (müssen). Dass eine Situation nicht verlassen werden kann, trifft in besonderer Weise auf das Kind zu. Erdulden der unhaltbaren Situation und Verdrängen der instinktiven Entscheidung korrelieren daher. Dass instinktive Entscheidungen an Überzeugungskraft verlieren, unter Berücksichtigung weiterer Wirrnisse einen Vertrauensverlust ins Selbstgefühl nach sich ziehen, folgt naturgemäß auf diese Aufweichung der Entschlusskraft und des Durchsetzungswillens.

In der Gestalttherapie heißt dies Retroflexion. In diesem Fall werden Energien gegen die eigene Persönlichkeit und den Körper gekehrt. Wer den Mechanismus der Retroflexion in neurotischer Weise nutze, vermeide die Frustration, indem er sich vorgaukle, sich gar nicht erst eingelassen zu haben (siehe Perls, Hefferline und Goodman, 1979). Insofern zähle auch das Ungeschehenmachen dazu. Das damit kodierte Verhalten, die permanente Unterdrückung eines Impulses, äußert sich als Abscheu, Ekel und Unbehagen. Nun kann das Kind, trotz dieses Empfindens, die Situation weder verändern noch verlassen. Es ist mit hoher Wahrscheinlichkeit damit zu rechnen, dass durch eine Desensibilisierung die unhaltbare Situation ertragen wird.

Dies trägt wiederum zur Förderung des Selbsterlebens aus Gewohnheit bei. Darunter zählen auch alle taktischen und manipulativen Manöver zur Legitimation des Verharrens und der Beschwichtigung von Konflikten in späteren Lebensphasen. Es ist augenscheinlich, dass Familienbeziehungen und Eheleute im Besonderen sich nicht trennen bzw. keine konstruktive Lösung finden, wenn die instinktive Grundlage dafür verschüttet ist. Die gestörte Selbstbeziehung ist identisch mit der Ablehnung einer instinktiven Entscheidung. Und im selben Zug behaupte ich, die instinktive Entscheidung lässt sich zwar verneinen, aber nicht aus der Welt schaffen.

Doch die Störung der Selbstbeziehung ist ohne Entmachtung des Selbsterlebens aus Gewohnheit nicht aufhebbar. Der Veränderungsprozess, Zugewinn an Vertrauen in das Selbsterleben in Wahrheit, ist kein Spaziergang durch Frühlingsauen. Schließlich ist die Befreiungsbewegung der Lebendigkeit und ihrer Ausdrucksformen durch instinktive Entscheidungen aus dem Gefrierfach der Gewohnheit eine dynamische Umwälzung innerer Kräfteverhältnisse, die etliche neue Spannungen mit sich bringt. Der Ansatz kann über Symbolisierungsprozesse vorankommen, wo es um das Entdecken verschütteter Vitalität, um Erhöhung der Selbstwirksamkeit durch Verhaltensabenteuer im geschützten Rahmen geht, die dann in den Alltag implementiert werden können. Das macht Sinn. Thomas Sautners ‚Älteste‘ ist für mich eine wunderschöne Allegorie.

### Passage aus ‚Die Älteste‘

Der zauberhaften Erzählung von Thomas Sautner (2016) entnehme ich eine tiefgründige Passage: „Warum ist die Welt wie sie ist? Wäre es dir lieber, fragte sie, wenn wir im Innersten der Schöpfung wären, in der Vollkommenheit? Das Sein, meinte sie lakonisch, sei vollendet. Aber es handle sich nicht um Leben, sondern um einen Zustand. Aus ihm, dem scheinbaren Nichts, sei unser All entstanden, das sich ausdehne, um seine Perfektion in unendlichen, einander ergänzenden Widersprüchlichkeiten aufzulösen; in vermeintlicher Unvollkommenheit – in Leben. […] Mit Hoffnung, sie schüttelte leise den Kopf, sei nichts zu gewinnen. Hoffnung sei passiv. Nötig sei Glaube. Das sei die stärkste Kraft auf Erden. Glaube könne Berge versetzen. Ich müsse das wörtlich verstehen, nicht bloß gleichnishaft. Es liege am Egoverstand, sagte die Alte, verwendete den Begriff wie selbstverständlich. Sobald ich mein Leben nicht ausschließlich nach ihm ausrichten würde, sondern auf mein Gefühl vertraute, fürchte er um seinen Einfluss. Was alles geschehen könnte, ließe ich meinen Verstand einmal los! – warne mich dann mein Verstand. Buchstäblich losgelöst wäre ich, könnte fallen ins Nichts, in einen unkontrollierbaren Zustand, den Irrsinn womöglich. Oder stattdessen gar in die Wirklichkeit, denn was, fragte die Alte, wenn mein Egoverstand ein Gaukler wäre, der mir meine von ihm geschaffene Realität als einzig mögliche Welt darstellte?"

Ich möchte Sautners Gedanken mit Chilton Joseph Pearce ergänzen. „Glaube ist *kausativ*, das heißt, er gibt den Anstoß für das Geschehen, während Leidenschaft *formativ* ist, das heißt, sie übernimmt die Gestaltung" (Pearce 2004, S. 267). Es geht um nichts Geringeres, als die Wahlmöglichkeit ins Auge zu fassen, dass die Dinge, wie sie uns erscheinen, vielmehr mit unseren Vorstellungen behaftet sind, als sie in Wirklichkeit sein können. Es mag zutreffen, dass ein Größenselbst primärer Motivator für Wagemut und Durchsetzungskraft ist, falls es sich nicht um ein neurotisches Verhaltensmuster handelt. Aber die schöpferische Kraft *integrierten Selbsterlebens* mag noch überzeugender in ihrer Wirkung beeindrucken, wo sie mit dem Vertrauen ins Nichtwissen verbunden ist.

## Neuer Vertrauensaufbau

Emotionaler Missbrauch und Doppelbindung sind für ein Kind niemals verstehbar. Sollte es gelingen, den *inneren Aufruhr des Unverständnisses* und die *Unruhe der scheiternden Erklärungsversuche* auf der Grundlage von Glaubenssätzen unter Kontrolle bzw. zur Ruhe zu bringen? Kann das Vertrauen in ein Nichtwissen und in den Instinkt Abhilfe schaffen? Beide sind vom Verstand nicht zu bewältigen. Wie kann jemand unterscheiden, ob das Nichtwissen ins Verderben führt oder der Instinkt dem Wohlergehen dient? Diese Frage kann nur *Spüren* beantworten, von dem gesagt wird, es sei die Stimme des Herzens. Doch auch sie kann sich täuschen, falls ihre Aussagen von den Mutmaßungen des Verstandes beschwatzt werden.

Das einzige Kriterium ist die Tatsache, dass der Instinkt längst schon Entscheidungen getroffen hat, bevor der Verstand oder das Bewusstsein sich daran machen, ein Kalkül aufzustellen, Prämissen abzuwägen und Konsequenzen für eine Strategie und ein taktisches Vorgehen abzuleiten. Das sind allesamt nachgereichte Manipulationen unter dem Eindruck des Glaubens an den Verstand. Der Verstand kann nicht anders operieren, als Erklärungsmodelle zu konstruieren. Er kann sich selbst nicht relativieren. Oder anders gesagt: Der Verstand ist in seinen Rückkoppelungsschleifen verfangen. Im Gegensatz dazu hat Instinkt bereits entschieden. Es ist nun aber die Frage, inwiefern seine Entscheidung zu spüren ist und welche Möglichkeiten für den Verstand bestehen, dies zu verfälschen, zu leugnen oder zu interpretieren, damit sein Erklärungsmodell verifiziert wird, obwohl es nicht stimmt.

Dass der Instinkt geschwächt wird, lässt sich am ehesten durch *Unbehagen* bemerken. Dieses Unbehagen ist als Hinweis dafür zu nehmen, dass die instinktive Entscheidung gerade vom selbstherrlichen Verstand bekämpft wird. Meister der Grübelschleifen mit unendlichem Verzögerungsertrag sind Sorge und Zweifel. Will man sie auf ihre Herkunft hin beleuchten, entstammen sie wiederum Allmachtsfantasien mit zwei Seiten. Energetische Aufladung des Größenselbst zum einen, Abhängigkeit vom Einfluss der anderen ohne Handhabe über ihre Verfügungsmacht zum anderen. Was braucht es, um den Unterschied zu erzeugen, sich nicht durch den Gaukler, wie Thomas Sautner die Älteste sprechen lässt, an der Nase herumführen zu lassen?

Selbsterleben in Wahrheit unterscheidet sich vom Selbsterleben aus Gewohnheit durch instinktive Klarheit und Unterlassung strategisch taktischer Manipulation, weder anderen noch sich selbst gegenüber. Stellt sich noch die weiterführende Frage in Bezug auf Handeln und Umgang mit Folgen. Die Vision als Szenario eines vorgedachten Ergebnisses von Handlungen setzt bei ihrer instinktiven Ausrichtung an. Um diese von anderen Beweggründen zu unterscheiden, ist Vertrauen ins Nichtwissen angesagt. Ich kann etwas ohne den Anspruch vor Augen, dass es unbedingt gelingen muss, vorhaben. Wenn dem Vorhaben eine instinktive Entscheidung zugrunde liegt, und meines Erachtens nur dann, ist dem Vorhaben in dessen Umsetzung das Gelingen inhärent. Das Vorhaben begrenzt sich dann auch auf eine relativ kurze Zeit des Visionierens. Sobald der Instinkt die Energie dafür liefert, werde ich die Umsetzung in Angriff nehmen. Insofern gibt es auch eingelagerte Vorhaben, die dann zum Vorschein kommen, wenn die Zeit dafür reif ist. Der Instinkt, was als Nächstes erfolgen mag, lässt sich im Grunde nicht manipulieren, aber zuhauf sabotieren.

So verhält es sich nicht nur mit Vorhaben, sondern auch mit Ausreden und Ausflüchten, dem Hinzögern und Vertagen. Eine instinktive Entscheidung durch Sorge und Zweifel infrage zu stellen, ihre Energie damit zu schwächen, ist eine defensive Strategie, die durch Verunsicherung des Selbsterlebens in Wahrheit entstanden ist. Eine instinktive Entscheidung, wir sagen ‚aus dem Bauch heraus‘, ist keine Torschlussreaktion wie die Panik. Sie ist aus dem impliziten Wissen hervorgegangen und erhält ihren Sinn vom Instinkt, dessen Tendenz einfach gesagt darin besteht, zu wachsen. Die Vitalität im Menschen ist angelegt, schöpferische Kraft zu entfalten. Der Instinkt weiß, worauf er hinauswill! Sein Vorhaben, das vor seiner Umsetzung ein ‚Ahnen‘ ist, lässt sich nicht erklären. Das führt mich an die grundsätzliche Unterscheidung zwischen Beschreiben und Erklären heran. Eine Ahnung lässt sich zunehmend durch Anreicherung mit Gleichnissen erzählen, aber nicht erklären, schon gar nicht, wenn den Erklärungen Ausweichmanöver der Selbstrechtfertigung eingeschrieben sind.

Erklärungen reduzieren das Beschreiben auf Behauptungen, die auf Urteilen und Meinungen beruhen. Eine instinktive Entscheidung braucht keine Erklärung, ist aber dazu angetan, sie so genau wie möglich zu erzählen. Wird dies getan, schärft sie Gedanken zunehmend in Richtung Verwirklichung dessen, was der Beweggrund sein mag. Allemal ist er auf Entfaltung ausgerichtet. Das ist unter *Potenzialerfahrung* zu verstehen (Dubro & Lapierre, 2003). Eine Behinderung, Unterdrückung oder Verleugnung instinktiver Entscheidungen ist als Retroflexion erkennbar. Insofern urteilt das Selbst aus Gewohnheit über die Rechte des Selbst in Wahrheit. Über diese Bemerkung komme ich auf die Vernunft zu sprechen.

Verfügungsansprüche des Selbsterlebens aus Gewohnheit werden als Vernunftgründe bezeichnet. Das lässt sich leicht widerlegen. Der Verstand berechnet Ursache und Wirkung aus der Ableitung von Bedingtheiten aus Bedingungen. Insofern folgt er der Logik und bezieht sich auf den Wahrheitsgehalt von Aussagen. Zudem sucht der Verstand nach Beweismitteln für eine Bedingtheit oder Behauptung eines Sachverhalts. Die Vernunft aber bezieht sich auf Gründe, die den Verstand übersteigen. Es wird auch von reiner Vernunft gesprochen (Kant, 1995). Sie ist zwischen Ahnung und Weisheit zu verorten. Ihre Quellen sind Intuition und Inspiration. Beide sind dem Verstand fremd. Das Selbsterleben in Wahrheit nährt sich von Instinkt, Intuition und Inspiration, da es mit der Begabung zur Vernunft für Eingebung und Ahnung offen ist. Die Naturwissenschaft mag davon nichts wissen.

### Individualität anstatt Grandiosität

Die Grundausstattung unseres Temperaments ist angeboren und nicht wirklich modifizierbar, es sei denn, durch Umstände tritt eine drastische Persönlichkeitsveränderung ein. Je nach Erfolgsstreben ist das Selbsterleben aus Gewohnheit von Grandiosität im Einflussbereich des Größenselbst und das Selbsterleben in Wahrheit von Individualität im Einflussbereich der Selbstbestimmung geprägt. Dementsprechend kann die Bevorzugung der Individualität heißen, für persönliches Wachstum die Komfortzone zu verlassen, damit wir in Bezug auf ein eher unscheinbares Größenselbst über uns hinauswachsen können, wofür es Ermutigung und Unterstützung braucht. Im Fall von Grandiosität wird es sich umgekehrt verhalten. Für das Selbsterleben in Wahrheit werden sich Selbstschutz, Rückzug und Sicherheit, Geborgenheit und Behutsamkeit einzugestehen sein. Das ist besonders schwierig im Fall von Erfolgsverwöhntheit. Was wurde dabei vermieden? Zuerst einmal Unauffälligkeit.

Ist das weltbezogene Ich nicht durch Grandiosität geplagt, fällt es leichter, sich dem Selbsterleben in Wahrheit zuzuwenden, um es ins Selbsterleben aus Gewohnheit zu integrieren. Vertrauen entsteht, wenn wir Schmerz und Leere nicht abwehren. Das ist eine Herausforderung. Aber alle Lösungsansätze, die dieses Zentrum umspielen und vermeiden, sind Unterhaltungspraktiken, um vom zentralen Thema abzulenken. Geschichten handeln von Vermeidung oder von der Durchdringung dieses Zentralthemas. Die Freiheit des Ausdrucks ist ein Grundrecht, sich der *Zwangsjacke der Seele* zu entledigen, ohne anderen zu schaden.

## Autonomie und Objektunabhängigkeit

Wirkliche Autonomie wird durch Aktivitäten gestärkt, die unabhängig von der Mitwirkung anderer vollzogen werden. Das bedeutet Objektunabhängigkeit. Wenn wir hinreichend viele objektunabhängige Aktivitäten vollziehen, die das Anwesenheitsgefühl in uns selbst erfüllen, erleben wir den Mehrwert der Freiheit des Ausdrucks. Diese erfüllende Selbstbeschäftigung schlägt daher die Richtung des kreativen Werkschaffens ein. So können zwei Dimensionen beschrieben werden:

- Autonomieentwicklung durch Unterscheidung von Selbst- und Objektrepräsentanzen
- Freude an objektunabhängiger Tätigkeit als innere Ressource kreativen Experimentierens

Die Stärkung der objektunabhängigen Autonomie und Freude an der zweckfreien Tätigkeit muss jenen Belohnungsfaktor inkludieren, dessen Lustgewinn höher ist als eventuelle Leere, Langeweile und Verlassenheit. Dies ermöglicht die Kraft zur Bewältigung von Kränkung, ohne auf Allmachtsfantasien und allwissende Verzweiflung zurückzugreifen,

wie es die Genugtuung verlangt. Das ist der Schlüssel zur Handlungsfähigkeit mit ihren beiden erforderlichen Voraussetzungen:

- Es sollten mindestens zwei Optionen bzw. Perspektiven zur Ver-
  fügung stehen.
- Es möge der Wille zur Eigenverantwortlichkeit im Umgang mit
  Ereignissen gelten.

Kreieren, Symbolisieren und Mentalisieren steigern die Selbstwirksamkeit aus dem Werkschaffen mit handhabbaren Gegenständen, die vom
Willen beeinflussbar sind, sich nicht allmächtig wie Imagines und Introjekte verhalten. Auch Angstbewältigung besteht im Werkschaffen,
das kein Geschenk an jemanden ist, sondern einem selbst gehört. Psychotherapie verhilft zu veränderter Selbst- und Fremdwahrnehmung.
Ziel ist es, mit den Schwächen und nicht gegen sie zu leben. Das setzt
Mut voraus, sich seiner Innerlichkeit zu stellen und sie schöpferisch zu
gestalten, anstatt überzogenen Idealen nachzulaufen.

## Nicht mehr sein wollen, als im Werden ist

Ängste lassen sich nur durch Handeln überwinden, nicht durch Vermeiden. Die Arbeit an der Freiheit des Ausdrucks, nicht am Mangel, ist
Arbeit an Illusionen, die von Allmachtsfantasien genährt wurden. Zum
einen vermag *integrative Prozessarbeit* Veränderungspotenzial zu erwirken,
zum anderen können wir nicht mehr werden, als wir sind, doch größer. Liegt darin die Auflösung des inneren Konflikts, uns durch Selbstkompetenz mit uns selbst zu begnügen? Wer könnte meinen Lebens-
hunger stillen? Das ist nicht erforderlich, wenn ich meine Bedürftigkeit
vom Anderen löse, mich um mich selbst kümmere. Das wird gelingen,
wenn ich aus einer objektunabhängigen Tätigkeit Freude beziehe, die
mich zwar nicht in dem Maß erfüllen kann, wie die sinnliche Berührung durch den Anderen, seine Bestätigung meines Seins durch seine
Verfügbarkeit. Es legt jedoch den Weg durch Symbolisierungsprozesse frei, deren Funktion sich darin zeigt, dass ein Für-sich-Sein mit Gestaltungsfreiheit der Selbstbeziehung zugutekommt.

Unter Berücksichtigung der Grundbedürfnisse Bindung und Autonomie sind (1) das Dasein in Gemeinschaft, (2) seinen eigenen Weg gehen und (3) mit sich immer vertrauter werden die Fundamente gelingender Lebensformen, die inhaltlich nicht verallgemeinerbar sind. Gelingende Lebensformen gründen auf zwei wesentlichen Erkenntnismomenten: (I) das Anerkennen der Eigenverantwortung als Voraussetzung für die Gestaltungsfreiheit; und (II) die Bereitschaft zur Veränderung der eigenen Welterklärungen bzw. zur Hinterfragung jener Konstrukte, denen Gefühle zugrunde liegen. So können wir das Vermögen erwirken, Einfluss auf Gefühle durch Gedanken zu nehmen. Diese Selbstliebe ordnet uns. Das ist der springende Punkt, der nur dann wirksam ist, wenn wir Selbstliebe empfinden. Wir empfinden sie oder nicht. Ihr Sein ist daher kein Seiendes, sondern ein Werden, indem wir unsre Selbstbeziehung entwickeln. Wir wachsen durch die Veränderung, die das Empfinden von Selbstliebe mit uns macht.

So kann ich auf Michael Lehofer verweisen, der schreibt: „Wenn man Beziehungsprobleme zu anderen ernsthaft lösen möchte, gibt es nur einen Weg: Man muss die Beziehungsprobleme zu sich selber lösen. Jede Kränkung ist dem Wesen nach eine Selbstkränkung. Wenn die Welt Nein zu uns sagt, sagen wir auch Nein zu uns. Dabei wäre es gerade dann so wichtig, zu uns selbst Ja zu sagen. Die wahre Entscheidung ist die, du selbst zu sein" (Lehofer 2017, S. 105-106). Insofern mag ich sagen, dass ich der Liebe wert bin. Ich bin sie wert, ohne dafür etwas leisten zu müssen, selbst um meine Entwicklung muss ich in dieser Hinsicht nicht eifern. Primär geht es um Gegenwärtigkeit (Präsenz).

Wir verzichten auf den Anspruch, unser Du müsse unseren Vorstellungen entsprechen. Wir werden stimmig handeln, wenn wir uns Nähe zugestehen, ohne sie erzeugen zu wollen. Sich aufeinander abzustimmen, kann daher heißen, sich gegenseitig jenen Raum zu lassen, den es braucht, um sich auf das einzustimmen, was außerhalb der eigenen Kontrolle liegt. Das ist das Paradoxon, das *Ja* der Liebe ohne Polarität. Der Erfolg wird sich einstellen, indem wir in der Gegenwart angekommen sind. Das Zauberwort ‚indem' ist Angelpunkt der Hebelwirkung aus dem Sog unerledigter Vergangenheit in die Gegenwart. Sie lässt sich nicht abschließen, wir sind die Geschichten, die wir leben. Es gilt daher, diese Geschichten ihrer Sogwirkung zu entziehen, sich von ihnen als Beobachter zu abstrahieren. In diese Richtung ist der Begriff *Selbsttranszendenz* zu verstehen. Das meint eine verändernde Betrachtung seiner selbst von einer Metaperspektive aus, die in Fühlung mit den inneren Vorgängen bleibt. Wenn wir die Fähigkeit zur freien Gegenwärtigkeit als Präsenz verstehen, von der Lehofer sagt, indem man loslasse, habe man die Hände frei, so gilt sie als eine inhaltliche Leere im seelischen Erleben, die in sich die Fülle jener Möglichkeiten birgt, die wir zu sein imstande sind, ohne mehr sein zu wollen, als wir sind.

### Bernd lebt für die Kunst

Er ist ein impulsiver und hochbegabter Filmemacher (59), hat seinen Aussagen nach bereits zwei ‚Burn-outs' hinter sich und gibt offen zu, Borderliner zu sein. Intellektuell fit und ständig in Arbeitsüberlastung, ist er mit einer Musikerin zusammen und doch nicht wirklich liiert. Seine ständigen wutentbrannten Attacken führten dazu, dass sie auf Abstand lebt. Dennoch verbindet die beiden ein Feingespür für die Kunst und auch „*das intelligente Gespräch*", wie er sagt. Im Laufe der Sitzungen erzählt er mir, dass er seine Eltern mit seinem Verhalten völlig verstört und überfordert habe. Er sei früh ausgezogen und in der Welt herumgekommen. So richtig zu Hause fühle er sich nur in der Kunst. Er sagt über sich selbst aus, er sei für eine starke Bindung viel zu explosiv und könne sich von daher niemandem zumuten. Sein Drang, etwas kreativ zu schaffen, sei grenzenlos und maßlos. Er hat Abgründe der Sucht kennengelernt.

So haben wir einander in der Praxis kennengelernt. Die Begleitung ist bereits abgeschlossen. Von seiner Qual will er sich insofern erholen, als er sich zu Verletzlichkeit und Empfindsamkeit bekennt, Grundlage seines künstlerischen Schaffens und Wirkens. Er übt sich in Gelassenheit. Er achtet seine ‚Weggefährtin' dafür, dass sie zu ihm und dennoch den Abstand hält, der für ihn stimmig ist. Er hat dafür ihr vollstes Verständnis.

Gelingt ihm die Abmilderung seiner Impulsivität oder richtet er sich zugrunde? Rettet ihn die Kunst, zerstört sie ihn? Unter dem Regime des *Primärprozesses* erleben Kunstschaffende oft eine Aufhebung der Realität, die als Vermögen und Bürde ertragen werden muss.

## 4.2 Schritt für Schritt ins Freie

### Ein integriertes Selbsterleben

Selbsterleben in Wahrheit und aus Gewohnheit korrespondieren mit Einstellungen des Ichbewusstseins: 1) weltbezogen und 2) selbstbezogen. Korrelationen zwischen Selbstbild und Selbstwert bzw. Selbstgefühl und Selbstwert mit niedrigem oder hohem Pegelstand erzeugen negative oder positive Erlebnisweisen. Positives Selbsterleben aus Gewohnheit entsteht durch soziale Anerkennung, Ansehen, Geltung durch Leistungserfolg, gepaart mit Stolz, auch mit Eitelkeit. Dies entspricht ausgelagerter Selbstwerterhöhung. Ein negatives Selbsterleben aus Gewohnheit, anfänglich Unzufriedenheit und auch Ärger, letztlich das Empfinden von Schmach, entsteht durch eine Bringschuld gegenüber dem Idealbild, aufgrund mangelnder Anerkennung durch andere und Versagen gegenüber eigenen Ansprüchen. Weltbezogen ist diese Einstellung, indem das Selbstbild stark von der Außensicht bestimmt wird. Selbstbezogen ist diese Einstellung unter dem Blickwinkel der Bringschuld gegenüber dem Idealbild.

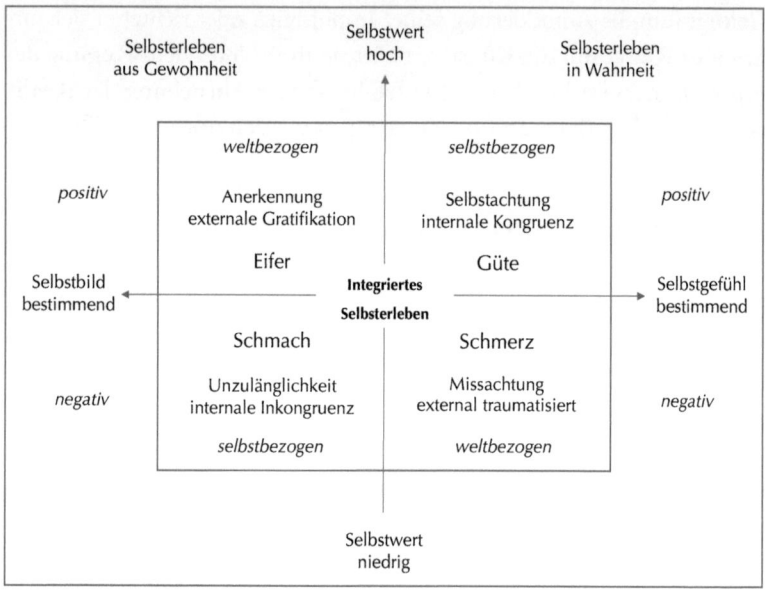

Abbildung 5: Modell des integrierten Selbsterlebens

Ein positives Selbsterleben in Wahrheit entsteht durch Selbstachtung aufgrund internaler Kongruenz. Selbst- und Idealbild sind als integrale Komponenten gut aufeinander abgestimmt und nicht nur auf Anerkennung, Gefallen, Geltungsdrang und Leistungserfolg ausgerichtet. Selbstachtung ist selbstbezogen und in hohem Maß autonom, indem das Selbstgefühl weitaus stärkeren Einfluss auf das Selbstbild ausübt als das Idealbild, dem man gerne entsprechen möchte und sich dabei dem Eifer verschreibt.

## Der Eifer

Zur Gewohnheit kann geworden sein, dass ein Mensch durchwegs vom Eifer getrieben ist. Der Eifer bezieht sich allemal auf eine ausgelagerte Bestätigung und Erhöhung des Selbstwerts durch Anerkennung. Insofern erstaunt es nicht, dass dieses Selbsterleben seitens der Einstellung des Ichs *weltbezogen* ist. Ein Selbstbild, dessen Bestimmung durch das

Idealbild geprägt ist, bedarf der konsequenten Beweisführung durch Gefallen, Geltung und Erfolg. Insofern kommt das Ich den Ansprüchen des Idealbilds mit großer Anstrengung nach. Indem die externale Gratifikation das Bedürfnis nach Selbstwerterhöhung befriedigt, fühlt sich dieses Selbsterleben aus Gewohnheit gut an. Der Eifer zeichnet den ehrgeizigen und strebsamen Typen aus, entspricht im Fall von Übereifer und Rücksichtslosigkeit dem egozentrischen Typen (vgl. Roth, 2021).

Gewiss fühlt sich Erfolg gut an. Solange eben das Real-Ich, das im Sinne Freuds auch als Körper-Ich zu verstehen ist, den Anstrengungen standhalten kann. Wenn sich jedoch durch die aus Eifer entstandene Selbstausbeutung – sie schließt Fremdausbeutung nicht aus – eine akute oder anhaltende Belastungsreaktion zeigt, dann bricht dieses Leistungssystem, das vor allem durch den Vergleich mit anderen aufrechterhalten wird, zusammen. Seit Jahren werden Frauen und Männer, Jugendliche und Erwachsene mit der Diagnose F43.2 ‚Anpassungsstörung‘ (Erschöpfungsdepression, somatoforme Störungen und Angststörungen) durch den Neuro-Psychiater Dr. Dolf Dominik an mich überwiesen.

## Die Schmach

Das negative Spektrum des Selbsterlebens aus Gewohnheit stellt sich durch längerfristig ungeeignete Bewältigungsstrategien gegenüber seelischen Grundkonflikten ein. Viele Personen mit dem Gefühl der Unzulänglichkeit müssen nicht leistungsorientiert gewesen sein. Was Selbstausbeuter und Selbstzweifler jedoch eint, ist die Tatsache, dass ihr Real-Ich sich in einer Bringschuld gegenüber den Forderungen des Idealbilds befindet. Ob sie nun gefühlsvermeidend und kontaktscheu, ängstlich und anhänglich sind, sie erleben sich selbst als minderwertig im Vergleich zu anderen. Die Schmach ist ein zweischneidiges Schwert. Eine Seite der Klinge betrifft die Scham, die sich durch Angst vor Entblößung und Niederlage zu erkennen gibt. Die andere Seite zeigt einschneidende Schuldgefühle, die sich als Gewissenslast äußern. Es handelt sich nicht um ein moralisches soziales Gefühl, das sich einstellt, wenn man etwas angestellt hat oder durch unlauteres Verhalten den Regeln des Anstands zuwiderhandelt.

Es handelt sich um die Selbstbezichtigung, nichts zu taugen, untüchtig zu sein und durchaus neidvoll schlechter als andere abzuschneiden, die im Vergleich als größer, überlegener, schöner und wohlhabender erlebt werden. Die Schmach ist Beleidigung des Gemüts. Doch der Betreiber dieser Ungemütlichkeit ist das Subjekt selbst. Auch wenn beispielswese eine Person Gewissensbisse verspürt, weil sie es nicht allen Mitmenschen gleichzeitig und gleichwertig recht machen kann, so ist diese herbe Selbstanklage keine Verinnerlichung einer realen Verurteilung, eines zu Herzen gehenden Vorwurfs. Es handelt sich in der Regel um Selbstherabsetzung, trotz Eifer eigenen Ansprüchen nicht genügen zu können, zum Scheitern vor sich selbst verurteilt zu sein. Die Schmach ist daher nicht nur eine gefühlte Niederlage nach verlorenem Wettstreit. Sie ist die Kehrseite des misslungenen Eifers, besser sein zu wollen, als dies zumutbar ist. Nie und nimmer führt dies zu einer behaglichen Zufriedenheit. Der Grundkonflikt ist dadurch ungelöst verschoben oder ausgeweitet worden. Es herrscht innere Unruhe, die einen dafür quält, zu sein, wie und wer man in Wirklichkeit ist. Die Schmach ist ein Gewaltakt gegen das Selbst, den man innerlich verübt. Der Eifer versucht, zu retten, was zu retten ist. Die Selbstachtung gerät in Verlegenheit.

### Der Schmerz

Freud bekundet seinerzeit, zur Psychologie der Gefühlsvorgänge liege wenig vor. Er relativiert also seine folgenden Bemerkungen. Angst werde zur Reaktion auf die Gefahr eines Objektverlusts. Die Reaktion auf den tatsächlichen Verlust müsse als Trauer verstanden werden. So fragt er nach der Verknüpfung von Trauer und Schmerz. Wann macht die Trennung vom Objekt Angst, wann Trauer und wann vielleicht nur Schmerz? „Wir mußten sagen, die Angst werde zur Reaktion auf die Gefahr des Objektsverlusts. Nun kennen wir bereits eine solche Reaktion auf den Objektverlust, es ist die Trauer" (Freud 1971, S. 305). Das konkrete Vermissen der Mutter nennt Freud eine traumatische Erfahrung. Die Situation wandle sich in eine drohende Gefahr. „An der Angst des Säuglings ist zwar kein Zweifel, aber Gesichtsausdruck und die Reaktion des Weinens lassen annehmen, daß er außerdem noch Schmerz empfindet" (Freud 1971, S. 306).

Und so arbeitet er einen Erklärungszusammenhang in Bezug auf den Schmerz in Kombination mit Angst und Trauer heraus. „Der Schmerz ist also die eigentliche Reaktion auf den Objektverlust, die Angst die auf die Gefahr, welche dieser Verlust mit sich bringt" (Freud 1971, S. 307). Der unter dem Begriff Trauerarbeit zu verstehende Rückzug vom Objekt, welches Gegenstand hoher Besetzung war, würde sich mit Schmerz koppeln. „Die Trauer entsteht unter dem Einfluß der Realitätsprüfung, die kategorisch verlangt, daß man sich von dem Objekt trennen müsse, weil es nicht mehr besteht. Sie hat nun die Arbeit zu leisten, diesen Rückzug vom Objekt in all den Situationen durchzuführen, in denen das Objekt Gegenstand hoher Besetzung war. Der schmerzliche Charakter dieser Trennung fügt sich dann der eben gegebenen Erklärung durch die hohe und unerfüllbare Sehnsuchtsbesetzung des Objekts während der Reproduktion der Situationen, in denen die Bindung an das Objekt gelöst werden soll" (Freud 1971, S. 308).

## Die Güte

Ein integriertes Selbsterleben lässt alle Felder der welt- und selbstbezogenen Einstellung der Ichstruktur zu, kann klar zwischen dem Selbsterleben aus Gewohnheit und in Wahrheit unterscheiden. Es strebt Wohlwollen und Wohlbefinden an, lässt sich schließlich an der Zunahme innerer Freiheit fühlen, indem kein Gefühl vermieden, abgelehnt oder beschwichtigt wird. So folgen nun Einblicke in ein besonders wertvolles Gut. Selbstachtung bedarf keines eifrigen Erfolgsstrebens. Wohlwollende Selbstachtung wird sich keiner Schmach bezichtigen. Selbstachtung wird akzeptieren, dass Missachtung geschehen ist. Sie wird dafür keine Genugtuung verlangen. Weder die Anschuldigung einer Person ob ihrer Täterschaft oder die Selbststilisierung als Opfer der Umstände noch die Selbstbestrafung durch Schmach kann aus dem Tal des Grauens führen. Authentizität stellt sich ein, wenn sich im Selbsterleben das Selbstgefühl von keiner

Seite täuschen lässt. Insofern ist auch der Schmerz wahrhaftig, nicht aber seine Erklärung.

Die Güte ist außergewöhnlich, wenn auch nicht unüblich. So bin ich zuversichtlich. Sie lässt sich nicht verordnen oder strategisch bewerkstelligen. Natürlich helfen Atem- und Entspannungsübungen, Meditation und Achtsamkeitstraining dem Wohlbefinden. Indem die Wertschätzung für das Gegebene steigt, wenn wir lernen zu lieben, was ist (Byron, 2002), stimme ich diesen Maßnahmen zu. Die Güte ist kein Kapital, das man mit der Temperamentsausstattung in die Wiege gelegt bekommen hat. Natürlich tut sich ein genügsamer Mensch leichter als ein hektisch eifriger.

Weder Vermeiden noch Erdulden oder Übertreiben sind Varianten, in den Zustand unbedenklicher Gelöstheit und entzückender Lebendigkeit zu gelangen. Vielmehr liegt es am Mut zum Selbsterleben in Wahrheit, eben auch das Schmerzliche annehmen zu lernen, um mit sich wohlwollend ins Reine zu kommen. Wir wissen heute aus weltweiten Studien, dass Glück kein Dauerzustand ist und nur teilweise zu einem erfüllten Leben beiträgt. Ich verweise hier auf Publikationen von Dr. Leon Windscheid (2021) sowie Dr. Michael Kunze und Dr. Silvia Jelincic (2021). Und wie das Glück ein vorübergehender Zustand ist, so verhält es sich auch mit dem Unglück. Dankbarkeit für die Schönheit des Lebens sowie wohlwollende Nachsicht mit Schwächen fördern die Güte, wo Vorkommnisse nicht nach unserem Willen verlaufen sind. Güte bedeutet keineswegs, dass wir uns alles gefallen lassen. Nur belangen wir nicht den Anderen dafür, was die Kränkung mit uns macht. Wir kümmern uns selbst darum.

### Du sollst dich nicht strafen

Auf tragische Weise findet ein nicht vollzogener Abschied oder vermiedener Trennungsschmerz zurück in einen körperlichen Ausdruck, der uns an die ursprüngliche Körper-Geist-Einheit erinnert. Ich denke dabei nicht allein an funktionelle Störungen ohne organischen Befund, sondern auch an Erkrankungen, Unfälle und Schädigungen der leiblichen Integrität. Otto Teischel geht in *Krankheit und Sehnsucht* (2014) der Frage nach, inwiefern Krankheit als Ausdruck einer ungelebten Sehnsucht verstanden werden kann. Er zeigt Verhaltensweisen und Umgangsformen auf, die Leben ‚vortäuschen' und das Gegenteil davon bewirken.

Dieser Ansatz erinnert an Arno Gruen und seine Abhandlung *Der Verrat am Selbst* ([1984] 2019). Einen Bezugspunkt zwischen Gruen und Teischel erkenne ich darin: Der Einzelne ließe sich gleichsam *ritualisiert* und unbewusst nachträglich dafür ‚büßen', dass er als Kind so eigenmächtig zu sein versuchte, wofür er eben schon seinerzeit mit Verachtung gestraft oder mit Sorge erstickt wurde. Wenn es daher um das Bedürfnis nach Autonomie geht, muss deren Unterbindung immer aus zwei Perspektiven betrachtet werden. Einerseits wird die Ablehnung von Bestrebungen verinnerlicht. Andererseits versucht sich die Sehnsucht nach Erlaubnis, Unterstützung und Würdigung Gehör zu verschaffen. Und sei es durch Krankheit, die Zuwendung verspricht.

Kann es nun sein, dass sich zu späterer Zeit dieser Mensch für seine Sehnsucht straft? Kann es sein, dass diese Sehnsucht durch körperliche Beschwerden und krank machende Ereignisse zum Ausdruck kommt, sofern man die Interpretationsanstrengung unternimmt, die Verkehrung ins Gegenteil zu dechiffrieren? Gehen Selbstbestrafung wegen Sehnsüchten und Auflehnung gegen Sehnsüchte Hand in Hand, weil der Abschied von ehemals drastischen Einschränkungen nicht gelingt? Und müssen Sehnsüchte im Gefängnis des Körperschmerzes verharren, weil Abschied bedeuten würde, schöpferische Freiheit und unbekannte Wege in Betracht zu ziehen? Will das heißen, dass der Organismus aufgrund von Verbotenem und Unmöglichem erkrankt, wo doch das Verbotene und das Unmögliche das Begehren schüren?

Zerrissenheit ist das Gegenteil von Verbundenheit. Wer in sich zerrissen ist, kann sich nicht wirklich verbunden fühlen. Stets ist da eine Kluft zwischen der Sehnsucht nach Verbundenheit sowie der Angst vor

Festlegung. Daher sieht der Kompromiss, die Aufteilung des Selbsterlebens aus Gewohnheit auf soziale Anpassung und in eine Gegenwelt recht gut handhabbar aus. Jedenfalls kann man so erfolgreich auf der Flucht sein. Für eine gewisse Zeit wird das durch die Gegenwelt in Szene gesetzte Lust-Ich befriedigt. Der Hunger alter Sehnsüchte, unerfüllter Wünsche, die Vermeidung, das Schattenreich zu beleuchten, die anstehende Entschärfung des Idealbilds, und auch die Jagd des Eifers nach Erfolg, sie alle können nicht halten, was sie versprechen, wo wir uns selbst nicht annehmen, wie wir sind. Das heißt in anderen Worten: Solange wir nicht die *verinnerlichte Ablehnung* und Missachtung unserer gefühlten Wirklichkeit entkräften, solange wird Ruhe nicht einkehren im Haus des Ichs. Die Zeit heilt nicht alle Wunden. So braucht es Mut, das Verheimlichte vor uns selbst aufzudecken und anzuschauen.

### Trauern wirst du verschmerzen

Das Unverständliche treibt uns zu immer komplizierteren Erklärungsversuchen an. Doch kann keine Erklärung, sei sie auch eine kurzfristige Befriedung, wirklich den Schmerz des Unverständlichen stillen. Das Unverständliche wurde von uns Kindern gefühlt und keine Kopfgeburt konnte die Tatsache aus der Welt räumen, dass wir uns unverstanden und abgelehnt fühlten. Das muss keines Menschen böswillige Absicht gewesen sein. Auch gab es Angehörige oder außerfamiliäre Nahestehende, die es darauf angelegt hatten, uns zu übergehen, unsere Wut zu strafen oder zu leugnen, uns Einsicht abzuverlangen, wo dies für unser Denken nicht möglich war. Manches war eine Ungerechtigkeit, die aus Nichtverständigung hervorgegangen ist. Trauern bedeutet aber auch, Gutes zu erinnern, gerade weil Schmerzliches geschah.

Trauern erzeugt eine umwandelnde Verinnerlichung (Kohut, 1976), um dem seelischen Schmerz mit schöpferischer Fähigkeit zu begegnen. Insofern ist Trauern ein Verschmerzen sowohl dessen, was einmal gut war und nicht mehr ist, als auch ein Loslassen der Erwartung dessen, was Gutes hätte geschehen sollen. Die Entdeckung der schöpferischen und Selbständigkeit fördernden Fähigkeit ist eine Abenteuerreise, die ihre Abbildung sowohl im Orpheusmythos (Haas, 2004), im Monomythos (Hant, 1992) und im Schöpfungs-, Helden- und Wandlungsmythos (Neumann, 1968) findet.

Gerade der Wandlungsmythos lässt Zuversicht aufkommen, dass die selbstzeugerische Kraft des Seelischen (Neumann, 1968) uns hilft, Abwesendes durch Symbolisierungsprozesse in uns anwesend werden zu lassen. Wobei diese Präsentifizierung nicht mit Melancholie zu verwechseln ist, durch die wir nicht verschmerzen, sondern eine pathologische Trauer und Verlängerung von Leid erzeugen. Viele Menschen mit Panikattacken und Depressionen wollen eine bestimmte Erwartung oder Hoffnung nicht loslassen. Wir werden die Leiden der Kindheit nicht ohne Berücksichtigung von Allmachtsfantasien verstehen können. Die daraus entstandenen inneren Bilder sind oft überzeichnet und verzerrt. Sie befeuern den Eifer und drohen mit der Schmach.

### Die Herausforderung annehmen

Ich greife den Konnex introjizierter Sanktion und Satisfaktion erneut auf. Enttäuschungen ebenso wie schroff einschränkendes Verhalten von Eltern erwirkten Frustration und Aggression. Oft widerfuhr dem Kind offenkundige Ablehnung seiner Auflehnung. Nicht selten lernte es, die gefühlte Ablehnung wie auch die abgelehnte Auflehnung durch eigene Ablehnung dieser Erfahrungen zu befrieden. So wurde ihm *verinnerlichte Ablehnung* zum Hemmnis der Selbstentfaltung, des Selbstgefühls, seines Selbsterlebens in Wahrheit. *Innere Kritiker, Antreiber* und *Bestrafer* erzeugten Eifer, Überich-Druck, Selbstzweifel, Minderwertigkeit, Unzulänglichkeitsgefühle, Versagensängste. Genugtuung stellte die Rehabilitierung des angeschlagenen Selbstwerts durch Ausgleichshandlungen in Aussicht.

Die Kindheit brachte es mit sich, dass jenes Gefühl, sich in Ordnung zu fühlen, an die Erfüllung von Aufgaben, mit der Anerkennung und Einhaltung von Geboten und Verboten gekoppelt war. Es bedeutete, Gehorsam zu leisten, seinen Beitrag zum Ganzen des Systems einzubringen.

Der Glaube, dadurch die ursprünglichen Bedürfnisse und Wünsche erfüllt zu bekommen, gehört auch zu den Allmachtsfantasien hinter dem Eifer. Insofern hängen Selbstwerterhöhung und Belohnung nicht nur mit elterlichem Lob zusammen, sondern ebenfalls mit dem Druck des Gelingens und dem Verzicht auf innere Freiheit, umrankt vom Wunsch, ohne Schmach in Wahrheit zu sein, wie man ist. Da es nicht nur um Bindung, sondern auch um Autonomie geht, entflammt der Konflikt zwischen Schutz und Wachstum, Anpassung und Eigenmächtigkeit, der im Fall verinnerlichter Ablehnung zugunsten der Anpassung befriedet wird (siehe Perls, Hefferline, Goodman 1979, S. 149-150).

Die Angst spielt dabei die Rolle der Grenzwächterin. Ihre Funktion als Regulativ lässt sich auch so sehen: Vielleicht ist zu berücksichtigen, dass sich Angst als Signal für bevorstehende Entwicklungsschritte deuten lässt. Indem ein Entwicklungsschritt eben Neuartigkeit hervorbringt, signalisiert Angst das Ungewisse an der Grenze zum Bekannten und Vertrauten. Wir jonglieren (nicht nur als Kinder) zwischen Gefahr und Schutz. Sicherheit entsteht durch das Gelingen der Bewältigung von Gefahren und Herausforderungen im Sinne der Selbstwirksamkeit, des Selbstvertrauens, der Ichstärke. Folglich wachsen wir, indem wir Grenzen erweitern. Angst muss also nicht immer hindern.

Ich habe zitiert, dass unliebsame Gefühle als *Affektkonserven,* als *verinnerlichte Ablehnung* zu verstehen sind, die ein *„gehemmtes Potential an Interaktion einer Objektbeziehung mit aggressivem Gehalt"* (Moser 2009, S. 118) in sich bergen. Satisfaktion kann bedeuten, Kränkung schlagartig durch Kränkung tilgen zu wollen. Vorwurf trifft auf Vorwurf: Ein Gemetzel entfacht. Im Stammhirn regiert das Alte Testament: Schädigung verlangt nach Entschädigung. So ist an Wiedergutmachung wie an Sühne und Rache zu denken. Genugtuung ist gewissermaßen der gemeinsame Nenner für Forderungen nach Ausgleich. Ich zähle auch maladaptive Bewältigungsstrategien zu getarnten Genugtuungsmotiven hinter taktischen Manövern. Kindmodi schützen nicht nur, sie teilen auch aus, und das zuweilen nicht zimperlich. Doch verschafft eine Vergeltung nur kurzfristige Genugtuung. Rebellion macht einsam. Es droht das Verlassenheitsgefühl. Wie leicht zu verstehen ist, führt keine dieser Bypass-Funktionen zur Güte, um die es für das seelische Wohl geht.

## Was es braucht, um voranzukommen

Allen, Fonagy und Bateman führen mit *Mentalisieren in der psychotherapeutischen Praxis* (2016) Theorie und Praxis des Mentalisierens vor. Einleitend definieren sie Mentalisieren als „*Sich-Vergegenwärtigen psychischer Vorgänge*" (Yudofsky, Stuart C. in: Allen, Fonagy und Bateman 2016, S. 9). Ein gutes Ergebnis des Mentalisierens kann aus ihrer Sicht als Verstehen des Verhaltens und seiner Beziehung zu Gedanken, Gefühlen und Geschichten aufgefasst werden. „Unserer Ansicht nach ist das Mentalisieren für die Aufrechterhaltung eines stabilen Selbstgefühls unabdingbar. […] In diesem Kontext verstehen wir das Selbst nicht als Repräsentation, sondern vielmehr als einen *Prozess* mit spezifischen Eigenschaften, die eng mit der Autonomie und der Urheberschaft zusammenhängen – das heißt, als ein dem Bewusstsein zugängliches Gefühl, das eigene Verhalten zu steuern" (Ryan, 2005 in: Allen, Fonagy & Bateman 2016, S. 356). Davon ausgehend könnten wir spezifische emotionale Zustände erweitern, „indem wir die Möglichkeit alternativer Gefühle erforschen und zum Beispiel nach Ärger suchen, der sich hinter Schuldgefühlen, oder nach Angst, die sich hinter wütenden Äußerungen verbergen könnte" (Allen, Fonagy & Bateman 2016, S. 61). Den Gebrauch verschiedener Medien wie beispielsweise das Malen eines Bildes oder Musizieren zählt das Autorenteam ebenfalls zum Mentalisieren, wenn auch die narrative Komponente für sie das bevorzugte Medium darstellt.

So stellt auch Gefühlsverunsicherung ein Hemmnis für die Introspektion dar. Der Blick auf sich selber kann schwach ausgebildet sein. Dazu Kathrin Asper: „Die Erlangung eines Gefühls für sich selber und die Fähigkeit, seine Gefühle mit ihren Widersprüchlichkeiten wahrzunehmen, bedeutet in der Entwicklung der narzißtischen Persönlichkeit die ‚schwer zu erreichende Kostbarkeit'" (Asper 1991, S. 273). Der Weg führt durch das düstere Tal, wo die negativen, dunklen und destruktiven Inhalte vorherrschen. „Die tiefe Überzeugung, schuldig und ohne Recht zu leben zu sein, immer ein Pechvogel bleiben zu müssen, bestimmen das Empfinden und lassen das Selbst im Sinne des eigenen Wesens lediglich als ein beschattetes in Erscheinung treten" (Asper 1991, S. 274). Die entscheidende Phase beginnt, wenn Menschen integriertes Selbsterleben bewerkstelligen, auch wenn Einsichten in tiefere Bereiche ihrer Persönlichkeit dem Selbsterleben aus Gewohnheit widersprechen. „‚Echte‘ Einsicht wäre demnach ein zugleich intellektuelles und emotionales Verständnis für die tieferen Quellen des eigenen Erlebens, verbunden mit einer Betroffenheit über das Pathologische daran und mit dem Bedürfnis, daran etwas zu ändern" (Kernberg 1983, S. 115). Und in den kritischen Worten von Arno Gruen heißt dies: „Wenn offizielle Logik und erlebte Gefühle nicht isomorph (übereinstimmend) sind, kann man nicht auf einer integrierten Ebene leben" (Gruen 2019, S. 96).

Eckhard Roediger empfiehlt, nicht an der Thematisierung der Bewältigungsreaktionen haften zu bleiben, sondern Zugang zu den ‚verdeckten Kindmodi‘ freizulegen. Dabei tritt die Einsicht in retardierende Verhaltensmuster und deren Konstrukte wie etwa Glaubenssätze und innere Kritiker in den Vordergrund. So eröffnet sich der konzeptionelle Ansatz im Rückblick auf kindliche Erlebnisse. Von da aus geht es darum, die Mentalisierungsfähigkeit auch nachträglich zu entwickeln. In diesem Sinne spricht Roediger vom ‚zweiten Bildungsweg‘ in Bezug auf Gefühlswahrnehmung. Ein integriertes Selbsterleben wird sich darin auszeichnen, dem eigenen Erleben und Verhalten gegenüber eine introspektive Haltung einnehmen zu können. Auf der Grundlage dieser ‚Innenschau‘ baut die Fähigkeit auf, ein Abstandnehmen und Hinschauen auf das eigene Erleben zu erwirken, um in Hinblick auf die Zukunft alten emotionalen Reaktionen gegenüber wählbare Handlungsoptionen zu entwickeln. Insofern korrespondiert das *integrierte Selbsterleben* mit dem Erwachsenenmodus (Roediger, 2018). Heißt, situationsadäquate und ichstärkende Handlungen auf Ressourcen zurückführen können.

In engem Zusammenhang damit stehen Wandlungsprozesse, welche die Ablöse *innerer Kritiker* durch *innere Erlauber* ermöglichen, sofern Selbstinstruktion, Musterunterbrechung und Affirmationssätze maladaptive Modi entkräften. Es bedarf nachhaltiger Konsequenz, Trigger und Schemata zu erkennen als auch durch bislang ausgeschlossene Verhaltensabenteuer zu überschreiben. Nicht immer bietet sich eine passende Gelegenheit im Tagesablauf, nicht immer sind wir veränderungsbereit. Aber was sein will, ist im Werden.

## 4.3 Im Licht der Veränderung

### Auf dem Feld der Liebe

Das Feld der Liebe aufzufinden, versprechen unzählige Wegweiser, einige führen auf Irrwege. Manche habe auch ich beschritten. Eines wurde mir klar: Es gibt keine bedingungslose Liebe, jedoch eine forderungslose Hingabe an die Liebe. Es stimmt auch nicht, zu sagen: „*Ich liebe dich!*" Lieben als intransitiv aufzufassen, sollte von daher keinen Akkusativ verlangen. Vielmehr (wie in anderen Sprachen) möge es heißen: „*in Liebe bin ich zu Dir!*" Der Dativ beschreibt die Bezogenheit besser. Lieben ist ein Werden von Erfahrung, ein Leben lang. Insofern ist Liebe keine Entität, sondern das Wesen unserer menschlichen Existenz. Möglicherweise ist sie unsere seelische Wirklichkeit.

Woran merken wir, liebend zu sein? Als Bindungswesen können wir vom Gefühl der Verbundenheit ausgehen. Aber das ist noch zu wenig, umfasst nicht die ganze Dimension. Wenn die Liebe das Kind der Freiheit ist, so gehört das Freisein zu ihrem Wesen. Sich frei fühlen in Verbundenheit käme dem Postulat näher, dass Lieben bedingungslos möglich wäre. Das stimmt aber auch nicht. Menschsein ist nie ohne Bedingtheit. Aber es mag zutreffen, dass in diesem Lieben der Andere nie versachlicht wird. Im Sinne Martin Bubers würden Liebende fortwährend ein Du bleiben, kein Es werden.

Lieben impliziert radikale Subjektivität. Indem ‚bedingungslose Liebe‘ kein brauchbarer Begriff ist, kommt dem *Freisein in Verbundenheit* die Zuschreibung ‚forderungslos‘ nahe. Das heißt nicht, dass Lieben keine Herausforderung ist. Gerade die Forderungslosigkeit, die Unterlassung, Bedingungen an die Liebe zu knüpfen, sowohl an die eigene Liebesfähigkeit als auch an die des geliebten Anderen, ist allemal herausfordernd. Unterscheidungen sind vorzunehmen, bis sich Lieben von Habenwollen unterscheiden lässt. Somit ist gesagt, dass *jemanden haben wollen* zwar Ausdruck von Begehren ist, aber nicht Lieben, das dieser Unterscheidung nach kaum mit dem Gewinn des Anderen zu verwechseln ist. Bestreben ist Intention, die etwas erreichen oder vermeiden will. Der Begriff ‚Haben‘ bringt mit sich, dass es um ein dingliches Verständnis geht. Die Inbesitznahme verdinglicht das Wesen, das begehrt wird. Radikale Subjektivierung heißt also in einer nächsten Annäherung an die Dimension des Liebens, dass die freie Wahl des Subjekts, zu begehren und sich begehren zu lassen, frei von Bedingungen ist. Insofern ist *‚in Liebe sein‘* forderungslos. Wie ist dies vorstellbar, ohne dass auch das Subjektsein transzendental verstanden wird? Wo führt das hin?

Es soll nicht von einem Jenseits die Rede sein. Aber lässt sich beipflichten, wie Veit und Andrea Lindau (2018) schreiben, die Liebe sei jene Energie, die das ganze Universum durchflutet oder gar geschaffen hat? Das fühlt sich im Sinne der Allverbundenheit überzeugend an. Zumindest lässt sich festlegen, Lieben sei ein Schwingen, Resonanz. Und da der Begriff ‚Feld‘ eine unbegrenzte Ausdehnung bedeutet, schwingen Liebende in Resonanz. Wieso schwingen wir in Liebe? Vielleicht deshalb, weil dieses Schwingen ein erhebendes Empfinden auslöst? Dann wäre die Liebe Erhabenheit. Auch über jeden Zweifel erhaben.

Zweifel ist ein Vermächtnis der Vergangenheit, deren schlechte Erfahrungen Misstrauen schüren. Die Sorge richtet sich an die Zukunft. Sie ist ungewiss. Und die Sorge ist eine Tarnkappe der Angst. Vertrauen wir der Liebe als Kind der Freiheit, lassen wir Zweifel und Sorge nicht aufkommen, indem wir uns ungeliebt fühlen oder ängstigen, der

Liebe nicht habhaft zu werden, die Angst vor Liebesverlust erleiden, alte Schmerzen wiederbeleben. Dann ist Liebe das Gegenteil von Angst, Misstrauen, Zweifel und Sorge, ist Schwingung, die uns aus den Niederungen und Talschaften schmerzlicher Erfahrungen in ihrer heilsamen Wirkung erhebt, aufrichtet, befreit.

Ich hatte vor, einen Zugang zur Liebe anzubieten, der sich nicht allzu romantisch darstellt. Insofern behaupte ich, dass die Sehnsucht nach Liebe und die Wehmut unerfüllter Sehnsüchte die Liebe zur klischeehaften Romanze stilisieren. Die romantische Liebe ist ein Aufputschmittel für routinemürbe Alltagstrottel, die wir in unserer Leistungsgesellschaft mit einer kapitalistischen, materialistischen und fahlen bürgerlichen Pragmatik bedauerlicherweise sind, durch Anpassung dazu werden. Ist ,in Liebe sein' daher, wenn nicht romantisch, dennoch entgrenzend? Ist die Überschreitung der Verhältnisse etwa amoralisch? Jedenfalls lässt sich die Macht der Liebe nicht leugnen. Sie erfasst uns wie eine Revolte gegen die Herrschaftsstrukturen und gilt mir als Befreiungsbewegung aus der *Zwangsjacke der Seele*. Sie entlarvt die amouröse Heuchelei auf dem Marktplatz der Eitelkeiten. Sie provoziert eine ernüchternde Schmährede gegen die medial produzierten Illusionen und Narrative des Romantizismus.

Die Menge der erdichteten und aufgeschwatzten Befriedigungsangebote erzeugt Stumpfsinn. In der Weise lückenlos von Algorithmen manipuliert, hecheln wir von Lustgewinn zu Lustgewinn, um die Langeweile und Leere nicht zu registrieren oder in sie zu stürzen wie in ein schwarzes Loch, wenn das Imaginäre uns als in Wirklichkeit unerreichbar frustriert. Die Umtriebigkeit nimmt uns die Zeit, zu lieben. Bedarf ,in Liebe sein' wirklich der Zeit? Wenn sie den kostbarsten Augenblick wie auch die endlose Ausdehnung des Alls durchflutet, dann ist ihre Ewigkeit nichtörtlich. Ist Liebe etwa das universale Quantenfeld? Dann müsste es eine *Physik der Liebe* geben, sei sie noch so theoretisch. Ganz und gar nicht mit Theorie behaftet ist die sinnliche Liebe. Aber die hat ja mehr mit Begehren zu tun.

Wenn es stimmt, dass Eros, ursprünglich ein griechischer Gott, das lebensbejahende Prinzip ist, dann ist erotische Schwingung als lebendige Anziehungskraft zu verstehen, woraus Verbundenheit und Freisein entstehen können. Im selben Atemzug ist anzunehmen, dass Lust und Liebe nicht deckungsgleich sind, Lust aber ‚in Liebe sein‘ nicht ausschließt. Ich nähere mich dem Begriff der Kontingenz: *Ein Vertrag ist weder notwendig noch unmöglich!* Und eine doppelte Kontingenz heißt: Zwei Menschen, die liebend in dieses erhebende Schwingungsfeld geraten, können nie wissen, was daraus wird. Also ist die Liebe absichtslos und zugleich erschafft sie Sinn. Kann das heißen, sie fordert uns auf, unserem Leben Sinn zu geben? Und kann dieser Sinn eben gerade darin liegen, jemanden nicht in Besitz zu nehmen, ganz egal auf welch plumpe oder raffinierte Art? So dachte Sokrates, indem er *philia* mit *sophía* vereinte und das „dynamische Wesen des Eros" von der Priesterin und Seherin Diotima von Mantinea erfuhr (Geier 2020, S. 11).

Wenn die Liebe das Kind der Freiheit ist, so muss die Freiheit seine Mutter sein! Welch schöner Gedanke, von der Freiheit geboren zu werden. Sie gewährt das Mögliche, die radikale Subjektivierung, die zugleich Intersubjektivität bedeutet. Für mich allein bin ich nicht Subjekt, sondern selbst nur Objekt meiner Macht. Wenn Macht Einflussnahme, Durchsetzungswillen der Gestaltungskraft auch gegen Widerstände ist, so ist die Macht der Liebe der Wille eines Seins, das werden will. Da die Realität von Herrschaftskämpfen und Ausbeutungsbestreben geprägt ist, wird die Gestaltungskraft der Liebe darin liegen, sich zu erheben und auf dem Feld der Liebe zu gedeihen. Diese ethisch und ästhetisch anmutende Haltung verkörpert Eros.

### Entschieden lieben?

Lieben ist Verzicht auf Genugtuung. Dieser Verzicht erzeugt aber keinen Mangel. Er bereichert das Selbstgefühl, Verantwortung für alle Gefühle tragen zu können und für die unangenehmen unter ihnen niemanden zu belangen. Lieben ermöglicht die Entscheidung, keinem anderen und sich selbst Schaden zuzufügen. Mit dem Herzen zu entscheiden, schließt Spekulation aus. Lieben heißt, unsere verinnerlichte Ablehnung zu überwinden und annehmen zu lernen, dass ein Entgegenkommen des Anderen, besonders wenn diese Person von uns begehrt wird, nie eingefordert werden soll. Lieben ist gleichgesetzt mit Akzeptanz und radikalem Respekt, die Fähigkeit, dem eigenen Selbstgefühl Vertrauen zu schenken und auf diese Weise sich auf den Anderen einzulassen, weil der Weg des Vertrauens keine Bringschuld für den Anderen darstellt, unser Vertrauen zu gewinnen. Vertrauen wir dem Selbstgefühl, verlassen wir uns selbst nicht.

Lieben ist wie die Kunst ein Hervorbringen, das sich gestalten lässt. Hingabe ist der Weg, Kontrolle will das Risiko vermindern, kann es jedoch nicht verhindern. Sehnsucht lässt uns ahnen, wie Lieben Grenzen sprengt. Ist die Liebe ein Kind, dessen Mutter uns Freiheit schenkt, so löst die Selbstfürsorge ihr Vermächtnis ein. In Folge kann die Trennschärfe zwischen Angelegenheiten von Ich und Du erhöht werden, was wiederum mit sich bringt, dass wir Verbundenheit als Liebende nicht mit Beweislasten überfrachten, sondern aus freien Stücken die eigene Verbundenheit wählen oder uns nicht darum bemühen, wenn wir sie nicht fühlen. Die Entschiedenheit betrifft keine anberaumte Dauer. Sie lässt sich weder verordnen noch, um der Aufrechterhaltung ihres Anscheins zu genügen, in der einen oder anderen Form vortäuschen, um nach narzisstischer Gratifikation zu heischen. Die Entschiedenheit zu lieben, scheidet das Arrangement aus Gewohnheit von der Wahrheit des Selbstgefühls, unabhängig von einer Selbstwertbestätigung, die wir uns und anderen abverlangen. Die gefühlte Unabhängigkeit kann uns dazu befähigen, Kompromisse aufgrund von Konventionen durch eine gewisse Anormalität (McDougall, 1989) auszutauschen.

Kontrakte zwischen Beziehungspartnern verifizieren ihre Bereitschaft, sich unterstützend bei der Bewältigung von Lebensaufgaben und Belastungen zur Seite zu stehen. Diese Kontrakte sind kündbar, wenn es zu einseitiger oder wechselseitiger Benutzung kommt. Sich instrumentalisieren lassen, vielleicht auch manipulieren, diese Strategien und Taktiken erbringen keine Garantie. Es ist die zutiefst eigene Angelegenheit, sich dem Schwingungsfeld in Hingabe anzuvertrauen und aus Selbstliebe sich auch ein ‚Nein‘ zu erlauben. Insofern möge die Kommunikation sich durch willentliche Ausdrücklichkeit und Wertschätzung (auch in der Abgrenzung) auszeichnen. Wie Nietzsche sagte: *„Einer allein hat immer unrecht. Die Wahrheit beginnt zu zweien!"* Willenskundgabe ist ein Erfordernis, um zu erkennen, woran man beim Anderen ist, worauf dieses Du hinauswill, ob wir uns durch Übereinkommen für einen gemeinsamen Weg entschließen. Für den Beschluss können wir nur selbst die Entscheidung dafür oder dagegen treffen. Die Bedingungen, die wir stellen, sollten sichtbar und verstehbar sein, um ein faires Entgegenkommen von beiden Seiten einzuleiten, ob wir bleiben oder gehen.

## Lieben heißt wachsen

Die Behauptung greift nach den Wurzeln der Liebe. Sie sucht nach dem Anfang des Empfindens von Liebe. Bemühe ich das Sinnbild des Lebensbaums, so breiten sich seine Wurzeln im fruchtbaren Boden aus. Ein Stamm wächst heran und schließlich greifen die Äste und Zweige nach dem Atem des Himmels. Durchströmt der Atem des Himmels das Sein jenes Baums, dessen Fähigkeit darin besteht, den Atem des Himmels in Früchte zu verwandeln? Der *Baum des Lebens* manifestiert die Verkörperung von Liebe. Und ist es nur ein Sinnbild, so gleicht es doch dem Wachstum des Menschen von den Wurzeln der Liebe zum Atem des Himmels. Lieben heißt wachsen. Und wachsen heißt sterben. Doch das Leben selbst ist unsterblich, indem es sich immer wieder fortsetzt, zumindest auf dieser Erde. Ist das der Lauf der Dinge? Die Dinge wachsen nicht. Wir häufen sie an oder schmeißen sie weg.

Wesen wachsen und empfinden. Das macht sie aus. Liebe als die schöpferische Urkraft Eros will sich empfinden. So verkörpert sich die Liebe in Lebewesen. Wir können Liebe als Lebensenergie verstehen. Wenn wir sie empfinden, ist dieses Schwingen unbegrenzt. Unendlich ausgedehnt und doch realisierbar allein im Empfinden. Ohne unsere Sinne können wir nicht empfinden. Wir empfinden Liebe mit allen Sinnen.

Dies zu erschaffen ist der Sinn. Wir werden gezeugt und geboren, unser Körper wird sterben. Doch die Erfahrung von Liebe verbleibt im Feld. Diese Schwingung ist ohne Zeit.

Doch was geschieht, wenn wir den Lebensbaum stutzen oder verstümmeln? Wie mag das geschehen? Ist denn die Liebe nicht allmächtig und bedingungslos? Die Liebe vielleicht, ja. Nie ist Wachsen frei von Bedingungen. Und so erfahren wir die verletzte Liebe, das Empfinden der verschmähten Liebe, die Verfälschung des Wachsens. Wir werden gerichtet, verbogen, geteilt, gebrochen, zerstört. Ich sehe im Gegenteil, dass die Wurzeln der Liebe in jenen Boden treiben, den unsere Ahnen aufbereitet haben, ihn hegten wie einen Garten, ihn ausbeuteten oder verwüsteten. Wie werden wir unseren Kindern und Nachfahren die Erde hinterlassen? Wir wollen wachsen und werden durch Bedingungen geformt und verformt. Uns auf die Liebe zu besinnen und ihr zu begegnen ist eine Reise ins Ungewisse, auf der wir Strukturen der Verhärtung zerstören müssen, um an der Liebe zu wachsen. Noch steht uns das purifizierte Lust-Ich im Weg. Kennt das Selbsterleben aus Gewohnheit seinen Höllengrund?

## Will Hass vernichten?

Der Hass trägt viele Masken und nicht alle sind so hässlich wie ihr Namensgeber. Hass lässt sich tarnen. Woraus Hass quillt, liegt oft tief im Verborgenen. Es bedarf einer feinsinnigen Klärung, wenn sich herausstellt, dass die Quelle des Hasses vergiftete Lust ist. Der Atem des Himmels und das Feuer der Sonne nähren den Zellstoff des Lebens. Doch der Stickstoff des Todes verdirbt die junge Blüte der Lust. Das unlautere Begehren des Anderen zu erfüllen, stillt nicht den Hunger nach Liebe, sondern vergiftet ihre Wurzeln. Der Lebensbaum stirbt ab. Und das Abgestorbene bewohnt den Körper und droht, ihn von innen heraus zu vernichten. Ist dies der Destruktionstrieb?

Stets ist innerhalb der psychoanalytischen Konstrukte zum Triebleben daran zu erinnern, dass nicht die Lust ein Drängen erzeugt, sondern

Unlust. Mithin erwirkt das Objekt, die begehrte Person, nur als Lust-quelle ein Lieben, woraufhin es im phasenspezifischen oralen Erleb-nis- und Verhaltensmodus einverleibt wird, „so daß für das purifizierte Lust-Ich das Objekt doch wiederum mit dem Fremden und Gehaßten zusammenfällt" (Freud 1975, S. 99). Anziehung steht mithin für die vermeintliche Quelle von Lustempfindungen, während Abstoßung oder Ablehnung dem Erleben nach an Versagung von Lustempfindungen, an Unlust gekoppelt ist.

Die Lust, zu leben, verkehrt sich ins Gegenteil, in den Drang, zu ver-nichten. Es ist schmerzhafte Unlust, ein quälendes Begehren, das jenes Abgestorbene aus sich ausstoßen will. Der Hass will vernichten, weil die Lust zur brennenden Qual der Unlust geworden ist, wie ein ver-dichtetes Übermaß an Stickstoff uns den Atem der Liebe nimmt. Aus einer brennenden Lebenslust ist erstickender Todeswunsch geworden. Ihr Vernichtungsdrang zeichnet sich in der Maske der Verachtung ab. „Das Ich haßt, verabscheut, verfolgt mit Zerstörungsabsichten alle Ob-jekte, die ihm zur Quelle von Unlustempfindungen werden, gleichgül-tig, ob sie ihm eine Versagung sexueller Befriedigung oder der Befrie-digung von Erhaltungsbedürfnissen bedeuten" (Freud 1975, S. 100).

Liebe und Hass seien von daher nicht aus einer ursprünglichen Spal-tung eines „Urgemeinsamen" hervorgegangen. Erst unter dem Einfluss der Lust-Unlust-Spanne würden sie sich zu Gegensätzen profiliert ha-ben. Somit sei der Hass als Erlebnis- und Verhaltensdimension gegen-über dem begehrten Objekt älter als die Liebe, denn „er entspringt der uranfänglichen Ablehnung der reizspendenden Außenwelt von seiten des narzißtischen Ichs" (Freud 1975, S. 101). Jener der Liebe anhaften-de Hass rühre von einer nicht vollständig überwundenen Vorstufe des Liebens her. Zu bedenken ist der Bemächtigungsdrang, welcher darin besteht, das Liebesobjekt beherrschen zu wollen. Werde daher im spä-teren Leben eine Liebesbeziehung abgebrochen, eine Trennung voll-zogen, trete Hass an deren Stelle (vgl. Haller, 2022).

Die Klinge der verächtlichen Stichelei, die niederschmetternde Faust der geballten Gewalt, sie treibt der Hass an und er entlädt sich, wo das Junge sich geschützt fühlen will, wo das Schwache erst aufstehen lernt. Der Hass spaltet die Lebenslust und schürt den Todeswunsch. Er wendet sich gegen das Subjekt, macht es zum Objekt seines Vernichtungsdrangs. So kommt es, dass der Hass sich ebenso gegen einen selbst richtet wie gegen das Außen, sei es ein Ding, ein Wesen, ein anderer Mensch, die der Schatten der Verachtung trifft. Der Hass überdauert Generationen. Er schürt die Angst des Menschen vor dem Tod wie vor dem Leben. Der Hass erstickt den Atem der Liebe. Wer aus Hass vernichtet, der will im Grunde den Hass vernichten. Das gehasste Objekt ist der Spiegel des Hasses, worin er sich erkennt und vernichten will. Wenn dies geschieht, durchströmt den grausamen Menschen für einen Moment ersehnte Wärme, wie mir ein Triebtäter gestand. So nahe liegen Leidenschaft und Vernichtungsdrang beieinander.

## Die Trennung der Liebenden

Und damit zu einer *Phänomenologie des Todes*, wie sie Igor Caruso in seinem Buch *Die Trennung der Liebenden* ([1974] 2001) analysiert. Caruso leitet seine Abhandlung mit Gedanken an den Rausch der Verliebtheit ebenso wie an die tiefe Trennungstrauer ein, die den Tod ins Zentrum der Lebenserfahrung rückt. Diese Erfahrung nennt er eine Ich-Katastrophe und definiert den Trennungsschmerz als einen narzisstischen Schmerz. Um aus dieser Erfahrung zu wachsen, müsse man den Tod erkennen, um gegen ihn kämpfen zu können. Eine ‚unmögliche Liebe‘ sei von vornherein ein masochistischer Verzicht, zerbrochen an einem System von Überzeugungen und Konventionen. Dabei spiele das Schuldgefühl eine große Rolle, „in allen Fällen wurde nämlich ex definitionem die Liebe einem Überich-System geopfert. Der Begriff einer ‚unglücklichen Liebe‘ selbst ähnelt sehr dem HEGELSCHEN Begriff des ‚falschen Bewusstseins‘" (Caruso 2001, S. 29-30). Offenkundig wiederhole die Liebestrennung frühere Katastrophen.

Demnach leite sich die Ich-Katastrophe durch die Trennung der Liebenden deshalb ein, weil sie sich als ein Tod im Bewusstsein vollziehe und in Verzweiflung münde. „Wir wissen mit Sicherheit, daß das Kleinkind keinen existentiellen oder rationalen Unterschied zwischen ‚endgültiger Trennung' und ‚Tod' zu vollziehen imstande ist; unzählige analytische Daten beweisen uns, dass die Schuldgefühle, die den kindlichen Todeswunsch begleiten, objektiv einem Wunsch nach ‚Wegschicken', ‚Weghaben', ‚Kündigen' oder sogar dem passiven Erleiden einer tatsächlichen Trennung mit dem darauffolgenden Versuch des Verarbeitens entspringen. Nun aber lebt der andere, während ich sterbe. Er ‚überlebt' mich. Und je besser und ‚angenehmer' er ‚überlebt', umso grauenvoller ist mein Sterben" (Caruso 2001, S. 64).

Wer eine Trennung vor sich habe, ahne die Einbuße des Ich-Ideals bereits. Der Selbstwert sänke radikal durch Verlust des introjizierten Modells für das eigene Ich-Ideal. Einer unglücklichen Liebe hafte die narzisstische Unfähigkeit an, zu sich selbst eine angemessene Distanz zu erlangen. „Das durch das introjizierte Ideal geforderte schlechte Gewissen und das unglückliche Bewusstsein fordern ihrerseits die Entwertung des Liebesobjektes, die Aggressivität gegen dieses Objekt, seine Ermordung im Gedächtnis, und als Lohn dafür – die Anpassung an die ‚Realität', so dass durch den Tod des Liebesobjektes im Bewusstsein die narzisstische Rebellion zu einem armseligen Traum und oftmals zur Reue wird" (Caruso 2001, S. 72). Dabei sei die Idealisierung des *Abwesenden* umso stärker, je mehr das eigene Ich-Ideal im Anderen verkörpert wurde. Ich erinnere an Eva Jaeggi (1999) im dritten Kapitel und ihre Stellungnahme zum Paradiesglück und zur unglücklichen Liebe.

Alle Liebenden wollten den Schwur hören und mochten ihn auch leisten können: „‚Ich werde Dich ewig lieben'. Aber ‚ewig lieben' heißt doch, ewig eins sein, ewig totale Gegenwart sein. Wie das verdrängte Bewusstsein des Todes zum Tod treibt, so treibt auch die verdrängte Kenntnis des Begrenzten, des Relativen, den Menschen dazu, das ‚Absolute', das er zu besitzen glaubt, selbst zu zerstören, oder, sich selbst zu zerstören, damit sein Schwur nicht Lügen gestraft werde" (Caruso 2001, S. 90). Introjiziere das Ich das Objekt, verschlucke es dieses im Sinne der Inkorporation. Damit überwältige das Geschluckte das Ich. „Die psychische Nähe des Vorganges zu dem Narzissmus mobilisiert auch die oralen und analen sadistischen Komponenten, so dass diese ‚narzisstische Objektwahl' besonders ambivalent sein muss – sie ist vom Hass nicht entmischt; genauer: die Versagung wird mit der Verschärfung einverleibender Mechanismen beantwortet, die Liebe selbst wird aggressiv" (Caruso 2001, S. 151-152). Nun ist nachvollziehbar, dass nach der Trennung das Ich nicht nur gegen den Objektverlust, sondern auch gegen sich selbst wütet, da primitive Identifikation fortbesteht. Grunberger erinnert daran, dass dieses Streben als Verfolgen hoch veranschlagter narzisstischer Ideale „den Sieg über alle Ich-Interessen des Subjekts davonträgt, was über Zwischenstadien systematischer feindlicher Akte gegen das Ich schließlich bis zu dessen vollständiger Unterdrückung [im Tod] führen kann" (Grunberger 2001, S. 19).

## Über den Tod hinaus

In der gleichnamigen Tragödie lässt Sophokles *Antigone* sagen: „*Zu lieben, nicht zu hassen bin ich da!*" Da ich mich seinerzeit mit dem Stoff für meine Inszenierung von *Antigone* ausführlich befasste, entstand bei mir der Eindruck, nicht allein die Bruderliebe veranlasste sie, dem Begräbnisverbot ihres Onkels Kreon zum Trotz den Tod in Kauf zu nehmen, nachdem sie durch sein Urteil lebendig eingemauert wurde. Das Problem kann aus heutiger Sicht auch so beleuchtet werden, dass Antigone ihre Bruderliebe als Naturrecht über das positive Recht des Herrschers stellte. Es ist nicht auszuschließen, dass die Sehnsucht nach ihrem Vater Ödipus sie ihre Aufopferung annehmen ließ. Diesbezüglich lässt Sophokles Antigone auf der Suche nach dem Vatergrab in ‚*Ödipus auf Kolonos*' sagen:

„Mein Vater, du, mein Freund, ins ewige unterirdische Dunkel gekleidet, dir wird es auch dort nie mangeln an meiner Liebe. Denn laut klagt um dich mein weinendes Auge, Vater, und ich weiß nicht, wie ich den unermesslichen Schmerz um dich ersticken soll. In fremdem Land zu sterben ersehntest du dir, doch verlassen starbst du. So beherrscht mich ein Verlangen nur: Führe mich hin, das Grab in der Tiefe der Erde zu schau'n, und nimm auch mich!" Aus den Worten der Tochter dringt die unsterbliche Liebe für den Vater empor. Über den Tod hinaus will ich dich lieben! Galt dies auch für ihre Bruderliebe? Ist diese Verbundenheit stärker als die Liebe zum Leben oder ist es im Fall *Antigones* auch Auflehnung gegen die Willkür Kreons? Vertragen sich Liebe und Auflehnung? Ich meine ja! Einem Menschen das Begräbnis zu verweigern (wie im Fall ihres Bruders Polyneikes) oder die heimliche Grabesstätte finden zu wollen (wie im Fall ihres Vaters Ödipus), lässt in die Tiefe der Sehnsucht Antigones blicken.

Ist es nicht so, dass wir durch die Begräbniskultur Menschen nicht nur verabschieden, sondern ihnen auch einen Segen mitgeben? Ganz gleich, wie das für den Menschen unbekannte Jenseits vorgestellt werden mag, es gibt diese Vorstellung einfach. Für viele lässt sie sich nicht wegdenken und schon gar nicht ihren Glauben daran. So bedeutet Begraben auch, den Tod oder seine Macht zu töten. Trauer rekonstruierend geht Eberhard Haas auf den Orpheusmythos ein. Ohne diesen im Detail wiederzugeben (Haas 2002, S. 138-140), lässt sich Orpheus als die mythische Figur des trauernden Menschen verstehen.

Nach dem Tod seiner Frau Eurydike macht er sich auf die Suche nach ihr, überschreitet dabei die Pforten zum Hades und begibt sich damit auf die dunkle Seite des Zwischenreichs. Der Raum der Transzendenz, der sich ihm auftut, öffnet sich durch Trennungsgewalt, durch Verlusterfahrung, durch Begegnung mit dem Tod. Das Paradoxon, Dekonstruktion als Voraussetzung für Reorganisation zu verstehen, vermittelt einen tiefen Einblick in die Dramatisierung seelischer Wirklichkeit. Erschließt der Leitfaden ein Entstehen und Vergehen, Leben und Sterben, webt er den nahtlos umhüllenden Stoff, aus dem die Träume sind. Wir erschaffen unsere Träume und entdecken hoffentlich für gewisse Phasen die Leichtigkeit des Seins.

## Marion entdeckt die Leichtigkeit

Im Laufe eines Seminartages hatten wir uns verwirrenden Familienrollen von Kindern angenähert. Heute waren die Teilnehmenden eingeladen, diese schwierigen Positionen auf ihre persönliche Situation zu beziehen. Sollte ein Bedarf an Klärung bestehen, so hatten sie am Vorabend den Auftrag erhalten, jene Struktur aufzuzeichnen, in der sich Wunsch und Angst, Wille und Not in einem Spannungsfeld befinden. Marion hatte sich vorbereitet und wollte nun mit der Umsetzung dieser Aufgabe beginnen. In der Mitte des Seminarraums lag ein Orientteppich mit typischen Mustern, die ein zentrales Mandala umranken. In dieser vorgegebenen Feldordnung positionierte ich vier Stühle in den vier Himmelsrichtungen, die Sitzfläche zum Zentrum gewandt. Außerhalb dieses Erkundungsfeldes zeichnete ich ein Abbild des Mandalas auf Flipchartpapier. Marion sollte sich nun in die Mitte des Feldes begeben, die anderen Teilnehmenden hatten am Rand Platz genommen.

Aus der Mitte heraus teilte sie ihr Anliegen mit, ich verweilte ebenfalls außerhalb des Feldes. Jedes Mal, wenn sie in Begründungen und Erklärungen abweichen wollte, forderte ich sie auf, nur das Anliegen sprechen zu lassen. Daraus wurde „Nähe leben", verstanden als Beziehungsqualität zwischen Marion und ihrem Ehemann. Sie ist Mutter von vier Kindern, 55 Jahre alt und hat vor zwei Jahren ein Studium begonnen. Sie bekundet eine zunehmende emotionale Entfernung von ihrem Partner und weiß nicht, was sie tun soll. Am liebsten würde sie aus ihrem System ausbrechen und in ein südamerikanisches Land verreisen. Trennung oder Annäherung sind für sie möglich, aber sie ist sich unschlüssig, wie. Sie fühlt sich in ein Paket voll Schuldgefühl, Mutlosigkeit und Sorge verschnürt.

Ich schreibe den Begriff Nähe ins Zentrum des Mandalas und Marion wählt nun einen ersten Platz, setzt sich auf den Stuhl des Wunsches und identifiziert sich damit: „Ich möchte meinem Mann als Beziehungswesen auf gleicher Ebene begegnen." Ich halte diesen Satz schriftlich fest. Marion begibt sich in die Position der Angst. In rascher Folge nennt sie

Assoziationen und grenzt diese ein: „Hier ist die Angst, nicht zu bestehen vor dieser ganzen Herausforderung." Sie verlässt diese Position und geht auf die Willensposition zu. Der Wille, mit dem sie sich nun identifiziert, sagt: „Ich will mit meinem Mann mehr Zeit gestalten und verbringen."

Sie unternimmt den letzten Positionswechsel und setzt sich auf den Stuhl der Not. Sie spricht die Not aus: „Drohende Einsamkeit durch Scheitern der Ehe." Das verstrickende Ineinander der Perspektiven scheint vorerst entwirrt. Noch nie standen die einzelnen Positionen für sie so klar unterschieden da. Woran wird sie merken können, dass sie in der Klarheit und nicht mehr in der Verwirrung ist? Ist das Anliegen das, wonach sie sucht? So viele Ansprüche und Fragen geisterten ihr bisher durch den Kopf. Marion tritt nun zu mir heran und schaut auf das geordnete Feld. Sie stellt eine hohe Energieaufladung bei sich selbst fest. Ich unterstütze ihre veränderte Sicht: „Das ist in dir, aber du bist nicht drin." Sie kann hinschauen. Sie soll nun Repräsentanten für alle fünf Positionen auswählen und mit ihrer Stellvertreterin beginnen.

Die folgende Strukturbesetzung mit Personen geht still vor sich. Sie bittet Anwesende, nur diese Position für sie einzunehmen, führt sie an den jeweiligen Platz, ich räume die Stühle weg. Am Ende stehen fünf Personen im Feld, identifizieren sich mit ihrer jeweiligen Position und werden nun gebeten, ohne Worte und persönliche Absichten sich ganz auf ihr Gespür einzulassen und körperlichen Regungen zu folgen. Die Ordnung verändert sich alsbald, Bewegung kommt in die Struktur. Positionen werden verlassen, Nähen und Distanzen verschieben sich, Ausrichtungen weichen von der Ausgangslage ab. Nach etwa ein bis zwei Minuten kommt die Bewegung zum Stillstand. Wir verweilen bei dieser Konstellation, sie drückt das Lähmende in dieser Struktur aus. Marion und ich schauen nun gemeinsam hin. Ich folge dem, was ihr auffällt, und ergänze ihre Wahrnehmungen mit meinem Blick. Wir beschreiben ausschließlich sichtbares Verhalten, stellen keinerlei Bedeutungen her und betrachten nur den Unterschied zwischen Ausgangs- und Standbild.

Was fällt uns auf? Das Anliegen wird links und rechts von Wunsch und Wille flankiert, in einem kurzen Abstand bilden Not und Angst davor eine Linie. Der Blick des Anliegens weist genau in Richtung des freien Raums, aber die Schranke, die Not und Angst bilden, stellt eine Antriebsblockade für Marion dar. Sie traut sich nicht, diese Schwelle zu überschreiten. Ich spreche nun einen Ebenenwechsel an und bitte alle außer der Repräsentantin von Marion, das Feld zu verlassen. Die Repräsentantin des Anliegens bleibt auf den Freiraum ausgerichtet, Körperachse und Blick zeigen dorthin. Ich kündige anschließend zur Orientierung aller Beteiligten an, womit ich nun fortfahren werde. Ich arbeite mit Elementen psychomotorischer Therapie des Balletttänzers Albert Pesso. Anders als die Aufstellungsarbeit bezeichne ich Elternfiguren als idealisierte Eltern-Imago und rege eine *umwandelnde Verinnerlichung* an. Wir stellen somit eine Generationenschranke auf.

Zwei Elternfiguren positionieren sich in einer gemeinsamen Linie hinter ihr, kontaktieren mit je einer Hand ihre Schultern und erlauben Anlehnung und zugleich Entlassung aus ihrer Obhut. Im Augenblick, da diese den Abschied befürwortenden Eltern die Repräsentantin berühren, kommt eine starke Bewegtheit in Marion auf, die außerhalb des Feldes auf das Geschehen schaut. Die Anlehnung wird nun durch affirmative Sätze verstärkt: „Die Erschwernisse unseres Lebens gehören zu uns und nicht zu dir." Die Repräsentantin verspürt unmittelbar Entlastung, ein gewährendes Entlassen. Sie folgt ohne weitere Aufforderung ihrem Streben in den Freiraum. Durch die unbekannte Unterstützung löst sie sich von einer unangemessenen Rückbindung, einer übermäßigen *Akkommodation*, entdeckt mit Leichtigkeit Möglichkeiten schöpferischer Freiheit. Dieser Prozess weckt starke Emotionen in allen Beteiligten.

Dann bitte ich Marion, dieses Ritual selbst zu vollziehen. Sie stellt sich mit dem Rücken vor die idealen Elternfiguren, nimmt deren affirmative Sätze auf und tritt ebenso angezogen von der Leichtigkeit wie auch gerührt vom Trennungsvollzug ihren Weg an. Im Freiraum des Feldes angekommen, dreht sie sich um, blickt voller Freude in die Augen der Elternfiguren und bedankt sich in ihren eigenen Worten für ihre „Entlassung". Damit ist der Unterscheidungsvollzug abgeschlossen. Marion hat eine Realisierung ihrer Selbstwirksamkeit erfahren und nimmt sie als innere Erlaubnis in ihr Handlungsbewusstsein auf. Ihr „Aha-Erlebnis" (Carl Bühler) hält sie in folgender Bemerkung fest: „In all meinen Überlegungen hätte ich mir nie gedacht, was die Lösung sein könnte."

Sie fühlt, sie darf eine Übertragung von Belastungen ihrer Elterngeneration unterlassen. Ihr Anliegen der Nähe sieht sie mit anderen Augen und auch ihre Rolle der Unabkömmlichkeit. Alles, woran sie im Spannungsfeld von Wunsch und Angst, Wille und Not gedacht hat, wirkt jetzt durch diese Quintessenz, die Entdeckung der Leichtigkeit, wie aufgehoben, den Einschluss in ihrem Denksystem bezeichnet sie selbst als „geöffnet". Wie wandelt sich das lähmende Stillhalten in der Unentschlossenheit zur Befreiungsbewegung? Offensichtlich schlummert das schöpferische Element. Der Schlüssel zu seinem Schlafgemach ist eine innere Erlaubnis. Wilfred Bion spricht in diesem Zusammenhang vom Realisieren einer Prä-Konzeption. Eine belastende Rolle aus der Vergangenheit trennt Marion von der offenen Zukunft, unterbindet ihre Selbstwirksamkeit. Über die Jahre haben sich im Wesentlichen vier Entbindungen des schöpferischen Elements gezeigt:

1. eine Unterscheidung setzen, d. h. eine Generationenschranke zwischen Eltern, deren Herkunftssystem und der Protagonistin aufstellen;
2. möglicherweise ein Symptom, den eingeklemmten Affekt, ausstoßen dürfen, um diesen anzuschauen, zu bearbeiten und in verdauter Form zu verinnerlichen;
3. eine (noch nicht vollzogene) Vereinigung ermöglichen, das Nehmen des Vaters oder der Mutter durch nicht unterbrochene Hinbewegung; und
4. eine Erweiterung des Handlungsspielraums durch Verabschiedung einer bisher nützlichen Eigenschaft, die sich aber als Handlungsbarriere für eine angestrebte Entwicklung zu erkennen gibt.

## Futurum II

Das Faszinierende am Futurum II, obwohl es im allgemeinen Sprachgebrauch verschwunden scheint, ist seine Verwandtschaft mit der Prophezeiung, dem Orakelspruch in Delphi. Die Möglichkeiten verborgenen Seins eröffnen sich durch Autosuggestion: „Wenn ich getan haben werde, wird Folgendes geworden sein ..." Das ist für mich die wunderbare Verbindung des Möglichen mit dem Machbaren. Die Prophezeiung als Vorwegnahme einer möglichen Realität sagt: „Angenommen, du wirst in der Leichtigkeit gewesen sein, wie wirst du damit gehandelt haben? Wie wird sich das im Spüren deines Körpers ausgewirkt haben, sich in deinen Gefühlen gezeigt haben und in deinem Denken zum Ausdruck gekommen sein?" Diese Brücke zwischen Realem und Imaginärem ist ein Entwurf. Das Erkunden der Handlungskonzeption als Szenenfolge ermöglicht, bewusste Haltung einzunehmen, Worte zu finden, den Wert entschieden zu vertreten und über diese Brücke der Zuversicht zu gehen.

Intrinsisches Belohnungssystem und neuronale Plastizität arbeiten Hand in Hand mit dem episodischen Gedächtnis, wenn einem Empfinden das Realitätszeichen: „Es war einmal und es war gelungen" anhaftet. Warum ist das so? Wenn ich sage: „Ich erinnere mich", dann heißt das eigentlich: „Ich hole mir aus dem Gedächtnis etwas in die Gegenwart" – eine Szene, ein Bild, Figuren, Personen, Worte, Sätze, Merkmale, Aktionen usw. Das heißt Vergegenwärtigung. Einprägsam merken kann sich der Mensch Information aus einem emotionalen Reizklima. Das gilt nicht nur für angenehme Anregungen, sondern leider auch für unangenehme Aufregungen. So ist, genau genommen, Erinnerung etwas Erleichterndes, weil über eine Aufregung hinweg wieder Gleichgewicht gefunden werden konnte.

Das meint Lösung, geistig-seelische Gleichmut, während schlechte Erfahrung, Merken unter Angst aufgrund von Unbehagen, Verletzung, Schmerz, wörtlich gar keine Erinnerung ist, da diese Erfahrung nicht verarbeitet werden konnte. Sie bleibt ein Stachel, eine Wunde, ein

Fremdkörper. Fritz Perls sagt, die Erfahrung konnte nicht assimiliert werden. Gedenken ist demnach das Vergegenwärtigen einer unerledigten Angelegenheit, dem (noch) ein unterstützendes Element zur Verarbeitung fehlt. Erinnerung hingegen zeichnet sich durch eine angenehme Merkschließung oder Erkenntnislust aus. Darin liegt der Unterschied zum Gedenken. Das Gedenken drängt zwar darauf, Erinnerung zu werden, wird aber durch gemerkte Unlust daran gehindert.

Erinnerung ist die Heimkehr der Aufregung zur Ruhe, in den Zustand der stillen Lust, des Heilens. Diese Blume der Wandlung heißt also Futurum II und sie unterstützt die Nachhaltigkeit schöpferischer Freiheit. Wir setzen für die entgrenzende Zukunft die Vergangenheitsform ein und entwerfen damit eine Szene, die verkörpert und durch Handeln erschlossen wird, damit eine reale Erinnerung an die Verwirklichung des neuen Werts entstehen kann und dies erlaubt das Verwerfen einer Probehandlung, wenn sie nicht angemessen erscheint oder nicht der persönlichen Freiwilligkeit entspricht. Verwerfen gehört übrigens zu den Privilegien schöpferischer und künstlerischer Tätigkeit.

Die Kunst ist verschwenderisch mit suggestiven Ideen, aber sie ist keineswegs unrealistisch. Wenn es überhaupt ein zufriedenstellendes Ergebnis in der Kunst gibt, dann, weil für eine Idee eine sinnliche Form gefunden werden konnte, die ein Gefühl von Leichtigkeit verleiht. Das erhebende Gefühl des Gelingens entspricht dem tragenden Gefühl des Glückens. Deswegen ist Kunst emotionale Erinnerungsarbeit! Wir entdecken Möglichkeiten verborgenen Seins hinter Beschränkungen der Realität. Insofern ist Kunst Anwältin der Selbstwirksamkeit gegenüber dem Diktat des normativen Faktischen. Selbst wenn uns das normative Faktische einholt wie der Tagesanbruch über Fabrikhallen der Zweckrationalität, die Kreativwerkstatt träumerischer Selbstwirksamkeit schenkt uns jene Regeneration, durch die wir unsere seelischen Verwundungen wandeln, gerade wenn wir uns dabei wundern. Wilfred Bion hat unter diesem Einträumen *Reverie* verstanden und Donald W. Winnicott den dafür bereitgehaltenen Möglichkeitsraum *Potencial Space* genannt: die Einrichtung eines geschützten Ortes für unser Ahnungsvermögen im Übergang zwischen dem Realen und Imaginären. Das *Brachliegen der Seele* ist ein Übergangszustand, eine Bewusstseinslage, die sich durch aufmerksame innere Sammlung und einen empfänglichen, regen Geist auszeichnet.

## Im Palast der Winde

Eindrucksvoll vermag ein Kameraschwenk bedeutsame Bewegung einzuholen, veranlasst durch erlesene Worte, die eine anmutig weibliche Stimme vorträgt, während sphärische Klänge zu einer dramatischen Gefühlsspannung anschwellen, bevor der Filmschnitt den Blick in die Lüfte mitnimmt, über Dünen der Wüste, im Farbenspiel von Saharasand und Abendsonne gleitend. Das klingt durchaus kitschig, bewirkt jedoch eine tiefe Ergriffenheit, ästhetische Erfahrung einbringend, weil sich etwas verdichtet, das nicht von dieser Welt zu sein scheint: Reiseantritt einer Seele, indem sie nach dem Tod den Körper verlässt.

Die Momentaufnahme einer Sequenz, die jene berührende Schlüsselszene ablichtet, stammt aus dem Film *Der Englische Patient* (1996). Ende 1999 arbeitete ich an der Uraufführung eines Theaterabends mit dem Titel *Die Liebenden und der Tod,* worin ich die folgende Textpassage zitierte, ohne zu ahnen, welche Spuren sie in den folgenden Jahren hinterlassen würde. „Wir sterben, wir sterben, wir sterben reich an Liebhabern und an Völkern, an Säften, die wir genossen haben, an Körpern, mit denen wir vereint waren und die wir durchschwommen haben wie Flüsse, an Ängsten, vor denen wir uns versteckt hielten wie ich in dieser einsamen Höhle. Ich möchte von all dem Spuren auf meinem Körper. Wir sind die wahren Länder, nicht die Grenzen auf den Karten mit den Namen mächtiger Männer. Ich weiß, Du wirst kommen und mich hinaustragen in den Palast der Winde. Mehr habe ich mir nicht gewünscht, als mit Dir an einem solchen Ort herumzulaufen mit Freunden auf einer Erde ohne Landkarten."

Stationen einer Reise, die John Bradshaw (1999) *Seelensuche* nennt, habe ich in der autobiografischen Erzählung *Wie meine Freude duftet dein Orange* (2014) einige Monate vor dem Tod meiner Mutter veröffentlicht. Die

Geschichte handelt von meinem Aufbruch ins Ungewisse und bietet der Leserschaft ein Netz von Stimmungsbildern anlässlich Tatsachen, die 2003 kurz vor dem Tod meines Vaters und mit der Entdeckung des Grabes meines Großvaters im Atlasgebirge von mir eingefangen wurden. 2014 starb meine Mutter. Während des Abschiedsgottesdienstes wollte ich die Zeilen aus dem Film vortragen lassen. Folgende Worte kündigten die Lesung an:

„Nie vermag Erzählung die Bedeutsamkeit eines Menschen gänzlich zu erfassen, eine Existenz, deren Verlauf geprägt war von Herkunftskonflikt und Lebensleidenschaft, Strenge gegen sich selbst und zugleich Sehnsucht nach Einigkeit. Gleichnisse erwecken jedoch die Stimme unseres Herzens, wodurch sich Momente einer Lebensgeschichte in Bildern verdichten." Der Blick eines Menschen, dessen Augen in Zuneigung erglänzen, vermittelt uns ein Gefühl des An-erkannt-werdens, das wir in jenen Momenten erfuhren, als uns das Lächeln der Mutter *die Schönheit des Lebens* offenbarte. Der Ansturm von Gefühlen, mit diesem Lächeln erkannt zu sein, lässt ein Schauspiel aufleuchten, das wir *auf dem Feld der Liebe* erfahren. Der Nachklang jener Momente begleitet mich wie das Echo eines Akkords von Begegnung zu Begegnung. In diesem Klangbild gewahre ich die Sehnsucht nach Verbundenheit und Freiheit.

Nach einer langen Expedition auf der Suche nach einem zutreffenden Ort habe ich den ‚Palast der Winde' an der andalusischen Atlantikküste mit Blick auf die Küste des afrikanischen Kontinents entdeckt. Ein Duft von orientalischen Gewürzen aus Marokko trägt den vollkommenen Akkord in den Palast der Winde. Die Gestalt der Freiheit erscheint als Falke. In erhabenem Flug schallt sein Ruf über das Meer und die Küste, symphonisches Gedicht aus Licht und Klangspuren. Wer durch Wandlung, die wir im Sterben vermuten, das Gewand eines neuen Tages anlegt, dessen Wesen wird im Herzen seiner Lieben weilen, indem jene die Schönheit ihres Lebens achten. Die Orchestrierung einer Melodie kann den Grund einer Dunkelheit belichten, woraufhin das Feld der Liebe zum Tanz der Sinne einlädt wie das Lächeln ihres Uranfangs.

Trennungsvollzüge reaktivieren den ursprünglichen Verlust von Ganzheit und sind Herausforderung zur Begegnung mit uns selbst, indem Wandel auch eine Umschrift von Bedeutung verlangt. Das heißt, dass Trauern einen Umwandlungsprozess vollzieht, in welchem aus der Verlusterfahrung ein Empfinden von Anwesenheit im Geiste entsteht. Sind wir aufgerufen, Verbundenheit mit dem Streben nach Freiheit zeitlebens in ausgewogene Wechselwirkung zu bringen? Fragen, an deren Anfang die Suche nach einem Spiegel der Seele in Sinnbildern erfolgt, die als Vermächtnis des ersten Blicks dem Kind gelten, sofern seine Mutter mit dessen Geburt ein ‚Willkommen' vollzieht, momentan, ohne Furcht vor den Jahren, die ihr das Signum der Fürsorglichkeit auftragen werden.

## 4.4 Identitätstheoretischer Diskurs

Ich referiere über die Aufgabenstellung einer vielleicht lebenslangen Autonomieentwicklung und nehme unter dem Aspekt *Multidimensionales Selbstkonzept* Perspektiven postmoderner Identitätskonstruktion in den identitätstheoretischen Diskurs auf. In diesem Sinne bevorzuge ich in Anlehnung an Keupp et al. sowie Thea Bauriedl, Jessica Benjamin und Erich Neumann die Vorstellung einer Wechselwirkung und einander ergänzenden dialogischen Kompetenz von Ego und Alter im Spannungsfeld von Identität und Alterität. Wie bereits die vorangegangenen Diskurse verdeutlichen sollten, liegt eine wirklich große Herausforderung darin, Ambivalenz, wenn auch nicht vollständig auflösbar, dann doch über Wege wie die ‚Weisheitskompetenz' bzw. Selbsttranszendenz in eine gelungene Ambiguitätstoleranz umzuwandeln.

Dazu zählen auch Aspekte wie Handlungsfähigkeit, das Ringen um Anerkennung, die Notwendigkeit eines Kohärenzgefühls, das stetige Überprüfen und Abstimmen von Konsistenz gegenüber Inkonsistenz im Denken und Fühlen, daraus folgend im Handeln. Dazu gehört die Integration von Teilidentitäten. Jedoch gelten als Voraussetzung dafür das Vorhandensein von *Selbstwirksamkeit* sowie psychosoziales

Kompetenztraining und Ressourcenaktivierung. Der letzte Abschnitt widmet sich dem Spannungsfeld zwischen Autonomie und Identifizierung. Eva Jaeggi und Jessica Benjamin sehen Risiken der *Identifizierung* mit kulturell geprägten, normativen Geschlechtsrollenzuschreibungen. So schließt Erich Neumann, der mit dem Buch *Zur Psychologie des Weiblichen* (1983) seinerzeit auf Risiken der kulturellen Stagnation aufmerksam gemacht hat.

## Zentrale Aufgabenstellung

Unter Einbeziehung der emanzipatorischen Aspekte der Kunst und schöpferischen Gestaltung steht eine Aufhebung von *Ambivalenzspaltung* in Aussicht. Der Weg führt über *Symbolisierungsprozesse,* die sich dem ‚markierten Externalisieren' (Fonagy, Gergely, Jurist & Target 2019) anbieten, sodass Verhalten, Beziehung und Bedeutung konvenieren. „Man könnte vielleicht sagen, daß Symbole die Einheiten von Beziehungsfeldern darstellen" (Bauriedl 1983, S. 63). Andernfalls läuft ein „manipulatives Arrangement" so lange im Kreis, „bis die Ambivalenzspannung wieder von jedem Partner selbst getragen werden kann (Autonomie), und ein lebendiger Kontakt zwischen ihnen möglich wird" (Bauriedl 1983, S. 41). Mit dieser beziehungsanalytischen Vorgabe kennzeichnet Bauriedl den Blick auf den Übergang von der Verhaltens- zur Beziehungsebene. „Mit dem gesunden Differenzierungsprozeß der Symbole geht ein kontinuierlicher Integrationsprozeß einher" (Bauriedl 1983, S. 68). Stefanie Stahl listet Termini im Kontext von Autonomie auf: „Freiheit, Kontrolle, Abgrenzung, Macht, Selbstbestimmung, Loslassen, Abschied, Trennung, Dominanz, Wettbewerb und Konkurrenz" (Stahl 2017b, S. 28).

Diese Autonomiekompetenz impliziert eine grundsätzliche Selbsterlaubnis, sein Leben nach eigenem Dafürhalten zu gestalten. Martin Roda-Bechers nimmt in seinem Kommentar zu Gruen Stellung: „Wirkliche Autonomie ist, wie der Psychoanalytiker Arno Gruen in diesem Buch überzeugend darlegt, der Zustand, in welchem der Mensch sich in voller Übereinstimmung mit seinen Gefühlen und Bedürfnissen befindet. Gerade aber durch das herrschende Erfolgs- und

Leistungsdenken ist vielen der Zugang zu ihrem Selbst versperrt: Die durch den Erziehungsdruck eingeleitete Anpassung lässt Lebendigkeit, Kreativität und Liebesfähigkeit verkümmern. Dieser Verlust erzeugt Abhängigkeit und Unterwerfung" (Martin Roda-Bechers Vorbemerkung in: Gruen, 2019).

## Postmoderne Identitätskonstruktionen

In den Untersuchungen von Heiner Keupp et al. (1999) werden Vorstellungen von einem gelungenen Leben und von gelungener Identität vor dem Hintergrund der Postmoderne und einer globalisierten Gesellschaft im Wandel reflektiert. Identität hat damit Arbeitscharakter erhalten. Die Prozesshaftigkeit lebt von einem Subjekt, das sich aktiv um sein Selbst- und Weltverhältnis kümmert. „Es entwirft und konstruiert sich seine Selbstverortung, und es bedarf der Zustimmung der anderen zu seinen Entwürfen und Konstruktionen. Das wussten die modernen Identitätstheoretiker auch schon vor Erikson. Von Hegel bis Mead wurden Identitäten als Konstruktionen betrachtet, die auf wechselseitige soziale Anerkennung angewiesen sind. Diese Identitätskonstruktionen bedürfen der sozialen Validierung, wenn sie ihren Produzenten Zugehörigkeit und Respekt erbringen wollten" (Keupp et al. 1999, S. 27).

Das Spannungsfeld besteht zwischen einer ‚tief empfundenen' und einer ‚erzählten' Identität, einer Identität als Substanz und einer Identität als diskursiver Konstruktion. Kurz gesagt geht es um die Frage, wie viel Vielfalt an Erfahrung der Mensch verträgt und wie viel Einheit des Erlebens er braucht. Der Begriff *Entwicklungsaufgaben* wird durch den der Handlungsaufgaben ersetzt. „Es geht bei Identität immer um die Herstellung einer Passung zwischen dem subjektiven ‚Innen' und dem gesellschaftlichen ‚Außen'" (Wagner 1998, S. 51 in: Keupp et al. 1999, S. 29). Der ‚Doppelcharakter' von Identität wird somit augenscheinlich, „stellt sie immer eine Kompromißbildung zwischen ‚Eigensinn' und Anpassung dar" (Keupp et al. 1999, S. 28). Aus diesem Grund sei die Identitätsfrage nicht „Wer bin ich?", sondern wie handle ich im Verhältnis zu anderen, wer sind die anderen Bezugspersonen im Verhältnis zu mir. „Identität wird deshalb auch nicht mehr als Entstehung eines inneren Kerns thematisiert, sondern als ein Prozeßgeschehen beständiger ‚alltäglicher Identitätsarbeit'" (Keupp et al. 1999, S. 30).

Kohärenz und Kontinuität sind die Kernfragen der Identität, erweitert durch den Begriff der Alterität. Somit werde Identität als ein Konstruktionsprozess generiert, der sich in vielseitigen dialogischen und damit interaktiven Erfahrungen in sozialen Systemen vollziehe. Sie gründe nicht auf einer allgemein gültigen Weltanschauung und moralischen Normenvorgaben, sondern auf Projekten, die dialogisch ausgehandelt werden. „Identität bildet eine selbstreferentielle Struktur, einen, wie Bohleber (1997) es auch bezeichnet, ‚intermediären Raum', der mit Vorstellungen über das Selbst und die Welt der Objekte ‚gefüllt' werden kann. Dieser Prozess, mit dem ein Subjekt alle sich selbst betreffenden Erfahrungen reflektiert, führt neben den situationalen Selbstthematisierungen im Wesentlichen zu vier weiteren Konstruktionen:

- Über die Reflexion situationaler Selbsterfahrungen und deren Integration entstehen Teilidentitäten.
- Über die Verdichtung biografischer Erfahrungen und Bewertungen der eigenen Person auf der Folie zunehmender Generalisierung der Selbstthematisierung und der Teilidentitäten entsteht das Identitätsgefühl einer Person.
- Der dem Subjekt bewusste Teil des Identitätsgefühls führt zu einer narrativen Verdichtung der Darstellung der eigenen Person, den biografischen Kernnarrationen.
- Alle drei Ergebnisse der Identitätsarbeit schließlich münden in dem, was wir im weiteren als Handlungsfähigkeit bezeichnen. Diese hat eine innere und eine äußere Komponente und markiert die Funktionalität der Identitätsarbeit für das Handeln eines Subjekts" (Keupp et al. 1999, S. 217).

## Handlungsfähigkeit

Klaus Holzkamp (1983) hatte die personale Handlungsfähigkeit als Kompetenz eines Individuums verstanden, um autonom und souverän über die eigenen Lebensbedingungen zu verfügen, „indem diese Lebensbedingungen aktuell und potenziell reproduziert und produziert werden" (Keupp et al. 1999, S. 235). Vorweg (1990, S. 16) hat drei Aspekte von Handlungsfähigkeit als zentral dargestellt:

- „Handlungsfähigkeit als potenzielle Verfügung über die eigenen Lebensbedingungen, verstanden im Sinne der Fähigkeit, gesellschaftlich begründete Verhaltenserfordernisse zu erkennen und zu handhaben, indem ich sie mit meinem individuellen Beitrag kollektiv beherrschbar halte/mache und diese Bedingungen so entwickle, dass sich prospektiv die Handlungsbedingungen verbessern und für mich (potenziell) eine Erweiterung meiner Handlungsfähigkeit entsteht.
- Handlungsfähigkeit als Funktionalität in konkreten Handlungszusammenhängen im Sinne der Fähigkeit, die eigenen Ziele und die anderer Menschen sowie der objektiven Strukturen funktionsfähig im aktuellen Handeln sowie prospektiv zu vermitteln.
- Handlungsfähigkeit als Kompetenz in der aktuellen Handlungsregulierung im Sinne der Fähigkeit, sich mit seinen psychischen Voraussetzungen auf Anforderungen einzustellen und diese auch zu realisieren" (Keupp et al. 1999, S. 236).

## Das Kohärenzgefühl

Das Kohärenzgefühl bilde in jeglicher Hinsicht die zentrale Ressource erfolgreicher Strategien im Sinne von Bewältigungshandeln. Im Kern sei damit Ressourcenaktivierung gemeint: „Dabei ist es wichtig zu sehen, daß das Kohärenzgefühl keinen spezifischen Bewältigungsstil repräsentiert, sondern seine Wirkung in der Mobilisierung der Widerstandsressourcen entfaltet sowie in der flexiblen Auswahl der Strategie(n), die für die Bewältigung des jeweiligen Stressors am zielführendsten erscheinen" (Keupp et al. 1999, S. 237). Wie auch mit dem Modell von Matthias Burisch (2006) von ihm erfasst wurde, zählen zu den weiteren

Kompetenzen bzw. Ressourcen als Resilienzfaktoren *Coping* und das von Antonovsky (1997) genannte *Kohärenzgefühl.* „Den Kern seines Modells bildet das Kohärenzgefühl (sense of coherence) als ‚eine globale Orientierung, die das Ausmaß ausdrückt, in dem jemand ein durchdringendes, überdauerndes und dennoch dynamisches Gefühl des Vertrauens hat, dass erstens die Anforderungen aus der inneren oder äußeren Erfahrenswelt im Verlauf des Lebens strukturiert, vorhersagbar und erklärbar werden, und dass zweitens die Ressourcen verfügbar sind, die nötig sind, um den Anforderungen gerecht zu werden. Und drittens, dass diese Anforderungen Herausforderungen sind, die Investitionen und Engagement verdienen‘“ (Antonovsky, 1997 in: Baumann & Linden 2014, S. 17).

*Kohärenzgefühl* und *Coping* ermitteln folgende Fähigkeiten: „Die Ausprägung des Kohärenzgefühls hängt hauptsächlich von der Verfügbarkeit sog. generalisierter Widerstandsressourcen ab. Dazu zählen individuelle (z. B. körperliche Faktoren, Intelligenz, Bewältigungsstrategien) als auch soziale und kulturelle Faktoren (z. B. soziale Unterstützung, finanzielle Möglichkeiten, kulturelle Stabilität). Widerstandsressourcen befähigen zum Sammeln von Lebenserfahrung, prägen die Lebenserfahrungen, bilden eine Bewältigungskompetenz und beeinflussen das Kohärenzgefühl. Das Kohärenzgefühl beeinflusst die Gesundheit durch Aktivierung verschiedener Systeme (z. B. Zentralnervensystem, Immunsystem, Hormonsystem), durch die positive oder negative Bewertung von Situationen, durch Aktivierung spannungsverringernder Ressourcen und durch die Wahl eines angemessenen Gesundheitsverhaltens" (Baumann & Linden 2014, S. 18).

### Selbstwirksamkeitserwartung

Menschen mit einer hohen Selbstwirksamkeitserwartung würden demzufolge zu ‚adaptiven Strategien‘ gegenüber Herausforderungen und neuen Situation greifen, vermittelt Sabine Wery von Limont. Bei Problemen, Konflikten und Hindernissen sei leider das Gegenteil der Fall: „Wenn Menschen psychische Probleme haben, sind die Ursachen eigentlich immer negative Annahmen über sich, über Beziehungen und die Realität. Denn immer, wenn unsere negativen Schemata aktiviert werden, lösen sie Unsicherheit, Angst, Vermeidung oder falsche Interpretation aus" (Wery von Limont 2018, S. 113). Jeder Mensch greife zu unterschiedlichen Bewältigungsstrategien, um negative Emotionen auszugleichen. Zur Auswahl stehen 1) Erdulden, 2) Vermeiden und 3) Kompensieren (vgl. Roediger, 2018; Deb Dana, 2021).

An der Stelle nimmt Wery von Limont den Modus ‚Konsistenz' auf und bringt ihn in Verbindung mit Kohärenz bzw. Kausal-Attribution: „Während Menschen mit hohem Selbstwertgefühl explizit nach positiver Bestätigung suchen, gehen Menschen mit niedrigem Selbstwertgefühl fast auf die Suche nach negativer Rückmeldung und interpretieren Negatives auf sich selbst – als Konsequenz ihrer individuellen Schemata" (Wery von Limont 2018, S. 115). Der Teufelskreis bleibt dort geschlossen, wo eine Vermeidungsstrategie häufig zum Einsatz kommt und daher immer leichter aktiviert wird (vgl. Schonhaltung). „Ein Mensch, bei dem das passiert, wird Situationen, die andere als neutral oder lustvoll empfinden, zunehmend negativ bewerten, sein Vermeidungssystem aktivieren und immer öfter von Situationen blockiert, die ihm eigentlich helfen könnten, sein eigentliches Ziel zu erreichen" (Wery von Limont 2018, S. 117).

Um ihre Beschreibung von Konsistenz hereinzuholen, hier ein markantes Zitat: „Wenn das, was im Außen passiert, sehr von dem abweicht, was wir im Innen erwarten, uns wünschen oder sogar dringend brauchen, gerät die Seele in einen Zustand, den man als ‚Inkonsistenz' bezeichnet. […] Auf neuronaler Ebene sind dann zwei gegensätzliche Vorgänge aktiv. […] Das, was wir wollen und brauchen, um uns gut zu fühlen, zieht in die eine Richtung. Das, was wir real bekommen, zieht in die andere. Was wir sehr deutlich spüren, ist die innere Spannung, die sich daraus ergibt. Je nach Situation kann diese Spannung als Angst, Sehnsucht, Ärger oder Traurigkeit auftreten. Je größer die Spannung ist, desto quälender ist dieser Zustand in uns" (Wery von Limont 2018, S. 84).

Plausibel, dass im Kontrast dazu ‚Konsistenz' jener Zustand ist, den unser Gehirn bevorzugt und damit ein Gleichgewicht in der Psyche herstellt. So bin ich bei den inneren Antreibern angekommen, Befehle in Kurzform an uns selbst: „*Sei der Beste!*", „*Sei der Wichtigste!*", „*Vermeide Situationen, in denen du kritisiert werden kannst!*" Verhängnisvoll daran sei der Umstand, dass wir Dinge aus verkehrten Gründen machten: „Man strebt Erfolg nicht an, weil er Spaß macht, sondern nur weil man beweisen möchte, kein Versager zu sein. Man ist nicht sprühend charmant, weil man so authentisch ist, sondern weil man glaubt, auf eine andere Weise keine Liebe in anderen erzeugen zu können. Man kümmert sich eventuell nicht aus wirklicher Fürsorge um andere, sondern weil man glaubt, ansonsten verlassen zu werden" (Wery von Limont 2018, S. 118).

## Selbstbestimmung und Beziehung

In ihrem Buch *Der Schatten des Anderen* (2002) setzt Jessica Benjamin das Begegnungsfeld der Geschlechter in einem Zwischenraum an, in welchem sich die Subjekte wechselseitig ergänzen, und vielleicht wie bei Thomas Ogden, gemeinsam die Stimme des Dritten kreieren. Jedenfalls gelänge es, die Divergenz wie die Konvergenz der beiden Beteiligten in diesem Zwischenreich zu jonglieren. „So wie ich diese Aufgabe definiere, geht es dabei hauptsächlich darum, wie wir unsere wundervolle Fähigkeit zur Identifizierung mit anderen dazu verwenden, um unsere Anerkennung Anderer entweder voranzutreiben oder zu verhindern, um unsere Differenzen entweder zu überbrücken oder zu verwischen. […] Andererseits betone ich die intersubjektive Beziehung, in der man über die Identifizierung hinausgeht, um eine Wertschätzung für das andere Subjekt als ein Wesen außerhalb des Selbst zu entwickeln" (Benjamin 2002, S. 11 und 12).

In diesem Sinne sind Symbolisierungsprozesse erforderlich und die zentrale Voraussetzung dafür, dass wechselseitige Repräsentation hervorgebracht werden kann. „Da die kommunikative Sprache einen Dialograum erschafft, der potentiell außerhalb der psychischen Kontrolle eines oder beider Beteiligter liegt, ist sie ein Ort der Vermittlung, das

‚Dritte'. In der dialogischen, durch symbolischen Ausdruck vermittelten Struktur führt die Identifizierung nicht zu einem Ineinsfallen der Unterscheidungen, sondern wird zu einer Basis für das Verstehen der Position der Anderen. Die Art von Getrenntheit, die diese symbolische Entwicklung ermöglicht, ist auf eine mütterliche Subjektivität angewiesen, die Affekt repräsentieren kann, insbesondere den mit der Getrenntheit zwischen ihr und dem Kind verbundenen Schmerz" (Benjamin 2002, S. 47).

Benjamin kritisiert die Spaltung des weiblichen Subjekts, die es dermaßen zweiteilt, dass es entweder die Objektposition weiblicher Sexualität oder die Arbeitsposition mütterlicher Aktivität übernimmt. Wie Rohde-Dachser (2003) sieht Benjamin die väterliche Suche als Hervorbringung der kulturellen Norm von Weiblichkeit. „Die Doppelfunktion, Passivität zu verkörpern und unkontrollierbare projizierte Spannung auszuhalten, verleiht der Weiblichkeit Gestalt. Es ist eine Weiblichkeit, die an der Tochter, nicht der Mutter als bestimmende Figur ausgerichtet ist" (Benjamin 2002, S. 51). Das passive weibliche Liebesobjekt entspräche in den Augen des Mannes dem narzisstischen Kind, das er einmal war. Und so hinterfragt Benjamin, ob es sich bei der Liebe des erwachsenen Mannes um ‚Anlehnungsliebe' handle: „Oder kehrt er nicht vielmehr den mütterlichen Narzissmus um und repräsentiert sein kindliches Selbst in der sich selbst genügenden schönen Frau, die er – unerwidert – anbetet, so wie seine Mutter ihn angebetet hat? Was Freud als den ‚Schritt vom Narzissmus zur Objektliebe' bezeichnet, scheint wenig mit ‚Anlehnungsliebe' zu tun zu haben, das heißt mit der Liebe zu dem Menschen, der einen nährt oder beschützt, sondern spiegelt eher die Umkehr des Narzissmus, in der die Frau in die Rolle des verehrten Kindes versetzt wird" (Benjamin 2002, S. 62).

Hinweise für eine nicht gelungene Triangulierung seien nicht aufgegebene Wünsche, den anderen zu besitzen bzw. der anschließende Groll und der darin verpackte Neid auf den anderen. Dies führe über eine eingeschlossene [abgekapselte] Trauer zu Aggression und Chauvinismus.

Benjamin unterstreicht, dass die narzisstisch frustrierte Identifizierungs-liebe zum Motor der ‚idealen Liebe' einer Frau zu dem Mann werde, der sie gerne gewesen wäre. Dies führe direkt in masochistische Selbstent-wertung. Doch gelte dies auch umgekehrt für den Mann, dessen weib-liches Liebesobjekt Aspekte des unerreichbaren Vaterideals repräsentie-re (siehe Benjamin 2002, S. 90).

Auch für Eva Jaeggi (1999) steht von Anfang an ein Drittes zwischen Mutter und Kind. „In der Dyade mit der Mutter geht es um Versen-kung, Geborgenheit, Stimmung. Dort, wo der Dritte (oder ein Drittes) dazukommt, entstehen Perspektiven und Spannung. Der Blick des Kin-des muß nun vom einen zum anderen gehen, muß vergleichen, Ähn-liches und Unähnliches feststellen. Es sieht die beiden von außerhalb, Perspektive spielt sich ein. Das Kind introjiziert aber auch das Gesehen-werden als Teil einer Dyade durch den Dritten oder als Einzelnes durch das Paar. Dadurch werden kognitive und emotionale Funktionen ange-regt" (Jaeggi 1999, S. 75). Unter dem Blickwinkel von Wachstum und Reifung gilt die Überwindung der Dyade mit der Mutter als wichtigs-te Entwicklungsaufgabe.

Für Erich Neumann liegt genau darin die Gefahr der patriarchalen Konstellation von Mann und Frau. So bedeute die patriarchale Ehe eine Kollektivlösung, in der die gegenseitige Unterstützung nicht frei von symbiotischen Tendenzen ist. Zugleich bilde das Paar das Rückgrat der patriarchalen Kultur. „Das Ergebnis dieser Situation ist eine Polarisie-rung des Männlichen und des Weiblichen, die eine eindeutige Situati-on herzustellen scheint. Diese Eindeutigkeit führt zum Gefühl der si-cheren Bewusstseins-Orientierung innerhalb der patriarchalen Kultur, für welche männlich = männlich und weiblich = weiblich ist, und für welche die Idealforderung an Mann und Frau in der Identifizierung mit dieser Eindeutigkeit besteht" (Neumann 1983, S. 32). Die negativen Folgen des Patriarchats würden für das Weibliche somit einen Circu-lus vitiosus bilden. Eine derartige Situation bezeichnet Neumann für das weibliche Kind als „katastrophal" (Neumann 1983, S. 34), wenn innerhalb der Sozialisation diese Bahnungen unwidersprochen bleiben. „Das Weibliche verharrt in einer Form des Schutzpatriarchats und der Tochterpsychologie, in welcher der Mann die Projektion des Vaterarchetyps trägt und das Weibliche ihm infantil-töchterlich unterlegen bleibt" (Neumann 1983, S. 34).

## Das Fundament integrierten Selbsterlebens

Alan Schore hat umfassend dargestellt, wie sich die frühe Bindungsbeziehung auf das reifende Gehirn des Kindes auswirkt. „Er definiert Bindung als die ‚interaktive Regulation biologischer Synchronisierung zwischen Organismen' durch ‚reziproke affektive Austauschprozesse'" (Schore 2000, S. 170 in: Fuchs 2013, S. 198). Fuchs hebt hervor, dass der kindliche Organismus die ‚Vorgestalt' der komplementären mütterlichen Funktionen enthaltet. „Das Kernbewusstsein entsteht also im Zusammenwirken kortikaler und subkortikaler Hirnfunktionen, die zugleich in *Resonanz* zu gesamtorganismischen Zuständen stehen. Es besteht vor allem aus leiblichen Hintergrundempfindungen, die auf den ständigen propriozeptiven, vestibulären, viszeralen, endokrinen und anderen Afferenzen des Körpers beruhen" (Fuchs 2013, S. 138). Im fünften Kapitel erläutere ich die Konsequenzen für die szenische Prozessarbeit mit generalisierten Interaktionsrepräsentanzen auf der Grundlage von Prä-Konzeption und Kontingenz. „Der Eintritt ins Symbolische beginnt dementsprechend um einiges früher, als die psychoanalytische Theorie bisher angenommen hatte, möglicherweise sogar in einem vor-linguistischen Stadium" (Koch 1995, S. 286).

Ein Schwenk des Scheinwerfers auf Joachim Bauer, um die Korrespondenz zu belegen: „Bereits im Mutterleib hat der Säugling begonnen, sensomotorische Abläufe einzuüben und die Körpergeräusche sowie die Stimme seiner Mutter zu hören. Die Netzwerke beschränken sich zum Zeitpunkt der Geburt jedoch vor allem auf jenes Areal der Großhirnrinde, die Tast- und Berührungsempfindungen sowie Bewegungsmuster der Muskulatur repräsentieren" (Bauer 2004, S. 62). So gelinge eine ‚stimmige' Kontaktaufnahme zwischen Säugling und Umwelt nur dann, wenn die Signalzufuhr „in ihrer Art und Dosis auf die Aufnahmefähigkeit des Säuglings genau abgestimmt ist" (Bauer 2004, S. 63). Stern bestätigt, eine Mutter verhielte sich kontingent, „wenn sie das Verhalten ihres Babys innerhalb einer definierten kurzen Zeitspanne mit originalgetreuer Nachahmung beantwortet" (Stern 2011, S. 150). Erlebnis als körperbestimmte Interaktion realisiert sich in szenischen Erfahrungen. „Erlebnis ist der Niederschlag real erfahrener körperbestimmter Interaktion" (Lorenzer 1972, S. 17). Es handelt sich nach Lorenzer um „Leibfiguren" (Lorenzer 1988, S. 13). Die Korrespondenz mit Stern ist offensichtlich. „Internalisiert werden nicht ‚Objekte', sondern Interaktionserfahrungen" (Stern 2011, S. 184).

## Wir erzeugen die Welt

Zwei Postulate von Humberto Maturana will ich aufgreifen, die hiermit den Übergang zum fünften und letzten Kapitel einleiten. Erstens: „Jeder Mensch steht als autopoietisches System allein auf der Welt. Wir wollen uns jedoch nicht beklagen, dass wir in einer subjektabhängigen Realität existieren müssen. Auf diese Weise ist das Leben interessanter, denn die einzige Transzendenz unserer individuellen Einsamkeit, die wir erfahren können, entsteht durch konsensuelle Realität, die wir mit anderen schaffen, d.h. durch die Liebe zueinander" (Maturana 1982, S. 271). Insofern ist Konsens zwischen Kommunikationspartnern als gemeinsames Erschaffen anzusehen: „Der Prozess der Herstellung eines neuen konsensuellen Bereiches in interpersonalen Beziehungen ist der kreative Prozess" (Maturana 1982, S. 294). Und zweitens: „Wenn der Mensch also eine neue Gesellschaft herstellen soll, muss er neue zwischenmenschliche Relationen erzeugen, und um dies zu tun, muss er seinen kognitiven Bereich ändern" (Maturana 1982, S. 313).

# FÜNFTES KAPITEL

*„Wenn die Seele etwas erfahren möchte,*
*dann wirft sie ein Bild der Erfahrung vor sich nach außen*
*und tritt in ihr eigenes Bild ein."*

Meister Eckhart

## FRÜCHTE DES WANDELS

Mit dem fünften Kapitel möchte ich die theoretischen Grundlagen und elaborierten Methoden meiner Arbeit als Regisseur und Lehrtherapeut für Multimediale Kunsttherapie darlegen. Zwischen 2015 und 2017 war ich Entwicklungsteamleiter des Studiengangs in Multimedialer Kunsttherapie an der Bertha von Suttner Privatuniversität St. Pölten. Der Konzeption lag meine Arbeit an Symbolisierungsprozessen zugrunde. Der zentrale Motor dafür ist auch heute meine Überzeugung, dass der von Schiller genannte Spieltrieb allen Menschen für ein integriertes Selbsterleben zugutekommt. (5.1) In einem ersten Annäherungsschritt möchte ich den zentralen Begriff der *Gestaltbildung* von mehreren Seiten beleuchten. Für Symbolisierungsprozesse sehe ich Gestaltbildung als zentral durch Koppelung *leiblichen Empfindens* mit *bildhaftem Denken* und *sprachlichen Formulierungen*. (5.2) Der zweite Abschnitt widmet sich dem Kontaktzyklus von Perls, Hefferline und Goodman (1979) sowie Ordnungssystemen, die ich mit dem dramatischen Spannungsbogen vergleiche, von *rekursiver Signifikanz* zwischen Schema, Imago und Noema im Symbolisierungsprozess ausgehe. (5.3) Der dritte Abschnitt präsentiert eine Auswahl an Formaten meiner Gruppenarbeit. Die Förderung von Co-Kreativität und Gruppenselbsterfahrung mündet in mein szenisches Verfahren Imagodrama®. Es stellt eine Fusion theatralischer Elemente mit Aspekten der psychomotorischen Therapie (Pesso, 1999) dar. In Kapitel 4 erzählte ich diesbezüglich von Marions Entdeckung der Leichtigkeit. (5.4) Im Anhang vermittle ich einen neurobiologisch spekulativen Diskurs, aus dem heraus ich die Matrix R-I-T-D-A-X entwickelt habe.

## 5.1 Symbolisierungsprozesse

### Was Kunsttherapie kann

Seelenleben, Kunstschaffen und Kunsterleben stehen zueinander in Beziehung, deren Wert nicht hoch genug einzuschätzen ist. Kunst bedient sich unterschiedlicher Ausdrucksformen, deren Ergebnis ein Sinnbild zur Verfügung stellt. Dadurch ermöglicht sie Selbstbezug, sei es durch Kunstschaffen selbst oder im Kunsterleben als Publikum. Wenn, in allgemeinster Weise gesagt, Kunst Ausdruck geistig seelischer Vorgänge ist, so bietet sich ihr Werk als Spiegel an, um Verborgenes oder Abgelehntes entdecken und verstehen zu lernen. Jede Ausdrucksform gibt etwas zu erkennen, betreffe es ein Spiel, Musik, Tanz, ein Bild oder Gedicht. Suzanne K. Langer (1965) spricht von ‚präsentativen Symbolen' – dazu Alfred Lorenzer: „Dinge, die durch ein anderes symbolisches Schema als die diskursive Sprache begriffen werden müssen" (Lorenzer 1981, S. 115).

In der Weise greift die Methodik der Multimedialen Kunsttherapie auf ein Instrumentarium zu, das durch Spielen mit Medien ein spannendes Entdecken brachliegenden oder verschütteten Gestaltungsvermögens anbietet. Ihr Angebot vermittelt Erfahrung von *Selbst-Bezeichnung* im spielerischen Gestalten. Medium, Material und Idee, Form und Aktion prägen das Wechselwirkungsspiel von Eindruck und Ausdruck. Befragen und Erkunden bilden den Ansatz dafür, enaktive, figurative und narrative Ausdrucksformen miteinander in Einklang zu bringen. Die Wechselwirkung zwischen den Ausdrucksformen und ihrer neuronalen Repräsentation machen es aus, dass Symbolisierung entsteht und dem entspricht, was ein Realisieren subjektiver Autonomie hervorbringen kann.

Zur Symbolisierung kommt es, wenn Reflexionsschritte im Dialog über kreative Expressivität Selbsterkenntnis wecken, die lösungs- und handlungsorientiert eine Übersetzung in den Alltag einleiten. Die Konzeption verknüpft daher Ausdrucksform, Sinnbild und Selbstbezug. Die enaktive

Dimension betrifft Ausdrucksformen der Körperlichkeit. Die ikonische Dimension bezieht sich auf die figurative Formgestaltung von Bildwerken, seien sie zwei- oder dreidimensional wie Plastiken aus Ton, Lehm, Gips, Drahtfiguren mit Papierfüllung oder Masken. Die symbolische Dimension erschließt sich durch den narrativen und damit reflexiven Dialog über das Gestaltungswerk oder über eine Serie von Ausdrucksformen, die durch ‚intermedialen Transfer' (Knill, [1972] 2005) erfolgen. Ich möchte diese Korrespondenzen aufzeigen, gelenkt vom Interesse an der Verbindung von Verkörperung, Empfindung, Darstellung und Anschauung.

## Hingabe ans Spiel

Ich beginne mit Schiller und dessen Grundgedanken aus den *Briefen über die ästhetische Erziehung des Menschen* (1795). „Denn […] der Mensch spielt nur, wo er in voller Bedeutung des Worts Mensch ist, und er ist nur da ganz Mensch, wo er spielt." (In: *Schillers Werke,* Nationalausgabe, Bd. 20, Weimar 1962, S. 309-412, S. 359). Ernest Schachtel hat ein autarkes Interesse an der dinglichen Welt bei Kindern festgestellt und ‚Spieltrieb' als Motor neuroplastischen Lernens für ebenso wichtig eingeschätzt wie die Behütung durch Bezugspersonen. In der Erkundung der Welt erkennt er die „tiefe Freude" (Schachtel 1959, S. 252 in: Fox Keller 1998, S. 133), die ein Kind dabei empfindet, wenn es sich ins Spiel vertieft.

Diese Einschätzung von Ernest Schachtel erlaubt es, jenes ‚Eins-Sein' zu unterstellen, „das mit dem Gegenstand eines solchen Interesses aus dem ‚ozeanischen Gefühl' heraus entwickelt werden kann, einem Gefühl, das Freud nur als eine Regression in den frühkindlichen Zustand erkennen konnte, in dem Selbst und Realität noch nicht als getrennt erfahren werden" (Fox Keller 1998, S. 134). *Allozentrische Aufmerksamkeit* ist demnach die „völlige Konzentration der Wahrnehmungsmöglichkeiten und des Erfahrungsspektrums des Wahrnehmenden auf den Gegenstand" (Fox Keller 1998, S. 134). Mich beschäftigt, durch welche Vorgänge *allozentrische Aufmerksamkeit*, naturgemäß bei Kunstschaffenden, entsteht, und inwiefern sie mit Gestaltbildung konvenieren.

Udo Baer (2008) hat Prozeduren der Gestaltungs-, Ausdrucks- und Kunsttherapie in drei Phasen unterteilt. Er spricht von *Metamorphosen* im Wechselspiel von Kunst und Therapie. Auch therapeutische Prozesse würden mit Herantasten, Suchen und Annähern beginnen, *Eingangsphase* genannt. Die darauffolgende *Aktionsphase* könne vielfältige Prozesse umfassen: gestalterische Dialoge, Perspektiv- und Haltungswechsel, spielerische Identifikationen und kreative Experimente. Der Prozess schließe mit der dritten Phase, der *Integrationsphase,* „in der es um die Integration des neu Erfahrenen in das leibliche Erleben und in die Lebenswelt geht" (Baer 2008, S. 370).

Dadurch lässt sich die Wanderung von der Ausdrucksform zum Sinnbild und vom Sinnbild zum Selbstbezug nachvollziehen. Dabei entsteht ein Wechselwirkungsspiel zwischen Form und Inhalt, Idee und Material sowie zwischen Intuition und Konzeption. Analog dazu befasst sich Thomas Ogden (2004) nebst der Analyse geführter Gespräche mit nie geführten und unausgesprochenen Gesprächen, mit imaginären ebenso wie mit realen, wie er eingangs sagt. Er verleiht seiner Überzeugung Ausdruck, dass in dieser Vitalität das „Lebensblut *aller* Kunst" fließt (Ogden 2004, S. 19).

## Drei Äste der Selbstentfaltung

Den kunst- und gestaltungstherapeutischen Arbeitsansatz stellt Udo Baer sinnbildlich als Baum dar: Ein Hauptast heißt: „Perspektiv- und Haltungswechsel", ein zweiter Hauptast „Gestalterischer Dialog", ein dritter Hauptast: „Spielerische Identifikation" (Baer 2008, S. 387). Die Betrachtung als Vorgang, das Wahrnehmen wahrzunehmen, leitet Dialoge in Richtung Selbstreflexion anlässlich kreativer Expression ein, sei sie ein fremdes Werk oder eigenes Werkschaffensergebnis. Letzteres kann Gefühlsausdruck oder künstlerischen Ausdruck nach Kriterien der Formgebung im Verhältnis von Material und Idee betreffen. Oft genüge es, sich ein Problem „von einer anderen Warte aus" anzusehen oder die eigene Haltung ein wenig zu verändern. Der gestalterische Dialog könne dabei Sprachlosigkeit überwinden, das nicht zur Sprache gekommene Erleben ausdrücken, neue Wege der Kommunikation eröffnen. Udo Baer ist mitsamt seinem Erfahrungsschatz und zahlreichen Gestaltungsangeboten aufs Innigste zuzustimmen.

## Die enaktive Dimension

Körperlicher Ausdruck sowie die damit grundlegende Ausdrucksform der Vitalität (Stern, 2011) lassen sich mit folgenden Kategorien näher bestimmen: Richtung, Umfang, Kraft und Geschwindigkeit einer Bewegung, sei es ein Sprechakt, die Handschrift, das Begehen des Raumes, Tanz, Musizieren, Gesang, Modellieren einer Plastik, Malen und Zeichnen eines Bildes, Schauspiel als Improvisation, Rollenspiel und Inszenierung sowie die Herstellung eines Videos. Maßgeblich ist für die genannten Parameter der Ausdrucksformen das Bestreben, subjektive Intentionen während des Gestaltungsprozesses zu erfassen und in Bezug zur Selbstbestimmung zu setzen.

## Die figurative Dimension

Jede bilderzeugende Übersetzung oder Entsprechung körperlichen Ausdrucks lässt sich als *gerichtete Spannung* von Gestaltungselementen eines Formgebildes verstehen, sei es die ganz selbstverständlich gegebene visuelle Wahrnehmung, die Umwandlung von Regungen und Empfindungen in bildhafte Vorstellungen, die Betrachtung eines Bildwerks, das bildnerische Werkschaffen als gestaltender Vorgang. Bild und Bewegung (Leben) verhalten sich ähnlich wie Geschwister, die einander gefallen, dann wieder streiten. Bringen Bilder anstrebende oder vermeidende Bewegung hervor, so erwirken Bewegungen wiederum Bilder von sinnlichen Eindrücken. Hier trifft der Aphorismus von Meister Eckhart zu: „Wenn die Seele etwas erfahren möchte, dann wirft sie ein Bild der Erfahrung vor sich nach außen und tritt in ihr eigenes Bild ein."

## Die narrative Dimension

Benennen und Beschreiben von Körperausdruck, anschaulichem Denken und Bildwerken bedienen sich der sprachlichen Aussagekraft. Letztlich belegt dies ein Erzählen, Begründen und Beschreiben von Sachverhalten,

Annahmen und Auffassungen. Das Besprechen einer Betrachtung im Nachvollzug eines fremden oder Erkunden des eigenen Werkes vollzieht die Trias von Ausdrucksform, Sinnbildlichkeit und Selbstbezug. Das Konzept der ‚narrativen Identität' wird durch folgende Idee ins Zentrum gerückt: Narrative Identität kann definiert werden als „die Einheit des Lebens einer Person, so wie diese Person sie in den Geschichten erfährt und artikuliert, mit denen sie ihre Erfahrung ausdrückt" (Widdershoven 1993, S. 7 in: Heiner Keupp et al. 1999, S. 229). Dies lässt sich zusammenfassen: (a) sinnstiftender Endpunkt, (b) Einengung auf relevante Ereignisse, (c) narrative Ordnung der Ereignisse, (d) Herstellung von Kausalverbindungen und (e) Grenzzeichen. So ermittelt eine narrative Struktur eben auch eine logische (kausale) Ordnung der Ereignisverarbeitung und Bewältigungsstrategie.

## Intermedialer Transfer

Ein im engeren Sinn multimedialer Kunstgriff des kunsttherapeutischen Handwerks betrifft den von Paolo J. Knill ([1972] 2005) benannten „intermedialen Transfer", den genauer zu erläutern Ansinnen des Anhangs sein wird. Es geht um die Abfolge von Ausdrucksformen mit gewählten Gestaltungsmitteln und größtmöglicher Spontaneität ohne Unterbrechungen, mit Ausnahme von kurzen Anleitungen. Am Ende der gesamten Prozedur kommt es zum intersubjektiv reflexiven Dialog (Moser, 2012) durch Betrachtung und Erkundung der Vorgänge und Ergebnisse in Hinblick auf Sinnbildlichkeit und Selbstbezug. Da dieser *Tertiärprozess* aufgrund intermedialen Transfers sich der Analogie von Körperausdruck, Bildgestaltung und Sprachgebärde bedient, stehen am Ende des Prozesses ‚*Symbolisieren*' und ‚*Mentalisieren*' für die angestrebte affektregulierende Wirkung durch Gestaltschluss zur Verfügung. Der genannte *Tertiärprozess* beschäftigt mich, seitdem ich künstlerisch und therapeutisch arbeite. Ich möchte aus diesem Grund auf jene Inspirationen aufmerksam machen, die mich dazu motivierten, mein Konzept als Lehrtherapeut vor dem Hintergrund meiner Tätigkeit als Regisseur auszuformulieren.

## Die selbstzeugerische Kraft

Kant befasst sich in *Kritik der reinen Vernunft* mit dem *Schematismus* als Bindeglied zwischen Gegenstand und Begriff, genauer gesagt: zwischen statischer Bildvorstellung sowie dynamischer Bewegung sinnlichen Erfassens. Das Verfahren der Vorstellungskraft als *Schema* ist für ihn dahingehend bestimmt, „einem Begriff sein Bild zu verschaffen" (Kant 1995, S. 216), als „eine Regel der Synthesis der Einbildungskraft" (Kant 1995, S. 216). Erich Neumann kennzeichnet in seiner *Ursprungsgeschichte des Bewusstseins* den „schöpferischen Charakter" (Neumann 1968, S. 9) des Bewusstseins als eine sukzessive Ausfaltung innerer Bilder, mit denen sich das Ich allmählich aus einem unbewussten Zustand hervorbringt, wobei ihm „die selbstzeugerische Kraft des Seelischen" als „das wahre und letzte Geheimnis des Menschen" erscheint (Neumann 1968, S. 172). Und zurück zu Kant, weil sich die beiden Zitate ähneln: „Dieser Schematismus unseres Verstandes, in Ansehung der Erscheinungen und ihrer bloßen Form, ist eine verborgene Kunst in den Tiefen der menschlichen Seele, deren wahre Handgriffe wir der Natur schwerlich jemals abraten, und sie unverdeckt vor Augen legen werden" (Kant 1995, S. 217).

Joyce McDougall wirft in Anlehnung an Castoriadis-Aulagnier (1975) einen interessanten Aspekt auf, wenn sie eine gemeinsame Matrix, aus der sich Körper und Geist entwickeln, unterstellt. „Wäre es nicht plausibler, von der Annahme auszugehen, daß es von Beginn des Seelenlebens an eine ‚Psyche' gibt, deren Aufgabe darin besteht, somatische Vorgaben bildlich zu registrieren? Aufgrund der Arbeit von Castoriadis-Aulagnier (1975) können wir die Existenz eines ursprünglichen Prozesses [*procès primordial*] (im Unterschied zum Primär- und Sekundärprozeß) postulieren, der das ganze Leben hindurch jedem psychischen Funktionszusammenhang zugrundeliegt" (McDougall 1989, S. 411).

Dazu Moser und von Zeppelin mit dem Begriff *transformatorische Operation*: „Kernmerkmale sind sein bildhaft-konkreter Charakter, die affektive Regulierung des kognitiven Geschehens, die Abbildung der affektiven Prozesse auf kognitiver Ebene und die Dominanz nichtverbaler

Grammatiken" (Moser 2012, S. 32). C.G. Jung hatte eine primordiale Konfiguration beschrieben, die aus einem „Beinhaltenden" und „Beinhalteten" besteht (Jung 1972, G.W. XVII, S. 221). Dies sind Indizien, um die Konfiguration einer *primordialen Organisationsstruktur* als Grundlage für den Begriff der Gestaltbildung anzunehmen. Dabei gilt es im Laufe der Überlegungen die Begriffe ‚Schema' und ‚Imago' aufeinander abzustimmen.

Gemeint sind neuronale Repräsentationen, die externe Sachverhalte in einem neuronalen System so abbilden, „dass sie diesen in den kognitiven Operationen des Systems vertreten (,bedeuten') können" (Fuchs 2013, S. 58). Holistische Kategorien kommen zur Geltung, indem die *Gestaltbildung* nach *Kontur, Nähe, Ähnlichkeit, Geschlossenheit* und *Bewegungsgleichheit* der Elemente erfolgt. „Das Resultat entspricht einer Transformation der Einzelelemente in ganzheitliche Wahrnehmungsgestalten, also dem Gestaltschluss" (Fuchs 2013, S. 168). Der *Gestaltbegriff* führt zur *Wechselwirkung* von *Schema* und *Imago* als Zielpunkt meiner Argumentation. Es scheint jene ‚Verbildlichung' vorgängig zu sein, woraus „*Nichtsehen bei innerer Befindlichkeit* und *Sehen von etwas Äußerem*" (Wagemann 2010, S. 169) als ‚Exteriorisiertheit' psychischer Prozesse entsteht. So stellt sich die Frage, inwiefern *Fraktale* neuronaler Informationsverarbeitung zur Gestaltbildung durch Ähnlichkeitsbeziehung zwischen Schema und Imago beitragen. Ich referiere nun über Schemata als Bewegungsfiguren hinsichtlich Gestalten.

### Das Leben bildet Gestalten

Stanley Keleman hat sich mit dem anatomischen Ursprung unserer Erfahrungen in seinem Band *Verkörperte Gefühle* (1992) befasst. Er beginnt sein markant illustriertes Werk u.a. mit den Worten: „Das Leben bildet Gestalten. Diese Gestalten sind Teil eines Organisationsprozesses, der Gefühle, Gedanken und Erfahrungen in Strukturen verkörpert. Diesen Strukturen gemäß ordnen sich die Ereignisse des Lebens" (Keleman 1992, S. 7). Er beschreibt die *Gestalt des Lebens* als Transformation: „Wir bewegen uns auf die Welt zu, um vorwärtszustoßen, zu projizieren, wir sammeln uns, um uns das Geholte einzuverleiben, zu introjizieren" (Keleman 1992, S. 27).

Nahezu identisch mit Alexander Lowen betrachtet er das Ausdrucksrepertoire des Menschen: „Drei Bewegungsmuster führen uns von einfacher animalischer Beweglichkeit hin zur menschlichen Fortbewegung, zum Aufrichten und zum Gehen: die Fähigkeit, ausgreifen, zu sich heranholen und von sich wegstoßen zu können" (Keleman 1992, S. 30).

Da alles Leben miteinander verbunden ist, entspringt das Leben „einer einzigen gemeinsamen Matrix" (Keleman 1992, S. 11). Ich denke an den *procès primordial*. Wie für Obrist (1999) und Lipton (2009) vollzieht sich auch für Keleman Wachstum durch „Vervielfältigung, Verdichtung, Schichtung und Zellspezialisierungen" (Keleman 1992, S. 15). In Form der Selbstorganisationsdynamik manifestieren sich Pulsation und organisches Wachstum: „ein Öffnen und Schließen, das die äußere Membran dicker und länger werden lässt" (Keleman 1992, S. 20). Daraus entwickelt sich die Gestalt des Organismus.

Helmut Plessner bezieht sich in *Gesammelten Schriften VII Ausdruck und menschliche Natur* (1982) auf Piderit, Klages, Wundt und Bühler. Er referiert über Ludwig Klages aus *Ausdrucksbewegung und Gestaltungskraft* (1913), wonach „jede Ausdrucksbewegung, verwirklicht nach Stärke, Dauer und Richtungsfolge, die Gestalt einer seelischen Regung" (Plessner 1982, S. 103) zeigt. Noch differenzierter analysiert Hermann Strehle das menschliche Ausdrucksgebaren. Ich fasse seine Analyse in Stichworten zusammen (vgl. Strehle 1974, 1. Teil S. 23-84):

- *Variationen der Geschwindigkeit* (Gelassenheit in Reaktion und Tempo, Spätreaktionen und langsame Bewegungen, gleichmäßiges und ungleichmäßiges Tempo)
- *Variationen von Spannung* (Zentrierte Spannungen, Spannungsstrahlung [Irradiation]
- *Figurale Bewegungsmerkmale* (Bewegungsumfang [lebhaft aufgeregte und unscheinbare Bewegung], Bewegungsrichtung [Ausdehnung, Zusammenziehung], Verlaufsformen [Abfolgen, Variationen], Bewegtheitsgrad [Intensität]

Ich schließe mich Daniel Stern aus jüngerer Zeit an, der „mehrere räumliche Größen (Form, Raum, räumliche Ausdehnung), zeitliche Elemente (vorwiegend die Dauer betreffend) sowie Intensität, Bewegtheit, Ruhe, Anzahl, Einheit, Helligkeit und hedonischer Tonus" (Stern 2011, S. 41) systematisiert. Interessant ist für ihn vor allem die Überlegung von Marks, ob supra-modale Formen nicht auch als eine Art „Ur-Sinn" oder „Grund-Struktur" des Erkennens verstanden werden können. „Subjektiv wird offenbar eine ‚Super-Gestalt' aus Kraft, Bewegung, Zeit, Raum und Intentionalität wahrgenommen, also aus Eigenschaften, die in ihrer Gesamtheit eine dynamische Vitalitätsform auftauchen lassen − ein basales pan-modales Phänomen in Form einer fundamentalen dynamischen Pentade" (Stern 2011, S. 41). Auch hier taucht die Assoziation zum *procès primordial* auf.

Indem Stern die Faktoren Kraft, Zeit, Raum und Gerichtetheit als die vier Töchter der Bewegung bezeichnet, stellt er einen Konnex zwischen Bewegung und Bestreben als auch zwischen Bewegungswahrnehmung und Gestaltcharakteren her, deren Komponenten er als „fundamentale dynamische Pentade" (Stern 2011, S. 13) versteht. Zum Vergleich erfolgt eine straffe Auflistung leiblicher Regungen durch Udo Baer (2008, S. 310), der in seinem Grundlagenwerk zur Kunsttherapie folgende Schemata auflistet:

| Erregungskonturen | Primäre Leibbewegungen |
|---|---|
| ansteigend – abfallend | schauen |
| flach – hoch | tönen |
| flüchtig | lehnen |
| explosiv | greifen |
| stetig | drücken |
| abrupt | stoßen |
| **Richtungs-Leibbewegungen** | |
| hinein (innen) – hinaus (außen) | eng (engen) – weit (weiten) |
| rechts – links | gespannt (spannen) – gelöst (lösen) |
| hoch (oben) – hinunter (unten) | lebendig – unlebendig |
| vor (vorn) – zurück (hinten) | prägnant klar – diffus unscharf |

Tabelle 7: Erregungskonturen und Leibbewegungen in: Baer 2008, S. 310

Stern vertritt die Ansicht, dass dynamische Vitalitätsformen mit kinäs-thetischen Schemata ident sind. Der Vergleich eines Gedankenzugs mit der Abfolge von Tanzschritten lässt für ihn erkennen, dass es sich um multisensorische Integration handeln muss. Gleichgültig, ob wir einen Laut hören oder Bewegung sehen, unser Gehirn dürfte diesen Vorgang wie folgt behandeln: „Sobald eine Wahrnehmung das Gehirn aktiviert, hinterlässt sie eine Repräsentation der puren Vitalitätsdynamik und eine solche des Inhalts. Die Repräsentation der Dynamik muss das Tempo und seine Veränderungen enkodieren, die Intensität (Kraft) und ihre Veränderungen, die Dauer sowie die zeitlichen Betonungen, den Rhythmus und die Gerichtetheit" (Stern 2011, S. 41). Er bezieht sich auf Lawrence E. Marks (1978), dessen Listen ‚supra-sensorische Attri-bute' aufweisen. Er stellt die *Synchronisation* von Neuronenverbänden als eine *supra-modale Informationsverarbeitung* zur Debatte. Im Anhang nehme ich ausführlich darauf Bezug.

Dementsprechend holt auch Thomas Ogdens Ansatz Kraftfelder von Gefühlsspannungen ins Bewusstsein, wo die Sprache der Dichtung wie der Psychoanalyse und letztlich des Theaters vermag, Abgründe der Erlebnistiefe in Worte und damit in Form zu fassen. Er verweist daher auf Frost, der darunter „Bravourstücke der Assoziation" (Ogden 2004, S. 98) versteht. Denken, Analysieren und Erfinden werden beispielsweise von Borges (1992, S. 45) als „Atmungsvorgang der Intelligenz" bezeichnet (Ogden 2004, S. 119). Nun folgt in engem Zusammenhang mit Sterns Hypothese zur *Synchronisation* ein zeitlich wesentlich früher liegendes Konstrukt von Rudolf Arnheim in seiner *Psychologie der Kunst* (1977).

## Gerichtete Spannung

In der Hausbibliothek meiner Vermieterin in Bremen 1991 fiel mir Rudolf Arnheims *Psychologie der Kunst* (1977) in die Hände. Ich stieß auf den Begriff ‚*gerichtete Spannungen'* und fand seine Bezugnahme auf Theodor Lipps, der feststellte, „dass Einfühlung auf Assoziation beruhe" (Arnheim 1977, S. 62): *Assoziation der Ähnlichkeit, Gleichartigkeit, Übereinstimmung usw.* Arnheim inspirierte meinen Ansatz zur Beschreibung der Wechselwirkung von *Schema* und *Imago* durch den Begriff ‚*gerichtete Spannung',* die er in Erscheinungskräften eines Phänomens erkannt hatte. Arnheim hebt den Sachverhalt hervor, dass es „der Charakter des Wahrnehmungsgegenstandes selbst [ist], der durch die in ihm vorhandenen gerichteten Spannungen ‚ausgedrückt' wird" (Arnheim 1977, S. 56-57).

Aufgrund des von ihm so genannten Formsinns (analog zu Schillers ‚Formtrieb') sind wir in der Lage, Bewegung im Bild zu erfühlen. „Die Anschauungsdynamik ist also keine Illusion oder Einbildung von Fortbewegung, sondern die wahrnehmungsmäßige Entsprechung von Fortbewegung in einem statischen Medium" (Arnheim 1977, S. 86). Dies ist für Arnheim in anderen Worten und mit Goethe so zu begreifen. „Die Form, nach der wir suchen, ist einfach die Gestalt, die das Wesen der Dinge für das Auge verständlich macht" (Arnheim 1977, S. 275). Die Frage, „gibt es eine mögliche Verbindung zwischen diesen geometrischen Eigenschaften der Parabel und der besonderen Konfiguration physischer Kräfte, denen wir Zärtlichkeit zuschreiben?" (Arnheim 1977, S. 65), steht für mich in Bezug zu Daniel Sterns Ausdrucksformen der Vitalität drei Jahrzehnte später. Arnheims Antwort lautet: „A's Geste wird auf die Netzhaut von B's Augen projiziert und dann über die Netzhautabbilder auf die Sehzentren in B's Großhirn (Ebene VII). Dementsprechend nimmt B die Geste A's wahr (Ebene VIII)" (Arnheim 1977, S. 65-66).

| A Beobachtete Person | |
|---|---|
| I. Seelenzustand | psychologisch |
| II. Neurale Entsprechung von I | elektrochemisch |
| III. Muskelkräfte | mechanisch |
| IV. Kinästhetische Entsprechung von III | psychologisch |
| V. Körperform und –bewegung | geometrisch |
| B Beobachter | |
| VI. Netzhautprojektion von V | geometrisch |
| VII. Kortikale Projektion von VI | elektrochemisch |
| VIII. Wahrnehmungsmäßige Entsprechung von VII | psychologisch |

Tabelle 8: Isomorphe Ebenen in: Arnheim 1977, S. 64

Zwischen Wahrnehmungsorganisation und Wahrnehmungsobjekt komme daher *Isomorphie* zustande. So werde die tägliche Wanderung der Sonne beispielsweise als ein Symbol menschlichen Lebens gesehen,

„weil das Aufgehen, Steigen, Erreichen des Höhepunktes und Sinken Wahrnehmungsaspekte aufweisen, die spontan als strukturgleich (isomorph) mit der Dynamik von Geburt, Wachstum, Reife und Verfall wahrgenommen werden" (Arnheim 1977, S. 195).

Arnheim widmet sich in seinem Buch *Anschauliches Denken* (1980) der Einheit von Bild und Begriff. Unter Begriff versteht er ‚Sinnesvorstellung' (Arnheim 1980, S. 9) und damit Wahrnehmungsinhalt. Aber, so die Devise wie schon in *Psychologie der Kunst* (1977) ausgeführt, seien Formen Begriffe, wonach ‚die Formwahrnehmung' die Anfänge der Begriffsbildung enthalte (siehe Arnheim 1980, S. 37). Er sieht darin den Beleg dafür, dass Wahrnehmungsinhalte via Sinnesvorstellungen nur deshalb für das Denken verwendbar sind, weil nicht Einzeldaten, sondern Typen formaler Entsprechungen gesammelt werden. Im Text ‚Ein Ort zum Greifen nah' habe ich den Bezug zwischen anschaulichem Denken und narrativem Text als externalisiertes Stimmungsbild eines psychischen Prozesses dargelegt.

An der Stelle vervollständige ich die von Precht zitierten Fragen, über die Ernst Mach reflektiert hatte: „1. Wie korrespondiert meine Innenwelt so mit der Außenwelt, dass aus Reizen Vorstellungen und Begriffe werden? 2. Wieso kann ich in mir Farben und Töne, ja ganze Landschaften und Melodien zum Leuchten bringen, ohne sie in diesem Moment durch einen Außenreiz vermittelt zu bekommen? 3. Woher weiß ich, dass ich ein ‚Ich' bin, sogar ein ganz bestimmtes ‚Ich', das darum weiß, dass es von sich selbst weiß?" (Precht 2019, S. 408). Hier schließt sich der Kreis zu Argumenten von Daniel Stern (2011) und Thomas Fuchs (2013). Und das Geheimnis, das für Kant noch bestand, gewährt uns Zugang. Damit erfolgt zugleich eine Definition von Erkenntnis und Anschauen. „Unter ‚Erkennen' möchte ich im Folgenden alle seelischen Tätigkeiten verstehen, die beim Empfangen, Bewahren und Verarbeiten von Tatsachenmaterial im Spiel sind, also die Sinneswahrnehmung, das Gedächtnis, das Denken und das Lernen. Anschauen ist anschauliches Denken" (Arnheim 1980, S. 24).

## Das Imaginäre haust in der Welt

Dies ist die geeignete Schnittstelle, um Jean Paul Sartres Werk *Das Imaginäre* (1971) aufzugreifen. Sartre nimmt Bezug auf das dynamische Schema Henri Bergsons. Dieses bestünde in einem Erwarten von Bildern, das dazu bestimmt sei, bald das Eintreffen eines genauen Bildes vorzubereiten. „Das Schema ist im offenen Zustand das, was das Bild im geschlossenen Zustand ist. Es bietet in Ausdrücken des *Werdens*, dynamisch, was die Bilder uns als *fertig* im statischen Zustand geben" (Bergson dt.: *Die seelische Energie,* Jena 1928, S. 168 zitiert nach Sartre 1971, S. 119). Ich nähere mich der Wechselwirkung von Schema und Imago, einem basalen pan-modalen Phänomen. Möglicherweise ist der *procès primordial* eine supra-modale Informationsverarbeitung, wie Stern vermutet. Ich bleibe vorerst bei Sartre.

Er fragt sich, ob kinästhetische Empfindungen nicht eine wesentliche Rolle bei der Konstitution der Vorstellung spielen. „Wenn wir also die Vorstellung eines Objektes bilden, werden die kinästhetischen Eindrücke, […] immer als Substitute einer visuellen Form gelten" (Sartre 1971, S. 146-147). Eine Bewegung könne als *Analogon* für die Bahn fungieren, die das Bewegliche vollzieht, was heißen soll, dass eine kinästhetisch erfahrene Sequenz als Analogon einer visuellen Form dienen könne. „Ein Schema ist entweder eine Form in Bewegung oder eine statische Form. In beiden Fällen handelt es sich um ein visuelles vorstellendes Erfassen kinästhetischer Empfindungen" (Sartre 1971, S. 176). Die Nähe Arnheims in Bezug auf die Anschauungsdynamik (siehe oben) zu Sartres These ist nicht zu übersehen. Sartre erkennt ein Phänomen, das psychodynamisch von großem Interesse ist, und von Lacan aufgegriffen wird.

Er tritt der Erscheinungsweise des Dinges in der Vorstellung entgegen. „Das Wissen visiert das Objekt durch das hindurch an, was ihm das Analogon liefert. Und das Wissen ist *Glaube*" (Sartre 1971, S. 161). So liefere das (begehrte) Objekt der Vorstellung „auf einen Schlag" (Sartre 1971, S. 162) dessen affektive Erfahrung. „Es ist eine Beschwörung, dazu bestimmt, das Objekt, an das man denkt, die Sache, die man begehrt, derart erscheinen zu lassen, dass man sie in Besitz nehmen kann" (Sartre 1971, S. 205). In dem Maß, in dem das Subjekt ein irreales Objekt vor sich projiziere, präzisiere sich das irreale Objekt in seiner Eigenschaft als Wunsch. „Dieses passive Objekt, künstlich am Leben erhalten, aber jeden Augenblick bereit, zu verschwinden, kann die Wünsche nicht erfüllen. Dennoch ist es nicht ganz und gar nutzlos: ein irreales Objekt konstituieren ist eine Art, für einen Augenblick die Wünsche zu täuschen, um sie dann zu steigern, etwa so, wie das Meerwasser Durst macht" (Sartre 1971, S. 207).

So liegt es nahe, den Begriff der *Imago* anhand der Zuordnung von *Schema* (Kant, Sartre) und *gerichteter Spannung* (Arnheim) mit Erläuterungen Lacans zu betrachten und bei ihm einen Hinweis auf den Begriff der *Gestalt* vorzufinden. Er kommt auf jene Bezeichnung der Imago zu sprechen, die meiner Konzeption von Imagodrama® zugrunde liegt: „Müsste die allgemeinste Form definiert werden, in der sie wiederzufinden ist, wir würden sie kennzeichnen als eine vollkommene Assimilation der Totalität an das Sein [...] einer totalitären Bevormundung, alle Formen des Heimwehs nach einem vor der Geburt verlorenen Paradieses und der dunkelsten Strebungen zum Tod" (Lacan 1994, S. 53). Die Imago scheint ihm „das Korrelat eines unausgedehnten, das heißt unteilbaren Raumes zu sein, dessen Intuition der Fortschritt des Begriffs der Gestalt erhellen muss –, einer zwischen Erwartung und Entspannung geschlossenen Zeit, einer Zeit der Phase und der Wiederholung" (Lacan 1994, S. 166). Lacan empfiehlt den Begriff *Imago* in Zusammenhang mit Übergangsphasen der kindlichen Entwicklung zu sehen, die einer jeweiligen psychischen Repräsentationsleistung vorausgehen. „In ihrem Inhalt wird die Imago durch die dem ersten Kindesalter eigentümlichen Empfindungen gegeben; Form aber erlangt sie erst in dem Maße, wie die Empfindungen sich mental organisieren" (Lacan 1994, S. 18).

Hingegen sehen Laplanche/Pontalis eine *Imago* als relativ spätes Produkt psychischer Prozesse, denn sie „wird oft als ubw Vorstellung definiert; aber vielmehr als ein Bild muss man ein erworbenes imaginäres

Schema darin sehen, ein statisches Klischee, nach dem das Subjekt den anderen erfasst. Die Imago lässt sich demnach ebenso gut durch Gefühle und Verhaltensweisen objektivieren wie durch Bilder. Fügen wir noch hinzu, dass sie nicht als eine Widerspiegelung des Realen, auch nicht des mehr oder weniger entstellten Realen verstanden werden darf" (Laplanche/Pontalis 1972, S. 229).

Béla Grunberger stellt eine Verbindung zwischen der „Sehnsucht nach dem Ganzen" (Lacan 1994, S. 53) und jeder späteren Entwicklungsstufe durch das Bestreben her, die Einheit von Inhalt und Form in jeweils phasenspezifischer Weise zu erwirken. „Es bleibt nun die Frage, ob die Verwirklichung der Vollkommenheit im Leben oder in der analytischen Behandlung möglich ist. Nun, sie wird niemals vollständig erreicht, denn sonst wäre keine Entwicklung vorstellbar. Sie bleibt jedoch ein Versprechen und eine Möglichkeit" (Grunberger 2001, S. 242-243).

Jacobson stellt fest, dass Selbstrepräsentanzen niemals „objektive Vorstellungen" darstellen können. „Die Kerne der frühkindlichen Selbstimagines" definiert sie als „Erinnerungsspuren lustvoller und unlustvoller Empfindungen" (Jacobson 1978, S. 31). Wenn wir den Sachverhalt akzeptieren, wird ersichtlich, dass aufgrund unzulänglicher Zuwendung „Verzerrungen durch die Übertragung infantiler Imagines auf andere Personen und Sachen" die Folge sind (Jacobson 1978, S. 33). So möge eine realistische Selbstimago unsere Fähigkeiten und „Vorzüge", aber auch Grenzen „unseres körperlichen und seelischen Selbst" (ebd.) widerspiegeln.

## Symbolische Interaktionsformen

Nun sind Begriffe wie *Ausdrucksformen der Vitalität, gerichtete Spannungen, Schema* und *Imago* in Bezug zur Hypothese eines *procès primordial* dargelegt und ich gehe nun auf ‚Symbolisierung' ein. Dabei orientiere ich mich an Alfred Lorenzers *Kulturanalyse* und Ansatz *szenischen Verstehens,* womit Bezug auf das Garnrollen-Beispiel aus Beobachtungen Freuds beim Spiel seiner Enkelin genommen werden soll. Die Kunst sieht Alfred Lorenzer geradewegs dazu angetan, eine *Symbolbildung* für unbewusste Gehalte an der Grenze zur Sprache einzufangen. „Das Unsagbare muss in eine Mitteilungsform eingebunden werden, die stummgewordene oder unerlöste Empfindungen spürbar macht" (Lorenzer 1988, S. 24-25).

Kunstwerke sind für ihn also ‚präsentative' Symbolgebilde. „Die greifbaren Symbole draußen sind Bedeutungsträger, Träger jener Bedeutungen, die in den inneren Symbolen gebildet und festgehalten werden" (Lorenzer 1988, S. 60). Er schlägt vor, den Begriff der *Erinnerungsspur* durch jenen der Vorstellung zu ersetzen, was mich an den Begriff ‚*innere Vorstellungen*' bei Neubeck (1992) erinnert und worunter Lorenzer die ‚inneren Symbole, die symbolischen Interaktionsformen' versteht. Die Bedeutung der einzelnen Geste sei ein *Moment des Ganzen menschlicher Praxis*. Dieses dritte Merkmal erscheint im Garnrollen-Beispiel. Lorenzers *szenisches Verstehen* impliziert, dass eine Szene (konkrete Interaktion als Episode) mit einer anderen (gespielten, vorgestellten, fantasierten Szene) verknüpft wird. „Das tertium comparationis liegt in der Strukturgleichheit: Weggehen und Wiederkommen der Mutter und Weggeworfenwerden und Wiederauftauchen der Garnrolle" (Lorenzer 1988, S. 56). Die Handhabung von Übergangsobjekten (Winnicott) nennt er „*sinnlich-symbolische Interaktionsform*" und versteht sie als „früher angelegt und tiefer verankert in der Persönlichkeitsbildung als die Sprachsymbole" (Lorenzer 1988, S. 59).

### Das Garnrollen-Beispiel

„Das Kind war in seiner intellektuellen Entwicklung keineswegs voreilig, es sprach mit anderthalb Jahren erst wenige verständliche Worte und verfügte außerdem über mehrere bedeutungsvolle Laute, die von der Umgebung verstanden wurden. Dieses brave Kind zeigte nun die gelegentlich störende Gewohnheit, alle kleinen Gegenstände, deren es habhaft wurde, weit weg von sich in eine Zimmerecke, unter ein Bett usw. zu schleudern, so dass das Zusammensuchen seines Spielzeuges oft keine leichte Arbeit war. Dabei brachte es mit dem Ausdruck von Interesse und Befriedigung ein lautes, lang gezogenes ‚ooh' hervor, das nach dem übereinstimmenden Urteil der Mutter und des Beobachters keine Interjektion war, sondern ‚Fort' bedeutete. Ich merkte endlich, dass das ein Spiel sei, und dass das Kind alle seine Spielsachen nur dazu benützte, mit ihnen ‚Fortsein' zu spielen. Eines Tages machte ich dann die Beobachtung, die meine Auffassung bestätigte. Das Kind hatte eine Holzspule, die mit einem Bindfaden umwickelt war. Es fiel ihm nie ein, sie z. B. am Boden hinter sich herzuziehen, also Wagen mit ihr zu spielen, sondern es warf die am Faden gehaltene Spule mit großem Geschick über den Rand seines verhängten Bettchens, so dass sie darin verschwand, sagte dazu sein bedeutungsvolles ‚ooh' und zog dann die Spule am Faden wieder aus dem Bett heraus, begrüßte aber deren Erscheinen mit einem freudigen ‚Da'. Das war also das komplette Spiel, Verschwinden und Wiederkommen, wovon man zumeist nur den ersten Akt zu sehen bekam, und dieser wurde für sich allein unermüdlich als Spiel wiederholt, obwohl die größere Lust unzweifelhaft dem zweiten Akt anhing" (Freud, Sigmund – *Jenseits des Lustprinzips in: Gesammelte Werke,* Bd. XIII, S.11-13; 1920 – zitiert in: Lorenzer 1988, S. 54-55).

Eberhard Haas zitiert diesbezüglich Réne Girard: „Das Kind handhabt das Spielzeug, welches mit der Aura der Mutter versehen ist – also intermediäre Qualitäten besitzt –, wie ein rituelles Opfer. Die wiederholte Ausstoßung, das ‚Fort', wird ungleich häufiger gespielt als das ‚Da' und ermöglicht im Spielritual die Ausscheidung von Gewalt und ihre Transformation in Symboldenken und Sprache. Es leistet, wie Freud dann fortfährt, dasselbe wie das ‚künstlerische Spielen', wie die ‚Tragödie', die stellvertretend den Helden als zu Opfernden darstellt, um die Gemeinschaft, die Zuschauer, in kathartischer Weise zu reinigen" (Girard 1972 in: Haas 2004, S. 75).

Joyce McDougall erläutert ihrerseits: „Es handelt sich dabei um ein Spiel, bei dem das Kind den Schmerz über das Weggehen der Mutter in der Weise bewältigt, daß es das Auftauchen und Verschwinden eines Ersatzobjekts selbst herbeiführt, statt passives Opfer eines verlorenen

Objekts zu sein. Damit nun aber diese Befreiungsbewegung von der Anwesenheit eines Objekts stattfinden kann, muß das Kind in der Lage sein, sich seine Mutter auch in deren Abwesenheit seelisch zu repräsentieren. Dies ist ein Anzeichen dafür, daß das Objekt bereits als Teil des Selbst aufgegeben ist und daß das innere Objekt der Zerstörung widerstanden hat, obwohl diese am äußeren Objekt sichtbar geworden ist" (McDougall 1989, S. 155).

Fonagy, Gergely, Jurist & Target (2019) nehmen ebenfalls Bezug auf das Garnrollenspiel, schließen sich der Sichtweise an, dass durch Reinszenieren das Kind aktiv handelnd wurde. „Solche selbstkontrollierten modifizierten Reinszenierungen im sicheren ‚Als-ob-Modus' einer fiktiven repräsentationalen Welt dienen deshalb als effiziente Möglichkeit, den Umgang mit der schmerzhaften Erinnerung an das traumatische Ereignis zu erleichtern" (Fonagy, Gergely, Jurist & Target 2019, S. 301). Ich gehe einen Schritt weiter in Richtung *Metaphernbildung* und belege damit Korrespondenzen zwischen Bild und Sprache, wobei der Konnex von Schema und Imago mit dem Gedanken (Noema) korrespondiert.

## Bild und Sprache

Michel Foucault referiert in *Die Ordnung der Dinge* (1994) über die Anfänge der Sprachenentwicklung. „Wenn die Sprache in ihrer Tiefe die Funktion der Benennung hat, das heißt, eine Repräsentation sich erheben zu lassen oder sie wie mit dem Finger zu bezeichnen, ist sie Hinweis und nicht Urteil. Sie verbindet sich mit den Dingen durch ein Merkmal, eine Note, eine assoziierte Gestalt, eine bezeichnende Geste" (Foucault 1994, S. 145). Und in seinem ursprünglichen Moment ist der Laut ein Ausdruck. „Die Gebärdensprache wird vom Körper gesprochen; dennoch ist sie nicht von Anfang an gegeben. Was die Natur gestattet, ist lediglich, dass der Mensch in den verschiedenen Situationen, in denen er sich befindet, Gesten macht. [...] All das ist noch keine Sprache und noch kein Zeichen, sondern Wirkung und Folge unserer Animalität" (Foucault 1994, S. 146).

Der Sachverhalt korrespondiert mit Erläuterungen zum Verhältnis von Bild und Sprache bei Ulrich Moser. Für ihn imponiert Sprache zunächst als mentale Organisation durch Orientierungsleistungen bzw. Lokalisierung des visuellen sowie sensomotorischen Feldes. „Sprache simuliert ein bildhaftes Geschehen in der Form der Generierung eines Modells in der sprachlichen Organisation. [E]ine kognitive, insofern sie ortet (eine Mikrowelt räumlich nach Dingen und Bewegungen, nach Wechselwirkungen), und eine kommunikative, insofern sie über den gemeinsamen Code der Gesprächsträger sich selbst und den Anderen in den Aussagen behaftet" (Moser 2012, S. 102). Somit wird von ihm belegt, wie die Sprachentwicklung (deiktisch) beginnt. „Sprache ist Simulation und Abstraktion von bildhaften Prozessen" (Moser 2012, S. 103).

Klaus Sachs-Hombach verweist auf den Sachverhalt, wonach „allen Wesen, die zur Sprache fähig sind, auch im entsprechenden Maße Bildkompetenz" (Sachs-Hombach 2009, S. 12) zuzukommen scheint und stellt fest: „Vielleicht ist Bildfähigkeit daher im phylogenetischen Sinne unverzichtbar, insofern sie eine der Bedingungen der Sprachentwicklung liefert und als solche in versteckter Weise in der Sprachentwicklung enthalten bleibt" (Sachs-Hombach 2009, S. 12). Die *Bildsemiotik* als Teilgebiet der *Angewandten Semiotik* widmet sich den *Zeichen* (griechisch: *sēmeīon*). „Ein Bild (eidolon) von x ist das einem wahren x ähnlich gemachte andere scheinbare x" (Scholz 2009, S. 148). Für Maurice Merleau-Ponty stellt sich die Frage, wie die Materialität eines Bildes in Sinn verwandelt und so als Ausdruck verstanden wird. Es beschäftigt ihn, „mit welchen Kategorien dieses Übergreifen zwischen einer sichtbaren Wirklichkeit mit ihren unsichtbaren Tiefenstrukturen und einer verkörperten Sichtbarkeit im Bild zu fassen sei" (Nöth 2009, S. 262). Deshalb mit Blick auf Sartre: „Das Imaginäre haust in der Welt" (Merleau-Ponty 1984, S. 69 in: Nöth 2009, S. 263f.).

Es liegt nahe, Bilder unter evolutionärer Perspektive als „des Menschen andere Sprache" zu bezeichnen. Dies unternimmt Franz M. Wuketits, wenn er eingangs Wittgenstein zitiert: „Das Bild ist ein Modell der Wirklichkeit" (Satz 2.12, Wittgenstein 1963, S. 16 in: Wuketits 2009, S. 17). Um den Gesamtumfang dieses Satzes zu verstehen, passt Wittgensteins deduktive Logik (Wittgenstein 1963, S. 16; S. 19; S. 32–33) an dieser Stelle:

2.1      Wir machen uns Bilder der Tatsachen.
2.12      Das Bild ist ein Modell der Wirklichkeit.
3      Das logische Bild der Tatsachen ist der Gedanke.
4      Der Gedanke ist der sinnvolle Satz.
4.01      Der Satz ist ein Bild der Wirklichkeit.

Wir befinden uns in einem zirkulären System, indem ‚das Bild ein Modell der Wirklichkeit' (2.12) und ‚der Satz ein Bild der Wirklichkeit' (4.01) ist. Wenn nun ‚der Gedanke ein sinnvoller Satz' (4) ist und ‚das logische Bild der Tatsachen der Gedanke' (3), so ist die Welt die Gesamtheit der Bilder – Phänomenalität, „Erscheinen einer Welt" (Metzinger, 2012). Weil wir uns ein Bild vom Sachverhalt machen können, ist ‚ein Sachverhalt denkbar' (3.001). „Die Erzeugung von Bildern steht mithin in einem größeren Zusammenhang mit dem tiefen menschlichen Bedürfnis nach Ordnung und Sinn" (Wuketits 2009, S. 22). Hier kündigt sich die *rekursive Signifikanz* zwischen Schema, Imago und Noema an.

## Poetische Metaphernbildung

Raoul Schrott geht davon aus, dass Bilder die „Basiselemente unseres Denkens sind" (Schrott 1999, S. 22) und ein ‚gelungenes Gedicht' möge sich darin auszeichnen, innere Bilder und die Genauigkeit ihrer geistigen Beobachtung sprachlich wiederzugeben. Ich assoziiere damit Sartres *Analoga*. Schrott erläutert: „Wir denken in Analogien, Vergleichen und Metaphern; über Ähnlichkeiten stellen wir neue Bezüge her und integrieren jedwedes faktische Wissen in Zusammenhänge, die für uns Relevanz besitzen. Jeder kreative Akt und jede Erfindung baut auf den neuen Beziehungen auf, die eine Metapher als einziges sprachliches Instrument herstellen kann" (Schrott 1999, S. 23).

Thomas Ogdens Vorgehensweise eignet sich bevorzugt dafür, die Ausdrucksgebärde des Sprechens mit der Bildhaftigkeit des Vorgestellten und dem Bewegungsverlauf des Wortklangs, der Sprachmelodie (Prosodie), zu vergleichen. Selbsterkenntnis sei darauf angewiesen, jene Transformationen und Derivate des unbewussten Erlebens anzunehmen, um Träume und Kunst als Metaphern des unbewussten Erlebens verstehen zu können. „Eine Metapher ist eine Form sprachlichen Ausdrucks, in der ich ‚mich' beschreibe, sodass ‚ich' mich sehen kann. In einem wichtigen Sinne entstehen durch das metaphorische Benennen und Beschreiben von ‚mir' *sowohl* ‚ich' *als auch* ‚mich' als interdependente Aspekte menschlicher Selbstwahrnehmung (menschlicher Subjektivität). Mit anderen Worten: Das Individuum (als Objekt) bleibt für sich (als Subjekt) so lange unsichtbar, bis Metaphern für ‚ich' benutzt werden, um ‚mich' zu beschreiben/erschaffen, sodass ‚ich' mich sehen kann" (Ogden 2004, S. 37).

## Versifizierende Impulse

Ein versifizierender Impuls ist ein Impuls zur symbolischen Repräsentation, der nicht nur durch das unablässige Streben nach unbewusstem und bewusstem Ausdruck entsteht, sondern auch durch das Phänomen, „dass das Bewusste nirgend dem Unbewussten entläuft, überallhin ihm entgegenläuft" (Andreas-Salomé 1916/1966, S. 47 in: Ogden 2004, S. 15). Ogden sieht diese Übergangsprozedur als ein lebendiges Verlangen, die nach Form strebt. „In diesem Licht betrachtet bezeichnet die Metapher von der Grenze oder vom Zwischenreich des Träumens ein dialektisches Kraftfeld, das entsteht, wenn das Verlangen, das Bedürfnis, das eigene Verlangen zu kennen, der Drang, ihnen einen persönlichen Ausdruck zu geben, und das Bedürfnis, dass dieser Ausdruck des Verlangens (von uns selbst und von anderen) erkannt und beantwortet werden mögen, aufeinander prallen" (Ogden 2004, S. 16).

## 5.2 Im Kraftfeld des Lebensstroms

### Der Kontaktzyklus

Der Kontaktzyklus ist als einheitliches Ganzes zu verstehen, die Abfolge stellen Perls, Hefferline und Goodman (1979, S. 193-194) dar. Jorge Bucay spricht Bezug nehmend auf den *Kontaktzyklus* folgende Prozessdynamik an: „Es ist der Moment der Kontaktaufnahme, der entscheidende Moment. Kontakt ist die Möglichkeit, eine konkrete Verbindung mit dem Außenreiz herzustellen. Kontakt heißt: Ich habe nicht nur Empfindungen, nehme etwas wahr, setze mich in Bewegung und handle, sondern ich lebe, lasse mich auf die Situation ein, in der ich mich befinde. Ich bin in Kontakt. Nachdem ich eine Weile in Kontakt war, verabschiede ich mich und ziehe mich zurück, aus Vorsicht, aus Selbstschutz, weil der Kreislauf sich vollendet hat oder einfach, weil das Gefühl es verlangt. Ich entferne mich, um bei mir zu bleiben und von vorne zu beginnen" (Bucay 2016, S. 36-37).

Abbildung 6: Kontaktzyklus und Assimilationszyklus (Gestaltschluss)

## Schemata dramatischer Narrative

Das *Schema rundum* korrespondiert mit der ruhigen Ausgangslage ohne Erwartungsspannung. Das wäre gleichsam das Optimum aus *Ruhe* und *Halt*. Mit jedem Impuls oder Ereignis, das eine Störung des *begrenzenden Halts* und der *inneren Ruhe* einleitet, kommen Dinge und Vorgänge in Bewegung. Das Schema *hinzu* gibt die Richtung vor. *Heran* folgt dem Sog der Anziehung, *hinein* und *hinunter* sind Hinweise auf gesteigerte Erregung. Durch die Anspannung entsteht eben auch *leibliche Enge* und das *Schema hindurch* vermittelt den Eindruck von Anstrengung. Die Bewegung tendiert auf ein in der Zukunft liegendes Ziel hin. Die Ereignisdichte ist höher als zu Beginn, als noch *rundum* Ordnung waltete. Das Zeiterleben erfährt einen *Sog* in Richtung *bald* und der Weg bahnt sich zu einem räumlichen *dort*. Als Erlebnisqualität stellt sich Anziehung ein, welche sich *dann* zur Neugier steigert.

In der nächsten Phase, durch Situationswechsel markiert, verengt sich die einleitende Anbahnung zu einer ‚schmalen Furt' *hinein* und *hinunter (hinab)* ins Unbekannte und Verborgene. Durch Erhöhung der Ereignisdichte widriger Vorkommnisse setzt die ‚Befristung' des günstigen Moments mit der eilenden Zeit ein. Der Druck erhöht sich und die Enge lässt dies spüren. Korrespondierend mit leiblicher *Enge* steigt die Taktfrequenz und intensiviert sich das Zeiterleben zur Eile im Schema *hindurch*. Aufsteigender Druck, verbunden mit leiblicher Enge und gefühlter Wucht, mobilisiert die nächste Phase mit dem Schema *heraus*, dessen leibliches Empfinden als stoßartige Befreiung *von der Enge in die Weite* anmutet.

Zugleich manifestiert sich eine ‚Schubumkehr' oder Richtungsänderung der Strömung. Der Druck und damit die Ladung sinkt durch *Abfuhr*. Zeitgleich steigt der befreiende Schauer einer ‚Erleichterung'. *Heraus* aus der Enge und mit einer Woge geht es *hinauf* in die Weite und Höhe. Die Erleichterung beflügelt und mündet in einen *heiteren Gleitflug* gelungener Lösung. Am Ende dieses Prozesses mag sich erneut das Schema *rundum* durch den Geborgenheit vermittelnden *begrenzenden Halt* einfinden. Der Sprachgebrauch kennt das geflügelte Sprichwort ‚*sich rundum wohlfühlen*'. In anderen Worten kehrt *Ruhe* ein. Dieses ‚Überstehen' der Zerwürfnisse ist die meistgewünschte Botschaft aller Geschichten. Es ist nachvollziehbar, dass diese idealtypische Darstellung vorbildhaft für die Dramaturgie wirken mag.

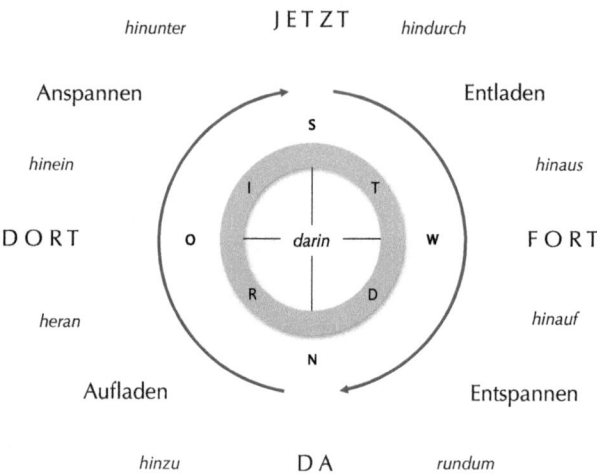

Abbildung 7: Vegeto-affektive Schemata analog zum Kontaktzyklus

Das Ablaufsystem spiegelt den dramatischen Spannungsbogens eines Theatertextes, eines Drehbuchs und einer Filmmusik. Dies stellt zugleich das Spannungsempfinden von Musik und die Anschauungsdynamik des Theaters oder Films zur Verfügung. Die Prozessphasen korrespondieren mit energetischen Niveaus, bilden heterogene Zeitformen und manifestieren sich als ‚innere Tempovariationen'. Insofern liegt der Bezug zur Musik über deren Fähigkeit zur ‚voluminösen Schwelligkeit' (Plessner, 1982), zu ‚Enge und Weite' (Schmitz, 1985) und den ‚dynamischen Vitalitätsformen' (Stern, 2011) auf der Hand. Wie sich zeigen soll, impliziert der thematische Verlauf eines dramatischen Narrativs die Vitalitätsdynamik im Sinne Sterns (2011). *Rekursive Signifikanz* von Schema, Imago und Noema bringt Analogien hervor.

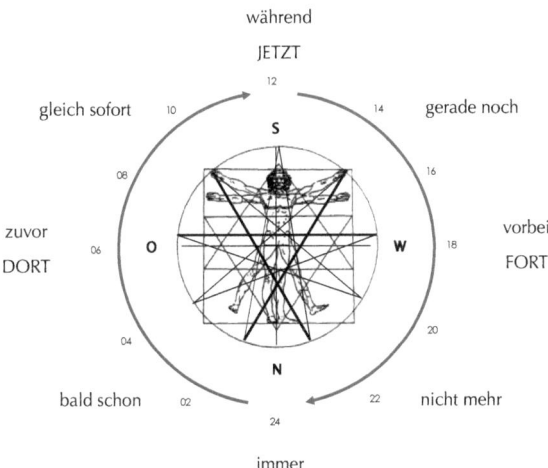

Abbildung 8: Zeiterleben analog zu vegeto-affektiven Schemata

## Topologie des Körperschemas

In ihrem Beitrag über *Bewegung in Raum und Zeit* aus dem Sammelband *Leiblichkeit* (Hg. Petzold, 1985) geht Laura Scheleen von Labans Raumstrukturierung aus, wonach kinetische Zeichen des Tanztheaters sich als eine Matrix der Orientierung an den Kreisläufen der Natur konfigurieren lassen. Zu Beginn artikuliert sie ihr Anliegen, wonach „jeder sein Wort wieder ganz ,verkörpern', sein Imaginäres benennen kann" (Scheleen 1985, S. 455). Sie nennt ihre Grammatik eine ,réalité globale' (Scheleen 1985, S. 457) und es liegt nahe, sie analog zum Koordinatensystem der vier Himmelsrichtungen zu verstehen.

Scheleen bestimmt die ,absolut' genannten Richtungen in der Vertikale von oben nach unten, was der Aufrichtung im Körperlot entspricht.

Sie bringt die Koordinaten und Vektoren mit *Intentionen* Kurt Lewins im *hodologischen Raum* in Zusammenhang. Hinwendung drücke ein ‚Ja' aus, während Rückzug ein ‚Körper-Nein' zeige. „Für uns wie für unsere Vorfahren steht die Sonne im Süden am höchsten, bei Tag- und Nachtgleiche mit dem Sonnenaufgang im Osten und zur Linken und dem Sonnenuntergang im Westen und zur Rechten des Beobachters. Die Sonnenpositionen links und im Osten (Aufgang), im Zentrum und im Süden oben (Zenit) und im Westen rechts (Untergang) haben uns den Zeitbegriff, der von der Vergangenheit über die Gegenwart in die Zukunft läuft, auferlegt" (Scheleen 1985, S. 459).

Damit bilden die vier Himmelsrichtungen im Körperschema den Code einer ‚Raum-Zeit-Sprache'. „Jedes Kind findet von der Natur zur Kultur, indem es Sprache entwickelt und alles benennt: hoch – tief, vorne – hinten, rechts – links und unendlich viele andere Dinge, Wesen, Zustände und Affekte" (Scheleen 1985, S. 461). Von dieser Choreografie verkörperten Selbsterlebens im Feld der Erfahrung mit allen Sinnen liegt nur einen Augenblick entfernt das Reich der Mitte vor langer Zeit. Ich stelle die im Buch der Wandlungen *I Ging* (Wilhelm, 1986) erläuterte ‚innerweltliche Ordnung' als Analogie zum Kontaktzyklus der Gestalttherapie dar. Kreisdiagramme sollen das Gleichnishafte veranschaulichen.

### Das System der Gleichnisse

Das *I Ging* ist eines der ältesten mir bekannten Ordnungssysteme. Die acht Zeichen des *Fu-hsi* (2800 v. Chr.), ihre Kombinationen mit den Urteilen von König *Wen von Dschou* (1150 v. Chr.) und der große Kommentar von *Kung-tse* (Konfuzius, 551–478 v. Chr.), fanden ihre Zusammenfassung im *Buch der Wandlungen*. In der Gesamtordnung der Zeichen gibt es einen Zustand vor der Schöpfung, die geistigen Grundlagen bildend, und einen zweiten, das Geschehen in Raum und Zeit, die Welt im Jahr schildernd. Diesen Sinn *Tao* zu erkennen, ist ein Streben, von dem die chinesische Kultur im Innersten erfüllt war. „Das Buch der Wandlungen war zunächst eine Sammlung von Zeichen für Orakelzwecke" (Wilhelm

1986, S. 11), so leitet Wilhelm den Gebrauch des Buches ein. „Der Grundgedanke des Ganzen ist der Gedanke der Wandlung […] Der Blick richtet sich für den, der die Wandlung erkannt hat, nicht mehr auf die vorüberfließenden Einzeldinge, sondern auf das unwandelbare ewige Gesetz, das in allem Wandel wirkt. Dieses Gesetz ist der SINN des Laotse, der Lauf, das Eine in allem Vielen" (Wilhelm 1986, S. 15). Diese Grundsetzung ist der große Uranfang alles dessen, was ist: Tai Gi genannt. Dies führte über den ‚uranfänglichen' Kreis Wu Gi zu den Kräften ‚Hell' und ‚Dunkel', die uns aus dem geteilten Kreis der beiden Figuren für Yin und Yang bekannt sind. Das Aktive ist das Schöpferische, der Himmel; sein Gegenpol, das Passive, ist das Empfangende, die Erde.

Unter § 3 (Wilhelm 1986, S. 246-247) wird die *vorweltliche Ordnung* beschrieben, wonach Himmel und Erde die Richtung bestimmen, Berg und See in Verbindung ihrer Kräfte stehen. So regen Donner und Wind einander auf, Wasser und Feuer bekämpfen einander nicht. In einer szenischen Bildsprache als Auslegung der vorweltlichen Matrix gibt die Polarachse Himmel oben und Erde unten die Richtungsachse Nord-Süd vor, wobei der Norden, assoziiert mit dem Winter, unten liegt und der Süden, äquivalent mit dem Sommer, oben. „Dann kommt die Beziehung Gen, Berg, und Dui, See. Sie stehen insofern in Verbindung ihrer Kräfte, als der Wind vom Berg nach dem See und die Wolken und Dünste vom See nach dem Berg aufsteigen. Dschen, Donner, und Sun, Wind, verstärken einander bei ihrem Hervortreten. Li, Feuer, und Kan, Wasser, stehen in der Welt der Erscheinung in unversöhnlichem Gegensatz. In §4 heißt es, „der Donner bewirkt die Bewegung, der Wind bewirkt die Auflösung, der Regen bewirkt die Befeuchtung, die Sonne bewirkt die Erwärmung, das Stillhalten bewirkt die Innehaltung, das Heitere bewirkt die Erfreuung, das Schöpferische bewirkt die Beherrschung, das Empfangende bewirke die Bergung" (Wilhelm 1986, S. 248).

In der *innerweltlichen Ordnung* sind die Zeichen aus ihrer paarweise entgegengesetzten *vorweltlichen Ordnung* gelöst und in der zeitlichen Reihenfolge im Kreislauf des Jahres gezeigt. Dabei handelt es sich um die komplementäre Bewegung von Yin und Yang im Kontext des Sonnenstandes, der Erdanziehungskraft und Vegetation in den Jahreszeiten. Dieses System lässt sich, wenn man so will, auf den circadianen Rhythmus und das vegetative Nervensystem abbilden. Hierdurch entsteht eine sehr schöne Sinnbildlichkeit, die eine Analogie zur vegetativ zirkulierenden Regulierung anbietet.

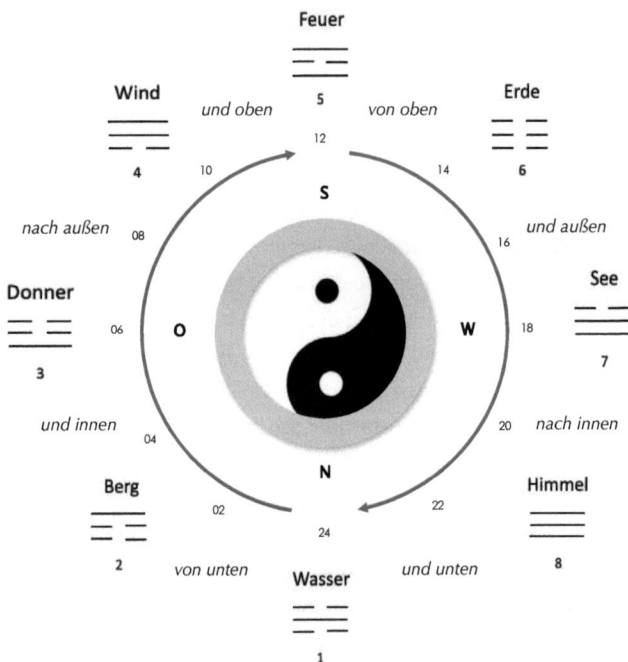

Abbildung 9: Die innerweltliche Ordnung der 8 Wesenselemente im I Ging

Bei Octavio Paz heißt es: „Das Ziel des Taoisten ist es, den Naturzustand wiederzuerlangen, weil unsterblich sein unter anderem bedeutet, wieder eins zu werden mit der rhythmischen Bewegung des Kosmos, sich unaufhörlich zu erneuern, wie das Jahr und seine Jahreszeiten, das Jahrhundert und seine Jahre" (Paz 1984, S. 130). Indem das All zyklisch ist und fließend pulsiert, bedeutet Unsterblichkeit Leben, das ebenso fließt und zurückfließt. So vermittelt sich der Zustand innerer Ausgeglichenheit den Ereignissen des Lebens gegenüber. „Das taoistische *hsü* ist ein Zustand der Ruhe, der Freiheit und der Leichtigkeit, gefeit gegen den Lärm von draußen. Es ist nicht die Leere des Buddhismus, obgleich es auch ein Zustand der Leere ist. Eher ist es das Fließende, das Nicht-Determinierte, das, was sich ändert, ohne sich zu ändern, das, was nie stillsteht und unbeweglich ist" (Paz 1984, S. 131).

Meister Zhuang Zi (369-286 v.Chr.) gilt als Mystiker im antiken China. Wolfgang Kubin kommentiert in *Vom Nichtwissen* (2013): „Er verlangt die Befreiung von der Welt und den Flug der Seele, um umkehren, um zurückkehren, um heimkehren zu können. Ziel ist die Vereinigung mit dem Tao, wir können auch sagen, mit dem Kosmos, mit dem Urgrund. […] Nur die Gelassenheit als das Lassen von Dingen erlaubt ein Versinken der ‚Seele' im Seinsgrund" (Kubin 2013, S. 17 und 18).

*Nirgends, Geliebte, wird Welt sein, als innen.*
*Unser Leben geht hin mit Verwandlung.*
*Und immer geringer schwindet das Außen.*
Rainer Maria Rilke; Duineser Elegien

## Der Grund in sich

Georg Büchner lässt in *Dantons Tod* Payne im Gespräch mit anderen Gefangenen (3. Akt, 1. Szene) sagen: „*Es gibt keinen Gott:* denn: Entweder hat Gott die Welt geschaffen oder nicht. Hat er sie nicht geschaffen, so hat die Welt ihren Grund in sich, und es gibt keinen Gott, da Gott nur dadurch Gott wird, daß er den Grund alles Seins enthält. Nun kann aber Gott die Welt nicht geschaffen haben; denn entweder ist die Schöpfung ewig wie Gott, oder sie hat einen Anfang. Ist letzteres der Fall, so muß Gott sie zu einem gewissen Zeitpunkt geschaffen haben [...]." Mercier fragt: „Wenn aber die Schöpfung ewig ist?" Payne antwortet: „Dann ist sie schon keine Schöpfung mehr, dann ist sie eins mit Gott [...], dann ist Gott in allem [...]." Mercier gibt sich nicht zufrieden: „Aber eine Ursache muß doch da sein." Payne entgegnet: „Wer leugnet dies? Aber wer sagt Ihnen denn, daß diese Ursache das sei, was wir uns als Gott, d.h. als das Vollkommene denken? Halten Sie die Welt für vollkommen?" Mercier: „Nein." Daraufhin Payne: „Wie wollen Sie denn aus einer unvollkommenen Wirkung auf eine vollkommene Ursache schließen?" [...] Mercier setzt entgegen: „Kann eine vollkommene Ursache eine vollkommene Wirkung haben, d.h. kann etwas Vollkommenes was Vollkommenes schaffen? Ist das nicht unmöglich, weil das Geschaffene nie seinen Grund in sich haben kann, was doch, wie Sie sagten, zur Vollkommenheit gehört?" Andernorts, in der Conciergerie (3. Akt, 7. Szene), fragt Philippeau Danton: „Was willst du denn?" Danton antwortet: „Ruhe!" Philippeau meint, sie sei in Gott. Danton erwidert: „Im Nichts. Versenke dich in etwas Ruhigeres als das Nichts, und wenn die höchste Ruhe Gott ist, ist nicht das Nichts Gott?" (Büchner, 1985). Es ist nur ein Schritt zu dem in der Einleitung erwähnten ,Holismus'.

## Das Umfassende

Whiteheads zentraler Begriff der *Kohärenz* und der radikal relationale Denkansatz postulieren, „daß kein Einzelwesen in vollständiger Abstraktion vom System des Universums gedacht werden kann" (Whitehead 1984, S. 31). Nach diesem Verständnis von *Kohärenz* bedeutet Prozess umfassendes Werden, indem „die Konkretisierung jedes wirklichen Einzelwesens, die anderen Einzelwesen als seine Bestandteile enthält" (Whitehead 1984, S. 38). Dabei sieht er den *Prozess* als „das erfahrende Subjekt selbst" (Whitehead 1984, S. 54). Whitehead stellt ein Paradoxon auf, das als Spannungsfeld zwischen *Prozess und Realität* zum Begriff Gottes als „uranfängliches Geschöpf" (Whitehead 1984, S. 79) führt, dessen *Unsterblichkeit* sich somit in den wirklichen Einzelwesen verwirklicht.

Im Kapitel *Gott und die Welt* heißt es: „Die Schöpfung erreicht die Versöhnung von Beständigkeit und Fluß, wenn sie bei ihrem Ziel angelangt ist, dem des Immerwährenden – der Vergottung der Welt" (Whitehead 1984, S. 622). Und so ist zu verstehen, was auf dem Buchdeckel des Bandes steht: „Der Begriff ‚Gottes' ist die Weise, in der wir diese unglaubliche Tatsache verstehen – daß doch ist, was nicht sein kann". Rüdiger Safranski erfasst den Gottesbegriff ganz ähnlich in seiner paradoxen Definition: „Gott ist, modern gesprochen, weder Subjekt noch Objekt. Er ist nicht Subjekt, weil er nicht von der Art menschlicher Subjektivität ist und nicht vom Subjekt imaginiert wird. Er ist aber auch kein Objekt, weil er keine abgetrennte, für sich bestehende Wesenheit ist, sondern das Umgreifende, das Ein und Alles" (Safranski 1999, S. 56).

Mit diesen Leitgedanken wende ich mich dem schöpferischen Vermögen zu, um die Denkfigur mit zwei Mystikern weiterzuführen. Sie lautet gemäß Chilton Joseph Pearce in *Biologie der Transzendenz* (2004) und unter Bezugnahme auf Meister Eckhart und Ibn Arabi, „dass Schöpfer und schöpferisches Produkt sich gegenseitig hervorbringen" (Pearce 2004, S. 14). Beide hatten im 13. und frühen 14. Jahrhundert davon gesprochen. Die mögliche Aufhebung der Dichotomie von Subjekt und Objekt ist bei Thomas Fuchs so zu lesen: „Das Subjekt der Erkenntnis ist der Möglichkeit nach, was das Objekt ist, und erkennt, indem es selbst wird, was das Erkannte ist" (Böhme u. Böhme 1985, S. 279 in: Fuchs 2013, S. 299).

Hegel ebnete seinerzeit den Weg zur Aufhebung der Dichotomie zwischen *verborgenem Innen* und *sichtbarem Außen*. „Die innere Basis der Dinge besteht nicht in einem verborgenen Dasein, sondern in einer Notwendigkeit, die ihren vollständigen und einzigen Ausdruck in äußerer Wirklichkeit findet" (Taylor 1983, S. 351). *Transzendenz*, auf die hin alles *Überschreiten* gerichtet ist, erinnert an Whitehead, der Leben als „Bemühen um Freiheit" und „Greifen nach lebhafter Unmittelbarkeit" sieht (Whitehead 1984, S. 203/204). So bedeutet Prozess „das Werden von Erfahrung" (Whitehead 1984, S. 311). Dieses Werden von Erfahrung entspricht der Entwicklung des Kindes: *Vom Spiel zur Kreativität* (Winnicott, 1971).

## Schöpferische Freiheit

Zu Beginn ihrer Abhandlung *Plädoyer für eine gewisse Anormalität* (1989) verlautbart Joyce McDougall: „Wenn das in jedem Erwachsenen verborgene Kind die Ursache seiner seelischen Leiden ist, dann ist es zugleich der Ursprung der Kunst und Poesie des Lebens, um das tödliche Gespenst einer ‚normativen Normalität' zu verscheuchen" (McDougall 1989, S. 23) und proklamiert: „Könnte es nicht sein, daß wir letzten Endes nur die Wahl haben, kreativ zu werden oder zu sterben? Im Zentrum der menschlichen Psyche steht das *Verbotene* und das *Unmögliche*" (McDougall 1989, S. 22-23). Die Analyse bringe uns letzten Endes dahin, „das zu wissen, was wir im Laufe unseres Lebens *nicht* haben wissen wollen, das anzuerkennen, was in den Tiefen unseres Seins am schmerzhaftesten und skandalösesten ist [...] Warum sollte jemand dieses Wissen besitzen wollen?" (McDougall 1989, S. 458).

Die meisten Menschen seien im gängigen Sinne des Wortes in geradezu traurigem Ausmaß nicht kreativ. „Nur eine Handvoll Künstler, Musiker, Schriftsteller und Wissenschaftler entgehen der eisigen Dusche der *Normalisierung,* die die Welt über sie ergießt" (McDougall 1989, S. 461). Den Gesetzen der Logik zu widersprechen, Hoffnungen zu bewahren, alles infrage stellen zu dürfen, Wünsche als erfüllbar zu erachten und daran zu glauben, dass alles in sein Gegenteil verwandelt werden kann, bedeute für die Kunst, dass „alle Erfindung, jeder neue Gedanke zugleich ein Akt der Überschreitung vorgegebener Grenzen" (McDougall 1989, S. 461-462) möglich ist.

Bedauerlicherweise lasse jenes Ich, dem ‚gesunden Menschenverstand folgend', niemals Innen und Außen, Wunsch und Erfüllung verwechselnd, die Welt des Imaginären hinter sich, „um sich ausschließlich auf die konkrete Außenwelt und auf die Beherrschung seiner Emotionen zu konzentrieren. Dieses Festhalten an einer Welt der Tatsachen kann so weit gehen, daß die *symbolischen Funktionen verkrüppeln* und sich die Gefahr einer Explosion des Imaginären im Körper selbst abzeichnet" (McDougall 1989, S. 462). Jedoch sei der Punkt, an dem eine Norm „zur Zwangsjacke der Seele und zum Friedhof der Phantasie wird", schwer zu definieren (McDougall 1989, S. 462-463).

Für Habermas befähigt Fantasie zur Perspektivenübernahme und Selbstreflexion. „Zugleich versteht man unter Phantasie nicht nur das mentale Repräsentieren der Intentionen, Gedanken und Urteile anderer, also die Erkenntnis der sozialen Realität, sondern auch das aktive Über-das-Gegebene-Hinausgehen, die Imagination, die aus dem Mead'schen Ich gespeist wird" (Habermas 1999, S. 394). Die reflexive Integration des Kunstwerks führt dazu, das Selbsterleben zu reorganisieren (siehe Winnicott 1971, S. 75; zitiert nach Habermas 1999, S. 406).

## 5.3 Einladung zum Experiment

### Skizze meines Arbeitsmodells

Wie meine Referenzen zeigen sollten, erzeugen Korrespondenzen unterschiedlicher Medien, verdichtet als Schema, Imago und Noema, *rekursive Signifikanz*. „Wir wissen aber nichts darüber, wann der integrative Sprung zu einer Gestalt erfolgt, die das subjektive Erleben von Vitalität ermöglicht" (Stern 2011, S. 134). Wie sich in Zusammenhang mit dem Spannungsbogen des dramatischen Narrativs als Analogie erwiesen hat, handelt es sich bei Verlaufsformen der Vitalität um die Steigerung und Senkung des Kraftaufwands in Kombination mit Richtung und Tempo von Bewegung innerhalb einer Raumvorgabe. Zu denken ist an den Zeitpunkt des Beginns, die Zeitspanne zwischen dem Beginn einer „Aktionseinheit" und ihrem Höhepunkt, der Dauer ihrer höchsten Intensität und dem Schwinden der Aktionsspannung im Finale. Stern hebt hervor, dass diese Dynamik mikroanalytisch messbar ist, wie er bereits mit dem Begriff „Vitalitätsaffekt" (Stern 1985, 2007) dargelegt hat. Folgen wir vorerst seiner Beobachtung jener Mutter-Kind-Interaktion, die er anführt, um deren Affektabstimmung zu erläutern. „Die Magie besteht in der Paarung nicht des exakt ,Gleichen', sondern des Ähnlichen" (Stern 2011, S. 103). Die Episode verdeutlicht, auf welche Weise *rekursive Signifikanz* sich konkretisiert.

„Ein zehn Monate altes Mädchen sitzt seiner Mutter gegenüber auf dem Boden. Die Kleine versucht, ein Puzzleteil an den richtigen Platz zu legen. Nach zahlreichen Fehlversuchen hat sie schließlich Erfolg. Daraufhin schaut sie der Mutter freudig ins Gesicht und bricht in begeistertes Entzücken aus. Sie ,öffnet das Gesicht' (der Mund öffnet sich, die Augen weiten sich und die Augenbrauen werden gehoben) und nimmt die entsprechenden Bewegungen dann wieder zurück. Die zeitliche Kontur dieser Veränderungen entspricht einem sanften Bogen (Crescendo, Höhepunkt, Decrescendo). Gleichzeitig hebt sie beide Arme und lässt sie wieder fallen. Die Mutter reagiert, indem sie ein ,Ja' intoniert, und zwar mit ansteigender und wieder abfallender Tonhöhe, einhergehend mit an- und abschwellender Lautstärke: ,JaaAAAaaa.' Dessen prosodische Kontur entspricht exakt der kinetischen Kontur des Gesichtsausdrucks des Kindes. Auch die Dauer stimmt haargenau überein" (Stern 2011, S. 57).

Stern kommentiert diesen durch das Verhalten der Mutter erzeugten intermedialen Transfer: „Sie wechselte in eine andere Modalität (von der gesehenen Aktion zum gehörten Laut), behielt die dynamischen Merkmale aber exakt bei, das heißt, die Vitalitätsform blieb die gleiche. Sie übernahm die Dynamik der Form, nicht jedoch die Modalität. Deshalb verstand das kleine Mädchen, dass seine Mutter es nicht einfach imitierte, sehr wohl aber etwas Ähnliches fühlte, so dass sie ihr Erleben miteinander teilen konnten" (Stern 2011, S. 58). An der Stelle kombiniert Stern die Affektabstimmung auf Grundlage der Vitalitätsform mit dem Verdacht supra-modaler Informationsverarbeitung. Moser und von Zeppelin (2009) sowie Moser (2012) stellen über den zirkulären Prozess ‚Reentry' den Bezug zum Mentalisieren durch externalisierende Analogiebildung und interaktiv explizite Reflexivität her.

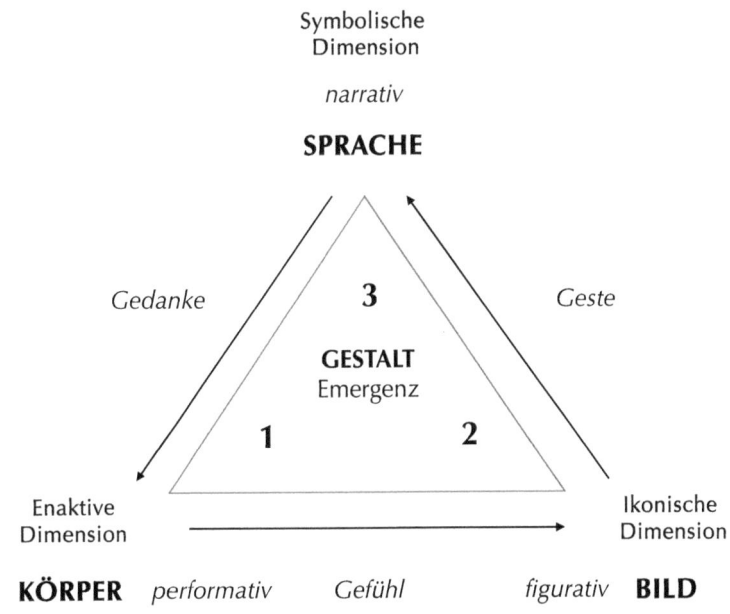

Abbildung 10: Tertiärprozess der Symbolisierung durch rekursive Signifikanz

### Reentry Circuit

Nicht zuletzt am Garnrollen-Beispiel lässt sich das Modell der externalisierten Mikrowelt illustrieren. Der zirkuläre Prozess des ‚Reentry', der Rückführung des Bildes in die innere Welt derjenigen Person, die es geschaffen hat, ist meines Erachtens an *rekursive Signifikanz* geknüpft. „Informationen werden aus inneren Mikrowelten nach außen verlegt, dort konkretisiert, in Phantasie gestaltet oder in Bilder oder Sprache zur Wahrnehmung umgewandelt. [...] Im Zustand der Externalisierung wird die Information neu kategorisiert. In einem zweiten Schritt des Circuit kann die Information in den Bereich der inneren Welt, der inneren Verarbeitung rückgeführt werden. Diese Phase wird Reentry genannt. Dann folgt, in einem dritten Schritt, ein innerer Vergleich der rückgeführten Information mit der ursprünglichen der Ausgangssituation. Dieser Vergleich kann zu einer Neugestaltung der ursprünglichen Mikrowelt führen" (Moser & von Zeppelin 2009, S. 1186). „Wird ein bildhafter Prozess mittels Sprache gestaltet, so unterliegt er den *Möglichkeiten der Umformung, die die sprachliche Organisation eröffnet.* Zunächst *ermöglicht Sprache eine Selektion der (erinnerten) bildhaften Teile einer Mikrowelt"* (Moser & von Zeppelin 2009, S. 1194).

Bezüglich *Reflexivität* stellt Moser fest: „Jede Regulierung mentaler Prozesse der Innenwelt sowie der Beziehung zu einem anderen Subjekt lässt sich nur als eine Verknüpfung von affektiven und kognitiven Prozeduren verstehen" (Moser 2012, S. 9). Im Sinne von Piaget versteht er *Reflexivität* als Fähigkeit, „über bestimmte Situationen und/oder über eine laufende Regulierung eine überlagernde zu entwickeln: ‚Die Reflexion stellt mithin den Prototyp der Regulierung der Regulierungen dar'" (Piaget 1975 in: Moser 2012, S. 9). Und gemeinsame Wahrnehmung sowie Veranschaulichung der innerhalb der Relation generierten Selbstbilder führen zu einer *Reflexion der Reflexion.* „Die eigene Reflexivität wird zum Gegenstand einer weiteren, die die bereits erreichte veranschaulicht" (Moser 2012, S. 104). So können auch Einsichten als gemeinsame erlebt werden. „Interaktive Reflexivität ist explizit. […] Die Sprache erhöht die Explizitheit der Phantasien und macht sie kommunizier- und austauschbar" (Moser 2012, S. 109).

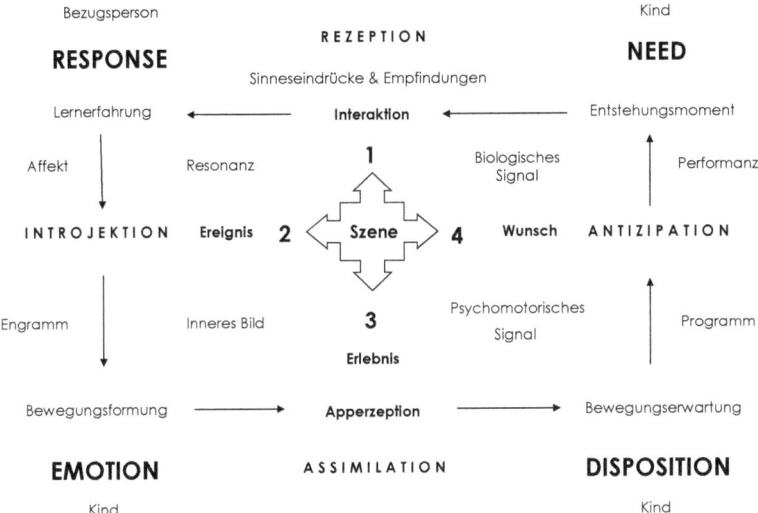

Abbildung 11: Verinnerlichung von Interaktionserfahrung

Der Zirkelschluss rekursiver Signifikanz zwischen enaktiver, ikonischer und narrativer Ausdrucksform erweist sich als vollzogen. Schema, Imago und Noema bilden Analoga, deren Grundlage Vitalitätsformen sind. Wie Stern mit der Affektabstimmung zwischen Mutter und Mädchen aufgezeigt hat, war ihm daran gelegen, einen Hinweis auf supra-modale Informationsverarbeitung zu geben. Ein weiterer wird folgen. Ich leite zu Formaten kunsttherapeutischer Gruppenarbeit über. Ich will mich anhand szenischer Prozessarbeit an den Kontaktzyklus mit Differenzierung in phasenspezifische Interaktionsrepräsentanzen annähern, um mit dem Konzept Imagodrama® die Affinität von Schema und Imago zu präzisieren. Die Kongruenz mit Sterns Verdacht supra-modaler Informationsverarbeitung soll im neurobiologisch spekulativen Diskurs (5.4) dargelegt werden.

## Das Sinneserfahrungsfeld

Alle Sinne stehen zur Wahl, um das Sinneserfahrungsfeld zu erkunden. Für jeden Eindruck möge ein Eigenschaftswort gefunden werden. Licht, Farben, Klangwelt, Körperlage und Bewegungsempfinden, Bilderleben,

Hautberührung, Stoffertasten, Aromawirkung sind Angebote des *Sinneserfahrungsfeldes* sowohl in der Natur als auch durch Installationen im Atelierraum. Ein weiterer Schritt ist die sukzessive Anreicherung von Erfahrungen der Sinne durch Kombination von Sinnesreizen, was in die Richtung Synästhesien, intermedialen Transfers und multisensorischer Integration geht. Beispielsweise führt dies zum freien Ausdruckstanz während einer Musik, zu Zeichnungen, Malerei und Modellieren mit Lehm oder Ton, zur Imprägnierung von Farben mit Aromen, durch Schreiben über diese Erfahrungen im multimedialen Design, das wir auch am Wiener Institut für Multimediale Kunsttherapie entwickelt haben. Als Beispiel möchte ich Synästhesien anführen, die in der Arbeit mit Materialien zum Ausdruck kommen können und intermedialen Transfer artikulieren.

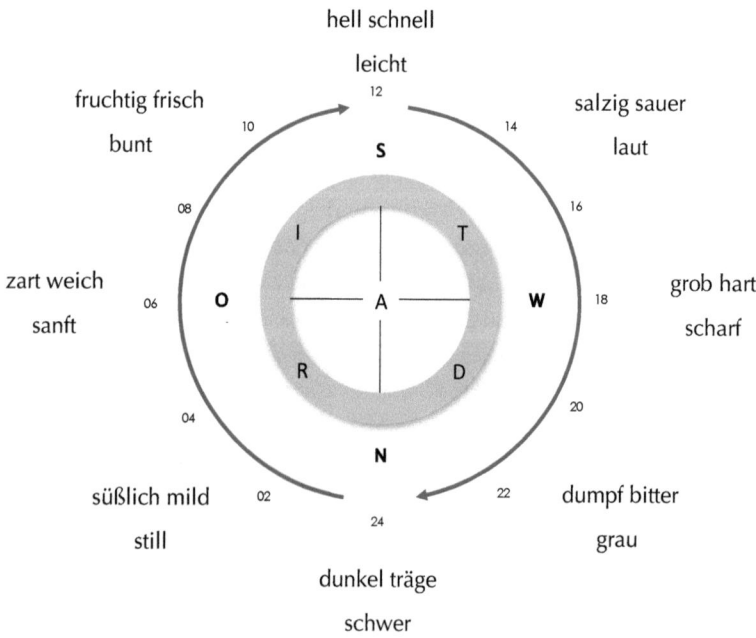

Abbildung 12: Synästhesien und intermedialer Transfer

## Skulpturieren der Gefühlsgalerien

Skulpturieren ist ein Vorläufer der Aufstellungsarbeit, deren Methode Virginia Satir unter Einbeziehung von Psychodrama (Moreno) entwickelt hat. Ich verwende die Gefühlsgalerien gerne in Seminaren, um mit *Posing* in Standbildern Gefühle zu verkörpern, kurz einzufrieren und sie mit den TN daraufhin zu analysieren. Eine zweite Form kommt zum Einsatz, wenn den TN daran gelegen ist, die Positionen rasch einzunehmen und zu wechseln. Daran kann besonders gut die energetische Qualität der Gefühle gemäß den Vitalitätsformen empfunden werden. Das Diagramm zeigt Emotionen der Annäherung, des Angriffs und der Befriedigung.

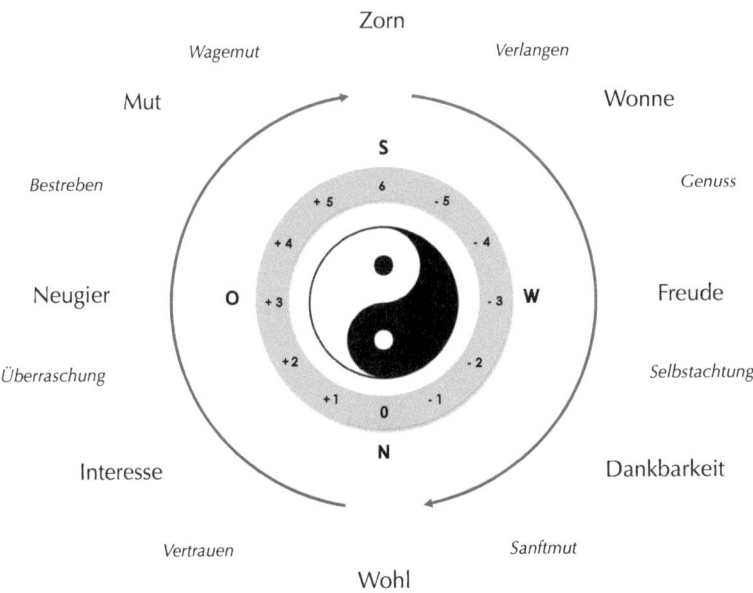

Abbildung 13: Approximative Affektqualitäten analog zum Kontaktzyklus

Das nachfolgende Diagramm zeigt Emotionen der Zurückhaltung bzw. Abstoßung, des Verzagens. Immer wieder spannend ist für mich die Verwunderung, dass sich Wut und Zorn voneinander unterscheiden, indem Wut zwar Unrechtsempfinden äußert, Zorn jedoch Empörung zeigt. Diese Unterscheidung ist vor allem dann relevant, wenn lebensgeschichtlich der Zorn als Ausdruck verboten war, jedoch Unrechtsempfinden aus gegebenem Anlass hervorgerufen wurde.

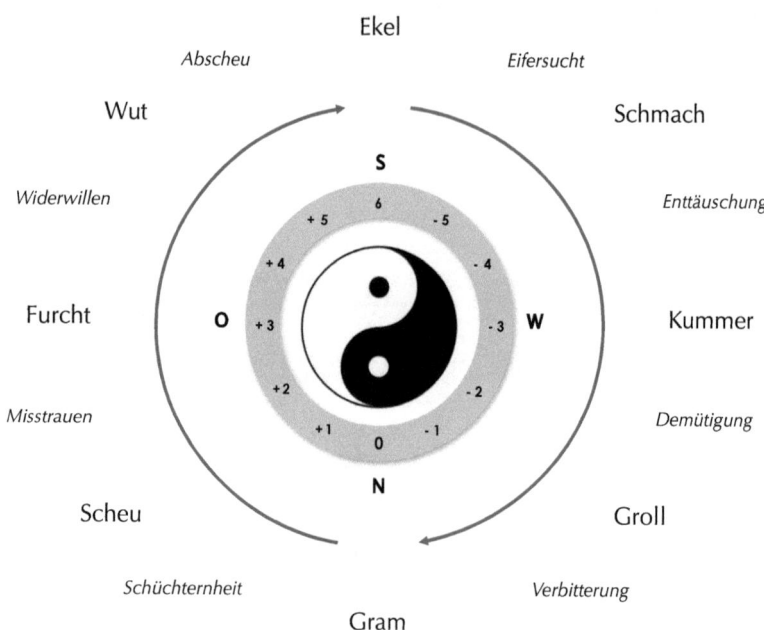

Abbildung 14: Aversiv inhibitorische Tendenzen analog zum Kontaktzyklus

## Generalisierte Interaktionsrepräsentanzen

Generalisierte Interaktionsrepräsentanzen sind episodische Repräsentanzen von Interaktionssequenzen. Aus einzelnen Situationen und Interaktionen entstehen prototypische *Szenen*. Aus den episodischen Repräsentanzen wird laufend ein generalisiertes Gedächtnis über Episoden entwickelt. Diese RIGs „werden aus den episodischen Repräsentanzen extrahiert und bestimmen als ‚Muster' die Erwartungen auf neue, aktuelle Interaktionsepisoden" (Moser & von Zeppelin 1996, S. 25). Stern brachte eine überzeugende Definition ein: „Internalisiert werden nicht ‚Objekte', sondern Interaktionserfahrungen" (Stern 2011, S. 184). Basierend auf *Interaktionsformen* (Lorenzer, 1981) benenne ich szenische Sequenzen, Interaktionen in Dyaden, in denen eine Person Intentionen verkörpert. Affekte je nach Akkommodation oder Frustration stellen sich im Erleben der zweiten Person ein. Wie in der Gefühlsgalerie, geht es darum, einen wenn auch symbolischen, jedoch vollständigen Kontaktzyklus durchzuspielen, um mit fünf Sequenzen einen Gestaltschluss, eine gute Gestalt hervorzubringen.

| Generalisierte Interaktionsrepräsentanzen durch Kontingenz | | |
|---|---|---|
| **Intention** | **Akkommodation** | **Funktion** |
| ersehnend empfangen | aufmerkend hinwenden | Anlocken |
| verlangend ausholen | anbietend darbieten | Versorgen |
| umfassend einnehmen | ausdauernd hingeben | Erfüllen |
| abkehrend loslösen | gewährend entlassen | Befrieden |
| sammelnd entspannen | bewahrend verweilen | Behüten |

| Generalisierte Interaktionsrepräsentanzen durch Koinzidenz | | |
|---|---|---|
| **Intention** | **Frustration** | **Dysfunktion** |
| ersehnend empfangen | verschließend ausweichen | Ablehnung |
| verlangend ausholen | ablehnend verwehren | Auszehrung |
| umfassend einnehmen | verstoßend entziehen | Versagung |
| abkehrend loslösen | beharrend anhaften | Verfolgung |
| sammelnd entspannen | abwesend ausbleiben | Bedrohung |

Tabelle 9: Generalisierte Interaktionsrepräsentanzen und dynamische Pentade

## Gerichtete Spannungen des Bildaufbaus

Für ein Gestalterkennen im Blickfeld konstituiert sich ein Basisbezugs-system, indem ein Rahmen eine begrenzte Wahrnehmungsfläche er-zeugt und einen Hintergrund zeigt. Der Fokus der Blickzentrierung entspricht der Mitte im Koordinatensystem des Rahmens. Sie bildet das Aufmerksamkeitszentrum, der Randbereich bildet die Peripherie des Blickfeldes. Das Merkmal eines Ereignisses entspricht der Eintragung eines Elements im Bild. Mit dieser Ereignisspur tritt das implizite Basisbezugsystem in Kraft. Die Vermessung des Elements durch Ortsquer-disperation stellt sich als relativer Abstand zum Rahmen und zur Mit-te dar, woraus sich die zweidimensionale Zuordnung von oben-unten, links-rechts ermittelt.

Die kursive Verbindung mehrerer Punkte, eine Linienführung oder Kon-tur, ergibt, wenn sich die Linie schließt, eine begrenzte Fläche. Dabei wird das Maß ihrer Ausdehnung innerhalb des Rahmens zum Parame-ter der Größe gegenüber dem Hintergrund. Die Stärke des Kontrastes wird zum Parameter der Intensität. Durch Ausdehnung und Intensi-tät vermittelt sich eine implizite Kraft, die innerhalb des Basisbezugs-systems in Wechselwirkung mit dem Hintergrund tritt. Die Figur hebt sich durch Dominanz ab. Plastizität einer Figur ermittelt sich durch den Winkelgrad relativ zum Basisbezugssystem. Plastizität suggeriert Tie-fenperspektive und Dreidimensionalität. Sie wird durch Helligkeits-gradienten unterstützt. Licht und Schatten, Tiefenwirkung und Inten-sität der Kontrastierung potenzieren sich durch Spektren der Farbskala.

Die Schichtung ineinander verschachtelter Figuren zeigt den Hinter-grund als Tiefenbegrenzung, indem die Blicklinie in den horizontalen Fluchtpunkt verlegt wird. Die Breite des Fluchtpunkthorizonts sugge-riert Dehnung und Weite. Die Zentrierung der Entfernungsgradien-ten suggeriert Verjüngung und Enge. Die Parameter suggerieren Ge-schwindigkeit. Weitung korrespondiert mit Verlangsamung, Engung korrespondiert mit Beschleunigung. Der relative Abstand des Flucht-punktes am Horizont von der Mitte in der Achse oben-unten suggeriert ein Gefälle zwischen Figur und Hintergrund. Es entstehen Parameter der Steigung oder Senkung. Die Beugung der Tiefenkonturen erzeugt Rotationsdynamik und Strudelmuster. Weitung mit Beugungskonturen entspricht impliziter Zentrifugalkraft von der Mitte zur Peripherie, woraus sich der Parameter *Drang nach außen* vermittelt. Engung mit Beugungskonturen entspricht impliziter Zentripetalkraft, der Tendenz von der Peripherie zur Mitte, woraus sich *Druck nach innen* vermittelt. Über die Bindungskraft zwischen einzelnen Figurenelementen vermittelt sich ihre Wechselwirkung als loser oder dichter Zusammenhang.

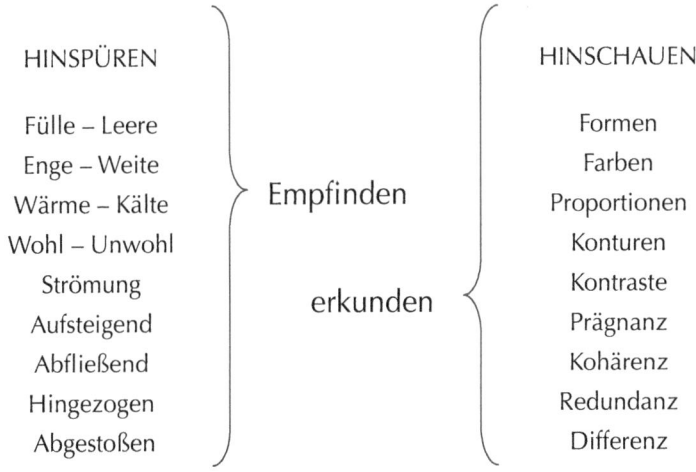

Abbildung 15: Relationen zwischen Empfindung und Anschauung

### Eine Geschichte erfinden

Kreatives Schreiben beruht auf dem Grundgerüst der Aristotelischen Dramaturgie und dem Monomythos nach Joseph Campbell. Es handelt sich um eine vereinfachte Form der sogenannten Heldenreise. Die Konstruktion der Handlung lässt sich in wenigen Merkmalen darlegen und ähnelt der Erzählform von Kindergeschichten. Jene Erzählungen beginnen mit: „Es

war einmal" und münden nach wenigen Sätzen der Beschreibung jener
Welt, in der die Geschichte beginnt: „Aber eines Tages" oder „plötzlich".
Das dramaturgische Grundgerüst nach Campbell weist vier Punkte auf,
über die sich der dramatische Spannungsbogen der Handlung entfaltet.

*Punkt 1* (Plot Point I) wird das „unvorhergesehene Ereignis" genannt
und bedeutet, dass die Ordnung in jener Welt, die bisher geherrscht hat,
in Unordnung gerät. Daraus folgt, dass ein Aufbruch stattfinden und
in eine Krise führen wird, deren seelische Spannung mit dem ‚Für und
Wider' zwischen Alternativen wächst. Diese Gefühlsreise durch Sorge
und Zweifel führt zu einer bestimmten Stelle: *Punkt 2* (Point of no re-
turn) ist jene Stelle, meist eine Begegnung oder Wegkreuzung, an der
klar wird: „*Das kann nicht durch Verleugnung / Verdrängung ungeschehen gemacht werden*". Die Durchdringung der Angst, die Auseinandersetzung
mit dem Gegner, das Bestehen einer Prüfung – all diese Gleichnisse stehen für das Mobilisieren des Muts, den Weg weiterzugehen.

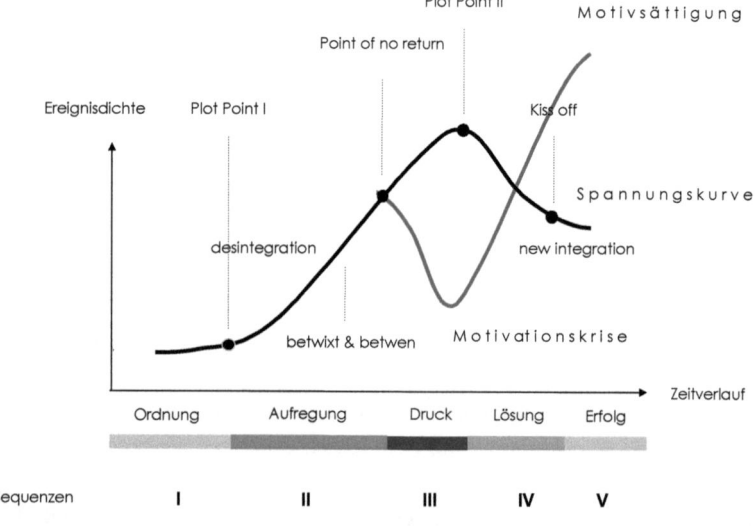

Abbildung 16: Dramatischer Spannungsbogen narrativer Konstruktion

338

*Punkt 3* (Plot Point II) wird schließlich die ‚Wende' genannt. Durch eine alles entscheidende Tat, Erkenntnis oder Begünstigung durch hilfreiche Wesen, bahnt sich die Lösung des Problems an und die Veränderung zeigt ihre Auswirkungen. *Punkt 4* (Kiss off) betrifft die Heimkehr von der Helden- oder Gefühlsreise und erweist sich als Beleg für Veränderung. Zumeist bringt die Hauptperson der Handlung einen Erfahrungsschatz, eine Erkenntnis, ein Mittel, einen kulturellen Fortschritt mit. Eigenschaften von Wesen, Verhaltensweisen als auch die Art der Umstände und Merkmale von Landschaften eröffnen eine bildhafte Sprache für Gefühle, durch deren Besprechung aufschlussreiche Bezüge zu den Verfasserinnen der Geschichten möglich werden. Einer der Vorteile besteht darin, sich durch gemeinsame Fantasiearbeit entfalten zu können.

Der Auftrag, eine Geschichte zu erfinden und schriftlich zu verfassen, beinhaltet auch die Anregung, in den Text die acht Elemente einzubringen: Berg und See, Donner und Wind, Feuer und Wasser, Himmel und Erde. Das fällt nicht schwer, denn jede Geschichte spielt in einer Landschaft. Damit wird die Bildsprache der Geschichte angereichert. Die anschließende Besprechung ermöglicht den Zugang zu Symbolisierungsprozessen im Sinne der Trias von Ausdrucksform – Sinnbild – Selbstbezug. Was ich immer wieder erstaunlich finde und mich insbesondere darüber freue, sind die oft fantasiereichen Geschichten, die neben dem Zweck des gemeinsamen schöpferischen Tuns eben auch Bedürfnisse und Gefühle ungehemmt zum Ausdruck bringen, indem ein ‚Verfremdungseffekt' (Bertolt Brecht) des Narrativs dies erlaubt. Protagonisten sind analog zum Kontaktzyklus durch Blockaden charakterisiert. Antagonistische Kräfte fordern sie zur Selbstüberschreitung durch die Heldenreise heraus. Die Charaktere der unterschiedlichen Protagonisten und Protagonistinnen ähneln folgenden Mustern.

## Charaktere und ihre Muster

Nachfolgende Abbildung verweist auf den Zusammenhang zwischen Unterbrechung im Kontaktzyklus durch Koinzidenz (siehe Tabelle 9) und hervorgebrachten Mustern. Diese Darstellung bioenergetischer

Charakterstrukturen bezieht sich auf Alexander Lowen und Ron Kurtz (Hakomi-Therapie). Schemata, die sich zu einer Musterbildung verfestigen, bilden Verzerrungen des Kontaktzyklus durch Retroflexion, erzeugen dadurch Blockaden trotz Bestreben nach ungestörten Handlungsepisoden (Burisch, 2006).

Abbildung 17: Vier Muster als Folge von Blockaden im Assimilationszyklus

- *Das Muster der Verstrickung*
  Zu viel an Einflüssen spüren und zu selten nach eigenen Wegen suchen.
- *Das Muster der Verwirrung*
  Zu oft von Einflüssen sich verleiten lassen, zu selten entschieden finden.
- *Das Muster der Verschwendung*
  Zu schnell haben (wollen) und zu früh loslassen ohne Nachhaltigkeit.
- *Das Muster der Versteifung*
  Zu selten loslassen und zu wenig spüren, beharrlich Perfektion betreiben.

Die Muster lassen sich in Szenen darstellen und durch skulpturierende Momentaufnahmen festhalten, um Vorstellungen und Empfindungen der Darstellenden wie auch der Zuschauenden zu verbalisieren. Dieser methodische Aspekt ist geeignet, Intentionen und Blockaden durch Mentalisieren zu reflektieren sowie mit versifizierenden Impulsen zu modifizieren, bis ein Assimilationszyklus erprobt ist und zur Erfahrung einer vollständigen Handlungsepisode führt. Dabei werden Bezugspersonen des biografischen Kontextes repräsentativ verkörpert. Wie bei Aufstellungen vorgängig, bringen diese Personen repräsentierende Wahrnehmungen ein, um miteinander Veränderungsperspektiven zu elaborieren. Der Vergleich mit den Wertequadranten zur Erweiterung von Persönlichkeitsstilen liegt nahe (siehe Abschnitt 2.1). Schließlich bieten szenische Verfahren die Möglichkeit, vorgefasste Haltungen und verfestigte Muster im Selbsterleben aus Gewohnheit nach der Ausschlusslogik von ‚Ich' und ‚Nicht-Ich' experimentell zu öffnen und sogar ein ‚nicht Nicht-Ich' als eine bislang unbekannte Seite aus dem Selbsterleben in Wahrheit zu entdecken.

## Selbstüberschreitung

In seinem Buch *Theateranthropologie – Spiel und Ritual im Kulturvergleich* (1990) reflektiert Richard Schechner den Prozess der *Transformation* für Schauspielende ebenso wie für die Perspektive des Publikums. Sich auf Grotowski, Seami, Brecht und Stanislawski beziehend, versteht Schechner diesen geöffneten Zwischenraum als Domäne der Kreativität. Zentral sind für ihn die Ideen von Donald W. Winnicott. „Eine der prägnantesten Formulierungen Winnicotts ist die Beschreibung des Babys, das sofort und später als Kind, im Spiel und noch später als Erwachsener in der Kunst (und der Religion) gewisse Dinge und Situationen als ‚Nicht-Ich' und andere als ‚nicht Nicht-Ich' identifiziert" (Schechner 1990, S. 215). Insofern dekonstruiert ein Spiel die Wirklichkeit durch ein ‚Nicht-Ich' oder auch ‚nicht Nicht-Ich', beispielsweise in einer Gegenwelt.

Voraussetzung der *Anverwandlung* im Bühnengeschehen des Probens und der Aufführung ist primär das Verhältnis zwischen ‚Ich' (darstellendes

Subjekt) und ‚Nicht-Ich' (dargestellte Figur). Das Phänomen ‚nicht Nicht-Ich' bringt durch *Anverwandlung* Aspekte hervor, die durch das ‚Ich' über Verdrängung ins Unbewusste verlegt wurden oder dem schöpferischen Selbst entsprechen, das aus kultur- und theateranthropologischer Sicht als transpersonal aufzufassen ist. So gilt: „'Ich verhalte mich, als wäre ich jemand anders'. Aber dieser ‚andere' kann auch ich selbst sein, in einem anderen Bewusstseins- oder Gefühlszustand. „Die Art und Weise, in der ‚Ich' und ‚Nicht-Ich', Darsteller und das Dargestellte in das ‚Nicht-Ich … nicht Nicht-Ich' verwandelt werden, bildet sich im Workshop/Probenprozess aus" (Schechner 1990, S. 217).

## Psychomotorische Therapie

Die in der psychomotorischen Therapie des Balletttänzers Albert Pesso wirkende theoretische Grundlage geht auf Melanie Klein und Wilfred Bion zurück. „Das wesentliche Element der ‚psychomotorischen Therapie' sind, vor aller Konkretisierung, die *Aufspaltung der frühen inneren oder äußeren Objekte in gute und böse Anteile und der Versuch, einen Neubeginn des seelischen Wachstums unter dem Schutz idealer Eltern einzuleiten"* (Pesso 1999, S. 8–9). Der Begriff ‚ideale Eltern' bezieht sich auf den Begriff ‚idealisierte Eltern-Imago' (Kohut, 1976). Nahezu identisch mit anderen szenischen Methoden erlaubt die psychomotorische Therapie eine „Überführung ins Anschauliche" (Pesso 1999, S. 10) durch *Externalisierung*. Durch die Mithilfe der „akkommodierenden Mitspieler" (Pesso 1999, S. 11) gelingt ein Halten, wie es von Winnicott als *holding function* und von Bion als *containing* verstanden wurde. Transformation beschreibt Pesso als einen Initiationsvorgang, der nicht nur an die Wurzeln des Theaters im kultischen Ritual erinnert, sondern eben maßgeblich für die Wahl des Buchtitels *Dramaturgie des Unbewussten* zeichnet. „Für den kindlichen Animismus und das magische Denken gibt es ein Experimentierfeld, weil Stimmen, Eigenschaften, Atmosphärisches, Religiöses ‚verkörpert' werden können. Alle Kräfte und Motive, die überhaupt die Seele bewegen, erhalten die Möglichkeit, anschauliche Realität zu werden" (Pesso 1999, S. 14-15).

Die im Unbewussten seit langer Zeit eingekerkerten Gespenster der Kindheit dürfen plastisch im Raum verkörpert werden, möglichst so, wie sie damals erschienen sind. Damit sollen Gefühle „wieder den Weg finden in lebendige Interaktion, in sinn- und bedeutungsvolle Interaktionsformen zwischen Subjekten" (Pesso 1999, S. 22). Die Aufspaltung in Gut und Böse betreffend, hebt Pesso hervor, dass die Wiederherstellung der Selbstachtung den Prozess der Abgrenzung und Vertreibung von Introjekten voraussetzt, weil diese in einer Zeit entstanden sind, in der zwischen Objekt- und Selbstrepräsentanz nicht ausreichend unterschieden wurde. In komprimierter Form lässt sich die Methode als strukturierte Rekapitulation realer Ereignisse und imaginärer Erlebnisse in Form von Inszenierungen beschreiben. Gefühlsimpulse, die ursprünglich ausgelöst, „aber nicht in Handlung umgesetzt werden, weil dies entweder schlimme Folgen gehabt hätte oder weil das Kind einfach zu ohnmächtig war" (Pesso 1999, S. 35), stehen zur Disposition für Transformation auf dem Weg szenischer Selbsterweiterung.

## Das Konzept Imagodrama®

Ich resümiere: Sartre hat kinästhetische Empfindungen und Schema mit dem Vorstellungsbewusstsein in Verbindung gebracht. Gerichtete Spannungen beziehen sich bei Arnheim auf die Anschauungsdynamik. Moser reflektiert, durch Anschauung „wird die kinästhetische Einfühlung in die Gestalt einzelner Dinge sichtbar" (Moser 2012, S. 51). Tabelle 9 hat RIGs durch Kontingenz und Koinzidenz dargestellt. Ich ergänze nun. Prä-Konzeptionen versteht Wilfred Bion als „angeborene Erwartungen" und argumentiert, diese durch Interaktion mit „geeigneten Realisierungen vereinigen zu können" (Krejci in: Bion 1992, S. 18). Prä-Konzeption manifestiert sich meines Erachtens als Projektion und psychomotorisches Schema, die sich Realisierung erwartet. Tabelle 10 zeigt, inwiefern durch Kontingenz eine Realisierung (Passung) gelingt oder durch Koinzidenz im Gegenteil ein Imagodrama zwischen Wunsch und Realität entsteht.

| Prä-Konzeption | Projektion | Realisierung | Schemata & Dramen |
|---|---|---|---|
| *Wohin werde ich gegangen sein?* | Imago des Erhabenen | Sinn Der Tod | + Vergeben versus − Vernichten |
| *Werde ich dafür gewürdigt sein?* | Imago des Richtenden | Vater Das Werk | + Ermächtigen versus − Unterwerfen |
| *Womit werde ich erfolgreich sein?* | Imago des Besonderen | Rivalen Der Sieg | + Erkämpfen versus − Verweigern |
| *Werde ich von ihnen verstanden sein?* | Imago des Ähnlichen | Geschwister Der Bund | + Angleichen versus − Ausschließen |
| *Werde ich herzlich empfangen sein?* | Imago des Bergenden | Mutter Das Heim | + Aufnehmen versus − Verschlingen |
| *Woher werde ich gekommen sein?* | Imago des Schöpferischen | Ursprung Das Leben | + Erschaffen versus − Zerstören |

Tabelle 10: Sakrale Steigerungsreihe der Imagodramen

Insofern artikulieren Prä-Konzeption, Projektion und psychomotorisches Schema den Wunsch nach dem passenden Antwortverhalten von Bezugspersonen: So werden Szenen realisiert. ‚Angeborene Erwartung' verstehe ich als Trajektorie des primären Narzissmus. Aus diesem Grund formuliere ich sie im Futurum: „*Was wird* […] *sein?*" Die Komponenten bilden ‚locker passende Kategorien', die sich als Analogien anbieten, wobei die Fragen teils prospektiv, teils retrospektiv verbalisiert werden. Primär sind es averbal projizierte Imagines − angeborene Erwartungen! Daher möchte sie mit meiner ‚kurzen Geschichte des Menschseins' darlegen. Vom Ursprung her wirkt die Frage, woher wir stammen. Am Ende fallen wir in die Frage, was wir hinterlassen und wohin wir gehen werden. Dazwischen betrifft uns das Verlangen nach dem Heim, das wir laut Lacan mit dem Mutterschoß assoziieren.

Folge ich seiner Steigerungsreihe, so befasst uns in der kindlichen Entwicklung die Geschwisterlichkeit und der Wunsch nach Bündnissen. Wenn Selbstbehauptung gegenüber Bindung den Vorrang erhält, wollen wir uns unterscheiden und als Besondere erfahren, was mit Rivalisieren einhergeht. Einzelkinder haben es besonders schwer. Überdies wird uns die Bedeutung des Werkschaffens bewusst und daher sehen wir uns vom Vater ermächtigt oder entmutigt, falls unser eigener Weg von ihm nicht anerkannt wird. Letztlich können wir uns der Frage nach dem Sinn des Ganzen angesichts des Todes nicht entziehen. Im Sterben wollen wir eine erlösende Antwort dafür finden, um jeglichen Versäumnisdruck loszulassen und in Frieden gehen zu können. Das ist meine kurze Geschichte des Menschseins. Damit soll der Satz von Wilhelm Schmid *„Der Sinn der Liebe ist, dass sie Sinn schafft!"* erneut die Devise gelingenden Lebens vor Augen führen.

Ich orientiere mich am *primären Narzissmus,* den Grunberger beschreibt: „Aus der Tiefe des Trieblebens hervorbrechend, folgt der Narzissmus während seines ganzen Daseins einer Linie, die parallel zur Triebentwicklung verläuft" (Grunberger 2001, S. 11). Er sieht in der narzisstischen Vereinnahmung die Urform des archaischen Größenselbst. Demnach „schließt das narzisstische Subjekt die Umgebung in sich ein, gewissermaßen als narzisstische ‚Ergänzung', die innerhalb seiner durch diesen Einschluss erweiterten Grenzen ‚verschwindet'" (Grunberger 2001, S. 142). Die Trajektorie des narzisstischen Elans bildet eine Stufenfolge. Mythologisch entspricht sie dem sakralen Aufstieg von der schöpferischen Ursituation bis zur Jenseitsfantasie über den Tod hinaus. Der Wandlungsprozess handelt von der schöpferischen Allmacht des Lebens, von der Geburt, von den Schrecken des Todes und der Vergänglichkeit, von der Mutter- und Vaterbeziehung, von Geschwistern und Liebesbeziehungen, von Rivalität und Autonomie.

Zur Ursituation: Aus der Korrespondenz von Begehren und Stillen stellt sich orale Verschmelzung ein, die für Lacan einer magischen Beschwörung durch die Mutter-Imago entspricht. „Das Wesen, das aufnimmt, ist ganz aufgenommen – und der archaische Komplex antwortet ihm in der mütterlichen Umarmung" (Lacan 1994, S. 50). Als *bergend* kann vieles erscheinen, das uns schützend umgibt. „Auch sublimiert, spielt die Imago des Mutterschoßes weiterhin eine wesentliche Rolle. Ihre dem Bewusstsein entzogenste Form, die der pränatalen Behausung, findet in der Wohnung und deren Schwelle, zumal in ihren primitiven Formen Hütte und Höhle, ein angemessenes Symbol" (Lacan 1994, S. 53).

Lacan bezeichnet die *Imago des Ähnlichen* als Entwurf von Geschwisterlichkeit, die sich in Nachahmung und Angleichung ausdrückt. „Solange die Imago des Ähnlichen nur ihre primäre Rolle spielt und auf ihre Ausdrucksfunktion beschränkt bleibt, löst sie beim Subjekt Emotionen und Haltungen der Anähnlichung aus" (Lacan 1994, S. 60). Als *ähnlich* erscheinen Muster und Serien. Michel Foucault analysiert vier Ähnlichkeiten (1994, S. 47-56) als *convenientia, aemulatio, Analogie* und *Sympathie,* wobei ihm ‚Sympathie' als eindrücklichste Form imponiert und ‚Analogie' an Sartres Analogon erinnert. Rivalisieren korrespondiert mit Lacans Eindringling. „Der Komplex des Eindringlings repräsentiert die Erfahrung, die das primitive Subjekt meist dann macht, wenn es einen oder mehrere seinesgleichen die häusliche Beziehung mit ihm teilen sieht, in anderen Worten: wenn es Geschwister kennen lernt" (Lacan 1994, S. 54). *Besonders* bedeutet eine Abhebung von Ähnlichem, ein Hervorragen und Auffallen. Im Bestreben nach Siegen gilt dem Besonderen die Auszeichnung seines Einsatzes im Wettstreit.

Als *richtend* erleben wir Instanzen, die Urteile über uns fällen. Auch die ‚inneren Kritiker' manifestieren sich als Bewerter. Lacans *Imago des Vaters* korrespondiert mit der Ausrichtung auf Ideale, zuallererst als *Bestärkung* des eigenen Vermögens durch Teilhabe an seiner *Kraft.* Dementsprechend wird sich sein Wohlwollen auf die *Ermächtigung* zur Selbständigkeit beziehen, andernfalls auf *Unterwerfung* unter sein Gesetz.

„Die Imago des Vaters aber polarisiert, im Maß sie vorherrscht, bei beiden Geschlechtern die vollkommensten Formen des Ichideals. […] Ebenso hat der Tod des Vaters, in welchem Entwicklungsstadium er auch eintritt und je nach dem Beendungsgrad des Ödipuskomplexes, die Tendenz, dass der Realitätsfortschritt erstarrt und stockt" (Lacan 1994, S. 72). Dies gilt nicht nur für dessen Tod, sondern gleichfalls für seine Abwesenheit oder Gewalttätigkeit. Die Entwicklung des inneren Wertesystems stagniert.

Im Buch der Wandlungen wird das *Erhabene* als Eigenschaft des Elements KIËN, des Himmels, erachtet (Wilhelm 1986, S. 25). In der Ästhetik des Deutschen Idealismus (Kant: „*Vom Dynamisch-Erhabenen der Natur*" in: Kritik der Urteilskraft *I*.1.2; 1995, S. 159) spielt die Ehrfurcht vor den Gewalten der Natur eine zentrale Rolle. Von der *Imago des Schöpferischen* und *des Erhabenen* eingerahmt, prägen Prä-Konzeptionen familiendynamische Handlungsfelder, sodass zwischen Realisieren durch Kontingenz (Passung) und Frustrieren durch Koinzidenz (Zusammentreffen von Unvereinbarem) Dramen entstehen. Konstruktive Schemata – *Erschaffen, Aufnehmen, Angleichen, Erkämpfen, Ermächtigen* und *Vergeben* – treffen auf entgegengesetzt destruktiv aggressive Schemata: *Zerstören, Verschlingen, Ausschließen, Verweigern, Unterwerfen* und *Vernichten*. Wie kommt das?

Aufgrund nicht gelungener Passung geraten Erwartungsbilder und versagende Realität in Zerwürfnisse. Koinzidenzen bedingen, dass Imagines als Erwartungsbilder und Bezugspersonen bzw. Entitäten als Projektionsfiguren gespalten werden: Idealisierung zum einen, Dämonisierung zum anderen. Imagines, Projektionsfiguren und Entitäten werden gegensätzlich attribuiert. Das ist der Grund für die Bezeichnung Imagodrama®. Daraus entstehen krisenhafte Verhältnisse, die vom ‚Anfang bis zum Ende' mit schier unlösbaren Konflikten behaftet sind. Idealisierung deckt sich mit Masterson BOT und Dämonisierung mit der EOT (siehe Abschnitt 2.3 – *Sehnsucht nach dem Ganzen*). Spaltung erzeugt eine Entmischung von Libido und Aggression. Sie bringt eine libidinöse Idealisierung hervor, die ich mit Melanie Klein (1974) als Abwehr destruktiv aggressiver Impulse deute. Fatal daran ist, dass die Frustration der libidinösen Idealisierung durch die versagende Realität wiederum destruktive Aggressionen steigert. So gelingt nicht der Aufbau des ‚guten inneren Objekts' und integrierten Selbst (Kernberg, 1983).

Zu diesem Sachverhalt nimmt Rohde-Dachser Stellung: „Weil die Mutterimagines ein Produkt der kindlichen Projektion sind, in denen das Kind seine aggressiven und libidinösen Impulse in der Mutter ‚deponiert', verkörpern sie auch die Themen der menschlichen Frühzeit: Gefräßigkeit, Gier, Saugen wollen, Verschlingen wollen, Verdauen wollen, Zerstören wollen etc. Aus diesem Grunde ist die ‚böse' Mutter immer auch eine ‚zerstörerische' und ‚verschlingende Mutter'" (Rohde-Dachser 2003, S. 174). Diese Attributionen bleiben oftmals bis ins hohe Alter erhalten.

Wenn wir aufgrund von Versagungen spalten, erwirken wir damit, dass Schemata der Zuwendung in Konflikt mit jenen der Ablehnung geraten, wobei wir vielleicht nicht unterscheiden können, ob wir Opfer passiv erfahrener oder Täter aktiv vollzogener Ablehnung sind. Das macht die Ambivalenz von Beziehungsstörungen zu einem erheblichen Teil aus. So kann Selbstsabotage auch Widerstreit zwischen bewusstem Bestreben und unbewusst abgelehnten Wünschen bedeuten. Wie kann das, was wir zu wollen glauben, uns von dem abhalten, was wir in Wahrheit wünschen? Es kommt vor, dass bewusste Willensakte durch die verinnerlichte Ablehnung eines Wunsches behindert werden. Zu klären ist daher der Unterschied zwischen Idealisierung und Prä-Konzeption, um primäre Wünsche besser zu verstehen.

So wie andere Methoden szenischer Prozessarbeit bietet Imagodrama® Externalisieren im Als-ob-Modus an, um psychische Äquivalenz, die Identifizierung eines Gedankens mit dem Glauben an ihn, vom Realen zu unterscheiden. So wird elaboriert, dass Schemata in Hinblick auf Prä-Konzeptionen psychomotorische Vorgestalten sind, die eine Passung durch Akkommodieren erwarten. Stellvertretend für Bezugspersonen passen sich Repräsentierende den Schemata durch Verhaltensmodifikation und Affirmationen solange an, bis Betroffene die Interaktionssequenzen im Kontaktzyklus assimilieren können, ein Gestaltschluss realisierbar wird. Der letzte Schritt gilt dem Symbolisierungsprozess und der Mentalisierungskompetenz, um die Selbsterzählung durch Perspektiven und Optionen zu verändern. Dazu dienen Texte, Filme, Musik und Malerei. Ein Arbeitsansatz in der Traumatherapie (Reddemann und Wöller, 2017) soll hier angeführt werden, da er aus meiner Sicht nahe am szenischen Vorgehen anzusiedeln ist.

- „Zunächst ist zu klären, ob die Patientin sich vorstellen kann, dass die innere Stimme nicht mit ihr identisch ist, sondern ein Teil von ihr, mit dem sie in Kontakt treten kann.
- Ist sie dazu bereit, laden wir sie ein, sich probeweise vorzustellen, dass dieser Teil zu ihrem Schutz entstanden ist.
- Dazu bemühen wir uns zu verstehen, aufgrund welcher Erfahrungen der Teil entstanden ist und inwieweit der Teil eine wichtige Beziehung und das Selbst – wenngleich unvollkommen – geschützt hat.
- Wenn die Patientin das entdecken kann, laden wir sie ein, dem Teil etwas zu sagen, was einen ‚Waffenstillstand' einläuten kann.
- Danach bitten wir die Patientin, den Teil zu fragen, ob er weiß, wie alt sie jetzt ist. Was – nach unserer Erfahrung – nicht vorkommt. Das bedeutet, der Teil ist nicht in der Gegenwart angekommen und braucht hierzu Informationen, Erklärungen, neue Erfahrungen etc.
- Ist der Teil gegenwärtiger geworden, kann er eingeladen werden, eine neue, der Patientin dienlichere Funktion zu übernehmen, wenn er das will. Manche Teile verabschieden sich dann auch spontan, oder sie verwandeln sich in freundlichere Gestalten. Manchmal geschieht auch eine Verwandlung in das verletzte Kind, das dann versorgt werden kann.
- Schließlich geht es darum, im Alltag dies alles zu erproben, neue Erfahrungen zu machen, sodass eine innere Aussöhnung mit dem Introjekt nach und nach möglich wird und ein gestärktes erwachsenes Ich daraus hervorgeht.

- Wir arbeiten mit Introjekten nur dann, wenn sie die Therapie massiv stören. Wir erleben es nicht selten, dass die Arbeit mit verletzten Teilen und deren Versorgung ausreicht. Dies erscheint sinnvoll, wenn man unterstellt, dass die Teile ja zum Schutz verletzter Teile entstanden sind. Introjekte können Konfrontationen verhindern oder zumindest stören, sodass es wichtig ist, genau darauf zu achten, dass mit ihnen, wenn möglich, vor einer geplanten Konfrontation gearbeitet wird" (Reddemann & Wöller 2017, S. 88-89).

## Wider den Drang, zu therapieren

Durch das Erleben *gebrochener Ursprünglichkeit* taucht nicht nur der Gedanke an den Tod auf, sondern auch das Gefühl der Leere. Plötzlich scheint uns nichts mehr Halt zu geben. Da ist er wieder, dieser erste Gedanke: *„Nicht da!"* Freuds Enkelin wusste sich vor dem Schmerz zu retten, indem sie ihn mit der Garnrolle nachspielte. Wie ist das, wenn wir einen therapeutischen Beruf ergreifen? Ist es dieses Nichts, das auch wir fürchten? Was geschieht, wenn wir die Leere in uns antreffen, wenn aller Halt verloren geht, der Turm einstürzt, der Überblick entschwindet? Können wir uns selbst retten? Die Frage zielt auf die Frage dahinter ab! Wann haben wir aufgehört zu leben? Wie treffend fragte Joyce McDougall: „Könnte es nicht sein, daß wir letzten Endes nur die Wahl haben, kreativ zu werden oder zu sterben?" (McDougall 1989, S. 22).

Waren wir als Kind von der Macht der Eltern gefangen, konnten wir uns nicht befreien. Wenn wir uns emporschwingen wollten in die Sphäre des Erhabenen, sind wir da der Illusion von Vollkommenheit und Allmächtigkeit aufgesessen? Was hat dieses Bestreben mit uns gemacht? Verkehrung ins Gegenteil! Andere retten, das heißt doch auch sie ihrer Subjektivität, ihrer freien Entscheidung zu enteignen. Woher sollten wir sie kennen, die verdeckten Sehnsüchte hinter ihrem Wollen? Wir können niemals die Wahrheit des Anderen wissen! Es ist schon viel getan, wenn wir selbst wissen, was wir uns wünschen! Welche Bringschuld glauben wir leisten zu müssen? Und ist es bewusster Wille, andere zu retten, oder ist es nicht auch der unbewusste Wunsch, sie von uns abhängig zu machen? Kann es sein, dass es uns nicht um jene anderen geht, sondern um uns selbst? Wenn wir im Mauerwerk des Unbewussten gefangen sind, eingenommen von verinnerlichter Ablehnung, so finden wir doch Lücken, in denen wir ein Zwischenreich erspähen, Freiräume des Träumens und Spielens. Hier beginnt *Selbstüberschreitung*.

Fast schon am Ende angekommen, ist aus dem Leitfaden ein nahtloses Gewand geworden, der Stoff, aus dem die Träume sind. *Selbstüberschreitung*, ja, das ist das treffende Wort für ein Werden, das sein will. Tao, der Weg, den der Leitfaden entworfen hat, führte zum Nichtwissen, das Daniel Stern als ein *regulatorisches implizites Gedächtnis* durch Verinnerlichung von Beziehungserfahrung bezeichnet hat. Ich komme ein letztes Mal auf Jean Paul Sartre zu sprechen, der von jenen Reichtümern sprach, wodurch wir oftmals überwältigt werden „und wo das Bewusstsein zu der List greift, sich selbst durch Vergessen zu bestimmen" (Sartre 1971, S. 20). Er reflektierte damit die „metaphorische Struktur" und „Totalität" des Vorstellungsbewusstseins. „Die Kausalität des prä-reflexiven cogito bestimmen die Rechte des reflexiven cogito und der Reflexion im hinlänglichen Gebrauch des Begriffes, deren imaginäre Abstrakta den Namen Ego, seine Zustände, Eigenschaften und Akte bezeichnen" (Sartre 1973, S. 7).

Möge es uns immer wieder gelingen, dieses ‚Ego' zu überschreiten, um in das nahtlose Gewand unserer Träume zu schlüpfen. Ich kann mich nicht mehr erinnern, woher der folgende Text stammt. Sein Urheber möge mir verzeihen, dass ich mich seines Namens nicht erinnere. Aber sein Gedanke passt in diesen Schlussakkord. DER TRAUM DES WEISEN: „Stelle dir vor, es ist der Traum, der den Tag und die Nacht bestimmt – es ist der Traum, der in anarchischem Wahn die Welt und das Leben schafft – es ist der Traum, der im Jenseits des Gewussten entwirft, was den Menschen dazu bestimmt, dem, was er zu spüren und zu begehren vermag, in endlosem Prozess Gestalt zu verschaffen."

## Ein Steg am Starnberger See

Was die Seele wohl erfahren mag, wenn ein Vater seine Tochter zu einem Steg mit Blick über das Wasser zu den Bergen im Süden trägt? Am nächsten Morgen nach ihrer Geburt trug ich Lena Valeria, verpackt in meinen Anorak, unerlaubterweise aus der Frauenklinik, direkt am Starnberger See gelegen, hinaus auf den Steg und war bewegt, sie mit Blick auf die Alpen im Hintergrund auf der Welt willkommen zu heißen. Die Begrüßung galt mir als Verbindung zu meiner Kindheit am Bodensee. Mit wehendem Kittel lief mir die Stationsschwester hinterher und bat mich, sofort den Steg zu verlassen, zurückzukehren, denn eine solche Aktion war einfach nicht erlaubt.

Für einen kurzen Moment war es mir gelungen, unserer Tochter Mut für die Begegnung mit der Welt zuzusprechen. Der Name *Lena Valeria* war durch Übereinkommen zwischen ihrer Mutter Britta und mir entstanden, da ich zu dieser Zeit an der Komödie *Leonce und Lena* von Georg Büchner arbeitete. Mir schien es bedeutsam, dass die Unschuld der Königstochter Lena mit dem Namen des Hofnarren Valerio ergänzt werden sollte, steht er doch für die Kraft und List, dem normativen Diktat des Königshauses Gegenwind zu erzeugen, schließlich Leonce und Lena vor dem Dilemma zwischen Heiratspolitik und Liebe zu bewahren.

Die Stunden ihrer Geburt waren begleitet von korsischer Chormusik in einem Zimmer, das nach Ansicht der *sanften Geburt* eingerichtet war. Der Prozess war für ihre Mutter alles andere als sanft. Wir haben es der Erfahrung des begleitenden Arztes zu verdanken, dass sich durch Anästhetisieren der Muttermund doch öffnete, nachdem unterschiedliche Gebärstellungen zu keinem Erfolg geführt hatten. Nun war die Neugeborene da, wir sahen, dass sie ein Mädchen war, was bestätigte, wovon er zuvor gesprochen hatte: „*Wer in dieser angespannten Situation der Austrittsphase schläft, kann kein Junge sein!*"

So verfolgte ich Sekunden nach der Geburt den Vorgang, der mich verstehen ließ, was die Metamorphose des Wasserwesens bedeutet. Das

Mädchen, am eigenen Leib mit der Nabelschnur spiralförmig verklebt, holte zu einer Ausgreifbewegung und zu ihrem ersten Atemzug aus. Es folgte ihr erster Schrei. Dann, als sich ihr Mund und die Brust der Mutter gefunden hatten, die Muttermilch eingeschossen war, warteten wir auf das Auspulsieren der Nabelschnur. Dann forderte mich der Arzt auf, indem er mir eine Schere in die Hand drückte, meiner Rolle als Vater nachzukommen und die Nabelschnur zu durchtrennen. Ich werde das Geräusch der Abnabelung nie vergessen.

## 5.4 Neurobiologisch spekulativer Diskurs

Ausgangspunkt der Betrachtung ist das sogenannte *Bindungsproblem,* da es offensichtlich kein einzelnes *Konvergenzzentrum* des Bewusstseins gibt. Ich denke an den köstlichen Satz von Douglas Hofstadter: „Ihr ‚Ich' ist die sich selbst verstärkende Struktur, die allmählich nicht nur *in* Ihrem Gehirn, sondern *dank* Ihrem Gehirn entstand" (Hofstadter 2008, S. 374) und: „Ihr ‚Ich' befindet sich an überhaupt keinem Ort" (Hofstadter 2008, S. 376). So wird der Weg zur *Innerlichkeit* über die Suche nach *Synchronisation* von Neuronen verlaufen, wobei sich die *Hebb'sche Ensemblecodierung* als vielversprechend erwiesen hat. Da taucht die Frage nach der neuronalen Konversation auf. Sie wird als *intermodale Konsistenz* erfasst. Und es lässt sich auch der Begriff *supra-modale Informationsverarbeitung* im Diskurs entdecken.

Diese Ansicht geht von der Annahme aus, dass es eine Kodierung von sensorischen Daten unterhalb aller rezeptorischen Informationen geben könnte. Diese Vermutung führt zu *Erzeugungsschemata* (Norman & Shallice 1989). Sie vermittelt eine Vorstellung davon, wie gleichbleibende *Operatoren* zur *Steuerung von Merkmalserkennung* und *Konfiguration sensorischer Information* supra-modal funktionieren. Zugleich wird die Frage aufgeworfen, aufgrund welcher Merkmalserkennung es zu Kodierungen kommt. Da taucht die Unterscheidung in spatiale (archivierte) und spatiotemporale (akute) Einheiten von neuronaler

Information auf. Schon ist mit dem Begriff *Mem* zwar ein kleinstes kognitives Element benannt, aber die Frage, woraus dieses sich zusammensetzt, bleibt offen. Der weiterführende Weg wird eingeschlagen, wo es bei der Erhebung von Kodierungsstrategien um *Schwingungen* geht (Calvin, 2002).

So kam der Gedanke auf, es könnte sich analog zu Erzeugungsschemata um *inhaltsleere Prozessstrukturen* handeln, die durch Merkmalserkennung *detektorischer Operatoren* Wirklichkeit organisieren, indem sie Vitalitätsformen codieren, prozedurale Dynamik in figurale Elemente transformieren, mit deklarativer Information der Sprache korrelieren. Davon ausgehend, dass die allerersten Selbstrepräsentanzen Gruppierungen von affektiven Erlebnissen sind, die erst später in ein Selbst mit abgegrenzter Identität und Selbstempfindung übergehen, gelingt es mittels transformatorischer Operationen, Modelle von generalisierten Erfahrungen in Features umzuwandeln, die dann in die Imagination, in den Traum, ins Spiel eingehen und das Ausgangsmaterial für Symbolisierungsprozesse darstellen (Moser, 2008).

## Neuronale Ensembleleistung

Gerhard Roth fragt sich in *Das Gehirn und seine Wirklichkeit* (1997), wie es sein kann, dass wir die Welt der Dinge in der Welt der Wahrnehmung erfassen können. Er kommt zu dem Schluss, dass Gehirne die Welt grundsätzlich nicht abbilden, *„sie müssen konstruktiv sein,* und zwar sowohl von ihrer funktionalen Organisation als auch von ihrer Aufgabe her, nämlich ein Verhalten zu erzeugen, mit dem der Organismus in seiner Umwelt überleben kann" (Roth 1997, S. 23). Er referiert über sein Verständnis von Kognition, worunter er im Sinne Maturanas (1982) alle Phänomene des Erkenntnisvermögens zählt und zeigt unterschiedliche Korrelationen auf, erstellt dadurch eine Liste von komplexen kognitiven Leistungen, die dabei bewältigt werden müssen – rein physiologische Ereignisse, z. B. Prozesse an Zellmembranen und Synapsen, die als Grundelemente kognitiver Prozesse zu verstehen sind:

„(a) integrative, häufig multisensorische und auf Erfahrung beruhende Erkenntnisprozesse; (b) Prozesse, die das Erkennen individueller Ereignisse und Kategorisieren von Objekten, Personen und Geschehnissen beinhalten; (c) Prozesse, die bewußt oder unbewußt auf der Grundlage interner Repräsentationen (Modelle, Vorstellungen, Karten, Hypothesen) ablaufen; (d) Prozesse, die eine zentrale, erfahrungsgesteuerte Modulation von Wahrnehmungsprozessen beinhalten und deshalb zu variablen Verarbeitungsstrategien führen; (e) Prozesse, die Aufmerksamkeit, Erwartungshaltung und aktives Explorieren der Reizsituation voraussetzen oder beinhalten; und (f) ‚mentale Aktivitäten' im traditionellen Sinne wie Denken, Vorstellen, Erinnern" (Roth 1997, S. 32)

So erschließt Roth eine *Topologie der neuronalen Informationsverarbeitung*, indem er der jeweiligen Modalität ein Areal im Gehirn zuschreibt, wo Erregungen verarbeitet werden, sowohl ihre Qualität als auch Intensität und Zeitstruktur betreffend. Er folgert daraus, dass diese Parameter ein Konstrukt des Gehirns sind. „Anstatt von außen begrenzt zu sein, bilden sie aktiv Ränder und Hüllen, zum Beispiel in Form von Membranen, in denen die lebenserhaltenden Prozesse ablaufen" (Roth 1997, S. 81). Die Aufrechterhaltung ihres Ordnungszustandes sei mithin abhängig von Stoffwechselprozessen und Energiezufuhr. „Seine Membrane müssen aber *selektiv* sein und dürfen nur bestimmte Stoffe herein- und wiederum andere herauslassen" (Roth 1997, S. 82). Es ist klar zu erkennen, dass sich in der evolutionären Ausdifferenzierung von Organismen am Grundprinzip der Bau- und Arbeitsweise von Kognition nichts Wesentliches verändert hat. Nun von der biologischen Zelle zum komplexen Nervenzell-Netzwerk.

Er nennt im Zuge dessen Flohrs These, Bewusstsein sei „das Auftreten von Repräsentationen", die nach dem ‚Hebb-Prinzip' durch eine *Ensemblecodierung* entstehen. Entscheidend sei dabei die Bildungsrate, die Menge an Wissensstruktur, die pro Zeit entsteht. „Ist diese Bildungsrate hoch, so wird das Gehirn nicht nur äußere Objekte und Ereignisse repräsentieren, sondern darüber hinaus seinen eigenen, internen

Zustand. Derartige Metarepräsentationen können Aussagen über den eigenen inneren Zustand des Gehirns erzeugen" (Roth 1997, S. 239). *Ensemblecodierung* wird nun weiterführend relevant bleiben.

Thomas Fuchs meint, der Gleichursprünglichkeit von Ganzem und Teilen werde allenfalls der Begriff ‚dynamische Ko-Emergenz' gerecht. Als zentrales Funktionsprinzip mag daher die Parallelverarbeitung nach Kandel u. Kupfermann (1996) gelten. Rezeptorengruppen verschiedener Sinnessysteme werden aktiviert, „die die Signale nach Merkmalen getrennt an die zuständigen Hirnregionen weiterleiten, wo sie noch weiter nach bestimmten Kategorien (z. B. Farben, Konturen, Kontraste, Intensitätsverläufe etc.) analysiert werden. Die Resultate dieser hochgradig distribuierten Detailverarbeitung in verschiedenen Subsystemen werden durch deren Interaktion auf höheren Verarbeitungsebenen wieder integriert" (Fuchs 2013, S. 169). In Ermangelung eines anatomisch lokalisierbaren Konvergenzzentrums werde nach einem funktionalen Bindungsprinzip, der eingangs erwähnten *Synchronisation*, gesucht.

Wolf Singer denkt an ein „neuronales Selbstgespräch" in Anlehnung an das Prinzip der Rückkoppelung. So könnten sich für ihn wie für Roth „beteiligte Neuronen vorübergehend zu einer Funktionseinheit zusammenschließen" (Roth 2003, S. 132f.). Es sei nach wie vor ein ungelöstes Problem, wie diese Integration zustande kommt, bekannt unter dem Begriff *Bindungsproblem*. „Als Erklärung dafür wird gegenwärtig ein Signalaustausch zwischen den hochgradig vernetzten Subsystemen mit dem Ergebnis *synchroner Oszillationen* räumlich verteilter Neuronenverbände favorisiert" (Singer 2002, 156 ff. in: Fuchs 2013, S. 169).

Dazu Singer in seinem Beitrag in Bildtheorien (2009): „Die Hypothese ist, daß die Entladungen der Nervenzellen, die ein Ensemble bilden, hochsynchron erfolgen, daß jedoch zwischen den Aktivitäten von Zellen, die zu verschiedenen Ensembles gehören, keine konsistenten zeitlichen Relationen bestehen" (Singer 2009, S. 124). Die beteiligten Neuronen-Ensembles würden in Phase zu schwingen beginnen, in *Resonanz* geraten. „Nach Edelman und Tononi spielt dabei ein Verknüpfungsmodus eine besondere Rolle, der einen hochgradig parallelen und wechselseitigen *Signalaustausch* zwischen Neuronenverbänden ermöglicht und den er als reziproke Koppelung *(reentry)* bezeichnet" (Edelman u. Tononi 2002, 156 ff. in: Fuchs 2013, S. 169).

Für Singer bedeutet ‚*intermodale Konsistenz*' via ‚*Synchronisation*': „Diese Überzeugungskraft wird dann als besonders stark empfunden, wenn das Auge uns etwas über die Welt berichtet und wir uns dessen zusätzlich durch eine andere Sinnesmodalität vergewissern können, indem wir das Wahrgenommene ergreifen oder mit dem Ohr orten. […] Der Inhalt der Wahrnehmung hat dann den sogenannten ‚intermodalen Konsistenztest' bestanden" (Singer 2009, S. 105). Um *intermodaler Konsistenz* auf die Spur zu kommen, stellt Singer die Organisation der Großhirnrinde vor. „Wir wissen, daß es im Gehirn Systeme gibt, die sich mit der Bewertung hirninterner Zustände befassen. Diese Zentren gehören zum limbischen System und sind stammesgeschichtlich relativ alt. Ihnen obliegt es offenbar, die verteilten Aktivitäten im Großhirn zu bewerten und festzustellen, ob das, was dort jeweils erarbeitet wird, in sich konsistent ist und zu dem paßt, was durch frühere Erfahrung bereits bekannt ist" (Singer 2009, S. 118).

Um *rekursive Signifikanz* als Funktionsweise zu veranschaulichen, ist (wie angekündigt) eine zweite Episode dienlich, die Stern verfasst hat, um seine Hypothese der cross-modalen Informationsverarbeitung zu belegen. Im *Tagebuch eines Babys* (Stern, [1990] 1993) spielt ein neun Monate alter Säugling auf dem Holzfußboden. „Er sitzt inmitten eines Sonnenstrahls, der eine reiche, multimodale sensorische Gefühlswelt in ihm auftauchen lässt. Er beugt sich hinunter zu dem Lichtfleck auf dem Boden und berührt ihn mit den Lippen. Augenblicklich interveniert seine Mutter mit den Worten: ‚Das ist doch nur Sonnenschein, mein Schatz. Den darf man nur anschauen. Es ist doch nur Licht auf dem Fußboden. Den Sonnenschein kann man doch nicht essen! Er ist schmutzig' (S. 127). Wenn das fiktive Kind ihre Worte hätte verstehen können, wären ihm ungefähr folgende Gedanken durch den Kopf gegangen: ‚[J]edes ihrer Worte ist ein gedämpfter Stoß, der meinen leuchtenden Raum in Stücke schlägt‘. ‚Nur Sonnenschein‘ – aber das war doch mein See, mein ganz besonderer Lichtsee! ‚Den darf man nur anschauen‘ – aber ich habe ihn gehört, und ich habe ihn auch gefühlt! ‚Nur Licht auf dem Fußboden‘ – Wie ist das möglich? ‚Er ist schmutzig‘ – Ich war in ihm. Als sie aufhört, liegen überall die Scherben. Jene Welt ist ausgelöscht‘" (Ebd., S. 128 in: Stern 2007, S. 152).

Stern befasst sich 2007 mit ‚Vitalitätsaffekten‘ und erkennt über sämtliche Modalitäten hinweg eine ‚cross-modale Informationsverarbeitung‘. „Ein Aufwallen von Ärger oder Freude beispielsweise, ein plötzliches Aufleuchten des Lichtes, eine sich beschleunigende Abfolge von Gedanken, eine durch Musik ausgelöste Gefühlswoge, ein aufwallender Schmerz und eine Heroininjektion – all dies kann sich anfühlen wie ein plötzlicher Ansturm. Diese Phänomene weisen allesamt eine ähnliche zeitliche Verteilung der Erregung/Aktivierung auf, ein ähnliches Muster des Gefühlsstroms – mit anderen Worten: einen ähnlichen Vitalitätsaffekt. Und dank unserer Fähigkeit zur cross-modalen Übersetzung kann sich ein Vitalitätsaffekt, der in einer bestimmten Modalität ausgelöst wurde, mit einem Vitalitätsaffekt aus einer anderen Modalität oder einer anderen Zeit oder Situation verbinden" (Stern 2007, S. 80). In *Ausdrucksformen der Vitalität* (2011) spricht Stern (wie bereits erwähnt) Gedanken von Marks an, ob supra-modale Formen nicht auch als eine Art Ur-Sinn‘ oder ‚Grund-Struktur‘ des Erkennens verstanden werden könnten. Unweigerlich vergegenwärtige ich wieder den *procès primordial* (McDougall, 1989).

## Supramodale Informationsverarbeitung

Die Hypothese *‚supramodale Informationsverarbeitung‘* ist mir erstmals bei Joachim Bauer in *Gedächtnis des Körpers* (2004) aufgefallen. Er unterscheidet ‚unimodale‘ von ‚multimodaler‘ Wahrnehmung und sieht sie in Zusammenhang mit Gruppierungen von Nervenzell-Verbänden. ‚Unimodale‘ Wahrnehmung bewegt sich innerhalb ‚einer Sinnesmodalität‘.

„Durch die *Verbindung* von Nervenzell-Verbänden aus unterschiedlichen Sinnesmodalitäten zu einfachen Nervenzell-Netzwerken erzeugt das Gehirn ‚multimodale' Vorstellungen eines Objektes" (Bauer 2004, S. 53-54). Daraus leitet er ab: „Werden nun auch Nervenzell-Netzwerke, die Situationen repräsentieren, ‚supramodal' miteinander verschaltet, dann werden subjektive Vorstellungen von Prozessen möglich, in weiteren Ebenen schließlich auch abstrakte Vorstellungen, z.B. von Kausalität, und andere abstrakte mentale Operationen" (Bauer 2004, S. 54).

## Erzeugungsschemata

Mit dem Modell von Norman und Shallice (1986) stütze ich mich auf einen Forschungsbericht von Siegfried Greif (2001). „Sensorische Informationen werden durch sensorische Wahrnehmungsstrukturen (Sensory-Perceptual Structures) aufgenommen und mit im Gedächtnis gespeicherten, Prozesse auslösenden Informationen verglichen. Sie werden als *Trigger-Datenbank* (Trigger Data Base) bezeichnet" (Greif, Forschungsbericht Band 8; www.user.uni-bremen.de, Teil 1). Das Modellbild vermittelt eine Vorstellung davon, wie gleichbleibende Operatoren zur Steuerung von Merkmalserkennung und Konfiguration sensorischer Information supramodal funktionieren könnten. Greif legt dar, dass die Schemata aus „einer Folge von Operationen (die einzelnen Operationen werden durch kleine Kreise dargestellt)" (ebd.) bestehen. Norman und Shallice gliedern anhand des Modells eine zeitliche Abfolge durch horizontale Prozess-Verbindungen und eine hierarchische Struktur für Entscheidungsprozesse. Die Kohärenz der Abfolgeordnung von Schemata, als Folge von ablaufenden und ineinandergreifenden Operationen, wäre durch Merkschließung als Gestaltschluss gegeben.

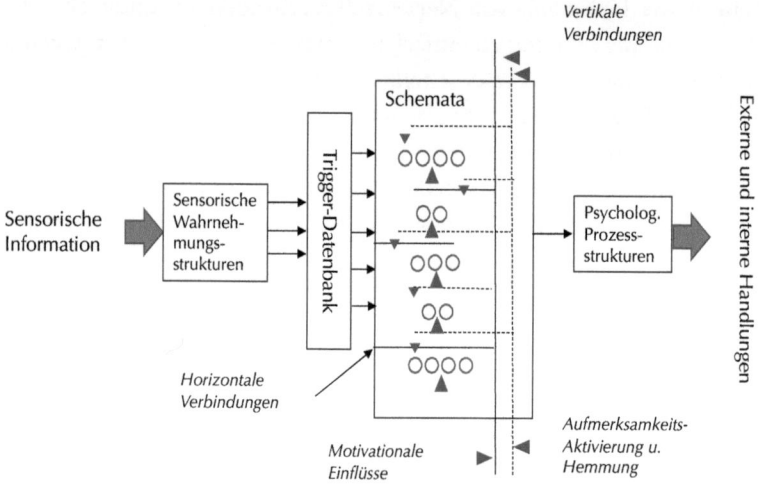

Abbildung 18: Prozessmodell von Norman und Shallice (1986)

Wenn ich mich an dieser Stelle nochmals der Frage Singers widme, wie ein System mit „distributiver Organisation kohärente Bilder von der Welt" (Singer 2009, S. 120) entwerfen kann, dann nähere ich mich nach bisherigem Verständnis der Gruppenleistung von Neuronenverbänden zur Konfigurierung von Prozessen zu Gestalten. „Das Sehsystem muß herausfinden, welche der vielen, in komplexen Szenen oder Bildern enthaltenen Konturen zusammengehören und gemeinsam eine Figur definieren" (Singer 2009, S. 121). Erst nach erfolgreicher Gruppierung von Bildelementen lasse sich eine Figur isolieren und identifizieren. „Zu solchen Kriterien, die auch als Gestaltgesetze bezeichnet werden, gehören etwa Geschlossenheit, Kontinuität, kohärente Bewegung und Ähnlichkeit" (Singer 2009, S. 121).

Die erforderliche Bindungskapazität schreibt er ‚Zielneuronen' zu. „Von Neuronen, die auf die verschiedenen Bildkomponenten reagieren, sollten dann Verbindungen auf die Zielneuronen geschaltet werden, so daß diese dann auf die entsprechenden Kombinationen von Komponenten ansprechen" (Singer 2009, S. 121). Dabei betont er die „Eleganz und Ökonomie dieser Kodierungsstrategie" (Singer 2009, S. 123), wenn jeweils gleiche Nervenzellen durch Einbindung in unterschiedliche Ensembles genutzt werden können, um „ganz unterschiedliche Objekte zu repräsentieren. [...] Mit einem endlichen Satz von Nervenzellen, die relativ elementare Merkmale kodieren, lassen sich nahezu unendlich viele Kombinationen erzeugen, von denen jede für ein bestimmtes kognitives Objekt kodiert" (Singer 2009, S. 123).

Synchronisation kann als neuronale Entsprechung *semantischer Information* verstanden werden, insofern wir im Sinne der *Emergenz* ein Bild wahrnehmen, quasi als strukturelles Substrat komplexer Prozesse weit verteilter, dynamischer, raum-zeitlicher Erregungsmuster im *internen Kommunikationssystem*. Insgesamt stellt sich dadurch die Frage, wie ein internes Monitoring zustande kommt. „So spricht vieles dafür, daß die Repräsentation kognitiver Inhalte distributiver Natur ist und aus Ensembles von Neuronen besteht, die sich in flexibler, kontextabhängiger Weise gruppiert haben und sich durch die Synchronizität ihrer Aktivität als zusammengehörig ausweisen" (Singer 2009, S. 124). *Resonanz* durch synchronisierte Aktivierung der Neuronen-Ensembles erwirkt als Resultat *transformatorischer Operation,* von Ulrich Moser so bezeichnete Features, einen Gestaltschluss aus Einzeldaten in den Worten von Thomas Fuchs: „Für den Gestaltschluss muss es freilich auch zu einer hinreichenden Übereinstimmung, einer Resonanz von zentralen Gestaltmustern und peripheren Reizmustern kommen" (Fuchs 2013, S. 168). Nun kommt der Begriff *Mem* als Informationseinheit ins Spiel. Ich beziehe mich dabei auf William Calvin

### Neuronale Memografie

*Die Organisation und Verkörperung von Wirklichkeit* (Maturana, 1982) klingt vielversprechend für den gesuchten supramodalen Code, denn William Calvin spricht von einem „transmodalen Abgleichen" (Calvin 2002, S. 16) im ‚emergenten Synchronismus von Neuronen-Komitees' und sieht darin eine weiter nicht reduzierbare Basis von internen

Repräsentationen, die er (erfreulicherweise) als *Schemata* bezeichnet. Ich erinnere daran – Donald Hebb hat um die 1940er-Jahre Verbände postuliert, die er ‚Zellenensemble' nannte und sie als Einheit der Wahrnehmung verstand (siehe Calvin 2002, S. 24 und Roth 1997, S. 237). Um die kleinste Informationseinheit dieser Umwandlungen mittels *Schemata* zu benennen, wendet er den von Richard Dawkins (1976) geprägten Begriff *Mem* an. „Meme' nennt man Dinge, die von Geist zu Geist kopiert werden" (Calvin 2002, S. 29).

Demnach ist das kulturelle Analogon des Gens das Mem, die Informationseinheit der „kulturellen Vererbung" (ebd.). Er verspricht eine *Polyphonie* exakter Synchronizität, die er in der pränatalen Einstimmung des neuronalen Orchesters ansiedelt und spannt von daher die musikalische Metapher auf. „Im Cortex sieht es danach aus, als würden Streichquartett-Sektionen je einen Raum einnehmen, der von sechseckiger Form ist und rund 0,5 mm im Durchschnitt misst. Er könnte die elementarste Version eines Hebb'schen Zellenensembles darstellen und ein Wort, ein Gesicht oder eine Aussprache repräsentieren" (Calvin 2002, S. 54).

## Schemata als unscharfe Kategorien

Calvin nimmt darauf Bezug, dass jeder internen Repräsentation ein *Schema* zugrunde liegen muss. Da ein *Schema* merkmalsvereinfachend wirkt, eignet es sich besonders für detektorische Ensembles, die aufgrund ihrer operativen Funktion sehr rasch arbeiten und sich aufeinander abstimmen müssen. Ein *Schema* lässt sich als interne Repräsentation einer Relation analog zu den Verhältnissen der Dinge in der Welt definieren. Dazu zählt er beispielsweise: „Die relative Lokalisierung (*oben, unten, innen, auf, bei, neben*), relative Richtung (*zu, von, durch, links, rechts, hoch, runter*), die relative Zeit (*vor, nach, während* und die diversen, das Tempus signalisierende Verb-Endungen), relative Zahl (*viele, wenige, einige* und die Plural-Endungen) […] Andere weit verbreitete Schemata sind: *Blockade, Zentrum-Peripherie, voll-leer, mehr-weniger, nah-fern, Teilung, Attraktion, Balance, zueinander passen, Hindernis beseitigen, mißfallen, zieht an, Kreise, Teil-Ganzes* und das leicht zu mißbrauchende *in Schach halten*" (Calvin 2002, S. 183).

Vom Verständnis eines Schemas als eine Art „unscharfer Kategorie"
(Calvin 2002, S. 184) nähert sich Calvin dem Begriff der Metapher und
dem Analogieschluss, was für mich als ein Hinweis auf Fraktale (Ciompi, 1997; Stern, 2007) gilt. Er weist fortführend darauf hin, was *intermodale Konsistenz* aufgrund ihrer universellen Codierung bewerkstel-
ligt, indem sie Metaphernbildung gewährleistet, die erforderlich ist, um
für uns mit freiem Auge nicht beobachtbare oder unvorstellbare Dinge
durch Analogien in die Bild- und Sprachwelt zu transkribieren. „Metaphern und Analogieschlüsse sind die zentralen Mittel, mit denen wir
eine Struktur quer über die Ebenen projizieren. […] Wenn es bei Analogien genügend korrespondierende Punkte gibt, kann man ziemlich
genau nachdenken" (Calvin 2002, S. 185).

## Ichfunktionale Prozessstrukturen

Die Matrix R–I–T–D–A–X basiert auf den dargelegten neurobiologischen
Hypothesen, dass Sequenzen im Kontaktzyklus, generalisierte Interaktionsrepräsentanzen RIGs sowie transformatorische Operationen aufgrund supra-modaler Codierung konzertieren können. In Tabelle 11
benenne ich Module und ordne ihnen detektorische Operationen zu.
Sukzessive Schemata entsprechen kinästhetischen Empfindungen und
psychomotorischen Aktivitäten. Intentionen leiten exekutive Funktionen ein. Daher bezeichne ich die Matrix als System ichfunktionaler Prozessstrukturen analog zum Kontakt- bzw. Assimilationszyklus.
Sensorische Daten und mentale Meme konvertieren durch *Merkmalserkennung* zu Gestalten. Fünf der Module prozessieren fraktal in ska-
lenunabhängigen Größenordnungen. Sie kreieren Bewusstseinsinseln,
idealtypisch diachron in ungestörten Handlungsepisoden, synchron in
komplexen Situationen, in denen kognitive Flexibilität, Arbeitsgedächt-
nis und Inhibition als exekutive Funktionen gefordert sind. Das Modul X codiert Disruption und Intrusion, die bis zur Desorganisation des
Systems Ich führen können.

| Code | Modul | Konsistenz | Trajektorie | Sukzessive Schemata | Intention |
|------|-------|------------|-------------|---------------------|-----------|
| R | rezeptiv | elastisch | permissiv | hinzu und heran | erspüren |
| I | induktiv | kompakt | impressiv | heran und hinein | aufnehmen |
| T | transitiv | kompakt | expressiv | hinein und hinunter | erwirken |
| D | deduktiv | elastisch | expansiv | hindurch und hinaus | belassen |
| A | abduktiv | stabil | kohäsiv | darin und rundum | bewahren |
| X | disruptiv | labil | diffus | von weg und fernab | zerstören |

Tabelle 11: Detektorische Operatoren ichfunktionaler Prozessstrukturen

Ich spekuliere, dass diese universelle Codierung dem *procès primordial* entspricht. Die Selbstorganisation *ichfunktionaler Prozessstrukturen* konfiguriert dynamische, räumlich strukturale und zeitlich prozedurale Komponenten der ‚fundamentalen dynamischen Pentade' (Stern, 2011). Detektorische Operatoren sind Wechselwirkungseinheiten. Deren zwei Komponenten *Enthaltendes* (Hüllenstruktur mit spezifischer Oberflächenspannung – Konsistenz) und *Beinhaltetes* (durch Begrenzung regulierte und gerichtete Strömung – Trajektorie) organisieren die ‚kognitive Grammatik' (Moser, 2008) affektiver Prozesse und kognitiver Elemente in Bezug auf Interaktionsrepräsentanzen und versifizierende Impulse, deren kleinste Elemente ‚Features' sind. Moser (2012) spricht von Emulatoren, Subjekt- und Objektprozessoren und sieht darin Hinweise auf eine Strukturhomologie zwischen Organismus und mentaler Organisation.

Das Modul rezeptiv R codiert neuronale Prozesse mit *elastisch permissiven* Prozessstrukturen. Affektiv entspricht dies der Empfänglichkeit für Zuwendung. *Versifizierende Impulse* monitorieren *Sog*. Mental bedeutet dies Raumorientierung von ‚Da' nach ‚Dort' sowie die Zeitgestalt ‚langsam'. Features sind beispielsweise ein Saum, zarte Formen von Umhüllung und Umrandung auf einen Sammelpunkt hin, ein zartes Rinnsal oder das leise Erklingen einer sanften Melodie. Sie initiieren *Gefühlsreflexe*, die ein *Hinspüren* durch das Schema *hinzu* und *heran* als ‚Sehnen' evozieren.

Das Modul induktiv I codiert bei aktiver Zuwendung und Anbahnung. Prozessstrukturen *kompakt* und *impressiv* konvergieren bei Verlangen, etwas aufzunehmen, wie etwa das Öffnen der Zellmembrankanäle (Lipton, 2009). Dies geht mit dem Bedarf nach Energieaufladung einher. Die Phase reicht von *Sog* bis *Gier*. Das Schema *heran* und *hinein* mobilisiert *hinein* und *hinunter* analog dem Einverleiben. *Gier* evoziert *versifizierende Impulse* und Features wie beispielsweise starke Strömung und diverse Behältnisse, die mit zunehmenden Druck Substanz oder Information aufnehmen.

Das Modul transitiv T (*kompakt expressiv*) codiert den Grenzwert für Gewebekonsistenz während starker Pulsation und hoher Strömungsintensität. *Versifizierende Impulse* bilden sich durch energetische Schübe [Affektionen], die zu einer Ausstoßung tendieren. Es zeigen sich Features, die mit *Drang* korrespondieren: starker Strahl, wuchtige Welle, Beschleunigung etc. Vereinfacht gesagt: steigert sich die *Gier*, steigert sich der *Drang*. Der Unterschied liegt nicht in der Intensität, sondern in der Strömungsrichtung. Der Prozess entspricht ebenso exekutiven Funktionen und Aktivitäten mit starkem Antrieb und Kraftaufwand.

Das Modul deduktiv D exekutiert Rückzug und Verinnerlichung. Das Schema *hindurch* und *hinaus* bezieht sich auf die Vervollständigung der zyklischen Prozedur im *Belassen*. Analog zum Modul R ist die Konsistenz *elastisch*, die Trajektorie *expansiv*. *Versifizierende Impulse* monitorieren energetische Strahlungen mit dem Anzeichen von Spannungslösung und wohltuender Wärme. Features zeigen Weite. Das Schema *hindurch und hinaus* manifestiert sich in Bewegungsfiguren der Befreiung und des Ausgangs, des Überwindens von Hürden, des Erreichens von Anhöhen mit Weitsicht, sei es im Gebirge oder am Meer (Flow).

Das Modul abduktiv A konvertiert kognitive Operationen, die als *Merkschließung* und *Verstehen* aus Vollzügen zu bezeichnen sind. Der Operator *stabil kohäsiv* codiert begrenzenden Halt. Insofern ist über den motivsättigenden Kontaktzyklus das System von der Aufregung zur Ruhe gekommen. ‚Ruhe' ist der somatische Marker für den Zustand der Ausgeglichenheit. Die stabile Begrenzung konveniert mit der Festigkeit innerer Strukturbildung. *Verifizierende Impulse* sind dem Kristallisieren zuzuordnen und bringen ein Gefühl der Klarheit und Gelassenheit. Es ist an Features wie helle Räume und Atmosphären zu denken. Der Zyklus ist insofern als Ertrag einer *Erfüllung* aufzufassen und bietet *Halt,* als das Schema *darin* und *rundum* die Ausdrucksform befriedigenden Wohlbefindens zeigt. Abduktiv baut sich ein *Erwartungshorizont* im Sinne der *Selbstwirksamkeitserwartung* für kommende Handlungsepisoden auf.

Das Modul disruptiv X codiert alarmierende Bedrohung, bereits die Unterbrechung des Kontaktzyklus. Eine schreckhafte Konvulsion wird durch *labile* Oberflächenspannung der Hüllenstruktur und *diffuse* Desorientierung codiert. Zugleich mobilisiert das Affektsystem II (Moser, 2008) destruktive Aggression – aktiv *zerstören* oder passiv *zerfallen*. Das Schema *von weg* und *fernab* korrespondiert mit Flucht oder Abspaltung. Ist beides nicht möglich, stagniert der Organismus im *Schreckreflex*. Der Operator registriert fehlende Begrenzung, markiert einen Zustand haltloser Aufregung. Durch fehlende Unterscheidung von Bereichen kann kein ‚Drinnen' und ‚Draußen', ‚Da' und ‚Dort', ‚Davor' und ‚Danach' registriert werden. Am Grenzwert der Versteifung kollabiert die Ich-Struktur ins *Zusammenhangslose*, in ein gefühltes Zerfallen. *Versifizierende Impulse* zeigen energetische Schübe unkoordinierter Bewegung. Features der Unruhe zeigen thermodynamische Turbulenzen, identisch mit elektrisch aufgeladenen Sphären, die keine morphische Struktur aufweisen. Hernach verschwimmt alles im Nebel.

Moser analysiert zwei Modalitäten neuronaler Repräsentation, jene der medialen und der figuralen Konfigurationen. Mediale Konfigurationen würden sich durch das Fehlen fester Grenzen auszeichnen. „Mediale Elemente sind z. B. Wasser, Luft, Erde, Sand. Sie können durchlässig oder nichtdurchlässig sein. Sie besitzen (immer im Rahmen der kognitiven Grammatik) Attribute, die auf die organische Struktur des Aggregats zurückgehen. Schnee ist nicht Wasser, Sand ist nicht Luft. Figurale Elemente haben eine Grenze, die sie von einer Umwelt abhebt und sie von innen zusammenhält. Sie sind allesamt Container. Sie enthalten etwas und besitzen eine Haut, die durchlöchert werden kann oder bei Zerstörung Untergang des Elements bedeutet, ein Tod durch Zerfließen, Durchsetztwerden. Figurale Elemente haben auch eine spezifische Struktur" (Moser 2008, S. 169).

Figurale Elemente erzeugen unweigerlich die Dimension von Figur und Hintergrund. Diese Figuren werden durch Distanzen, Proportionen und Konturen (Verlaufsformen) zu einem komplexen Gebilde verknüpft. „Es ist die Symbolisierung der Haut, ihrer Durchlässigkeit oder Nicht-Durchlässigkeit, die im Bild erscheinen kann. Eindringen kann so dargestellt werden, dass Dinge der Umwelt ohne weiteres in die Figur hineingeraten. […] Es ist nicht gleichgültig, welche Attribute der Figur angeführt werden, welche fehlen und wo die Attribute, innerhalb oder außerhalb der Körpergrenze, lokalisiert sind. Die *Relation innen-außen* führt zur Abbildung *der kognitiven Funktion des ‚Enthaltens'* (als beschützend oder als einschließend), der *Containerrelation"* (Moser 2008, S. 200-201).

## Die Königin der Künste

Mit meiner Matrix, analog zur kognitiven Grammatik und zum Kontaktzyklus, habe ich über neuronale Informationsverarbeitung generalisierter Interaktionsrepräsentanzen spekuliert. Das ergab ein Abbild des zyklischen Verlaufs von Vorkontakt, Kontaktanbahnung, Kontaktvollzug und Nachkontakt. Darüber hinaus lässt sich mit der Matrix auch die Phraseologie der Musik vergleichen. Helmuth Plessner hat in seinen Beiträgen *Zur Phänomenologie der Musik* 1925 und *Zur Anthropologie der Musik* 1951 die Sonderstellung des Lautes dargelegt. Die Verwandtschaft zur *Phänomenologie der Leiblichkeit* nennt er ‚Ästhesiologie des Gehörs' und inkludiert Kriterien wie 1) Räumigkeit, 2) Schwellfähigkeit, 3) Ablauf und 4) Ablaufrichtung. Für Plessner fungieren im Medium der Musik Klänge als „unmittelbare Symbolträger" (Plessner 1982, S. 65), die er als „voll, breit, hohl, scharf, spitz, dünn, flach" (Plessner 1982, S. 189) attribuiert.

Da ich bereits im Artikel *Das Leben bildet Gestalten* auf die „fundamentale dynamische Pentade" (Stern 2011, S. 13) verwiesen habe, soll die Konvenienz zwischen Phrasen und Matrix nur kurz zur Sprache kommen. Ciompis *Affektlogik* steht für mich in einer Verbindungslinie zu Plessners *Volumina* und Sterns *Vitalitätsaffekt*, woraus sich die Phraseologie der *Ausdrucksformen von Vitalität* ableiten lässt. „Alles biologische und psychosoziale Geschehen ist zeitlich gemustert, das heißt in bestimmte zeitliche Strukturen und biologische Rhythmen eingespannt, die ihrerseits ihren Ursprung in erster Linie in natürlichen Rhythmen (Tages- und Jahreszeiten, Mondphasen) haben" (Ciompi 1997, S. 288). Im Sinne der *fraktalen Affektlogik* würden Kognitionen mit gleicher oder ähnlicher Affektfärbung die Tendenz vorantreiben, Fragmente zu umfassenderen affektspezifischen Eigenwelten zu verknüpfen.

Stern nimmt in Aufbereitung der Erkenntnisse zum *Gegenwartsmoment* eine Bezugnahme auf William James vor. Der Begriff ‚Aktivität' bezeichnet „keinen vorstellbaren Inhalt, sondern verweist auf das Erleben von Prozess, Behinderung, Streben, Anspannung oder Freisetzung" (Stern 2011, S. 49). Er versteht unter gefühltem Erleben von Kraft in Bewegung ein Fließmuster mit einer zeitlichen Kontur, „ein Gewahrsein von Lebendigkeit" (Stern 2011, S. 18), charakterisiert den *Gegenwartsmoment* als gestalthaft vollständiges Geschehen und definiert die ‚temporäre Gefühlsgestalt' als ‚konturierten Affekt' (Stern 2007, S. 34). Er sieht verhaltensmäßige und psychische Muster in einem *psychodynamischen Entsprechungsverhältnis*, geprägt von einer „temporalen

Gefühlsgestalt" (Stern 2007, S. 28). Dies hat mich dazu bewogen, ich-funktionale Prozessstrukturen als inhaltsleer anzunehmen, transformatorische Operationen dafür verantwortlich zu sehen, sensorische Daten zu implementieren.

Stern spezifiziert die Phrase als „zeitliches Profil analoger ansteigender und abfallender Bewegung" (Stern 2007, S. 34). Ganz im Sinne der Module *rezeptiv, induktiv, transitiv, deduktiv, abduktiv* und *disruptiv* heißt das: „Unser Geist kleidet sie, während sie sich entfaltet, in eine Gestalt. Wir erahnen sogar mögliche Abschlüsse, noch während die Phrase erklingt und bevor wir sie vollständig gehört haben. Das heißt, die Zukunft ist in jedem Sekundenbruchteil der Reise, die die Phrase durch den gegenwärtigen Moment nimmt, impliziert" (Stern 2007, S. 45). An Retention und Protention (Husserl) ist zu denken.

Er stellt in Aussicht, dass mit dem Fortschritt der bildgebenden Verfahren die Wissenschaft in die Lage versetzt sein wird, Typologien verschiedenartiger Erfahrungen am Merkmal der Selbstähnlichkeit mit Zeit- und Gefühlsgestalten zu identifizieren. Zu denken ist dezidiert an „psychische Ansteckung, Resonanz, Identifizierung, Empathie, Sympathie usw." (Stern 2007, S. 56). Analog zu Richard Dawkins Begriff ‚Mem' versteht Stern die Phrase als eine Informationseinheit: „Die Phrase ist die kleinste Einheit (der kleinste Chunk), die uns das Maximum an Bedeutung gibt, das in der Welt der Sprache zu finden ist. Die gleichen Zeitparameter finden wir in der Musik, in der Lyrik, im Tanz, in der Gestik, Kinetik und im Diskurs" (Stern 2007, S. 59).

Bezugnahmen zwischen der Matrix und Sterns Spezifizierung der Phrase sowie den von Thomas Ogden bezeichneten *versifizierenden Impulsen* machen auf ein Verständnis von *Phänomenalität* im *Erscheinen einer Welt* (Metzinger, 2012) aufmerksam, die sich mit *transformatorischen Operationen* (Moser, 2012) in Übereinstimmung bringen lassen. Meines Erachtens kommen diese Phänomene durch die Fähigkeiten des medialen Präfrontalkortex zustande. Dazu zählen u. a. *hemmende und*

*beschleunigende Funktionen der Körperregulation; emotionale Balance; Reakti-*
*onsflexibilität; Empathie; Gewahrsein; Angstmodulation und Ahnungsbewusst-*
*sein.* „Im rechtshemisphärischen Präfrontalkortex finden wir die Basis
für kohärentes Wissen des Kontextes und unseres Selbst. Dazu gehört
auch die Fähigkeit, fehlende, aber kohärente Bereiche des Kontextes
oder unseres Selbst durch Fantasie ergänzen zu können. Die Aufmerksamkeit funktioniert in diesem Bereich besonders gut für kongruenz-
betonte Sinnesinhalte, also solche, die untereinander ähnlich sind oder
vollständig übereinstimmen" (Hemmerich 2012, S. 141).

# SCHLUSSWORTE

Die neurobiologischen Spekulationen mögen mit Nachsicht betrachtet werden. Das praktische Interesse an derartigen Phänomenen entstammt meinem Experimentierfeld, dem Theaterlabor. Dazu haben mich Alfred Lorenzer, Albert Pesso, Daniel Stern und Ulrich Moser inspiriert. Ihrem Pioniergeist folgend verstehe ich szenische Symbolisierungsprozesse als Brücke zwischen dem Realen und dem Imaginären. Möge uns die Forschung in diesen Belangen eine Quelle der Inspiration sein, wo in den Tiefenschichten Psyche, Kunst und Therapie in einem Netz von Adern zusammenfließen, daraufhin neue Erkenntnisse wachsen, an die Oberfläche des Bewusstseins gelangen und unser Wissen über Menschsein befruchten.

# LITERATURVERZEICHNIS

Abraham, K. (1924). Versuch einer Entwicklungsgeschichte der Libido auf Grund der Psychoanalyse seelischer Störungen. In: Psychoanalytische Studien zur Charakterbildung I: 113-183. Frankfurt, S. Fischer 1969. In: Jacobson, Edith ([1964]1978). Das Selbst und die Welt der Objekte; Suhrkamp Verlag Frankfurt

Allen, Jon G.; Fonagy, Peter; Bateman, Anthony W. (2016). Mentalisieren in der psychotherapeutischen Praxis; Verlag Klett-Cotta Stuttgart

Andreas-Salomé, L. (1966): Brief an Freud, 9. April 1916. In: S. Freud u. L. Andreas Salomé: Briefwechsel. Frankfurt a.M. (S. Fischer) In: Ogden, Thomas (2004). Gespräche im Zwischenreich des Träumens; Psychosozialverlag, Gießen

Angel, K. (1972). The role of the internal and external object in object relationships, separation anxiety, object constancy and symbiosis. In: Int. J. Psycho-Anal 53, S. 541-546. In: Mertens, Wolfgang (1981). Psychoanalyse; Verlag W. Kohlhammer Stuttgart, Berlin, Köln, Mainz

Antonovsky, A. (1997). Salutogenese – Zur Entmystifizierung der Gesundheit. Deutsche Gesellschaft für Verhaltenstherapie, Tübingen. in: Baumann Kai, Michael Linden (2014). Weisheitskompetenzen und Weisheitstherapie: Die Bewältigung von Lebensbelastungen und Anpassungsstörungen; Pabst Science Publishers, Lengerich

Arnheim, Rudolf (1977). Zur Psychologie der Kunst; Verlag Kiepenheuer & Witsch Köln

Arnheim, Rudolf (1980). Anschauliches Denken; DuMont Buchverlag Köln

Asper, Kathrin (1991). Verlassenheit und Selbstentfremdung; Neue Zugänge zum therapeutischen Verständnis. Deutscher Taschenbuch Verlag GmbH & Co.KG, München

Baecker, Dirk (2007). Form und Formen der Kommunikation; Suhrkamp Verlag Frankfurt

Baer, Udo (2008). Gefühlssterne, Angstfresser, Verwandlungsbilder: Kunst- und gestaltungstherapeutische Methoden und Modelle; Affenkönig Verlag Neukirchen-Vluyn

Balint, M. (1972). Angstlust und Regression. Verlag Rowohlt Reinbeck bei Hamburg. In: Asper, Kathrin (1991). Verlassenheit und Selbstentfremdung; Neue Zugänge zum therapeutischen Verständnis. Deutscher Taschenbuch Verlag GmbH & Co.KG, München

Basch, Michael (1975). Toward a theory that encompasses depression. In: Depression and Human Existence. Hrsg. von E.J. Anthony & T. Benedek. Boston (Little, Brown), S. 485-534. In: Stern, Daniel (2012). Veränderungsprozesse; Ein integratives Paradigma. Verlag Brandes & Apsel Frankfurt

Bateson, Gregory (1958). The New Conceptual Frames for Behavioral Research; Procedings of the Sixth Annual Psychiatric Institute, Princeton, The New Jersey Neuro-Psychiatric Institute, S. 54-71. In: Watzlawick, Paul; Beavin, Janet H.; Jackson, Don D. (1982). Menschliche Kommunikation; Formen Störungen, Paradoxien; Verlag Hans Huber Bern Stuttgart Wien

Bateson, Gregory (1987). Geist und Natur; Eine notwendige Einheit; Verlag Suhrkamp Frankfurt

Bauer, Joachim (2004). Das Gedächtnis des Körpers; Wie Beziehungen und Lebensstile unsere Gene steuern Piper Verlag München, Zürich

Baumann Kai, Michael Linden (2014). Weisheitskompetenzen und Weisheitstherapie: Die Bewältigung von Lebensbelastungen und Anpassungsstörungen; Pabst Science Publishers, Lengerich

Bauriedl, Thea (1983). Beziehungsanalyse; Das dialektisch-emanzipatorische Prinzip der Psychoanalyse und seine Konsequenzen für die psychoanalytische Familientherapie; Frankfurt

Benjamin, Jessica (2002). Der Schatten des Anderen; Intersubjektivität, Gender, Psychoanalyse; Stroemfeld/Nexus Verlag Frankfurt und Basel

Berghaus, Margot (2004). Luhmann leicht gemacht; Verlag Böhlau UTB Köln Weimar Wien

Bergson, Henri (1959). Materie und Gedächtnis. In: Sartre, Jean-Paul (1971). Das Imaginäre; Phänomenologische Psychologie der Einbildungskraft; Rowohlt Verlag Hamburg

Borges, Jorge Luis (1992). Sieben Nächte. In: Die letzte Reise des Odysseus. München/Wien u. Frankfurt (Hanser/Fischer TB. In: Ogden,

Thomas (2004). Gespräche im Zwischenreich des Träumens; Psychosozialverlag, Gießen

Bucay, Jorge (2016). Das Buch der Trauer: Wege aus Schmerz und Verlust; Fischer Verlag Frankfurt

Bohleber, W. (1997). Zur Bedeutung der neueren Säuglingsforschung für die psychoanalytische Theorie der Identität. In: H. Keupp & R. Höfer (Hg.), Identitätsarbeit heute (S. 93-119). Suhrkamp Verlag Frankfurt. In: Keupp, Heiner u. a. (1999). Identitätskonstruktionen: Das Patchwork der Identitäten in der Spätmoderne; Rowohlt Enzyklopädie im Rowohlt Taschenbuch Verlag Hamburg

Böhme, G.; Böhme, G. (1985). Das Andere der Vernunft. Zur Entwicklung von Rationalitätskonstrukten am Beispiel Kants. Verlag Suhrkamp Frankfurt. In: Fuchs, Thomas (2013). Das Gehirn als Beziehungsorgan; Eine phänomenologisch-ökologische Konzeption; Verlag W. Kohlhammer GmbH Stuttgart

Bradshaw, John (1999). Familiengeheimnisse; Warum es sich lohnt, ihnen auf die Spur zu kommen. Wilhelm Goldmann Verlag München

Bucci, W. (1997). from subsymbolic to symbolic – and back: Therapeutic impact of the referential process. In: R.Lasky (Hg.). *Symbolization and Desymbolization: essay in Honor of Norbert Freedman.* New York (Other Press), S. 50–74. In: Stern, Daniel (2007). Der Gegenwartsmoment; Verlag Brandes & Apsel Frankfurt

Burisch, Matthias (2006). Das Burnout-Syndrom; Theorie zur inneren Erschöpfung; Springer Medizin Verlag Heidelberg

Burkert, W. (1972). *Homo Necans. Interpretation altgriechischer Opferriten und Mythen;* Verlag de Gruyter 1997 Berlin, New York. In: Haas, Eberhard Th. (2002). ...und Freud hat doch recht: Die Entstehung der Kultur durch Transformation der Gewalt; Gießen

Büchner, Georg (1985). Dantons Tod; Phillip Reclam Junior Verlag Stuttgart

Byron, Kathie (2002). Lieben was ist. Wie vier Fragen ihr Leben verändern können. Goldmann Verlag München

Calvin, William H. (2002). Die Sprache des Gehirns: Wie in unserem Bewusstsein Gedanken entstehen; Deutscher Taschenbuchverlag GmbH & Co.KG. München

Caruso, Igor A. (Turia + Kant Verlag Wien1974, 2001). Die Trennung der Liebenden; Eine Phänomenologie des Todes;

Castoriadis-Aulagnier, P. (1975). *La violence de l'interprétation*, Paris: PUF. In: McDougall, Joyce (1989). Plädoyer für eine gewisse Anormalität; Verlag Suhrkamp stw Frankfurt

Ciompi, Luc (1997). Die emotionalen Grundlagen des Denkens: Entwurf einer fraktalen Affektlogik; Verlag Vandenhoeck & Ruprecht Göttingen

Damasio, Antonio (2000). Ich fühle, also bin ich. Die Entschlüsselung des Bewusstseins; München (List)

Dana, Deb (2021). Die Polyvagaltheorie in der Therapie. Den Rhythmus der Regulation nutzen; G.P. Probst Verlag GmbH Lichtenau/ Westfalen

Davis, Will (2020). Funktionale Analyse: Grundlagen und Anwendungen in der Körperpsychotherapie; Psychosozial-Verlag Gießen

Dawkins, Richard (1976). Das egoistische Gen. In: Calvin, William H. (2002). Die Sprache des Gehirns: Wie in unserem Bewusstsein Gedanken entstehen; Deutscher Taschenbuchverlag GmbH & Co.KG. München

Derrida, J. (1997). *Aufzeichnungen eines Blinden. Das Selbstportrait und andere Ruinen*. München. Fink. in: Sachs-Hombach, Klaus [Hg.] (2009). Anthropologische und kulturelle Grundlagen des Visualistic Turn; Suhrkamp Verlag Frankfurt

Dornes, Martin (1995). Wahrnehmen, Fühlen, Phantasieren. Zur psychoanalytischen Entwicklungspsychologie der ersten Lebensjahre. In: Koch, Gertrud [Hrsg.] (1995). Auge und Affekt; Wahrnehmung und Interaktion; Fischer Taschenbuch Verlag Frankfurt

Edelmann, G.M.; Tononi, G. (2002). Gehirn und Geist. Wie Bewusstsein entsteht. Verlag Walter Düsseldorf. In: Fuchs, Thomas (2013). Das Gehirn als Beziehungsorgan; Eine phänomenologisch-ökologische Konzeption; Verlag W. Kohlhammer GmbH Stuttgart

Erikson, Erik (1956). Das Problem der Ich-Identität. In: Identität und Lebenszyklus. Verlag Suhrkamp Frankfurt

Fazekas, Christian (2006). Psychosomatische Intelligenz; Springer Verlag Wien

Federn, Paul (1952). Ich-Psychologie und die Psychosen. Verlag Huber Bern, Stuttgart 156. In: Jacobson, Edith ([1964] 1978). Das Selbst und die Welt der Objekte; Suhrkamp Verlag Frankfurt

Firus, Christian; Schleier, Christian; Geigges, Werner; Reddemann, Luise (2012). Traumatherapie in der Gruppe (Leben Lernen, Bd. 255): Grundlagen, Gruppenarbeitsbuch und Therapie bei Komplextrauma. Klett-Cotta Verlag Stuttgart

Fogel, A. (2001). *Infancy: Infant, Family and Society.* 4. Aufl. Belmont, CA (Wadsworth). In: Stern, Daniel (2007). Der Gegenwartsmoment; Verlag Brandes & Apsel Frankfurt

Fonagy, Peter; Gergely, György; Jurist, Elliot L.; Target, Mary (2019). Affektregulierung, Mentalisierung und die Entwicklung des Selbst; Klett-Cotta Verlag Stuttgart

Foucault, Michel (1994). Die Ordnung der Dinge; Suhrkamp Verlag Frankfurt

Fox Keller, Evelyn (1998). Liebe, Macht und Erkenntnis; Männliche und weibliche Wissenschaft? Suhrkamp Verlag Frankfurt

Fox Keller, Evelyn (1998). Liebe, Macht und Erkenntnis; Männliche und weibliche Wissenschaft? Suhrkamp Verlag Frankfurt und in: Davis, Will (2020). Funktionale Analyse: Grundlagen und Anwendungen in der Körperpsychotherapie; Psychosozial-Verlag Gießen

Freud, Anna (1936). Das Ich und die Abwehrmechanismen, London 1946, S. 7. In: Kutter, Peter; Roskamp, Hermann [Hg.] (1974). Psychologie des Ich: Psychoanalytische Ich-Psychologie und ihre Anwendungen; Wissenschaftliche Buchgesellschaft Darmstadt

Freud, Sigmund (1900). Die Traumdeutung; In: GW II-III.: I-642. In: Erdheim, Maria (1984). Die gesellschaftliche Produktion von Unbewußtheit; Eine Einführung in den ethnopsychoanalytischen Prozeß. Suhrkamp Verlag Frankfurt

Freud, Sigmund (1911). G.W., Bd. 8, S. 230. In: Sigmund Freud Studienausgabe Band III; S. Fischer Verlag GmbH Frankfurt

Freud, Sigmund (1917). Trauer und Melancholie. G.W. 13, Frankfurt Verlag S. Fischer. In: Jacobson, Edith ([1964]1978). Das Selbst und die Welt der Objekte; Suhrkamp Verlag Frankfurt

Freud, Sigmund (1917a). Trauer und Melancholie. In: *Gesammelte Werke*, Bd. X, S. 428-446. In: Haas, Eberhard Th. (2002). …und Freud hat doch recht; Die Entstehung der Kultur durch Transformation der Gewalt. Psychosozial-Verlag Gießen

Freud, Sigmund (1921). G.W., 14, Fischer Verlag Frankfurt. In: Grunberger, Béla (2001). Vom Narzissmus zum Objekt; Psychosozial-Verlag Gießen

Freud, Sigmund (1921). Massenpsychologie und Ich-Analyse. In: Studienausgabe, Bd. IX. Verlag S. Fischer Frankfurt, 1993: 61 – 124. In: Pfaller, Robert (2012). Wofür es sich zu leben lohnt; Fischer Verlag Frankfurt

Freud, Sigmund (1923). Das Ich und das Es. G.W., Band 13, London 1940, S. 257. In: Kutter, Peter; Roskamp, Hermann [Hg.] (1974). Psychologie des Ich: Psychoanalytische Ich-Psychologie und ihre Anwendungen; Wissenschaftliche Buchgesellschaft Darmstadt

Freud, Sigmund (1923a). Eine Teufelsneurose im siebzehnten Jahrhundert. In: Gesammelte Werke, Bd. XIII, S. 315-391. In: Haas, Eberhard Th. (2002). …und Freud hat doch recht; Die Entstehung der Kultur durch Transformation der Gewalt. Psychosozial-Verlag Gießen

Freud, Sigmund (1926). Hemmung, Symptom und Angst, G.W., Band 14, London 1948, S. 171. In: Kutter, Peter; Roskamp, Hermann [Hg.] (1974). Psychologie des Ich: Psychoanalytische Ich-Psychologie und ihre Anwendungen; Wissenschaftliche Buchgesellschaft Darmstadt

Freud, Sigmund (1932). Neue Folge der Vorlesungen zur Einführung in die Psychoanalyse. G.W., 15, Fischer Verlag Frankfurt in: Jacobson, Edith ([1964]1978). Das Selbst und die Welt der Objekte; Suhrkamp Verlag Frankfurt

Freud, Sigmund (1971). Hysterie und Angst; Sigmund Freud Studienausgabe Band VI; S. Fischer Verlag GmbH Frankfurt

Freud, Sigmund (1975). Psychologie des Unbewußten; Sigmund Freud Studienausgabe Band III; S. Fischer Verlag GmbH Frankfurt

Freud, Sigmund. „Jenseits des Lustprinzips" in: *Gesammelte Werke* XVII, S. 129. In: Lorenzer, Alfred [Hg.] (1988). Kultur-Analysen; Psychoanalytische Studien zur Kultur; Verlag Fischer Wissenschaft Frankfurt

Freud, Sigmund (1999). Die endliche und die unendliche Analyse. In: S. Freud, *Gesammelte Werke, Band 16* (5. Aufl., S. 57-100). Frankfurt am Main: Fischer. (Original erschienen 1937)

Frost, R. (1915). The imagining ear ear. In: Robert Frost: Collected Poems, Prose and Plays, a. a. O., S 687-689. In: Ogden, Thomas (2004). Gespräche im Zwischenreich des Träumens; Psychosozialverlag, Gießen

Fuchs, Thomas (2009). Embodiment and psychopathology; A phenomenological perspective. Current Opinion in Psychiatry 22, 570-575).

Fuchs, Thomas (2013). Das Gehirn als Beziehungsorgan; Eine phänomenologisch-ökologische Konzeption; Verlag W. Kohlhammer GmbH Stuttgart

Geier, Manfred (2020). Die Liebe der Philosophen. Von Sokrates bis Foucault. Rowohlt Verlag Hamburg

Girard, Réne (1972). Das Heilige und die Gewalt; Frankfurt. In: Haas, Eberhard Th. (2002). ...und Freud hat doch recht: Die Entstehung der Kultur durch Transformation der Gewalt; Gießen

Glover James (1974). Der Begriff des Ichs (1926). In: Kutter, Peter; Roskamp, Hermann [Hg.] (1974). Psychologie des Ich: Psychoanalytische Ich-Psychologie und ihre Anwendungen; Wissenschaftliche Buchgesellschaft Darmstadt

Grawe, Klaus (2004). Neuropsychotherapie. Verlag Hogrefe Göttingen. In: Zarbock, Gerhard (2014). Praxisbuch Verhaltenstherapie; Grundlagen und Anwendungen biografisch-systemischer Verhaltenstherapie; Pabst Science Publishers Lengerich

Gruen, Arno (2019). Verrat am Selbst: Die Angst vor Autonomie bei Mann und Frau; dtv München

Grunberger, Béla (2001). Vom Narzissmus zum Objekt; Psychosozial-Verlag Gießen

Haas, Eberhard Th. (2002). ...und Freud hat doch recht: Die Entstehung der Kultur durch Transformation der Gewalt; Gießen

Habermas, Tilmann (1999). Geliebte Objekte: Symbole und Instrumente der Identitätsbildung; Suhrkamp Verlag Frankfurt

Haller, Reinhard (2015). Die Macht der Kränkung; Verlag ecowin Red Bull Media House GmbH Wals

Haller, Reinhard (2022). Die dunkle Leidenschaft; Wie Hass entsteht und was er mit uns macht. Gräfe und Unzer Verlag GmbH München

Hant, Peter (1992). Das Drehbuch: Praktische Filmdramaturgie; Verlag Hübner Fulda

Hartmann, Heinz (1939). Ichpsychologie und Anpassungsproblem. Klett 1960 Stuttgart

Hell, Daniel (2013). Die Wiederkehr der Seele; Wir sind mehr als Gehirn und Geist. Herder Verlag Freiburg im Breisgau

Hofstadter, Douglas (2008). Ich bin eine seltsame Schleife. Verlag Klett-Cotta Stuttgart

Holzkamp, Klaus (1983). Die Grundlagen der Psychologie. Campus Verlag Frankfurt. In: Keupp u. a. (1999). Identitätskonstruktionen: Das Patchwork der Identitäten in der Spätmoderne; Rowohlt Enzyklopädie im Rowohlt Taschenbuch Verlag Hamburg

Hora, Thomas: „Tao, Zen and Existential Psychotherapy“. *Psychologia 2*, 236 (1959). In: Watzlawick, Paul; Beavin, Janet H.; Jackson, Don D. (1982). Menschliche Kommunikation; Formen Störungen, Paradoxien; Verlag Hans Huber Bern Stuttgart Wien

Hühn, Susanne (2017). Mein Inneres Kind; annehmen, lieben, wertschätzen; Schirner Verlag Darmstadt

Jacobson, Edith ([1964] 1978). Das Selbst und die Welt der Objekte; Suhrkamp Verlag Frankfurt

Jaeggi, Eva (1999). Liebesglück – Beziehungsarbeit; Warum das Lieben heute schwierig ist; Rowohlt Verlag Hamburg

Jung, Carl Gustav ([1972] 2021), G.W. XVII; Patmos Verlag Ostfildern

Kandel, E.R.; Kupfermann, I (1996). Von den Nervenzellen zur Kognition. In: Kandel, E.R. Schwartz, J.H. Jessel, T.M. (Hg.) Neurowissenschaften, S. 327-352. Spektrum Akademischer Verlag, Heidelberg, Berlin, Oxford. In: Fuchs, Thomas (2013). Das Gehirn als Beziehungsorgan; Eine phänomenologisch-ökologische Konzeption; Verlag W. Kohlhammer GmbH Stuttgart

Kant, Immanuel (1995). Kritik der Urteilskraft, Reclam Verlag Stuttgart

Kant, Immanuel (1995). Kritik der reinen Vernunft, Reclam Verlag Stuttgart

Kapust, Antje (2009). Phänomenologische Bildpositionen. In: Sachs-Hombach, Klaus [Hg.] (2009). Anthropologische und kulturelle Grundlagen des Visualistic Turn; Suhrkamp Verlag Frankfurt

Keleman, Stanley (1992). Verkörperte Gefühle: Der anatomische Ursprung unserer Erfahrungen und Einstellungen; Kösel Verlag München

Kernberg, Otto F. (1983). Borderline-Störungen und pathologischer Narzißmus; Suhrkamp Verlag Frankfurt

Keupp, Heiner u. a. (1999). Identitätskonstruktionen: Das Patchwork der Identitäten in der Spätmoderne; Rowohlt Enzyklopädie im Rowohlt Taschenbuch Verlag Hamburg

Klein, Melanie (1974). Bemerkungen über einige schizoide Mechanismen (1946). In: Kutter, Peter; Roskamp, Hermann [Hg.] (1974). Psychologie des Ich: Psychoanalytische Ich-Psychologie und ihre Anwendungen; Wissenschaftliche Buchgesellschaft Darmstadt

Klinger, E. (1975). Consequences of commitment to and disengagement from incetives. Psychological Review, 82, 1 – 25. In: Burisch, Matthias (2006). Das Burnout-Syndrom; Theorie zur inneren Erschöpfung; Springer Medizin Verlag Heidelberg

Knill, Paolo (2005). Kunstorientiertes Handeln in der Begleitung von Veränderungsprozessen. Verlag EGIS Zürich

Koch, Gertrud (1995). Nähe und Distanz: Face-to-face-Kommunikation in der Moderne. In: Koch, Gertrud [Hrsg.] (1995). Auge und Affekt; Wahrnehmung und Interaktion; Fischer Taschenbuch Verlag Frankfurt

Kohut, Heinz (1966). Formen und Umformungen des Narzißmus. Psyche 1966, 20: S. 561-587.

Kohut, Heinz (1976). Narzißmus; Eine Theorie der psychoanalytischen Behandlung narzißtischer Persönlichkeitsstörungen; Suhrkamp Verlag Frankfurt

Kohut, Heinz (2001). *The Analysis of the Self.* Madison, CT: International universities press incorporated. In: Davis, Will (2020). Funktionale Analyse: Grundlagen und Anwendungen in der Körperpsychotherapie; Psychosozial-Verlag Gießen

Krejci, Erika (1992). Vorwort. In: Bion, Wilfred R. Lernen durch Erfahrung; Suhrkamp Verlag Stuttgart

Kubin, Wolfgang (2013). Zhuang Zi; Vom Nichtwissen; Verlag Herder Freiburg, Basel, Wien

Kunze, Michael; Jelincic, Silvia (2021). Der Glückskompass; Das ganze Wissen der Welt über Glück in einem Buch; edition a 2021 Wien

Kutter, Peter; Roskamp, Hermann [Hg.] (1974). Psychologie des Ich: Psychoanalytische Ich-Psychologie und ihre Anwendungen; Wissenschaftliche Buchgesellschaft Darmstadt

Kühbauer, Gottfried (2017). Liebe trotz Partnerschaft; Damit es, egal wie es ausgeht, gut weitergeht. Edition Summerhill St. Margarethen/Raab

Lacan, Jaques (1994). Schriften III; Quadriga Verlag Weinheim, Berlin

Laing, Ronald D. (1994). Das geteilte Selbst; Eine existentielle Studie über geistige Gesundheit und Wahnsinn; Verlag Kiepenheuer & Witsch Köln

Laplanche, J.; Pontalis, J.-B. (1982). Das Vokabular der Psychoanalyse; Suhrkamp Verlag Frankfurt

Leichtle, Veronika A. (2009). Handbuch für atmosphärische Gestaltung im Hotel. Erich Schmidt Verlag GmbH & Co Berlin

Lehofer, Michael (2017). Mit mir sein; Selbstliebe als Basis für Begegnung und Beziehung; Verlag Braumüller Wien

Lindau, Veit; Lindau, Andrea (2018). Königin und Samurai; Wenn Frau und Mann erwachen; Kailash Verlag München

Lipton, Bruce H. (2009). Intelligente Zellen; Wie Erfahrungen unsere Gene steuern. KOHA-Verlag GmbH Burgrain

Loewald, Hans W. (1959). Hans W. Loewald: Psychoanalyse. Aufsätze aus den Jahren 1951–1979. In: Fox

Lorenzer, Alfred (1981). Zur Begründung einer materialistischen Sozialisationstheorie; Suhrkamp Verlag Frankfurt

Lorenzer, Alfred (1984). Das Konzil der Buchhalter; Die Zerstörung der Sinnlichkeit; Eine Religionskritik; Verlag Fischer Wissenschaft Frankfurt

Lorenzer, Alfred [Hg.] (1988). Kultur-Analysen; Psychoanalytische Studien zur Kultur; Verlag Fischer Wissenschaft Frankfurt

Lowen, Alexander (1986). Narzißmus; Die Verleugnung des wahren Selbst. Kösel-Verlag GmbH & Co. München

Lowen, Alexander (1987). Bio-Energetik; Therapie der Seele durch Arbeit mit dem Körper; Scherz Verlag Bern, München, Wien

Lowen, Alexander (1988). Körperausdruck und Persönlichkeit; Grundlagen und Praxis der Bioenergetik; Kösel-Verlag GmbH & Co. München

Löw-Beer, Martin (1995). Überlegungen über die Fähigkeiten, angemessen zu fühlen und einander emotional zu verstehen. In: Koch, Gertrud [Hg.] (1995). Auge und Affekt; Wahrnehmung und Interaktion; Fischer Taschenbuch Verlag Frankfurt

Luhmann, Niklas (1984). Soziale Systeme. Grundriß einer allgemeinen Theorie. Frankfurt a. M.

Luhmann, Niklas (1997). Die Gesellschaft der Gesellschaft. Erster und zweiter Band. Frankfurt a. M.

Lynd, H.M. (1958). On Shame and the Search for Identity. New York: Hartcourt, Brace. In: Jacobson, Edith ([1964]1978). Das Selbst und die Welt der Objekte; Suhrkamp Verlag Frankfurt

Maaz, Hans-Joachim (2019). Der Lilith Komplex: Die dunklen Seiten der Mütterlichkeit; dtv München

Mahler, M.S. (1957). Problems of Identity. Zusammengefaßt in Panel: Problems of Identity, referiert von D.L. Rubinfine. Journal of the American Psychoanalytic Association, 6: 131-142, 1958. In: Jacobson, Edith ([1964]1978). Das Selbst und die Welt der Objekte; Suhrkamp Verlag Frankfurt

Mahler, M.S.; Pine, F.; Bergman, A. (1978). Die Geburt des Menschen – Symbiose und Individuation. In: Mertens, Wolfgang (1981). Psychoanalyse; Verlag W. Kohlhammer Stuttgart, Berlin, Köln, Mainz

Marker, Nadine (2017). Francesca Woddman & Eija-Liisa Ahtila; Zur Bildhaftigkeit und Präsentation von Emotionen in Räumen medialer Künste; Unipress Graz GmbH Verlag

Marks, L.E. (1978). *The Unity of Senses: Interrelations among the Modalities.* New York (Academic Press). In: Stern, Daniel (2011). Ausdrucksformen der Vitalität; Verlag Brandes & Apsel Frankfurt

Masterson, James F. (1980). Psychotherapie bei Borderline-Patienten; Klett-Cotta 1980 Stuttgart

Maturana, Humberto R. (1982). Erkennen: Die Organisation und Verkörperung von Wirklichkeit; Braunschweig

Maturana, Humberto R. – Varela, Francisco J. (1987). Der Baum der Erkenntnis: Die biologischen Wurzeln des menschlichen Erkennens; Bern und München

Maturana, H. und Varela, F (1998). The Tree of Knowledge; Boston: Shambhala. In: Davis, Will (2020). Funktionale Analyse: Grundlagen und Anwendungen in der Körperpsychotherapie; Psychosozial-Verlag Gießen

Mayer, J.D. & Salovey P. (1995). Emotional intelligence and the construction and regulation of feelings. Applied & Preventive Psychology 4, 197-208. In: Baumann Kai, Michael Linden (2014). Weisheitskompetenzen und Weisheitstherapie: Die Bewältigung von Lebensbelastungen und Anpassungsstörungen; Pabst Science Publishers, Lengerich

McDougall, Joyce (1989). Plädoyer für eine gewisse Anormalität; Verlag Suhrkamp stw Frankfurt

Mentzos, Stavros (1988). Interpersonale und institutionelle Abwehr; Suhrkamp Verlag Frankfurt

Mentzos, Stavros (2003). Neurotische Konfliktverarbeitung: Einführung in die psychoanalytische Neurosenlehre; Verlag Fischer Geist & Psyche Frankfurt

Mertens, Wolfgang (1981). Psychoanalyse; Verlag W. Kohlhammer Stuttgart, Berlin, Köln, Mainz

Metzinger, Thomas (2012). Der Ego-Tunnel; Eine neue Philosophie des Selbst: Von der Hirnforschung zur Bewusstseinsethik; Bloomsbury Verlag GmbH Berlin

Mitscherlich, Alexander; Richards, Angela; Strachey, James (1975) Sigmund Freud Studienausgabe Band III; Psychologie des Unbewußten; S. Fischer Verlag GmbH Frankfurt

Moeller, Michael Lukas (2002). Die Wahrheit beginnt zu zweit; Formen, Störungen, Paradoxien; Rowohlt Taschenbuch Verlag GmbH Hamburg (Sonderausgabe)

Morschitzky, Hans (2009). Angststörungen. Diagnostik, Konzepte, Therapie, Selbsthilfe. Springer-Verlag Wien

Moser, Ulrich (2008). Traum, Wahn und Mikrowelten: Affektregulierung in Neurose und Psychose und die Generierung von Bildern; Verlag Brandes & Apsel, Frankfurt

Moser, Ulrich (2009). Theorie der Abwehrprozesse: Die mentale Organisation psychischer Störungen; Verlag Brandes & Apsel, Frankfurt

Moser, Ulrich; von Zeppelin, Ilka (1996). Der geträumte Traum; Verlag Kohlhammer Stuttgart

Moser, Ulrich & von Zeppelin, Ilka (2009). Implizite und explizite Formen der Reflexivität. In: Psyche. Zeitschrift für Psychoanalyse und ihre Anwendungen [Hg.] Bohleber, Werner Heft 12. 63. Jahrgang Klett-Cotta Stuttgart

Moser, Ulrich (2012). Von der Schwierigkeit, die Brust an den richtigen Ort zu setzen; Naive, implizite und explizite Reflexivität; Verlag Brandes & Apsel Frankfurt

Neubeck, Klaus (1992). Atem-Ich; Körperliche Erfahrung, gesellschaftliches Leid und die Heilkraft des inneren Dialogs; Stroemfeld/Nexus Verlag Frankfurt

Neumann, Erich (1968). Ursprungsgeschichte des Bewusstseins; München

Neumann, Erich (1983). Zur Psychologie des Weiblichen; Verlag Fischer, Frankfurt

Norman, D.A. & Shallice, T. (1986). Attention to action: Willed and automatic control of Behavior. In R. J.

Nöth, Winfried (2009). Bildsemiotik. In: Sachs-Hombach, Klaus [Hg.] (2009). Anthropologische und kulturelle Grundlagen des Visualistic Turn; Suhrkamp Verlag Frankfurt

Nunberg, H. (1930). Die synthetische Funktion des Ich, Int. Z. für ärztliche Psychoanalyse, Band 16, S. 301-318. In diesem Band S. 30. In: Kutter, Peter; Roskamp, Hermann [Hg.] (1974). Psychologie des Ich: Psychoanalytische Ich-Psychologie und ihre Anwendungen; Wissenschaftliche Buchgesellschaft Darmstadt

Obrist, Willy (1999). Die Natur – Quelle von Ethik und Sinn; Tiefenpsychologie und heutige Naturerkenntnis; Walter Verlag Zürich, Düsseldorf

Ogden, Thomas (2004). Gespräche im Zwischenreich des Träumens; Psychosozialverlag, Gießen

Paz, Octavio (1984). Verbindungen – Trennungen; Frankfurt

Pearce, Joseph Chilton (2004). Die Biologie der Transzendenz: Eine Blaupause des menschlichen Geistes; Freiamt

Perls, Fritz; Hefferline, Ralph; Goodman, Paul (1979). Gestalt-Therapie; Lebensfreude und Persönlichkeitsentfaltung

Pesso, Albert (1999). Dramaturgie des Unbewussten; Verlag Klett-Cotta Stuttgart

Pfaller, Robert (2012). Wofür es sich zu leben lohnt; Fischer Verlag Frankfurt

Piaget, Jean (1969). Das Erwachen der Intelligenz beim Kinde; Stuttgart. In: Lorenzer, Alfred (1981). Zur Begründung einer materialistischen Sozialisationstheorie; Suhrkamp Verlag Frankfurt

Piaget, Jean (1975). L'équilibration des structures cognitives. Etudes d'épistémologie génétique. Bd. 33. Paris: PUF. In: Moser, Ulrich (2012). Von der Schwierigkeit, die Brust an den richtigen Ort zu setzen; Naive, implizite und explizite Reflexivität; Verlag Brandes & Apsel Frankfurt

Piaget, Jean (1980 [1946]). Die Bildung des Zeitbegriffs beim Kinde. In: Moser, Ulrich & von Zeppelin, Ilka (2009). Implizite und explizite Formen der Reflexivität. In: Psyche. Zeitschrift für Psychoanalyse und ihre Anwendungen [Hg.] Bohlleber, Werner Heft 12. 63. Jahrgang Klett-Cotta Stuttgart

Phoenix Dubro, Peggy; Lapierre, David (2003). Potenziale der inneren Kraft; Entwicklung des Bewusstseins. KOHA-Verlag GmbH Burgrain

Plessner, Helmut (1982). Gesammelte Schriften VII: Ausdruck und menschliche Natur; Frankfurt

Precht, Richard David (2012). Wer bin ich – und wenn ja, wie viele? Goldmann Verlag München

Precht, Richard David (2019). ‚Sei du selbst' – Eine Geschichte der Philosophie Band III; Goldmann Verlag München

Reddemann, Luise; Wöller, Wolfgang (2017). Komplexe posttraumatische Belastungsstörung. Hogrefe Verlag GmbH & Co.KG 2017 Göttingen

Rilke, Rainer Maria (1980). Rainer Maria Rilke Werke; Die siebente Elegie, S. 467; Insel Verlag Frankfurt

Roediger, Eckhard (2018). Was ist Schematherapie? Eine Einführung in Grundlagen, Modell und Anwendung; junfermann Verlag Paderborn

Rohde-Dachser, Christa (2003). Expedition in den dunklen Kontinent: Weiblichkeit im Diskurs der Psychoanalyse; Gießen

Roth, Gerhard (1997). Das Gehirn und seine Wirklichkeit; Kognitive Neurobiologie und ihre philosophischen Konsequenzen; Suhrkamp Verlag Frankfurt

Roth, Gerhard (2003). Aus Sicht des Gehirns. Suhrkamp Verlag Frankfurt

Roth, Gerhard (2021). Über den Menschen; Suhrkamp Verlag Berlin

Roskamp, Hermann (1974). Grundlagen der Ich-Psychologie im Werk Sigmund Freuds. In: Kutter, Peter;

Roskamp, Hermann [Hg.] (1974). Psychologie des Ich: Psychoanalytische Ich-Psychologie und ihre Anwendungen; Wissenschaftliche Buchgesellschaft Darmstadt

Ryan, R. und Brown, K. (2003). Why we don't need self-esteem: On fundamental needs, contingent love, and mindfulness. *Psychological Inquiry*, 14(1). In: Fonagy, Peter; Gergely, György; Jurist, Elliot L.; Target, Mary (2019). Affektregulierung, Mentalisierung und die Entwicklung des Selbst; Klett-Cotta Verlag Stuttgart

Ryan, R. M. (2005). The developmental line of autonomy in the etiology, dynamics and treatment of borderline personality disorder. *Development and Psychopathology* 17: 987-1006. In: Allen, Jon G.; Fonagy, Peter; Bateman, Anthony W. (2016). Mentalisieren in der psychotherapeutischen Praxis; Verlag Klett-Cotta Stuttgart

Sachs-Hombach, Klaus [Hg.] (2009). Anthropologische und kulturelle Grundlagen des Visualistic Turn; Suhrkamp Verlag Frankfurt

Safouan, Moustafa (1981). *Die Struktur in der Psychoanalyse, Beitrag zu einer Theorie des Mangels.* In: Einführung in den Strukturalismus; *Mit Beiträgen von Oswald Ducrot, Tzvetan Todorov, Dan Sperber, Moustafa Safouan, François Wahl;* Suhrkamp Verlag Frankfurt

Safranski, Rüdiger (1999). Das Böse: oder das Drama der Freiheit. Fischer Taschenbuch Verlag Frankfurt a. M.

Sampson, (1993). In: Keupp Heiner u. a. (1999). Identitätskonstruktionen: Das Patchwork der Identitäten in der Spätmoderne; Hamburg

Sandler, J. (1976). Träume, unbewußte Phantasien und „Wahrnehmungsidentität" Psyche 30: 769-785. In: Rohde-Dachser, Christa (2003). Expedition in den dunklen Kontinent: Weiblichkeit im Diskurs der Psychoanalyse; Psychosozial-Verlag Gießen

Sandler, J. und Rosenblatt, B. (1962). The Concept of the Representational World; The Psychoanalytic Study of the Child 15: 163-188

Sartre, Jean-Paul (1971). Das Imaginäre; Phänomenologische Psychologie der Einbildungskraft; Rowohlt Verlag Hamburg

Sartre, Jean-Paul (1984). Bewußtsein und Selbsterkenntnis, Rowohlt Taschenbuch Verlag GmbH Reinbek bei Hamburg

Sautner, Thomas (2016). Die Älteste; Roman. Verlag Aufbau Taschenbuch Berlin

Schachtel, Ernest (1959). Metamorphosis; On the Development of Affect, Perception, Attention and Memory. In: Fox Keller, Evelyn (1998). Liebe, Macht und Erkenntnis; Männliche und weibliche Wissenschaft? Suhrkamp Verlag Frankfurt

Schechner, Richard (1990). Theater-Anthropologie: Spiel und Ritual im Kulturvergleich; Rowohlt Verlag Hamburg

Scheleen, Laura (1985) Bewegung in Raum und Zeit. Zum Sinn von Tanz und Bewegung in der „Expression Corporelle". In: Petzold, Hilarion [Hg.] (1985). Leiblichkeit; Philosophische, gesellschaftliche und therapeutische Perspektiven; Verlag Junfermann Paderborn

Schellenbaum, Peter (2002). Abschied von der Selbstzerstörung; Befreiung der Lebensenergie; dtv Deutscher Taschenbuch Verlag GmbH & Co. KG München

Schiller, Friedrich (1962). *Schillers Werke,* Nationalausgabe, Bd. 20, Weimar

Schmid, Wilhelm (2017). Liebe; Warum sie so schwierig ist und wie sie dennoch gelingt; Insel Verlag Berlin

Schmitz, Hermann (1985). Phänomenologie der Leiblichkeit in: Petzold, Hilarion [Hg.] Leiblichkeit. Philosophische, gesellschaftliche und therapeutische Perspektiven; Junfermann Verlag Paderborn

Scholz, Oliver Robert (2009). Abbilder und Entwürfe; Bilder und die Strukturen der menschlichen Intentionalität. In: Sachs-Hombach, Klaus [Hg.] (2009). Anthropologische und kulturelle Grundlagen des Visualistic Turn; Suhrkamp Verlag Frankfurt

Shore, A.N. (2000). Attachment and the regulation of the right brain. Attachment and Human Development 2: 23-47. In: Fuchs, Thomas (2013). Das Gehirn als Beziehungsorgan; Eine phänomenologisch-ökologische Konzeption; Verlag W. Kohlhammer GmbH Stuttgart

Schrott, Raoul (1999). Die Erde ist blau wie eine Orange; Deutscher Taschenbuch Verlag GmbH & Co.KG. München

Schulz von Thun, Friedemann (1981). Miteinander reden Band 1: Störungen und Klärungen; Rowohlt Taschenbuch Verlag GmbH Reinbeck bei Hamburg

Schulz von Thun, Friedemann (1989). Miteinander reden Band 2: Stile, Werte und Persönlichkeitsentwicklung; Rowohlt Taschenbuch Verlag GmbH Reinbeck bei Hamburg

Schulz von Thun, Friedemann (2001). Miteinander reden Band 3: Das innere Team; Rowohlt Taschenbuch Verlag GmbH Reinbeck bei Hamburg

Servan-Schreiber, David (2006). Die Neue Medizin der Emotionen. Stress, Angst, Depression: Gesund werden ohne Medikamente; Goldmann Verlag München

Shakespeare, William (2016). Der Sturm; zweisprachige Ausgabe; Deutsch von Frank Günther; dtv Verlagsgesellschaft mbH & Co.KG. München

Simon, Fritz (1990). Meine Psychose, mein Fahrrad und ich; Carl Auer Verlag Heidelberg

Singer, Wolf (2002). Der Beobachter im Gehirn; Essays zur Hirnforschung, Suhrkamp Verlag Frankfurt. In: Fuchs, Thomas (2013). Das Gehirn als Beziehungsorgan; Eine phänomenologisch-ökologische Konzeption; Verlag W. Kohlhammer GmbH Stuttgart

Singer, Wolf (2009). Das Bild in uns; Vom Bild zur Wahrnehmung. In: Sachs-Hombach, Klaus [Hg.] (2009). Anthropologische und kulturelle Grundlagen des Visualistic Turn; Suhrkamp Verlag Frankfurt

Sophokles (1954). Ödipus auf Kolonos; Reclam Verlag Stuttgart

Stahl, Stefanie (2017a). Das innere Kind in dir muss Heimat finden; In drei Schritten zum starken Ich; Das Arbeitsbuch; Kailash Verlag München

Stahl, Stefanie (2017b). Jeder ist beziehungsfähig; Der goldene Weg zwischen Freiheit und Nähe; Kailash Verlag, München

Stern, Daniel (1993 [1990]). The Diary of a Baby. New York (Basic Books). (1991) *Tagebuch eines Babys*. Übers. von G. Erb. München (Piper). In: Stern, Daniel (2007). Der Gegenwartsmoment; Verlag Brandes & Apsel Frankfurt

Stern, Daniel (1992). Acting versus remembering: In transference-love and in infantile-love. In: J. Sandler, E. Spector Person und P. Fonagy (Hg.) *Freud's Observations on Transference-Love*. CT (Yale University Press), S. 172-185. In: Stern, Daniel (2007). Der Gegenwartsmoment; Verlag Brandes & Apsel Frankfurt

Stern, Daniel (2007). Der Gegenwartsmoment; Verlag Brandes & Apsel Frankfurt

Stern, Daniel (2011). Ausdrucksformen der Vitalität; Verlag Brandes & Apsel Frankfurt

Stern, Daniel et al. (2012). Veränderungsprozesse; Ein integratives Paradigma. Verlag Brandes & Apsel Frankfurt

Strehle, Hermann (1974). Mienen, Gesten und Gebärden: Analyse des Gebarens; Ernst Reinhardt Verlag München Bern

Stüttgen, Thomas (1985). Interaktionelle Psychosomatik; Die Affekte und die Entwicklung des Selbst; Springer Verlag Berlin Heidelberg GmbH

Taylor, Charles (1983). Hegel; Suhrkamp Verlag Frankfurt

Teischel, Otto (2014). Krankheit und Sehnsucht – Zur Psychosomatik der Sucht; Berlin Heidelberg

Tipping, Colin (2010). Ich vergebe; Der radikale Abschied vom Opferdasein; Kamphausen Media GmbH Bielefeld

Wagemann, Johannes (2010). Gehirn und menschliches Bewusstsein: Neuromythos und Strukturphänomenologie; Shaker Verlag Aachen

Wagner, P. (1998). Fest-Stellungen. Beobachtungen zur sozialwissenschaftlichen Diskussion über Identität. In: A. Assmann & H. Friese (Hg.),

Identitäten. Erinnerung, Geschichte, Identität (S. 44-72). Suhrkamp Verlag Frankfurt. In: Keupp, Heiner u. a. (1999). Identitätskonstruktionen: Das Patchwork der Identitäten in der Spätmoderne;
Rowohlt Enzyklopädie im Rowohlt Taschenbuch Verlag Hamburg

Watkins, J. & Watkins, H.H. (2012). *Ego-States – Theorie und Therapie.*
*Ein Handbuch* (3. Aufl.). Heidelberg: Carl-Auer-Systeme. In: Redde-
mann, Luise; Wöller, Wolfgang (2017). Komplexe posttraumatische
Belastungsstörung. Hogrefe Verlag GmbH & Co.KG 2017 Göttingen

Watzlawick, Paul; Beavin, Janet H.; Jackson, Don D. (1982). Menschliche Kommunikation; Formen Störungen, Paradoxien; Verlag Hans
Huber Bern Stuttgart Wien

Wery von Limont, Sabine (2018). Das geheime Leben der Seele: Alles über
unser unsichtbares Organ; Random House GmbH Verlag München

Whitehead, Alfred North (1984). Prozess und Realität; Suhrkamp Verlag Frankfurt

Widdershoven, G.A.M. (1993). The story of life: Hermeneutic per-
spectives on the relationship between narrative and life history. In:
R. Josselson & A. Lieblich (Hrsg.), The narrative study of lives 1
(S. 1-20). Newbury Park: Sage. In: H. Keupp & R. Höfer (Hrsg.),
Identitätsarbeit heute (S. 93-119). Suhrkamp Verlag Frankfurt. In:
Keupp, Heiner u. a. (1999). Identitätskonstruktionen: Das Patch-
work der Identitäten in der Spätmoderne; Rowohlt Enzyklopädie
im Rowohlt Taschenbuch Verlag Hamburg

Wilhelm, Richard (1986). I Ging: Das Buch der Wandlungen; Eugen
Diederichs Verlag Köln

Willke, Helmut (2000). Systemtheorie I: Grundlagen; Verlag Lucius &
Lucius UTB Stuttgart

Windscheid, Leon (2021). Besser fühlen; Eine Reise zur Gelassenheit;
Verlag Rowohlt Polaris Hamburg

Winnicott, Donald W. (1945). Primitive emotional development. In:
Through Paediatrics to Psychoanalysis. New York (Basic Books)
1958. Dt. ([1964] 1983b): Die primitive Gefühlsentwicklung. In:
Von der Kinderheilkunde zur Psychoanalyse. Kindler Verlag München. In: Ogden, Thomas (2004). Gespräche im Zwischenreich des

Träumens; Der analytische Dritte in Träumen, Dichtung und analytischer Literatur. Psychosozial-Verlag Gießen

Winnicott, Donald W. (1971). *Vom Spiel zur Kreativität;* Verlag Klett-Cotta Stuttgart. In: Habermas, Tilmann (1999). Geliebte Objekte: Symbole und Instrumente der Identitätsbildung; Suhrkamp Verlag Frankfurt

Wittgenstein, Ludwig (1963). Tractatus logico-philosophicus: Logisch-philosophische Abhandlung; Frankfurt

Wuketits, Franz M. (2009). Bild und Evolution; Bilder: des Menschen andere Sprache. In: Sachs-Hombach, Klaus [Hg.] (2009). Anthropologische und kulturelle Grundlagen des Visualistic Turn; Suhrkamp Verlag Frankfurt

Zarbock, Gerhard (2014). Praxisbuch Verhaltenstherapie; Grundlagen und Anwendungen biografisch-systemischer Verhaltenstherapie; Pabst Science Publishers Lengerich

### Recherche im Internet

Davidson, G. E. Schwartz & D. Shapiro (Eds.), *Consciouisness and Self Regulation: Advances in Research* (Vol. IV). New York: Plenum. In: Greif, Siegfried (2001). Selbstorganisierende Prozesse beim Lernen und Handeln – Neue Erkenntnisse aus der Grundlagenforschung und ihre Bedeutung für die Wissenschaft. Neuropsychologische Grundlagen des selbstgesteuerten Lernens Forschungsbericht Band 8 www.user.uni-bremen.de Teil 1 Teil I http://www.home.uni-osnabrueck.de/sgreif/downloads/neuro-sol4.pdf Aufruf 23.12.2013 10:50

Greif, Siegfried (2001). Selbstorganisierende Prozesse beim lernen und Handeln – Neue Erkenntnisse aus der Grundlagenforschung und ihre Bedeutung für die Wissenschaft. http://www.home.uni-osnabrueck.de/sgreif/downloads/neuro-sol4.pdf Aufruf 23.12.2013 10:50

Lenzen, Wolfgang; (Aufruf 23.12.2013 10:41 http://www.philosophie.uniosnabrueck.de/Publikationen%Lenzen/ Damasios Theorie der Emotionen.pdf

Cloitre, M., Courtois, C.A., Ford, J.D., Green, B.L., Alexander, P., Briere, J. et al. (2012). *The ISTSS Expert Consensus Treatment Guidelines for Complex PTSD in Adults.* Verfügbar unter http://www.istss.org/ In: Reddemann, Luise; Wöller, Wolfgang (2017). Komplexe posttraumatische Belastungsstörung. Hogrefe Verlag GmbH & Co. KG 2017 Göttingen

**novum** ◥ VERLAG FÜR NEUAUTOREN

# Bewerten
### Sie dieses Buch
### auf unserer
# Homepage!

www.novumverlag.com

# Der Autor

Michael Worsch, Dr.phil., ist gebürtiger Vorarlberger, wuchs jedoch in Innsbruck auf, wo er seine Ausbildungen zum Psychologen, Psychotherapeuten und Regisseur in den 1980er-Jahren absolvierte. Er ist Vater einer Tochter und lebt seit 2017 in Bad Gleichenberg. Seine Berufslaufbahn begann als Regisseur, Seminarleiter sowie Lehrbeauftragter an verschiedenen Universitäten und Hochschulen. Zwischen 1994 und 2004 leitete er das Jugendtheater und Schauspiel am Salzburger Landestheater. Seit 2004 arbeitet er als Psychotherapeut. Im Laufe der Jahre wurde er Lehrtherapeut und war von 2015 bis 2017 zudem als Entwicklungsteamleiter des Master-Studiengangs für Kunsttherapie an der Bertha von Suttner Privatuniversität in St. Pölten tätig. Sein essayistisches Werk „Was sein will, ist im Werden" ist – nach seiner autobiografischen Erzählung „Wie meine Freude duftet dein Orange" – die zweite Veröffentlichung von Michael Worsch im novum Verlag.

**novum** VERLAG FÜR NEUAUTOREN

# Der Verlag

## Wer aufhört
## besser zu werden,
## hat aufgehört
## gut zu sein!

Basierend auf diesem Motto ist es dem novum Verlag
ein Anliegen, neue Manuskripte aufzuspüren, zu ver-
öffentlichen und deren Autoren langfristig zu fördern.
Mittlerweile gilt der 1997 gegründete und mehrfach
prämierte Verlag als Spezialist für Neuautoren in
Deutschland, Österreich und der Schweiz.

**Für jedes neue Manuskript wird innerhalb
weniger Wochen eine kostenfreie, unverbind-
liche Lektorats-Prüfung erstellt.**

Weitere Informationen zum Verlag und
seinen Büchern finden Sie im Internet unter:

w w w . n o v u m v e r l a g . c o m

EIN HERZ FÜR AUTOREN A HEART F SCHRI...
...ARTA FÖR FÖRFATTARE UN CORART FO...
...UORE PER AUTORİ ET HJERTE F Á LA ESCUCHA DE LOS AUTORES YAZARLARIMIZA GÖN...
...ERZÖINKÉRT SERCE DLA AUTJERTE FOR ORFATTERE EEN HART VOOR SCHRIJVERS TEM...
...ORAÇÃO BCEЙ ДУШОЙ K ABTOFA AUTORÓW EIN HERZ FÜR AUTOREN A HEART FOR AUTH...
...UTEURS MIA KAPΔIA ΓIA ΣYΓΓP K ABTOPAM ETT HJÄRTA FÖR FÖRFATTARE UN CORAZÓN...
...ARLARIMIZA GÖNÜL VERELA ΓIA ΣYΓΓPAΦEIΣ UN CUORE PER AUTORI ET HJERTE FOR FORFA...
...OOR SCHRIJVERS TEMOS OS VERELIM SZÍVÜNKET SZERZÕINKÉRT SERCE DLA AUTORÓW EIN HE...

novum ⚡ VERLAG FÜR NEUAUTOREN

Michael Worsch

# Wie meine Freude duftet dein Orange

ISBN 978-3-99038-166-3
84 Seiten

Eine Gefühlsreise durch Jahrzehnte vom Bodensee über Korsika nach Barcelona und Marokko; kein Sachbuch, vielmehr ein Weg zu traumatischen Ereignissen und in die Entwicklung von Resilienz.